普通高等教育“十三五”规划教材

资源与环境经济学

薛黎明　李翠平　编著

北京
冶金工业出版社
2020

内 容 提 要

本书共16章，主要论述了资源与环境经济学的有关知识。书中介绍了资源与环境经济学的研究对象、研究内容及发展趋势，以及资源与环境经济学的特点和学习方法；阐述了涉及西方经济学的市场供求原理、弹性理论、消费理论、生产理论、成本理论、经济效率理论、外部性理论等；分析了资源环境政策、自然资源的可持续利用、自然资源利用和环境治理中博弈论的相关内容及应用、环境经济评价方法、绿色国民经济核算、循环经济理论以及环境与贸易等。

本书可以作为高校资源与环境类专业及相关专业本科生、研究生教材，也可作为成人教育教材，还可供关心及致力于资源、环境、生态、可持续发展和经济学发展的科技工作者或管理者参考。

图书在版编目(CIP)数据

资源与环境经济学/薛黎明，李翠平编著．—北京：冶金工业出版社，2017.7（2020.1重印）
普通高等教育“十三五”规划教材
ISBN 978-7-5024-7241-2

Ⅰ．①资…　Ⅱ．①薛…　②李…　Ⅲ．①资源经济学—高等学校—教材　②环境经济学—高等学校—教材　Ⅳ．①F062.1　②X196

中国版本图书馆CIP数据核字（2016）第109947号

出 版 人　陈玉千
地　　址　北京市东城区嵩祝院北巷39号　邮编　100009　电话　(010)64027926
网　　址　www.cnmip.com.cn　电子信箱　yjcbs@cnmip.com.cn
责任编辑　张耀辉　杨　敏　美术编辑　吕欣童　版式设计　彭子赫
责任校对　郑　娟　责任印制　李玉山
ISBN 978-7-5024-7241-2
冶金工业出版社出版发行；各地新华书店经销；三河市双峰印刷装订有限公司印刷
2017年7月第1版，2020年1月第3次印刷
787mm×1092mm　1/16；20.5印张；493千字；313页
48.00元

冶金工业出版社　投稿电话　(010)64027932　投稿信箱　tougao@cnmip.com.cn
冶金工业出版社营销中心　电话　(010)64044283　传真　(010)64027893
冶金工业出版社天猫旗舰店　yjgycbs.tmall.com

前　言

资源与环境经济学是研究经济发展和环境保护之间的相互关系，探索合理调节经济活动和环境之间物质交换的基本规律，使经济活动取得最佳经济效益与环境效益的一门学科。随着社会的发展，全球人口、资源和环境问题日益突出，对资源与环境经济学的研究也显得越来越重要。本书是在作者长期科研和教学成果的基础上，按照国家能源发展规划及新型复合人才素质要求编写而成的。

本书针对工科类专业学生经济学基础知识储备匮乏的特点，在内容安排上，首先对经济学基本原理进行铺垫阐述，然后再论述资源与环境经济学的内容。书中将可持续发展思想融入资源经济理论体系，探讨了稀缺资源配置目标由利润最大化、社会福利最大化到可持续利用与发展的转变，以及资源经济制度和管理的内容；针对目前自然资源利用和环境污染治理等问题，介绍了博弈论、循环经济、环境经济评价方法、绿色国民经济核算及环境与贸易等内容。这些内容结合作者十几年的教学和科研经验，并吸收了近年来环境与自然资源经济学研究的最新成果，相信对学生有所帮助。本书融入了一些生活中常见的经济学案例，且章末附有习题，便于学生掌握所学内容。

在书稿的编撰过程中，崔超群、黄瑜、李达、刘保康、苏超、张心智等研究生参与了资料整理，李世俊、宋宝华、黄肖、贺冲冲、孙颜顶、杨亚峰、郜明明、王宇、张振波、任超、李政等也参与了部分工作。本书是作者所在团队长期科研和教学的产物，有些案例和内容参考借鉴了其他研究学者的有关内容，在此，谨向他们表示衷心的感谢！同时，感谢中国矿业大学（北京）教材建设基金对本书的资助。

当前，资源与环境经济学仍是一门发展中的学科，许多问题需要进一步讨论研究，由于时间和作者水平有限，虽经反复推敲核证，但仍难免有不妥和疏漏之处，恳请广大读者提出宝贵意见，以便使本书内容进一步完善。

作　者

2017 年 3 月

目 录

1 绪 论

1.1 资源与环境的概念

1.1.1 资源

资源（resources）最一般的意义，是指自然界及人类社会中一切能为人类形成资财的要素，具有广义和狭义两类解释。

1.1.1.1 资源的广义概念

威廉·配第间接地阐述过资源的概念，他提出了“土地为财富之母，而劳动为财富之父和能动的要素”的观点。马克思认为，“劳动力和土地”是“形成财富的两个原始要素”。恩格斯在论述劳动在转变过程中的作用时，进一步明确指出：“其实劳动和自然界一起才是一切财富的源泉，自然界为劳动提供材料，劳动把材料变为财富。”根据《辞海》，资源是“资财的来源。一般指天然的财源”。资源的两个范畴：一是自然界赋予的自然资源，如土地、水、气候、矿藏、森林、渔业资源等；二是来自人类社会、经济、技术因素。西方经济学把资源称为生产资源，认为一切产品都是由各种生产资源配置而成的，把资源分为土地、劳动、资本和管理四大类，称作生产的四大要素。广义资源的含义将对财富的形成起作用的要素（人或物等）统称为资源，包括自然资源、社会资源、人力资源。

1.1.1.2 资源的狭义概念

1972 年，联合国环境规划署（UNEP）认为，资源是“在一定时间、地点的条件下能够产生经济价值，以提高人类当前和未来福利的自然环境因素和条件”。《英国大百科全书》认为，资源是“人类可以利用的自然生成物以及生成这些成分的环境功能”。

本书认为，狭义资源是指自然资源。资源是指在一定的社会经济技术条件下，人们所发现的有用且稀缺的物质、能量及其功能过程的总和。它们往往以原始（自然）状态进入生产过程或直接进入消费过程以提高人类当前或未来的福利。其特点为：第一，资源是被人类所发现，具有用途并产生价值的物质；第二，资源是一个动态的概念，技术的变化能把以前没有价值的物质变成资源；第三，强调资源物质的原始性或自然性。

1.1.1.3 资源按存在的形态分类

（1）土地资源。地球表面的陆地部分，包括土壤、地貌、岩石。

（2）气候资源。包括阳光、温度、水分、空气等要素。

（3）水资源。降水、地表水、地下水或淡水、咸水资源。

（4）矿产资源。石油、煤炭、金属、非金属等各种矿物。

（5）生物资源。由植物、动物、微生物等要素构成。

（6）环境资源。包括由自然物质与能量形成的具有资源功能的环境要素，如山川，特殊的地形、地貌、地质构造区等景观环境要素组成。

按资源是否可更新特征分类：

(1) 非再生资源。这种资源的储量（存量）不断减少，最终会耗尽，如矿产资源、煤等一经利用其本身即不复存在。

(2) 可再生资源。这种资源的储量在自然过程中或在人类参与下可以更新产生或持续地补充。按再生的条件，可再生资源又可分为两类：一是再生不受人类行为影响的资源。如太阳能、风能、雨量、潮汐能等资源，它们可以循环、流动，又叫恒星资源或长流资源。二是资源可以自己再生产自己，但受人类行为影响，其再生或恢复存在着临界点。这类资源主要是生物资源，如森林、牧草、野生动植物、鱼类资源、微生物以及土壤肥力等。

可再生资源和非再生资源之间存在密切关系。第一，非再生资源可来源于可再生资源。如石油、煤炭等来源于古代的可再生资源（动植物）；第二，许多可再生资源可成为不可再生资源。如农田、森林等由于过度开发利用和砍伐而被沙漠所侵袭或掩埋，不能在当地再生，一些野生动植物濒临灭绝；第三，非再生资源可形成另一种非再生资源；第四，可再生资源只有在适度利用和合理保护的前提下才能使资源的再生或更新成为可能。

1.1.1.4 资源在传统经济学中和在资源与环境经济学中概念的区别

资源的概念内涵广泛。在传统经济学中，所有为商品生产而投入的要素都是资源，如资本、劳动、技术、管理等；在资源与环境经济学中，资源的概念是特定的，一般是指自然资源。

资源经济学主要考虑以下几方面：

(1) 具有用途并产生价值的物质。

(2) 资源本身是一个动态的概念。随着信息、技术的变化，人们能够拓宽资源的范围；随着人们需求、物质相对稀缺性的变化，人们能将以前没有价值的物质变成资源。

(3) 稀缺性。在资源与环境经济学的研究对象中强调资源的数量和人们的需求相比的数量是有限制的，而传统经济学中的资源是可以无限取用的。

(4) 天然性。强调资源以自然或以原始物质形式进入人类的经济过程区别于经济中常讲的资源，如中间产品、最终产品等。

1.1.2 环境

在日常生活中，人们经常所说的环境概念，总是相对于某一特定的事物而言的，具有明确的相对性。环境概念不能脱离具体的事物而存在，否则其含义就显得模糊不清。如居室环境，就是相对于居住在房子里面的人而言的。因此，具体事物不同，同各个具体事物相联系的环境的含义也就不同。由于具体事物千差万别，环境的内涵也就多种多样。

从资源与环境经济学的角度来定义环境概念，是相对于人类的经济活动，即商品的生产和消费等活动而言的。所谓环境，是指人类和其他生物赖以生存的客观物质和生态系统所组成的一个整体。

《中华人民共和国环境保护法》将环境定义为：环境是指影响人类生存和发展的各种天然的和经过人工改造的自然因素的总体，包括大气、水、海洋、土地、矿藏、森林、草原、野生动物、自然遗迹、人文遗迹、自然保护区、风景名胜区、城市和乡村等。

环境可分为自然环境和人工环境两大类。自然环境一般是人类活动周围的各种自然因素的总称。组成自然环境的因素包括大气、水、土壤、岩石、各种生物、各种矿藏等。这些因素是人类赖以生存和发展的物质基础，总是按照自然规律在变化和发展。自然环境中的诸多因素相互依存、相互制约，形成了自然生态系统。如果自然生态系统中某些因素发生变化，就会引起其他因素的连锁反应，甚至使生态系统失衡，环境状况恶化。

人工环境是指人类以自然环境为依托，根据人类生产和生活的需要，对自然环境进行改造、建设所形成的环境，如城市、农村、工厂、娱乐场等。人工环境随着社会生产力水平的提高而不断演变和发展。人工环境中各种物质因素相互作用、相互影响，形成人工生态系统。如果人工生态系统中某些因素发生变化，就会引起其他因素的连锁反应，甚至使生态系统失衡，丧失人工环境的功能。

自然环境和人工环境相互联系、相互作用，共同组成人类社会生存和发展的生态系统。

生态系统的内涵非常广泛，可以大到整个宇宙，小到只含有几个藻类细胞的一滴水。生态系统无论大小，都包括有生命和无生命两个基本部分，如池塘里有鱼虾、水草、微生物等有生命的物质和水、土壤、阳光、空气等无生命的物质。任何生态系统都存在着有规则的能量流动和物质循环过程。生态系统最基本的循环有水循环、碳循环、氮循环和氧循环。生态系统中的能量流动和物质循环较长时间地保持稳定，这种相对平衡状态称为生态平衡。如果由于外界因素的影响，使这种流动和循环发生中断，或者流动和循环的规则被改变，生态系统就遭到了破坏。人类生存和发展所依赖的生态系统是地球生态系统。地球上的物质在系统中通过各种循环在不停地运动着。物质循环一方面使各种生物之间、生物和非生物之间保持着一种相对的平衡，同时在循环中使物质得到更新和净化。在地球生态系统中，自然环境支撑、调节着人工环境，是人类生存和发展的基础。如果自然环境恶化，就会破坏人工环境，影响人工环境的功能，甚至造成人类难以弥补的损失。但自然环境一般不是人类最理想、最方便的生活环境，需要人类的改造和建设，才能更利于人类的生产和生活。如果人类不适当地改造和利用自然环境，必将损害自然生态系统，直接或间接地影响人类的生存和发展。

在地球生态系统中，人类本身也是自然环境的一部分。人类是地球上自然环境进化的产物，自然环境是人类的生命支持系统，人类要依靠环境才能生存和发展。同时，人类是自然的改造和利用者。人类通过生产劳动等社会性的活动改造和利用环境，形成特定的人工环境，使环境更适合人类生存和发展的需要。但是，人类改造和利用自然的活动要受到自然规律的制约。人类对自然资源不合理的开发和利用必将破坏自然环境，造成资源耗竭、生物物种减少。如果人类生产和消费活动产生的有害物质进入生态系统的数量超过了生态系统本身的净化能力，就会打破生态平衡，造成环境污染，导致环境质量下降、人类和生物赖以生存的自然环境恶化。

1.1.3 资源、环境的关系

有一种观点认为资源是环境的一部分，资源为人类提供的一种服务功能，资源来源于环境，是环境的组成部分；另一种观点认为环境是资源的一部分，环境为生命提供支持、废物吸收和美学功能，其中被开发利用的可称为环境资源。我们认可第一种观点，这样才有利于从经济学角度分析资源的稀缺性和环境的外部性。资源的范围应该小于环境。从上面的分析可以看出，环境包括自然环境和人工环境，自然资源是自然环境中对人类的经济活动起着重要作用的一部分，是人类经济活动所需要的原材料的重要来源。环境的概念中已经包括了自然资源。这种观点被一些环境经济学家所采纳。如在霍斯特·西伯特（Horst Siebert）所著的《环境经济学》中，环境概念包括了自然资源，环境问题不仅包括一般的环境污染问题，还包括自然资源耗竭的问题。

在经济学中资源的概念很广泛。经济学的主要任务就是研究如何最有效地利用稀缺的资源，以求得人类现在和将来无限欲望的最大满足。资源泛指对人类的生产和消费等经济活动有价值、有用途、具有稀缺性的要素。资源既包括自然资源，如矿藏、森林、土地等，也包括社会资源，如信息、技术、人力资源等。

在资源经济学中，资源的概念比经济学中的资源概念在内涵上要窄一些。如在阿兰·兰德尔所著的《资源经济学》中，资源被定义为由人类发现的有用途和有价值的物质。资源的内涵包括土地、水、空气、矿藏、森林、庄稼、动物等。该书认为资源经济学主要研究自然资源方面的政策问题，例如土地、水、空气和生态系统等方面的问题。资源经济学力图分析这些资源的配置问题，指出资源问题的根源，并检验用来解决这些问题的各种方案、政策和工程项目等。不难看出，兰德尔的自然资源概念包括了一般意义上的环境。由环境污染等引起的环境问题，将影响自然资源供给的数量和质量。环境所具有的自净能力，作为一种重要的要素，影响着资源的供给。还有一种观点是将环境与自然资源并列，认为自然资源是指人类经济活动中所需要的原材料的重要来源，如矿产资源等；环境是指人类生命支持系统中除去自然资源后的所有要素，如空气、水、土地等。当然，随着人类社会的发展，水、土地等要素也越来越稀缺，从而进入自然资源的范围。环境与自然资源之间相互联系、相互影响，共同构成人类的生命支持系统。在汤姆·迪滕伯格（Tom Tietenberg）所著的《环境与自然资源经济学》中，将环境与自然资源并列。自然资源的范围包括化石能源、矿产资源、水、农业、森林、水产等；环境主要包括人类的生命支持系统中除去自然资源后的所有要素，如空气、水、土地等；环境污染主要有空气、水、土地的污染等。

1.2 资源与环境经济学的产生和发展

1.2.1 资源与环境经济问题

任何一门学科的诞生都是为了解决某一特定的问题，而这一问题往往是在人类社会发展的实践中产生的。人类社会经济发展中遇到的资源与环境问题以及资源与环境经济问题的提出是资源与环境经济学产生的基本前提。资源与环境经济问题是人们基于对资源与环境问题的认识而从经济学角度提出的如何通过合理、有效地开发利用资源和保护环境以满足人们日益增长的各种需求的一系列问题。人们在开发利用资源和环境的过程中会牵涉许多问题，而从经济角度分析或提出的需要经济学家回答的问题（即资源与环境经济问题）主要包括以下几个方面：(1) 资源、环境与社会经济发展是怎样的关系，资源与环境在多大程度上决定社会经济的发展，技术进步能否克服资源和环境有限性（稀缺性）对经济的制约等。(2) 有限的资源和环境怎样才能得到经济有效的利用，如何比较资源不同利用方式之间的有效性，如何平衡资源利用、经济发展与环境承载力之间的关系。(3) 区域资源开发利用战略如何制定，如何将区域的资源和环境优势与产品、产品优势相联系。(4) 当前的资源与环境经济政策会对未来产生怎样的影响，等等。所有这些问题的提出和不断的探索，促使了一门新的经济学科——资源与环境经济学的诞生与发展。人类对资源环境问题的关注，大致经历了三次浪潮，每次浪潮分别集中于不同的主题，见表1-1。

表1-1　资源环境问题的三次浪潮

波次	发生年代	主要问题	具体问题
第一波	20世纪40～50年代	有限的自然资源	不可再生资源的耗竭 粮食供给问题
第二波	20世纪60～70年代	生产和消费活动的副产品	杀虫剂和化肥的使用 垃圾处理 噪声污染 空气和水体污染 放射性和化学污染
第三波	20世纪80～90年代	全球环境问题	酸雨 气候变化 臭氧层破坏

资料来源：杨云彦．人口、资源与环境经济学．北京：中国经济出版社，1999.

第一波出现在20世纪40年代末至50年代初，主要关注的是自然资源（如土地、淡水、能源）能否维持经济增长，食物增长能否满足人口增长的需要。

第二波出现在20世纪60年代后期至70年代初期，主要关注的问题是环境对工业文明所产生的副产品的吸收净化能力。如大气和水体的污染、石棉、杀虫剂、生活垃圾、放射性的废弃物等。引起第二波关注的原因，部分在于工业化国家经济规模的扩大，人们收入水平和生活水平的提高，既增加了会引起有害副产品的商品的需求，也增加了人们对较高环境质量的需求。

第三波发生在20世纪80年代后期和90年代初期，主要关注的问题是全球性的环境问题，包括酸雨、全球变暖、臭氧层破坏等。

第二波和第三波所关注的问题都涉及公共品的问题，这些问题的解决涉及人们之间、地区之间所采取的集体行动。即空气、水、土地等资源的国家之间的利益问题。

此外，随着人类活动范围的不断扩大，生态系统破坏导致的动植物物种减少、生物多样性消失等受到普遍关注的问题，以及环境污染可能导致的生物性病理变化，都可能会引起今后环境问题的第四次浪潮。

自20世纪60年代以来，世界各国，特别是西方国家都采取了措施治理环境污染，使环境局部有所改善。但从整个世界来说，资源短缺和耗竭、环境污染和生态破坏的总趋势仍在不断加剧。

1.2.2　资源与环境经济学的产生和演变

资源经济学的发展经历了三个历史阶段，分别为资源经济学的孕育、产生和发展阶段。第一个阶段是资源经济学的孕育阶段（17 世纪60 年代至20 世纪20 年代），在古典和新古典的经济学大师的论著中包含了许多资源经济学的思想和内容。第一次工业革命带来的经济迅速增长，是以大量利用和消耗自然资源，尤其是矿物燃料和原料大量利用为前提的。将资源看作经济增长的要素投入，经济增长的资源成本度量是古典经济学对资源经济学的主要贡献。新古典经济学的边际效用价值论、边际分析法和均衡分析法、均衡价格理论和资源优化配置理论和外部性理论，为资源经济学的产生提供了必要的理论基础。

第二个阶段是资源经济学的产生阶段（20 世纪 20～50 年代）。从 18 世纪中叶的第一次工业革命到 19 世纪 30 年代的 80 年中，世界人口的迅速增长导致对资源需求的大幅增加。自马尔萨斯始，人口、资源与环境的关系引起了经济学家的广泛关注。第二次世界大战后，尤其是 20 世纪五六十年代发达国家的一系列严重的环境污染事件使得环境保护成为全球关注的焦点。如果说皮尔逊（Pearson）和哈珀（Harper）(1945)的《世界的饥饿》还只是马尔萨斯人口论的翻版的话，福格特（1949）的《生存之路》则开始将目光转向工业化的经济和社会负面影响，人口增长和自然资源滥用使得人类面临着前所未有的生存危机。卡尔逊（1962）则用通俗的笔调描绘了环境污染后的《寂静的春天》，其影响之深远，可以看作是一个新的生态学时代的开始。《增长的极限》（1972）则利用宏观模型给出了人口增长的资源消耗的灾难性后果预测。以上理论更加强调资源与环境对人类发展的约束作用，因此鼓吹“零增长”，从理论的悲观色彩上看他们和马尔萨斯是一致的。尽管这些悲观的理论和预测大多失败了，但他们在警醒人类走向可持续发展道路方面无疑是胜利者。

第三个阶段是资源经济学的发展阶段（20 世纪 50 年代至今）。高人口增长和经济发展、高资源消耗的生产方式和生活方式，导致土壤遭到破坏、气候变化和能源浪费、生物多样性降低、森林面积减少、淡水资源受到威胁、化学污染、海洋过度开发和沿海地带被污染、空气污染、极地臭氧层空洞等问题日益严重。资源的过度开采和环境恶化迫使人们对单纯经济增长的发展观进行反思。第二次世界大战结束至 20 世纪 80 年代末完成的第三次工业革命，使得人类步入了一个崭新的知识经济时代。资源利用的效率、最优和可持续原则成为资源经济学研究的核心内容。资源经济学研究内容从侧重于单个自然资源与经济发展关系的研究转向侧重于整个自然资源系统与经济发展关系的研究；研究范围则从侧重于本国资源经济问题研究转向注重国际合作和全球性资源经济问题研究；研究重心从资源最优配置和开发利用转向可持续性，包括资源利用的可持续性和生态环境的可持续性。如今资源经济学的研究与其他相关学科（如环境经济学、生态经济学、人口经济学等）的研究相互交叉、相互渗透。知识经济深刻地影响和改变了人们的生产方式和生活方式，人类开始重新思考人口增长、资源利用与环境保护的关系，资源与环境经济学应运而生。

可见，资源与环境经济学的研究范围在不断扩大，从环境污染问题，扩展到环境保护中的经济问题，再到资源、环境与经济协调发展的理论、方法和政策；从当代资源与环境的配置问题扩展到代际配置问题；从地区、国家资源环境扩展到全球性的资源环境问题。

1.2.3 中国资源与环境经济学的研究历程

在我国，生态系统服务功能价值核算研究起步较晚。20 世纪 70 年代末 80 年代初，西方环境经济学的有关理论被介绍到中国，同时中国众多的学者也开始关注生态经济、资源经济和环境经济问题。于光远、许涤新、刘思华、马传栋、张卓元、刘书楷等一大批专家学者先后从生态经济学角度对资源环境价值进行了阐述。20 世纪 80 年代以来，环境与自然资源经济学作为一门学科发展十分迅速，王金南（1994）、厉以宁（1996）、马中（1999）、张帆（1998）、杨云彦（1999）等先后推出了几本有代表性的环境与自然资源经济学的教科书，使中国环境与自然资源经济学学科体系逐步完善，其理论水平也逐步接近国际水平。而中国完整意义上的自然资源环境核算工作在 20 世纪 80 年代末开始全面展开。1987 年，李金昌等翻译了美国世界资源研究所 Repertto 博士的《关于自然资源核算与折旧问题》、《挪威的自然资源核算与分析》等文章，由此引发了中国有关人士对资源核算的关注。此后，李金昌等又撰写了《实行资源核算与折旧很有必要》、《资源核算应列入国民经济核算体系》、《经济发展中的资源空心化现象》等系列文章，探讨自然资源资产核算的意义与重要性。1988 年，国务院发展研究中心得到美国福特基金会的资助，成立了李金昌主持的"资源核算及其纳入国民经济体系"课题组，开展了包括水资源、土地资源、森林资源、草地资源、矿产资源等的核算工作。这项研究构建了自然资源资产价值核算的理论框架，研究了自然资源资产价值与价格的问题，确立了自然资源价值基本理论和计算公式，确定了自然资源资产核算流程图。正是在这一研究的推动下，中国的自然资源与环境价值核算研究取得了一系列阶段性成果，并在森林资源和水资源价值核算方面取得了突破。姜文来（1996）、沈大军（1997）、沈菊琴（1998）等对水资源价值评估的理论、方法进行了深入研究，提出了水资源价值评估模型。曲福田等对土地资源价值核算的研究，谷树忠对农业资源核算的研究以及靳乐山、王舒曼、付尔林等对资源环境价值评估的理论、方法的全面总结，使中国的资源与环境价值核算研究达到了一个新的高度。侯元兆（1994）等第一次比较全面地对中国森林资源价值进行了评估，其中包括 3 种生态服务价值，即涵养水源、防风固沙、净化大气的经济价值。1998 年，李金昌等出版了《生态价值论》一书，该书以森林生态系统服务功能为例，全面总结了森林的生态价值计量的理论和方法，它的出版标志着中国的森林资源核算逐渐由事物型的物质资产核算转向无形的生态价值核算，并且对核算方法的处理开始细化，即由单纯的估算向科学计量方向发展。

近年来，生态系统服务功能及其价值的评估研究引起了国内研究人员的高度重视，开展了对全国、区域生态系统服务功能价值的核算，以及对单个生态系统的服务价值与生态系统单项服务价值的评估研究。

国内较早开展生态系统服务价值研究的是薛达元等对长白山自然保护区生态系统生物多样性的经济价值的评估研究，其结果表明，长白山自然保护区生态系统的直接实物产品、直接服务、间接服务及非使用类价值（存在价值、遗产价值和选择价值）等的年总经济价值为 72.91×10^{8} 元。

中国生物多样性国情研究报告编写组将中国生物多样性的经济价值分为直接使用价值、间接使用价值、潜在使用价值，并开展了评估研究，结果是上述 3 类价值每年总计达 39.33×10^{12} 元。欧阳志云等从有机物质的生产、维持大气 CO_2 和 O_2 的平衡、营养物质的循环和储存、水土保持、涵养水源、生态系统对环境污染的净化作用 6 个方面，对中国陆地生态系统服务的价值进行了估算，这 6 个方面的总经济价值为 30.488×10^{12} 元/a。陈仲新等参照 Constanza 等的分类方法、经济参数与研究方法，对中国生态系统的功能与效益也进行了价值评估，估算出中国 $1443\times10^{4}\,km^{2}$ 总面积内生态系统效益的价值为 $77834.48\times$

10^8 元/a（其中，陆地面积 $960\times10^4km^2$，生态系统效益的价值为 56098.46×10^8 元/a；海洋面积 $473\times10^4km^2$，生态系统效益的价值为 21736.02×10^8 元/a。以 1994 年为基准），相当于同期我国国内生产总值（450006×10^8 元）的 1.733 倍。与全球相比，中国的总面积占全球的 2.78%，生态系统效益的价值占全球的 2.71%，而此数据仅相当于欧阳志云等所计算的中国陆地区域内生态系统服务的经济价值的 1/4，而这些学者都认为其研究只是对中国生态系统服务价值的保守估计。侯元兆等对我国森林资源涵养水源、保育土壤、固碳供氧的经济价值的估算表明，我国森林资源在这三方面每年产生的经济价值为 7180×10^8 元。其他研究案例还有：蒋延玲等对中国主要森林生态系统服务价值的评估，谢高地等对中国自然草地生态系统服务价值的研究。

我国学者在对区域生态系统的服务功能价值与生态系统单项服务功能价值的评估研究方面也取得了较多的成果。孔繁文等对我国沿海防护林体系、辽宁省东部水源涵养林及吉林三湖自然保护区水源涵养林的生态环境效益进行了核算研究；郭中伟等以位于长江三峡库区的湖北省兴山县森林生态系统为例，评估研究了兴山县森林生态系统调节水量的经济价值；韩维栋等对中国现存自然分布的 $13646hm^2$ 红树林生态系统的生态价值进行了评估研究，研究结果为，中国红树林生态系统在生物量生产、抗风消浪、护岸、保护土壤、气候调节这 7 个方面的年总生态价值为 23.6531×10^8 元。辛琨对盘锦湿地资源的使用价值进行了评估，其结果为 62.13×10^8 元。崔丽娟以全国人口作样本评估了扎龙湿地的资源价值，其结果为 156.47×10^8 元。肖寒等对海南岛尖峰岭热带森林的服务功能及其价值进行了评估。还有宗跃光等对宁夏灵武市区域生态系统服务的价值研究，成克武等对北京喇叭沟门林区森林生物多样性的价值评估，肖寒等对海南岛生态系统在土壤保持方面的价值评估等。

1.2.4 资源与环境经济学国内外研究评述

从目前国际国内上的研究现状来看，国际上对自然资源资产价值的研究十分重视，生态学家、资源与环境经济学家及其他相关领域的科学家共同合作，从生态系统过程、生态服务功能及其生态经济价值等多个方面开展综合研究，不断充实与丰富生态系统服务功能的内涵，探索评价技术及生态经济价值的评估方法，分析与评价资源生态系统服务功能的经济价值，从而基本建立起自然资源生态服务功能价值研究的理论、方法和框架。不可否认，国外自然资源经济价值评估核算也存在很多问题，如对自然资源资产价值的核算采取分类计算各种生态服务功能价值然后加总的办法，从而割裂了自然资源各部分之间的有机联系和复杂的相互依赖性；由于缺少对资源整体功能的研究，特别是在资源资产价值定量研究的理论和方法上存在的困难，导致生态学家和经济学家还没有对各种价值分量的概念和核算方法达成共识，从而难以制定自然资源资产价值核算的统一标准，确定自然资源资产价值的合理分类、单位资源价格的量化方法等。与国外相比，我国自然资源资产价值核算的研究在理论、方法上还存在很大的差距。在理论研究上，往往直接应用国外的理论和方法，没有形成自己的评估理论和方法体系，有些甚至直接利用其参数，如将某一地区的核算评估结果直接外推到其他地区，从而导致估算结果存在误差。考虑到自然资源区域特征和服务功能的差异性及生态系统各物种的物理、化学和生物过程与其他生境的相互联系，用一种线性的相加法则来处理这种复杂关系，会忽视生态系统各组分间的联系和反馈评估结果。在评估核算技术上，由于受我国经济、社会、公众心理等因素的影响，国外广泛使用的旅行费用法、条件价值法在我国自然资源资产价值核算中应用较少，在一定程度上制约了将我国自然资源资产价值纳入我国国民经济核算体系的步伐，导致了自然资源资产价值的大量流失。

由于自然资源资产价值理论研究值得关注和重视的进展在理论上的争论还很多，而现实的需求不允许我们长期争而不决，我们必须在构筑自然资产价值理论的同时，尽快构建自然资源资产价值核算的方法论，并且尽可能地将其付之实践。如何对自然资源资产价值进行计量，这是实现自然资源资产价值的前提和基础。现有的一些理论，如边际机会成本模型、模糊数学模型等，具有一定的合理性，对于解决部分资源本底价值或者资源产品的价值发挥了巨大作用，但是它们尚不能完全解决所有自然资源价值量化问题，必须进行改进和创新。不同的自然资源由于分布、特征、供求状况等存在差异，它们是否具有统一计算范式，这是价值量化过程中不可回避的问题。完善与创新自然资源资产价值核算量化理论是自然资源走向市场的必经之路，目前这方面研究的成绩与缺陷并存，现实需求与理论研究相脱节的现象还普遍存在，自然资源资产价值核算必须在此方面有所创建，这也是自然资源资产价值核算研究发展的必然趋势。

1.3 资源与环境经济学的框架体系

1.3.1 资源与环境经济学的研究对象

资源与环境经济学是运用经济学理论和分析方法研究环境与自然资源的供给、需求、分配和保护等公共政策问题的经济学分支学科。资源与环境经济学首先指出自然资源与环境配置问题上优化决策的必要性，进而寻找资源与环境问题的经济根源，最后设计经济机制来减缓以至消除资源与环境问题，以促进经济可持续发展。

资源与环境经济学的研究对象是自然资源与环境的优化配置问题，即研究资源、环境与经济协调发展的理论、方法和政策。

资源与环境经济学的观点与纯粹的环境保护主义者的观点不同。资源与环境经济学并不认为零污染是最优的，也不认为不利用自然资源是最优的，而是主张资源、环境保护与经济发展相协调，主张适度的污染和有效地利用自然资源。

从经济学角度看，自然环境具有四种竞争性的用途，即公共消费品的供给者、自然资源的提供者、废弃物的接受者和生命支持系统。自然环境的这四种功能将相互竞争，同时对于同一功能，人们也将相互竞争。自然环境各功能之间的竞争导致了环境问题。因此，资源与环境经济学的研究对象是研究自然资源与环境的优化配置问题，也就是研究如何使自然资源与环境在不同用途之间和同一用途不同使用者之间配置最优。资源与环境经济学认为，资源（包括自然资源、自然环境的容量、资本、劳动力、技术水平等）总是有限的、稀缺的。这些稀缺资源在环境保护和经济发展之间存在着配置问题，资源耗竭和环境恶化的经济原因是资源配置不当。因此，资源与环境经济学的主要任务是采用经济理论和方法来设计经济机制，以减缓乃至消除资源与环境问题，使环境保护和经济发展相协调。

1.3.2 资源与环境经济学的研究内容

资源与环境经济学研究是在认识人与自然、资源和环境与经济发展相互关系的基础上，阐明资源与环境经济问题及其变化的客观规律，揭示有限资源优化配置的一般规律和实现途径。从资源与环境配置角度，可将资源与环境经济学的研究内容分为：资源与环境经济学导论、资源经济学的基本理论、自然资源经济学基本问题、环境经济学基本问题等，旨在协调资源利用、环境保护与经济发展的关系，实现社会经济的可持续发展。效率、最优和可持续发展三个主题贯穿于整个资源与环境经济学的研究过程中，本教材同样按照这样的设计思路和章节进行安排。各章内容安排如下：

第 1 章　绪论；
第 2 章　经济学的基本原理；
第 3 章　市场供求原理；
第 4 章　弹性理论；
第 5 章　消费者行为理论；
第 6 章　生产、成本与厂商均衡理论；
第 7 章　一般均衡与福利经济理论；
第 8 章　经济效率理论；
第 9 章　外部性理论；
第 10 章　资源环境政策；
第 11 章　自然资源的可持续利用；
第 12 章　环境污染与治理中的博弈；
第 13 章　环境经济评价；
第 14 章　绿色国民经济核算；
第 15 章　循环经济；
第 16 章　环境与贸易。

虽然上述章节并不能涵盖资源与环境经济学的全部内容，但是基本上涵盖了该学科的核心内容。为了便于对该课程抽象内容的理解，本书在每章中安排了 1 ~ 2 个案例或阅读材料。全书力求展示资源与环境经济学的最新成就，努力写出“经济学”色彩。

1.3.3 资源与环境经济学的发展趋势

随着人类社会的发展，技术进步在经济发展中作用的增强，经济全球化和人们对资源与环境问题重视程度的加深，资源与环境经济学的研究越来越活跃。纵观资源与环境经济学的发展，具有如下趋势。

1.3.3.1 理论创新趋势

资源与环境经济学的理论创新受主流经济学发展的影响。近十几年来经济理论的发展支撑着资源与环境经济学的理论创新，如内生增长理论、产业组织理论、国际贸易理论、博弈理论、宏观经济学、劳动经济学、行为经济学等。

经济增长理论的研究不仅考虑了环境，而且特别强调技术创新的作用。环境、经济增长和技术创新的关系研究，强调了可持续发展和技术进步间的联系，因为技术进步是实现代际环境保护的主要路径。对于怎样调整环境和产业政策以鼓励企业的技术创新，技术进步怎样影响经济的均衡增长路径，也引起了深入的研究。

产业组织理论在环境政策的研究中得到广泛应用，其重点在于考察市场结构和规模、研究与开发（R&D）外溢和参与者的策略行为。

国际贸易理论的发展影响着资源与环境经济学在国际方面的研究构成及其所产生的环境问题，贸易条件生态化及所产生的贸易摩擦问题可用于保护环境。

行为经济学的发展影响着人类对资源与环境的决策行为的研究。如研究南北贸易结构及其所产生的环境问题，贸易条件生态化及所产生的贸易摩擦问题，什么样的贸易政策可用于保护环境，怎样减少环境政策对贸易流可能的负影响等。

此外，还有诸如环境与自然资源的价值研究、经济核算和贸易条件生态化的研究、经济目标生态化的研究等。

1.3.3.2 方法论创新趋势

经济学的发展和许多现实环境问题的研究需要，推动着方法论的创新。同时，方法论的创新也推动了相关领域的研究进展。如博弈理论的发展推动了对国际环境谈判和国际环境协议的研究。关于环境问题的国际谈判是如何讨价还价的，环境条约如何在实际中实施等方面的研究大多是建立在详细的博弈理论模型基础之上。福利和效用测度方法的创新也引起了对环境政策的研究。诸如生态税或环境税的改革，是否能够达到双赢，即减少环境压力、增加就业或其他非环境福利，生态税改革的政治和社会的可接受性如何，等等。

1.3.3.3 问题导向趋势

20 世纪 90 年代，自然科学家证实了一系列新的环境现象，如全球变暖、臭氧层耗竭、酸雨、淡水和海洋污染、沙漠化、森林砍伐和生物多样性消失等。这些现象，引起了大量的研究，并将继续下去。如在气候变化的经济学分析方面引起了广泛的研究，有大量的相关文献发表。这些研究包括气候变化风险的评估、减少污染的不确定性和时间问题、适应气候变化的可能性、减少污染的成本和技术进步等。

1.3.3.4 多学科交叉趋势

资源与环境经济学是一门跨度很大、综合性很强、发展迅速的交叉学科，涉及资源、环境和经济三大领域。由于全球和世界各国资源与环境问题越来越突出，所以资源与环境经济学的学科体系和研究内容发展迅速。资源与环境经济学研究越来越多地具有多学科交叉的趋势。如将帕累托最优分析的思想用于生物多样性分析，博弈理论用于理论生态学、环境经济学和环境政治学，与熵有关的概念由物理学进入经济学和生态学的研究中；如将生态适应性分析和生态系统与经济系统的相互作用这两个问题联系起来，将多样性和适应性的概念和理论与经济的可持续性结合起来等。

1.3.4 资源经济学自身的发展趋势

（1）加强基础理论和基本理论。包括资源价值-价格理论，环境价值-价格理论，资源产权及其价值-价格理论，可持续发展理论和资源可持续利用理论，经济-自然界相互作用的物质平衡理论和再循环理论，资源配置理论，外部性理论，市场机制的缺陷和政府的职能理论，社会福利理论，等等。

（2）分化和综合并存。即建立和完善单种资源（如土地、矿产、水等）经济学、单类资源（如可耗竭性资源等）经济学、部门（如农业、林业等）资源经济学和区域资源经济学与建立和完善狭义资源（自然资源）经济学和广义资源（包括自然资源和社会资源）经济学，资源与环境经济学，人口、资源与环境经济学和可持续发展经济学等交叉经济学并存。

（3）建立和完善各种资源经济学的学科体系等。

（4）资源经济学从产生至今虽有了七八十年的历史，但它仍然是一门很不成熟的学科，尤其是对社会主义资源经济学来说更是如此。改革开放前，中国只有土地经济学，没有形成自己的资源经济学。20世纪80年代以来，除中译本外，中国人自己写的资源经济学方面的书还基本上限于单种或单门类资源（如农业自然资源）经济学，像李金昌写的《资源经济新论》那样涉及自然资源经济整体的书尚属少见，而涉及资源经济问题的环境经济学和生态经济学方面的书倒是多一些。而且，所有这些书都具有较强的引进和介绍西方资源经济学、环境经济学和生态经济学的特点，建立具有中国特色的社会主义资源经济学还没有提上日程。因此，下面列举的资源经济学存在的问题和不足，自然也涵盖中国的资源经济学。这些问题和不足有：

1）资源经济学的理论基础基本上是西方经济学，西方经济学的共同特点是抽去资本主义的生产关系、阶级关系来抽象地研究社会再生产过程。

2）资源经济学的基础理论薄弱。首先，无论是传统马克思主义经济学还是西方主流经济学，都是从单一的物质商品或产品加工经济系统抽象概括出来的，将它们用于自然资源-经济，尤其是环境-经济和生态-经济等交叉系统，都存在局限性；其次，从物质商品再生产过程抽象出来的传统价值理论（包括劳动价值论、生产费用（成本）价值论、效用价值论、边际效用价值论、均衡价格论等）都认为，由于自然资源、自然环境和自然生态没有物化劳动或者由于不稀缺而没有价值。这样的价值理论用于自然资源、自然环境和自然生态的计价和核算都存在固有缺陷，作为资源经济学、环境经济学和生态经济学的基石，其缺陷就更加突显了；再次，传统国民经济核算理论把自然资源和自然环境排斥于国民经济核算体系之外，这样的理论自然也不能成为自然资源和自然环境核算的理论基础；最后，由R·科斯奠基的西方产权理论，由于缺乏价值理论基础，更没有有意识地研究过产权是如何作用价值运动的及产权价值和价格如何确定等重大问题，从而决定以它作为具有鲜明产权化特征的资源经济的基础理论，也必然存在局限性等。

3）现有资源经济学在内容上存在不平衡和偏窄的不足。不平衡是指微观强于宏观，静态分析强于动态分析，有关资源经济运行和发展的内容强于资源经济制度的内容等。偏窄是指注重三大主题——效率、最优和可持续性研究，不够重视资源价值-价格、资源产权、资源宏观经济循环、资源流通、资源价值分配、资源金融等重要内容的研究，致使在现有资源经济学中，这些内容所占的比重偏小，水平也较低。

4）资源经济学的学科体系还很不成熟。这表现在：还没有奠定坚实的理论基础，如资源价值-价格理论、资源核算理论、资源产权价值-价格理论等基本理论还处于探索阶段，各家各派的认识分歧还很大；专家、学者们对资源经济学研究对象的认识还很不统一，这不仅导致资源经济学与相关学科界线模糊不清，还导致不同版本的资源经济学的逻辑结构和叙述结构也五花八门。

本章小结

本章主要介绍了资源与环境经济学的基本知识和基本理论。要求掌握资源、环境的概念和分类，理解资源、环境的关系，掌握资源与环境经济学的研究对象、学科性质和特点，了解资源与环境经济学的发展趋势以及存在的不足。

习　题

1-1　讲述资源的概念，资源的基本特征及其分类。
1-2　讲述环境的概念及其分类。
1-3　对比环境与资源概念的联系性和差异性。
1-4　比较资源、环境、生态系统的概念与相互关系。
1-5　资源经济学研究的对象和基本问题是什么？
1-6　简述资源与环境经济学的发展趋势。
1-7　简述资源与环境经济学中存在的问题有哪些。
1-8　结合中国资源与环境学的研究进展及其特点谈谈自己对发展资源经济学的想法。

2 经济学的基本原理

任何一门学科的产生和发展都不是偶然的，而是来自人类社会实践活动的需要，经济学尤其如此。经济活动是人类最重要、最基本的实践活动之一，人们在生产消费的过程中都会遭遇到各种各样的问题，而在对这些问题进行解释和回答中，经济学就产生了。经济学家将人类在经济活动中遭遇的多种问题概括为五个基本方面：生产什么？怎么生产？为谁生产？何时生产？谁做决策？一切经济分析均围绕这五个方面问题展开。

本章从经济学定义开始，介绍经济学的一些预备知识和基本方法。第一节首先讨论了经济学的一些基本概念、基本假设和经济理论；第二节论述了经济学的十大原理；第三节介绍了经济学的分类和研究方法。

2.1 经济学的内容

2.1.1 经济学的基本概念

2.1.1.1 稀缺性

什么是经济学？简单来说，经济学就是研究人们选择行为的理论。更明确地说，经济学研究的是个人、企业和政府在一定的经济条件下如何进行选择以及这种选择对社会经济活动造成的影响。

在日常生活中，人们几乎每时每刻都在进行选择。上街购衣服，人们要选择进哪一家商店；进了喜爱的商店后，人们又要在不同的品牌、款式、面料中进行选择。购买房屋时，人们要选择房屋的房型、大小、环境和地段；在选择好满意的房屋后，人们又要在一次性付款、分期付款以及分期付款的期限中进行选择。中学毕业后，人们要选择进哪一家大学；大学毕业后，人们又要选择是找工作还是继续深造。企业和政府也是一样。企业在促销时，要选择是减价还是打广告；政府在平衡预算时，要选择是增税还是发行国债。可以说，我们的社会充满了各种各样的选择，人的一生就是在不断的选择中度过的。

那么，人们为什么要进行选择？经济学对这个问题的回答是资源的稀缺性（scarcity）。在任何一个时代或任何一个地区，相对于人们消费尽可能多的商品和服务的愿望，资源总是稀缺的。人们满足自己需求的能力会受到时间、收入和商品价格等限制。这些限制意味着每个人均无法满足自己的需求。对于整个社会而言，满足人们需求的能力也被现存的生产资源所限，这个资源包括自然资源、人们的劳动、才智以及人们制造的工具和设备。

穷人和富人都有各自的稀缺性。一个学生想要夏奇拉（Shakira）最新版的 CD 和一本平装书，但他口袋里只有 10 美元，因此，他面临稀缺性。布莱德 · 皮特（Brad Pitt）想要用一周时间去新奥尔良讨论他那有利于生态环境的住房计划，但同时他又想要去推广自己的新电影，他同样面临稀缺性。美国政府既想增加军费开支，又想削减税收，也同样面临稀缺性。整个社会想要改进医疗服务、为每间教室提供联网的设施、雄心勃勃地探索太空、清理湖泊和河流等，同样也面临着稀缺性。

面临稀缺性，人们必须做出选择。人们只能选择有利的方案。那位学生只能在CD或者平装书之间做出选择。布莱德·皮特只能在新奥尔良和推广他的新电影之间做出选择。政府只能在国防或者减税二者间选择。作为社会，人们也只能在医疗服务、计算机、太空探索、清理湖泊和河流等工作中做出选择。

总之，资源的稀缺性是一切经济学分析的基础和前提条件。人们不可能拥有无穷无尽的不受任何限制的物质资源，也不可能拥有无限的时间来享受和利用这些资源，稀缺性始终要求人们做出各种各样的选择，而选择意味着“取舍”（trade-off），这正是经济学产生的根源。

2.1.1.2 经济学定义

美国著名的经济学家保罗·萨缪尔森认为经济学（economics）研究的是一个社会如何利用其稀缺的资源以生产有价值的物品和劳务，并将它们在不同的人中间进行分配。

这个定义的背后隐含着经济学的两大核心思想，即物品和资源是稀缺的；社会必须有效地加以利用。事实上，正是由于存在着稀缺性和人们追求效益的愿望，才使得经济学成为一个重要的学科。资源的稀缺性是经济学分析的前提；选择行为是经济学分析的对象；资源的有效配置是经济学分析的中心目标。

经济学科非常广博，涉及生活的方方面面。如果探索超过经济学定义以外的范畴，需要理解经济学家努力回答的各种问题，理解他们为了寻求解决这些问题的思维方式和为之付出的努力。

2.1.2 基本假设

任何科学研究都离不开一定的假设，传统的西方经济学也有一系列的假设条件，其中最基本的是以下三条：

2.1.2.1 完全理性

经济主体具有完全理性（rationality），所有行为都是合理的。那么，什么是“理”呢？这涉及规范问题。

在伦理学上，无论东西方对此都一直存在争论。我国有性善、性恶之争。孔孟一向重义轻利，主张“人之初，性本善”，后天恶行乃环境所致，遂有“孟母三迁”之说。荀子则认为“人之性恶，其善者伪也”，故必有“师法之化，而归于治”。也有人主张“人之性也善恶混，修其善则为善人，修其恶则为恶人”。

西方也有利己、利他之争，尽管有基督教教义，但功利主义始终占上风。利己主义者认为，利己是人类的天性，没有自利心，人类就会灭亡；但利己必须依法平等互惠，利他方能利己。最有代表性的是亚当·斯密在《国富论》中提出的后人称之为“经济人”（economic man）的理性人：

“每个人都在力图应用他的资本，来使其生产的产品能得到最大的价值。一般地说，他并不企图增进公共福利，也不知道他所增进的公共福利为多少。他所追求的仅仅是他个人的安乐，仅仅是他个人的利益。在这样做时，有一只看不见的手（invisible hand）引导他去促进一种目标，而这种目标绝不是他所追求的东西。由于追逐他自己的利益，他经常促进了社会利益，其效果要比他真正想促进社会利益时所得到的效果为大。”

西方经济学者几乎用了整整2个世纪的时间来证明斯密的这一论断，并在这一论断的基础上，逐步形成了一个逻辑理论体系。不妨说：

经济人+看不见的手=经济学

正是根据斯密“经济人”的假设。传统的经济学将利益最大化作为一切个体的经济行为目标，包括家庭满足最大化、企业利润最大化。从实证分析来看，根据大数法则，这一假设是可以成立的，但也不尽然。且不说东西方都有英雄式人物，凡夫俗子的行为目标也往往是多元化的，非最大化的，甚至是非理性的。因此，现代经济学通常以利益最大为个体决策目标，同时也分析其他各种不同决策思路。

2.1.2.2　完全竞争

经济主体是在没有任何政府干预的完全竞争条件下，追求自己利益的最大化。在完全竞争市场上，那只看不见的手——价格机制，能够自动调节供求，使买卖双方各得其所。萨伊定律指出：供给会自行创造需求。一种产品的卖，就意味着另一种产品的买，因此卖是为买，买是为卖，买卖必定相等，市场不会发生普遍过剩（即使偶尔出现暂时过剩，那只看不见的手也会使它很快消失）。一般均衡理论根据一系列严格假定进一步证明，在完全竞争条件下，一切经济资源都能得到充分利用，达到最优配置。

但是，这种理想的完全竞争市场过去没有，今后也不会出现。现实经济生活中的市场竞争都是不完全的：各行各业都有不同程度的市场垄断，每时每刻都有不同程度的政府干预，因此，最优化不是经常达到的，而是经常达不到的。尽管如此，由于完全竞争最能体现价格机制在资源配置中不可替代的功能，现代经济学仍然首先论述完全竞争市场，然后论述其他各种不完全竞争市场以及市场竞争基础上的政府调控。

2.1.2.3　完全信息

经济主体完全掌握市场上的各种信息，包括产品的质量、数量和价格，完全了解市场的历史、现状和发展趋势，因此任何人都不会以高于市场的价格从事购买，也不会以低于市场的价格从事销售，市场只有唯一的成交价格和成交数量。电子计算机的空前普及也为这种完全信息提供了必要的手段。

但是，信息也是一种稀缺的经济品，取得信息是需要付出代价的，其价格相当于有无这种信息所决定的收入差额。由于经济主体往往不可能或不愿意以很高的价格取得全部信息，因而信息总是不完全的；由于不同的经济主体拥有的信息不同，因而信息是不对称的；由于未来充满风险，因而信息也是不确定的。信息不完全+不对称+不确定，导致市场竞争不公平，资源配置不合理。

2.1.3　经济理论

人类的欲望是无限的，由低到高，永无止境，而地球只有一个。相对于人类的无限欲望来说，经济资源都是稀缺（scarcity）的，人类的欲望不可能得到全部满足，充其量只能达到最大满足。同时，经济资源有各种用途，但是特定条件下只有一种用途最佳，人类必须进行选择，“尽我们所有的，做我们最好的”。经济学（economics）的任务就是：在一定的经济社会条件下，研究如何有效利用可供选择的有限资源，以求人类无限欲望的最大满足。

经济学的研究对象包括经济现象、经济思想、经济模型和经济政策。由于人们地位不同，同一经济现象会产生不同经济思想，同一经济思想会产生不同经济理论，同一经济理论会产生不同经济模型，同一经济模型也会产生不同经济政策，不同经济政策又会导致不同经济现象。经济社会正是在这种循环中不断发展的。从图 2-1 可以看到，在经济学的这些研究对象中，经济理论处于核心地位。历史表明，新的经济理论首先以论文形式出现，然后由论文形成专著，最后普遍认同的专著会进入教材，并用于决策。正确的经济理论可使一国经济起飞，错误的经济理论可使一国经济崩溃。

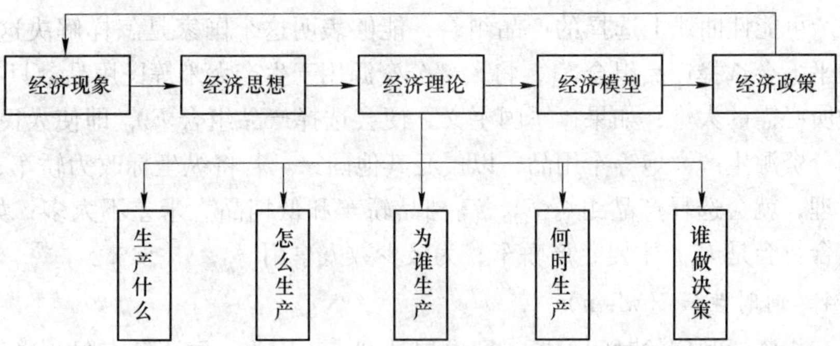

图 2-1 经济学的研究对象及其基本问题

具体来说，经济理论要研究解决的是以下五个基本问题，即五个 W。

2.1.3.1 生产什么（what）

一种经济资源可有多种用途、多种组合，通称机会集合（opportunity sets）。由于各国资源禀赋不同，生产什么、生产多少，都有其最优组合。假如以大米作为民用品的代表，以大炮作为军用品的代表，则一国在既定技术条件下能够生产的大米与大炮最大组合的轨迹，称为生产可能性曲线（production possibilities curve），如图 2-2 所示。如果一国经济资源只能生产两种产品，那么增加一种产品的产量，就必须减少另一种产品的产量。一种产品增产 1 个单位所放弃的另一种产品的产量，称为边际转换率（marginal rate of transformation，即生产可能性曲线斜率的绝对值）。所放弃的另一种产品产量，是这种产品增产 1 单位的机会成本（opportunity cost）。由于各种资源都有其适用性，如果一味增加一种产品的生产，其边际转换率会不断增大，因此，生产可能性曲线通常凹向原点。生产可能性曲线 PP' 是一国经济资源能够生产两种产品最大组合的轨迹。组合 E_1 表示生产较多的大米 R_1，较少的大炮 G_1。组合 E_3 表示生产较多的大炮 G_3，较少的大米 R_3。生产可能性曲线的切线 T_1T_1'，T_3T_3' 的斜率分别表示组合 E_1 和 E_3 的边际转换率。

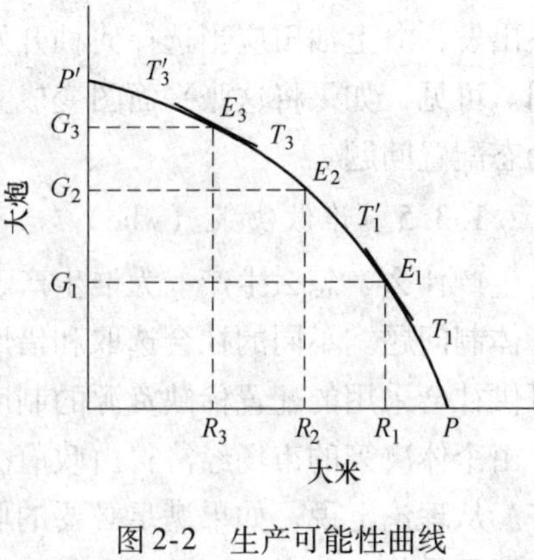

图 2-2 生产可能性曲线

2.1.3.2 怎么生产（how）

同一种产品的生产，可以采用不同的技术、材料和工艺，或是劳动密集型，或是资本密集型。增加一种产品的产量，可以采用通过增加投入的粗放方式（extension），也可以采用通过改进技术的集约方式（intension）。实践表明，由于技术不同，一定投入的生产效率可以相差几倍乃至几十倍。在现代化生产中，技术进步是决定性因素，发达国家的经济增长有50%~80%来自技术进步。因此，资源禀赋相同的国家，可能有不同的生产可能性曲线，技术进步可以大大外移图2-2中的生产可能性边界。

2.1.3.3 为谁生产（for whom）

无论生产什么和怎么生产，都有一个为谁生产的问题，也就是收入分配的问题。一国在图2-2生产可能性曲线上选择的产品组合，能够表明这个国家是怎样解决这个问题的。如果爱好和平，会选择产品组合 E_1，将大部分资源用于生产大米等民用品，只有少部分用于国防安全所必需的大炮；如果搞军国主义，便会选择产品组合 E_3，即使人民忍饥挨饿，也要将大部分资源生产大炮等军用品，以侵犯其他国家。若将纵坐标改为轿车，如果收入分配比较合理，就会选择产品组合 E_2，高档品轿车和低档品大米差不太多；如果贫富悬殊，产品组合将会是 E_3，主要生产轿车，为极少数人享用。

2.1.3.4 何时生产（when）

何时生产指资源利用的时间配置，即发展计划。正因为一国资源有限，决不能“今朝有酒今朝醉”，必须做好动态规划，以达到可持续发展的目的。例如，中国海上石油蕴藏丰富，但开采需要资金和技术。如果我们充分利用外资，“有水快流”，虽然可以马上得到工业化急需的石油，但根据合同有一半产量必须分给外国。如果我们一味自力更生，“到时再说”，虽然全部原油都可由自己利用，但又会延缓工业化的进程。从子孙后代的长远利益出发，海上油田应当选择何种开发战略，发展战略不同，图2-2的生产可能性曲线也不同。可见，如果将这张平面图变成立体图的话，生产可能性曲线还有一个在时间维度上的动态配置问题。

2.1.3.5 谁做决策（who）

生产什么、怎么生产、为谁生产、何时生产这四个问题，究竟由谁来决定呢，这就是经济体制问题。不同的社会选取和借助各种不同的经济体制进行组织，而经济学则研究这些可供社会采用的配置稀缺资源的制度和机制。迄今为止，人类历史上存在过三种经济体制：由个体决策的市场经济；由政府决策的计划经济；个体决策与政府决策相结合的混合经济。从理论上说，如果满足必要的假设条件，完全市场经济和完全计划经济都能够做到资源配置最优，德布鲁（G. Debreu）、康托诺维奇（K. Contonovechi）和库普曼斯（T. C. Koopmans）分别对此严格加以论证，都获得了诺贝尔经济学奖。问题在于就像萧伯纳（G. B. Shaw）揶揄基督教一样，它们的唯一毛病都是从来没有被实现过。实践表明，没有计划的市场，正如没有市场的计划一样，都不可能做到资源的最优配置。因此，在现代经济中，前两种传统的经济体制已不复存在，各国都是个体决策与政府决策、市场调节与计划调节在不同程度上的结合。经济体制将最终决定生产可能性曲线及其产品组合。

阅读材料 2-1

人生离不开选择

关于作出决策的第一课可以归纳为一句谚语："天下没有免费的午餐。"为了得到我们喜爱的一件东西，通常就不得不放弃我们喜爱的另一件东西。作出决策要求我们在一个目标与另一个目标之间有所取舍。

例如，一个学生必须决定如何配置他的最宝贵的资源——时间。他可以把所有时间用于学习经济学；他也可以把所有的时间用于学习心理学；他也可以把时间分配在这两个学科上。他把某1个小时用于学习一门课时，他就必须放弃本来可以学习另一门课的1小时。而且，对于他用于学习一门课的每1个小时，他都要放弃本来可用于睡觉、开车、看电视或打工赚点零花钱的时间。

又例如，父母决定如何使用自己的家庭收入。他们可以购买食物、衣服或全家度假。或者他们也可以为退休或孩子的大学教育储蓄一部分收入。自他们选择把额外的1美元用于上述物品中的一种时，他们在某种其他物品上就要少花1美元。

自人们组成社会时，他们面临各种不同的交替关系。典型的交替关系是"大炮与黄油"之间的交替。我们把更多的钱用于国防以保卫我们的海岸免受外国入侵（大炮）时，同时我们能用于提高国内生活水平的个人物品的消费（黄油）就少了。在现代社会里，同样重要的是清洁的环境和高收入水平之间的交替关系。要求企业减少污染的法律增加了生产物品与劳务的成本。由于成本高，结果这些企业赚的利润少了，支付的工资低了，收取的价格高了，或者是这3种结果的某种结合。因此，尽管污染管制给予我们的好处是更清洁的环境，以及由此引起的健康水平提高，但其代价是企业所有者、工人和消费者的收入减少。

社会面临的另一种交替关系是效率与平等之间的交替。效率是指社会能从其稀缺资源中得到最多东西；平等是指这些资源的成果公平地分配给社会成员。换句话说，效率是指经济蛋糕的大小，而平等是指如何分割这块蛋糕。在制定政府政策时，这两个目标往往是不一致的。

例如，考虑一下目的在于实现更平等地分配经济福利的政策。某些这类政策，如福利制度或失业保障，是要帮助那些最需要帮助的社会成员。另一些政策，如个人所得税，是要求经济上成功的人士对政府的支持比其他人更多。虽然这些政策对实现更大平等有好处，但它却以降低效率为代价。当政府把富人的收入再分配给穷人时，就减少了对辛勤工作的奖励；结果，人们工作少了，生产的物品与劳务也少了。换句话说，自政府想要把经济蛋糕切为更均等的小块时，这块蛋糕也就变小。

认识到人们面临交替关系本身并没有告诉我们，人们将会或应该作出什么决策。一个学生不应该仅仅由于要增加用于学习经济学的时间而放弃心理学的学习。社会不应该仅仅由于控制环境降低了我们的物质生活水平而不再保护环境。然而，认识到生活中的交替关系是重要的，因为人们只有了解他们可以进行的选择，才能作出良好的决策。

（资料来源：梁小民．微观经济学纵横谈．北京：生活·读书·新知三联书店，2005.）

2.2 经济学十大原理

(1) 原理一：人们面临权衡取舍。“鱼与熊掌不可兼得”，为了得到一件东西，通常不得不放弃另一件东西。在人类社会里，人们面临各种不同的权衡取舍。典型的是在“大炮与黄油”之间的选择，当一个社会的支出更多地运用在保卫海岸线上免受外国入侵的时候（大炮），用于提高国内生活水平的消费品（黄油）就少了。学生面临如何分配学习时间的选择，父母在购物、旅游和储蓄间面临选择，社会面临效率与平等的选择。在现代社会里，同样重要的是清洁的环境和高收入水平之间的权衡取舍。认识到面临权衡取舍本身并没有告诉人们将会或应该做出什么决策。然而，认识到生活中的权衡取舍是重要的，因为人们只有了解了他们面临的选择，才能做出良好的决策。

(2) 原理二：某种东西的成本是为了得到它而放弃的东西。一种东西的机会成本（opportunity cost）是为了得到这种东西所放弃的东西。考虑上大学的决策，成本不是住房和伙食，因为即使不上大学，也要租房和吃饭。最大的成本是时间，如果把上大学的时间用于工作，能赚到的工资就是上大学最大的单项成本。例如，很多正值上大学年龄的职业运动员如果放弃运动而上大学，可能每年少赚几百万美元，因此他们上大学的成本比普通人高得多。这也是为什么许多职业运动员一定要退役后才去上大学的原因。

(3) 原理三：理性人考虑边际量。“边际量”是指某个经济变量在一定的影响因素下发生的变动量。许多决策涉及对现有行动计划进行微小的增量调整，经济学家把这些调整称为边际变动。个人和企业通过考虑边际量，将会做出更好的决策。假设一架 200 个座位的飞机飞一次的成本是 10 万美元，每个座位的成本是 500 美元，有人会说：票价决不应低于 500 美元。但是当飞机即将起飞时仍有 10 个空座，在登机口等退票的乘客愿意支付 300 美元买一张票时，应该卖给他吗？当然应该。如果飞机有空座，多增加一位乘客的成本微乎其微。虽然一位乘客飞行的平均成本是 500 美元，但是边际成本仅仅是这位额外的乘客将消费的一包花生米和一杯饮料而已。只有一种行动的边际收益大于边际成本，一个理性决策者才会采取这项行动。

(4) 原理四：人们会对激励做出反应。由于人们通过比较成本与利益做出决策，所以，当成本或利益变动时，人们的行为也会改变。这就是说，人们会对激励做出反应。然而，政策有时也会有事先并不明显的影响。在分析任何一种政策时，我们不仅应该考虑直接影响，而且还应该考虑通过激励发生的间接影响。如果政策改变了激励，那就会使人们改变自己的行为。

(5) 原理五：贸易能使每个人状况更好。贸易使每个人可以专门从事自己最擅长的活动。也许你在新闻中听到过，在世界经济中日本人是美国人的竞争对手。实际上，两国之间的贸易可以使两个国家的状况都变得更好。从某种意义上说，经济中每个家庭都与所有其他家庭竞争。尽管有这种竞争，但把你的家庭与所有其他家庭隔绝开来并不会使大家过得更好。通过与其他人交易，人们可以按较低的成本获得各种各样的物品与劳务。

(6) 原理六：市场通常是组织经济活动的一种好方法。市场经济是许多企业和家庭在物品与劳务市场上相互交易时通过他们的分散决策配置资源的经济。在一个市场经济中，中央计划者的决策被千百万企业和家庭的决策所取代。这些企业和家庭在市场上相互交易，价格和利益引导着他们的决策，他们仿佛被一只“看不见的手”所指引，产生了合理的市场结果。

(7) 原理七：政府有时可以改善市场结果。为什么我们需要政府呢？一种回答是，看不见的手需要政府来保护它。只有产权得到保障，市场才能运行。但是，还有另一种回答。政府干预经济的原因有两类：促进效率和促进平等。尽管看不见的手通常会使市场有效地配置资源，但情况并不总是这样。经济学家用市场失灵（market failure）这个术语来指市场本身不能有效配置资源的情况。市场失灵的一个可能原因是外部性，例如，如果一家化工厂不承担排放烟尘的全部成本，它就会大量排放烟尘。另一个可能原因是市场势力，假设镇里只有一口井，这口井的所有者对水的销售就有市场势力。政府有时可以改善市场结果，并不意味着它总能这样。

(8) 原理八：一国的生活水平取决于它生产物品与劳务的能力。世界各国生活水平的差别是惊人的。1993 年，美国人的平均收入为 2.5 万美元，墨西哥人的平均收入为 7000 美元，而尼日利亚人的平均收入为 1500 美元。几乎所有生活水平的变动都可以归因于各国生产率（productivity）的差别——一个工人 1 小时所生产的物品与劳务量的差别。一国的生产率增长程度决定了平均收入增长率。生产率与生活水平之间的关系对公共政策也有深远的含义。在考虑任何一项政策如何影响生活水平时，关键问题是这项政策如何影响生产物品与劳务的能力。

(9) 原理九：当政府发行了过多货币时，物价上升。1921 年 1 月，德国一份日报价格为 0.3 马克。不到 2 年，1922 年 11 月，一份同样的报纸价格为 7000 万马克。经济中所有其他价格都以类似的程度上升。这个事件是历史上最惊人的通货膨胀的例子，通货膨胀是经济中物价总水平的上升。在大多数严重或持续的通货膨胀情况下，罪魁祸首总是相同的：货币量的增长。当一个政府创造了大量本国货币时，货币的价值下降了，物价相应地就上升了。

(10) 原理十：社会面临通货膨胀与失业之间短期权衡取舍。当政府增加经济中的货币量时，一个结果是通货膨胀，另一个结果是至少在短期内降低失业水平。说明通货膨胀与失业之间短期权衡取舍的曲线被称为菲利普斯曲线（Phillips curve），这个名称是为了纪念第一个研究了这种关系的经济学家而命名的。货币量增加，提升支出水平，从而刺激物品与劳务需求；长期的高需求引起高物价，继而引起企业更多的生产、更多的雇佣；更多的雇佣意味着更少的失业。目前经济学家仍对菲利普斯曲线有所争议，但大多数经济学家接受了这样一种思想：通货膨胀与失业之间存在短期权衡取舍。这就意味着，在一两年的时间内，许多经济政策在相反的方向推动通货膨胀与失业。无论通货膨胀和失业从高水平开始（如 20 世纪 80 年代初期的情况），还是从低水平开始（如 20 世纪 90 年代后期的情况），或者从这两者之间某个地方开始，决策者都面临这种权衡取舍。

2.3 经济学的分类和研究方法

2.3.1 经济学的分类

在社会科学中，经济学是内容最广、分类最杂的学科之一。从研究的方法论来说，可以按照惯例大致分为以下几类。

2.3.1.1 政治经济学和西方经济学

国内按照经济学的阶级性质，分为政治经济学与西方经济学。前者指以《资本论》为基础编写的马克思主义政治经济学，后者指资本主义国家流行的资产阶级经济学。

马克思主义政治经济学的研究对象是生产关系，即社会经济活动中人与人的关系。马克思以辩证唯物论的高度洞察力，第一次科学地剖析资本主义经济运动的特殊规律和一切商品经济运动的一般规律。西方经济学家也将《资本论》与《国富论》、《通论》并列为经济学说史上三本划时代巨著，不少高等学校一直开设有关《资本论》课程，即使苏东剧变以后，西方马克思主义学派仍然在活跃着。但是，作为革命导师，马克思对经济学的研究首先服务于无产阶级争取解放的斗争，只在阐明资本主义发生、发展所必需时，才涉及商品经济的运行机制。对于一门经济科学来说，这显然是不够的。同样，根据马克思、恩格斯当初对生产力高度发达的社会主义设想而编写的政治经济学社会主义部分，也是阐明如何尽快建立和完善社会主义生产关系，及早过渡到共产主义，这不符合社会主义初级阶段的实际，也不能满足社会主义市场经济的需要。尽管如此，马克思主义经济学的基本原理，仍然是我们建立社会主义经济学的理论基础。2004 年初，中央已经开始着手马克思主义理论研究和建设工程，以“十年磨一剑”的精神，形成体现当代中国马克思主义最新理论成果，具有中国特色、中国风格、中国气派的政治经济学教材。

西方经济学通常将资本主义制度作为既定前提，以资本主义经济运行作为研究对象，具有两重性：(1) 辩护性。它回避资本主义制度的特殊性，宣扬资本主义制度的永恒性，将资本主义的经济运行当作一切社会制度普遍适用的范式。作为资产阶级的意识形态，它必然为资本主义服务。(2) 科学性。商品经济随着资本主义制度得到充分发展，西方经济学在总结市场经济运行规律方面，也具有不同程度的科学成分。毕竟，它是西方经济学家几百年来对市场经济研究的共同结晶。而就经济运行来说，社会主义市场经济与资本主义市场经济基本相似。有鉴于此，我国已将西方经济学与政治经济学一起，作为高等院校经济学、管理学专业的核心课程。正如 100 多年前马克思参考 1400 多本西方经济学著作写成《资本论》一样，今天建设社会主义市场经济学同样离不开西方经济学。

2.3.1.2 制度经济学与数量经济学

制度经济学（institutional economics）泛指对社会制度-结构以归纳法进行定性分析的一类经济学。这里的制度的含义比经济制度广泛得多，包括心理、思想、习惯、风俗、文化、伦理、道德、权力、利益、技术、组织、法制等几乎所有社会现象，因而远远超出传统经济学的范围，涉及历史学、政治学、社会学、心理学、伦理学、法学等社会科学。制度经济学认为，这些非经济因素对经济因素具有决定作用，应当成为经济学的研究对象。早期的制度经济学反对纯经济分析和数量分析，他们通过广泛的制度分析，指出资本主义社会的种种弊端，主张政府实行强有力的结构改革和社会统治。而近代兴起的一种新制度经济学，则从“交易费用”出发，研究产权理论、企业理论、委托-代理关系、内部人控制、激励机制等问题，有时也使用数量分析，他们反对国家的任何干预，因而比新古典学派更加自由。

与制度经济学相比，数量经济学（quantitative econnmics）在西方居于主流地位。数量经济学泛指对社会经济运行以演绎法进行定量分析的一类经济学。它将经济学、统计学、数学和计算机技术结合起来，研究经济运行的规律性，包括数理经济学、计量经济学、投入产出经济学、经济控制论、信息经济学、对策论等（图2-3）。数量经济学并不否认经济与社会紧密联系，但将一定的社会条件作为基本假设，运用现代数学方法模拟经济运行，深入揭示仅靠定性分析难以表达的错综复杂关系及其变动趋势，并提出相应的预测和决策，号称“社会实验室”。距今300多年前，牛顿的《自然哲学的数学原理》和配第的《政治算术》同时开辟了自然科学和社会科学数量化的时代。古诺的《财富理论的数学原理研究》发表以后，西方经济学日益运用数学作为分析手段，“二战”以后更是所谓“计量经济学时代”：西方的经济学教科书和论文绝大部分都有经济模型；发达国家的决策研究几乎都以经济模型作为工具；在诺贝尔经济学奖获得者中，3/4以上都是数量经济学家。

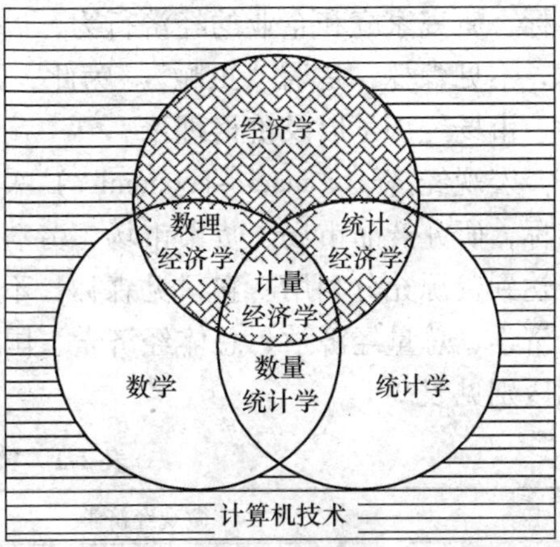

图2-3　数量经济学是经济学与数学、统计学、计算机技术的交叉学科

任何事物都有其质和量的规定性，没有无量的质，更没有无质的量。定性分析必须通过定量分析加以深化，定量分析又必须服从和服务于定性分析，两者是互补关系，而不是替代关系，必须紧密结合。只强调一方而忽视另一方，或者企图以一方代替另一方，都是片面的。

2.3.1.3　规范经济学和实证经济学

实证经济学（positive economics）是根据一定假设，分析经济体系是怎样运行的，为何这样运行，然后预测将会怎样运行。它只是就事论事，说明是什么和为什么，明确事物之间的因果关系，以达到“如果这样，将会怎样”的目的。至于这种因果关系是好是坏，它不作判断，即价值中性。就像天文学研究月亮多长时间绕地球一圈，为什么这么长时间绕地球一圈，什么时候将发生日月食一样。显然，这种分析是建立在其他天体既定且不变的假定之上的。如果对其他天体的假定不实或者其他天体有变，这种分析就变得毫无意义。

与实证经济学不同，规范经济学（normative economics）对经济运行状态具有价值判断，要明确好坏，应当怎样。就像占星术，预卜凶吉，若发生月食，则“天狗吃月亮，必有大灾”。又如，公平是人们共同追求的目标，但什么叫公平，不同的人就有不同的判断：有人认为应该是收入公平，有人认为应该是权利公平，有人认为应该是机会公平。同是收入公平，有人认为绝对平均是公平，有人认为对于不同付出的人绝对平均反而不公平。

实际上，规范经济学与实证经济学是难以截然分开的。规范经济学必须以实证经济学为基础，如果人们不清楚“是什么”，就难以断定“应怎样”；反过来，人们在实证“是什么”特别是“将怎样”时，也不可能完全排除价值的判断。

2.3.1.4　微观经济学与宏观经济学

微观经济学（micro-economics）采用个量分析法，以市场价格为中心，以主体利益为目标，研究家庭和企业的经济行为，以及怎样通过市场竞争达到资源最优配置。它只见树木，不见森林，是谓“虫瞰”。为此，微观经济学又叫小经济学、个量经济学、个体经济学、市场经济学以及价格理论。

宏观经济学（macro-economics）采用总量分析法，以国民收入为中心，以社会福利为目标，研究产品市场、货币市场、劳动市场、国际市场的协调发展，以及怎样通过宏观调控达到资源充分利用。它只见森林，不见树木，是谓“鸟瞰”。为此，宏观经济学又叫大经济学、总量经济学、总体经济学、国民经济学以及收入理论。宏观经济学与微观经济学的区别见表2-1。

表2-1　微观经济学与宏观经济学

	微观经济学	宏观经济学
又名	小经济学，个体经济学，价格理论	大经济学，总体经济学，收入理论
理论依据	新古典经济学为主	新凯恩斯主义经济学为主
基本假设	资源稀缺，充分就业	需求不足，存在失业
分析方法	个量分析法	总量分析法
分析对象	以家庭、企业等经济个体为主	以整个国民经济总体为主
研究中心	市场价格	国民收入
主要目标	个体利益最大	社会福利最大

在古典经济学中，微观与宏观是不分的，或者说是混合的。19世纪中叶，新古典经济学以《国富论》为滥觞，采用个量分析法，形成微观经济学。到20世纪30年代，凯恩斯发表《通论》，采用总量分析法，通称宏观经济学。

需要强调的是，微观经济学与宏观经济学既有区别又有联系。从微观或宏观分析同一问题，结论可能不同。例如，从微观上看，若一个企业降低工资，便可以降低成本，增加利润；但从宏观上看，若所有企业都降低工资，有效需求将不足，最后导致所有企业利润下降。但是，微观与宏观又是互相补充、相辅相成的。微观以资源充分利用为前提，研究资源最优配置；宏观则以资源最优配置为前提，研究资源充分利用。市场机制具有种种局限性，不能解决垄断、公平等重大问题，必须在宏观调控下才能真正做到资源的最优配置。宏观调控也必须以市场机制为基础，运用各种经济杠杆，才能真正做到资源的充分利用。因此，目前正出现以微观为基础，两者互相渗透、彼此结合的趋势。斯蒂格利茨认为：“在过去几十年间，经济学家开始对微观经济学和宏观经济学的分裂提出疑问。整个经济学界逐渐认识到宏观经济行为必须和作为它的基础的微观经济原理联系在一起；经济学原理应该是一套，而不是两套。”

2.3.1.5　综合经济学与分类经济学

根据研究内容，经济学可以分为综合经济学和分类经济学。综合经济学全面反映经济学的理论体系，属于理论经济学，但内容有深有浅，可以分为初级经济学、中级经济学、高级经济学等不同层次。初级经济学通常以文字叙述经济学的基本内容，辅以必要的几何、代数等初等数学描述。中级经济学反映当代主流经济学的内容，并以微积分、线性代数、概率论、数理统计、对策论等高等效学加以描述。高级经济学则往往因派而异，内容差别很大，有的会使用泛函分析等相当艰深的现代数学方法。

分类经济学是经济学的不同分支，有偏重理论的，但大多重在应用，也叫应用经济学。诸如货币银行学、公共财政学、国际经济学、发展经济学、比较经济学、管理经济学、城市经济学等。此外，几乎每个部门或专业都可以有自己的经济学，如农业经济学、工业经济学、技术经济学、教育经济学、环境经济学等。这些分支都是研究经济学在某一特定领域里的应用。

2.3.2 经济学的研究方法

2.3.2.1 实证分析与规范分析

实证分析是解决“是什么”的问题。研究实际经济体系是怎样运行的，经济本身的客观规律与内在逻辑，分析经济变量之间的关系。实证分析的内容具有客观性，得出的结论可以根据事实来进行检验。实证分析不涉及价值判断。

规范分析是解决“应该是什么”的问题，从一定的社会价值判断标准出发，根据这些标准，对一个经济体系的运行进行评价。价值判断是以经济学家个人或社会的观点来看是“好或不好”，对经济现象或经济事物进行判断。它要回答为什么作出这种选择而不是另一种选择，经济生活应该如何安排，应该生产哪些产品和劳务等问题。

规范分析和实证分析都是十分有用的分析方法，而且能够互相补充，更加深刻地揭示经济现象的本质。例如，对提高知识分子待遇的实证分析不可能离开规范分析，因为经济学家们必须首先研究此一举措值不值得，必须首先回答“应该”还是“不应该”的问题才能进一步解决其他问题。而且，此一举措一旦付诸实施，则必须研究“什么样的资金来源是更好的”这一问题，这同样是规范分析的内容。与此同时，规范分析也离不开实证分析。要对这样的举措做出“好”与“坏”、“应该”与“不应该”的评价，首先必须弄清政府为什么要这么做以及这样做的后果是什么等问题，这正是实证分析的内容。

2.3.2.2 均衡分析与边际分析

均衡分析就是在假定经济体系中的经济变量既定的条件下，考察体系达到均衡时所出现的状态以及实现均衡所需要的条件。均衡分析可分为局部均衡分析和一般均衡分析。局部均衡分析在分析一种商品价格的决定时，总是假定“其他条件不变”，即假定该种商品的价格不受其他商品的价格和供求的影响，仅取决于其本身的供求状况。这种分析方法由马歇尔首创，用于单个市场的均衡分析。一般均衡分析在分析商品的价格决定时，不仅考虑其本身的供给与需求，还要考虑其他商品的价格及供求情况，一种商品价格和供求的均衡，以所有商品的价格和供求的均衡为前提。一般均衡分析方法由瓦尔拉斯首创，用于多个市场的均衡分析。

边际分析方法是指研究一种可变因素的数量变动会对其他可变因素的变动产生多大影响的方法。边际分析法就是运用导数和微分方法研究经济运行中微增量的变化，用以分析各经济变量之间的相互关系及变化过程的一种方法。边际即“额外的”、“追加”的意思，指处在边缘上的“已经追加上的最后一个单位”，或“可能追加的下一个单位”，属于导数和微分的概念，就是指在函数关系中，自变量发生微量变动时，在边际上因变量的变化，边际值表现为两个微增量的比。说的确切一些，自变量增加 1 个单位，因变量所增加的量就是边际量。比如说，生产要素（自变量）增加 1 个单位，产量（因变量）增加了 2

个单位，这因变量增加的2个单位就是边际产量。或者更具体一些，运输公司增加了一些汽车，每天可以多运200多名乘客，这200名乘客是边际量。边际分析法就是分析自变量变动1个单位，因变量会变动多少的方法。这种分析方法广泛运用于经济行为和经济变量的分析过程，如对效用、成本、产量、收益、利润、消费、储蓄等的分析多有边际概念。

2.3.2.3 静态分析与动态分析

在均衡分析中，一般假定外在因素是已知的和既定的，考察内在因素达到均衡状态的条件和在均衡状态下的情况。这种分析又被称作静态分析。

如果自变量中的一部分或全部发生了变化，那么，重新考虑同一问题时，会有两种不同的方法。一种方法是，先对变化之后的自变量再作一次静态分析，分析自变量变化后因变量达到均衡状态的情况，然后对变化前后两套不同外界因素条件下的因变量值进行比较，但不考察从原均衡状态到新均衡状态的变化过程。这种分析方法被称作比较静态分析，依然属于静态分析的范畴。第二种分析方法则要考察两个均衡状态之间的变化过程，这种方法被称为动态分析。通过动态分析可以了解在外界条件发生变化后，经济活动达到新的均衡状态所需的时间、经过的路径，等等。某些经济活动在受到外界干扰、偏离原均衡点后，会迅速收敛重新达到均衡状态；有些则需要一段漫长的调整；还有一些可能永远也达不到理论中的新的均衡状态，而是呈周期性上下波动，甚至向外发散，越来越背离均衡点。

本章小结

经济学研究的是一个社会如何利用其稀缺的资源以生产有价值的物品和劳务，并将它们在不同的人中间进行分配。人们的选择行为基于资源的稀缺性，因此稀缺性是经济学分析的出发点和前提条件，选择行为是经济学分析的对象，资源的有效配置是经济学分析的中心目标。本章主要介绍了经济学的基本理论，经济学要研究解决的五个基本问题，生产什么、怎么生产、为谁生产、何时生产以及谁做决策。重点论述了经济学的十大原理。经济学的几种分类包括：政治经济学和西方经济学、制度经济学与数量经济学、规范经济学和实证经济学、微观经济学与宏观经济学、综合经济学与分类经济学。经济学主要的研究方法有实证分析与规范分析、均衡分析与边际分析、静态分析与动态分析。

3 市场供求原理

从某种意义上说，经济学就是研究市场供求，这是贯彻始终的基本原理。谚语“一只鹦鹉学会叫供求，就可以称得上经济学家”，指的就是这个意思。本章主要分析经济学中的需求和供给理论，重点讨论需求和供给的变动对均衡价格的影响。

3.1 需求与供给

3.1.1 需求理论

3.1.1.1 需求

需求是指在某一特定期间，在各种可能的价格下，消费者愿意而且能够购买的某种商品的数量。需求不同于需求量。需求是不同价格与相应的需求量之间的关系；而需求量是消费者在某一既定时期在某种价格时计划购买的数量，在特定的时间内，消费者对一定数量的产品所愿意支付的最高价格，叫需求价格。

消费者对某种商品产生需求必须具备两个条件：第一，消费者有购买欲望；第二，消费者有支付能力。需求由欲望产生，需求是欲望与支付能力的统一。需求分为个人需求和市场需求两个方面。个人需求是指单个消费者对某种商品的需求；市场需求是所有个人需求的总和。

3.1.1.2 需求表和需求曲线

需求可以用需求表和需求曲线来表示。

(1) 需求表。需求表是描述在某种特定时间内，在其他条件不变的情况下，消费者对某商品在不同价格水平下形成的需求数量的一个表列。需求表实际上是用算术表格的形式来表述需求这个概念，它可以直观地表明价格与需求量之间的一一对应关系。表 3-1 是某种商品的需求表。它描述了一定时期内，某一市场某种商品在各种不同价格下的个人需求量和市场需求量的变化状况。

表 3-1　某商品需求表

价格	个人需求量					市场需求量
	甲	乙	丙	丁	…	
6	1	2	4	6	…	200
5	2	3	6	8	…	250
4	3	4	8	12	…	300
3	5	7	11	15	…	370
2	7	9	15	20	…	460
1	9	12	16	25	…	600

（2）需求曲线。用图示法把需求表中需求量与商品价格之间的关系表示出来，可以得到一条曲线，这就是需求曲线。英国经济学家马歇尔在经济分析中，为了与数学上的习惯相区别，以横轴代表因变量，以纵轴代表自变量。如图3-1所示，图中横坐标Q代表需求量，纵坐标P代表商品价格，D为需求曲线，从图中可以看到需求曲线呈现出从左上方向右下方倾斜的特征，表明商品需求量与其价格之间存在反方向变动的关系。

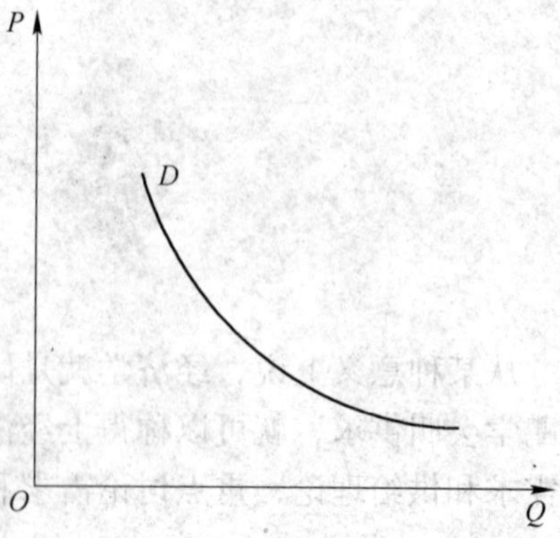

图3-1 需求曲线

需求曲线可以是直线型的，也可以是曲线型的。当需求函数为一元一次线性函数时相应的需求曲线是一条直线；当需求函数为非线性函数时，相应的需求曲线是一条曲线。

3.1.1.3 需求定理

需求定理是说明某种商品价格与其需求量之间关系的理论。其基本内容是：在其他条件不变的情况下，某种商品的需求量与其价格之间呈反方向变动，即需求量随着商品本身价格的上升而减少，随商品本身价格的下降而增加。

需求定理描述了市场的一般规律，它以影响需求量的其他因素不变为前提条件。如果离开了这一前提条件，需求定理就无法成立。例如，如果人们的收入水平提高了，即使商品的价格上升，消费者对该商品的需求量也不一定减少，即商品本身的价格与需求量不一定呈反方向变动。

3.1.1.4 需求量的变动和需求的变动

在经济分析中，要严格区分需求量的变动和需求的变动。

需求量的变动是指在影响需求的其他因素不变的情况下，由于商品本身的价格变动所引起的购买量的变动。如图3-2所示，当价格为P_0时，需求量为Q_0；当价格由P_0上升至P_1时，需求量由Q_0减少至Q_1；当价格由P_0降至P_2时，需求量由Q_0增加至Q_2。需求量的变动表现为在同一条需求曲线上的点的移动。

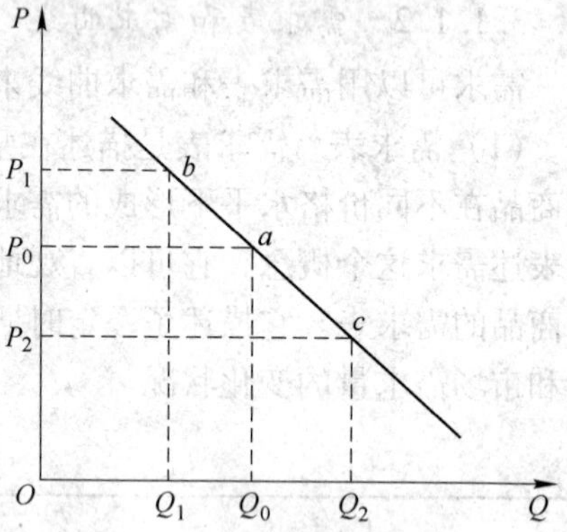

图3-2 需求量的变动

需求的变动是指商品本身的价格不变，由其他任何一种影响需求的因素变动所引起的需求的变动。在特定的商品价格下，如果消费者的需求量增加，则需求曲线向右移动，并相应地称为需求增加；反之，如果需求量减少，则需求曲线向左移动，并相应地称为需求减少。如图3-3所示，当火车票价格为P_0时，需求曲线是D_0，需求量是Q_0；尽管价格不变，在春运期间需求量由Q_0猛增至Q_2，需求曲线从D_0移动到D_2；在淡季，尤其是2003年“非典”期间，需求量则由Q_0锐减至Q_1，需求曲线从D_0移动到D_1。

3.1.1.5 影响需求的因素

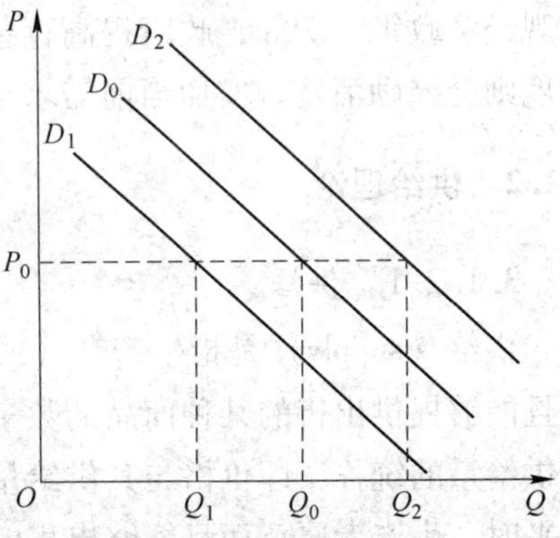

图 3-3 需求的变动

影响需求的因素有很多，既有经济因素，也有非经济因素，概括起来主要包括以下几点。

（1）相关商品的价格。需求不仅取决于商品自身的价格，也在相当程度上受其他商品价格的影响。在其他商品中，有两类商品的价格影响最大。一是替代品（substitutes），即在消费中相当程度上可互相代替的商品，如猪肉与牛肉，可口可乐与百事可乐等。一般来说，某种商品的替代品价格越高，就显得这种商品相对越便宜，因而对这种商品的需求会增加；反之则相反。例如，如果猪肉的价格上涨，牛肉的价格相对猪肉来说会显得较为便宜，人们就会用牛肉去替代猪肉，从而增加对牛肉的需求。二是互补品（complements），即经常放在一起消费的商品，如汽车与汽油、钢笔与墨水等。显然，如果汽油价格暴涨，使用汽车就会变得昂贵，因而对汽车的需求会下降。因此，当某种商品的互补品价格上涨时，这种商品的需求也会随之减少。

（2）消费者的收入水平。一般说来，收入与需求是正相关的，即在别的条件不变的情况下，收入越高，对商品的需求就越多，这是因为较高的收入代表了较高的购买能力和支付能力，而需求是受支付能力约束的。

（3）消费者对未来的预期。预期包括消费者对自己未来收入和商品价格走势的预期。这种预期影响人们的购买意愿，从而影响需求。一般而言，消费者如果预期未来收入水平提高、商品价格上涨，则会增加现在的需求；反之，如果预期未来收入水平降低、商品价格下降，则会减少现在的需求。

（4）人口的数量与结构。人口数量的增减直接影响需求的变动，人口数量的增加会使需求增加，人口数量的减少会使需求减少。例如，很多西方国家认定中国是一个巨大的市场而纷纷到中国开厂设店，原因就在于中国人口数量众多，从而造就了巨大的市场需求。

人口结构的变动主要影响需求的构成，从而影响某些商品的需求。例如，在人口老龄化国家，碳酸饮料、时髦服装、滑雪等刺激性运动项目的需求就会减少，而保健品和老年常用药品的需求则会增加。

（5）消费者的偏好。偏好是指人们对某一事物的喜爱程度。人们只有喜欢某件商品才有购买的欲望，因此，在价格不变的情况下，对商品偏好的上升会增加该商品的需求量。偏好既与消费者的个人爱好和个性有关，也与整个社会风俗、时尚有关。而一些时效性较强的商品（如流行时装、音乐唱片）的需求对社会偏好十分敏感，即使价格不变，由于社会时尚的改变、流行时髦的变迁，需求量也会有急剧的变化。广告往往也对人们的偏好产生重要影响。例如一些明星的广告，会对一些“追星族”起到示范效应，从而增加对该广告商品的需求。

（6）政府的有关政策。政府的有关政策主要是指政府影响市场和消费者行为的微观或宏观经济政策。例如，政府提高存款利率会使储蓄增加，减少当前需求；而实行消费信贷制度则会鼓励消费，增加当前需求。

3.1.2 供给理论

3.1.2.1 供给

供给（supply）是指生产者（或出售者）在一定时期内，在各种可能的价格下，愿意并且能够提供出售的某种商品的数量。供给不同于供给量。供给是不同价格下所对应的不同供给量的统称，即价格与其供给量之间的数量对应关系；而供给量是在某一既定的价格水平时，生产者愿意而且能够出售的商品数量。在特定时间内，企业对一定数量的产品所愿意出售的最低价格，叫供给价格。

与需求的概念一样，供给也必须同时具备两个条件：一是供给欲望；二是供给能力，其中包括新生产的产品和过去的存货。因此，如果不是出自生产者自身的意愿或者有意愿而没有供给能力的，都不是经济学意义上的供给。

供给也分为个人供给和市场供给两个方面。个人供给是指单个生产者对某种商品的供给；市场供给是指该种商品市场上所有个人供给的总和。

3.1.2.2 供给表和供给曲线

供给可以用供给表和供给曲线来表示。

（1）供给表。供给表是描述在某种特定时间内，在其他条件不变的情况下，生产者对某商品在不同价格水平下所形成的供给数量的一个表列。供给表实际上是用算术表格的形式来表述供给这个概念，它可以直观地表明价格与供给量之间的一一对应关系。表3-2是某种商品的供给表。它描述了一定时期内，某一市场某种商品在各种不同价格下的个人供给量和市场供给量的变化情况。

表3-2 某商品的供给表

价格	个人供给量					市场供给量
	A	B	C	D	…	
6	70	60	80	6	…	620
5	60	55	70	8	…	490
4	50	50	60	12	…	420
3	40	45	50	15	…	360
2	30	40	40	20	…	280
1	20	35	30	25	…	230

（2）供给曲线。用图示法把供给表中供给量与商品价格之间的关系表示出来，可以得到一条曲线，如图3-4所示就是供给曲线。图3-4中横坐标 Q 代表供给量，纵坐标 P 代表商品价格，S 为供给曲线，从图中可以看到供给曲线呈现出从左下方向右上方倾斜的特征，表明商品供给量与其价格之间存在同方向变动的关系。

供给曲线可以是直线型的，也可以是曲线型的。当供给函数为一元一次线性函数时相应的供给曲线是一条直线；当供给函数为非线性函数时，相应的供给曲线是一条曲线。

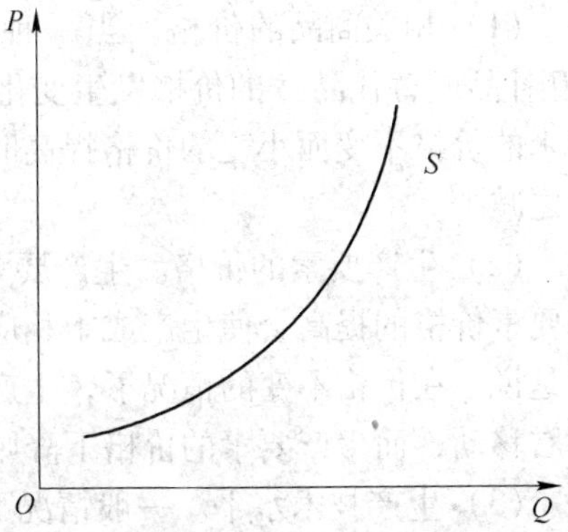

图 3-4　供给曲线

3.1.2.3　供给定理

供给定理是说明某种商品价格与其供给量之间关系的理论。其基本内容是：在其他条件不变的情况下，某种商品的供给量与其价格之间呈同方向变动，即供给量随着商品本身价格的上升而增加，随商品本身价格的下降而减少。

与需求定理一样，供给定理以影响供给量的其他因素不变为前提条件。如果离开了这一前提条件，供给定理就无法成立。例如，当技术进步时，即使某种商品的价格下降，供给量也会增加。

3.1.2.4　供给量的变动和供给的变动

在分析供给问题时，要注意区分供给量的变动与供给的变动。

供给量的变动是指在影响供给的其他因素不变的情况下，由于商品本身的价格变动所引起的生产者供给数量的变动。如图 3-5 所示，当价格为 P_0 时，供给量为 Q_0；当价格由 P_0 上升至 P_1 时，供给量由 Q_0 增加至 Q_1；当价格由 P_0 降至 P_2 时，供给量由 Q_0 减少至 Q_2。供给量的变动表现为在同一条供求曲线上的点的移动。

供给的变动是指商品本身的价格不变，由其他任何一种影响需求的因素变动所引起的生产者供给数量的变动。在特定的商品价格下，如果生产者的供给量增加，则供给曲线向右移动，并相应地称为供给增加；反之，如果供给量减少，则供给曲线向左移动，并相应地称为供给减少。如图 3-6 所示，当商品价格为 P_0 时，供给曲线为 S_0，需求量为 Q_0；尽管价格不变，当供给量由 Q_0 增加至 Q_2 时，供给曲线从 S_0 移动到 S_2；当供给量由 Q_0 减少至 Q_1 时，供给曲线从 S_0 移动到 S_1。

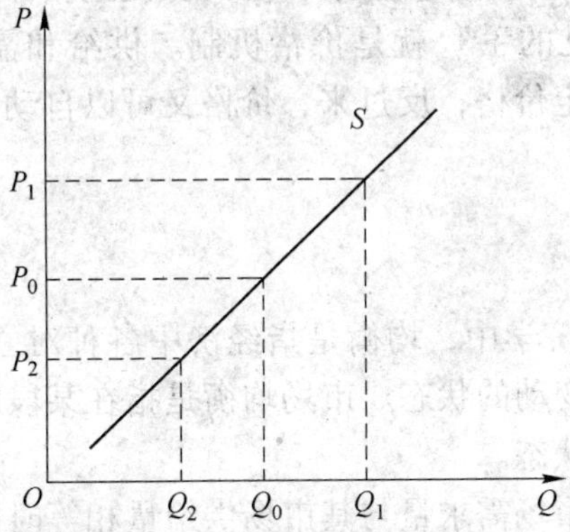

图 3-5　供给量的变动

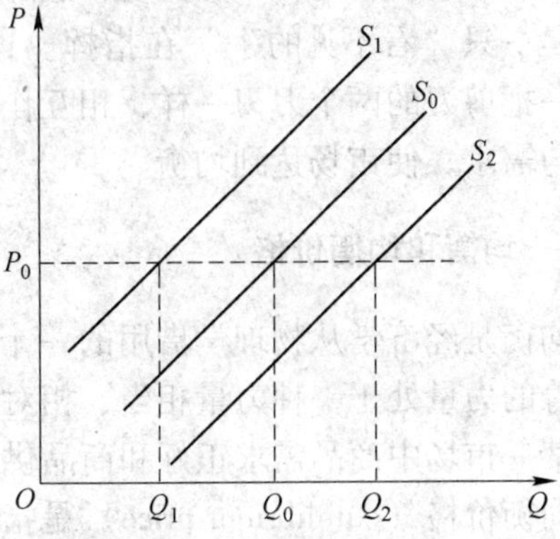

图 3-6　供给的变动

3.1.2.5　影响供给的因素

影响供给的因素很多，既有经济因素，也有非经济因素，概括起来主要包括以下几点：

（1）相关商品的价格。当一种商品本身的价格保持不变，而和它相关的其他商品（互补品或替代品）的价格发生变化时，这种商品本身的供给量也会发生变化。例如，当玉米的价格不变而小麦的价格提高时，小麦的耕种面积就会增加，而玉米的耕种面积就会随之减少。

（2）生产要素的价格。生产要素的价格包括工资、原材料的价格、租金、利息等。生产要素价格的提高会使生产成本相应上升，与任一产品相对应，生产者的要价会提高，也就是说，在价格不变的情况下，生产者所愿意提供的产量会减少，表现为供给曲线向左或向右移动；而生产要素的价格下降则相反。

（3）生产技术水平。一般情况下，生产技术水平的提高可以降低生产成本，增加生产者的利润，生产者会提供更多的产品。例如，某炼钢厂采用了新的燃煤技术，使煤的使用量降低了1/3，生产成本大大下降，因而在钢材价格保持不变的情况下，厂商愿意生产更多的钢材供应市场需要。

（4）生产者对未来的预期。如果生产者预期某种商品价格将要上涨，就会扩大生产规模，增加未来的产品供给。但如果生产者囤积居奇，待价而售，则会使目前的供给减少。如果生产者预期未来的商品价格下降，生产者会减少产品未来的供给。

（5）厂商的数目。在同一行业中，由于市场的供给是单个厂商供给的加总，因此，厂商数目增加，市场供给就会上升；反之则相反。

（6）政府的相关政策。政府采取鼓励投资或生产的政策，可以刺激生产者增加供给；反之，则会减少生产者的供给。例如，当政府为了刺激经济发展而降低某个行业的税率时，生产者的生产积极性会因此而被调动起来，从而增加对这类商品的供给。

3.2 市场均衡

在经济社会中，各种各样的经济活动错综复杂。每一种产品，都有大量的生产者和消费者，供给和需求也在不断变动，怎样来协调如此庞杂的经济活动，使其有机地循环运行呢？是一只“看不见的手”在指挥。这只“看不见的手”就是价格机制。供给和需求，就像一把剪刀的两个刀刃一样，相互作用，共同决定价格；反过来，价格又可以自动调节供给与需求，使市场达到均衡。

3.2.1 均衡和均衡价格

均衡是经济学从物理学借用的一个概念。在经济学中，均衡是指经济中各种对立的、变动着的力量处于一种力量相当、相对静止、不再变动的状态。市场均衡是指在某段时间内，某一市场中商品需求正好和商品供给相等时的状态。

均衡价格（equilibrium price）是指一种商品的市场需求量与其市场供给量相等时的价格。在均衡价格水平下的相等的供求数量称为均衡数量。从几何意义上说，一种商品的均衡价格出现在该商品的市场需求曲线和市场供给曲线相交的交点上，该交点被称为均衡点。均衡点上的价格和相等的供求量分别被称为均衡价格和均衡数量。市场上的需求量和供给量相等的状态，也被称为市场出清状态。如图3-7所示，横轴表示供求量，纵轴表示供求价格，D是需求曲线，S是供给曲线。需求曲线与供给曲线相交于E点，由E点决定

的价格 $\overline{P}$ 为均衡价格，数量 $\overline{Q}$ 为均衡数量。这样的状态便是使买卖双方都感到满意并愿意持续下去的均衡状态。

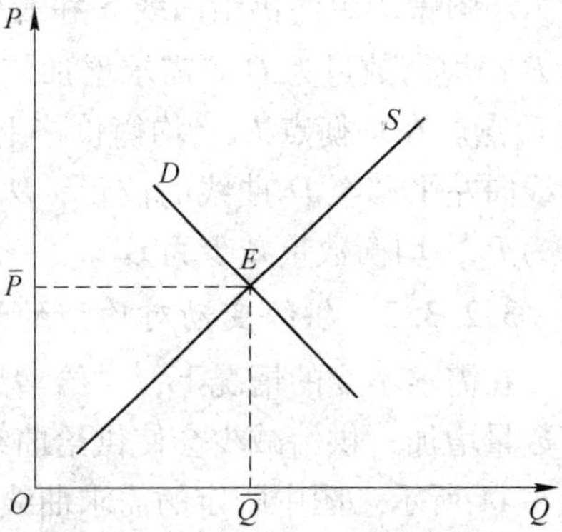

图 3-7　供求的均衡

3.2.2　均衡价格的形成

商品的均衡价格表现为商品市场上需求和供给这两种相反的力量共同作用的结果，它是在市场的供求力量的自发调节下形成的。当价格偏离均衡价格时，市场上会出现需求量和供给量不相等的非均衡状态。

如果价格高于均衡价格，如图 3-8 所示，P_1 较 $\overline{P}$ 越高，人们的需求量 Q_1 就越小，而生产者的供给量 Q_2 却越多，市场会出现商品过剩或超额供给的状况。这时必然会引起供给方内部的竞争，供给者会竞相降价销售并逐步减少商品的供给量，另一方面需求者在压低价格购买时会逐步增加购买量。最终竞争的结果将使价格不断下降，供求数量趋于一致，直到均衡价格和均衡数量为止。

相反，如果价格低于均衡价格，如图 3-9 所示，P_1 较 $\overline{P}$ 越低，人们的需求量 Q_1 就越大，而生产者的供给量 Q_2 却越少，市场会出现商品短缺或超额需求的状况。这时必然会引起购买方内部的竞争，购买者竞相购买会使价格上升并逐步减少购买量，另一方面供给方会因为价格上升愿意增加供给量，最终竞争的结果将使市场价格上升，供求数量趋于一致，直到均衡价格和均衡数量为止。

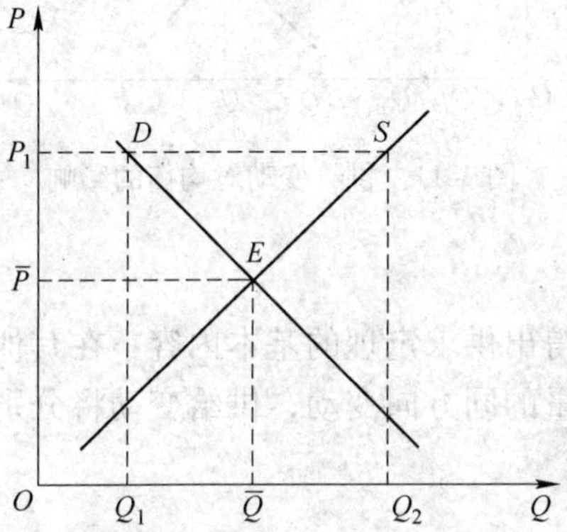

图 3-8　供大于求

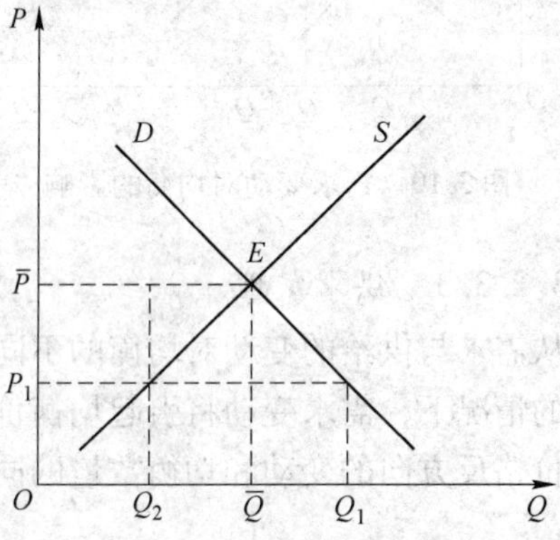

图 3-9　供不应求

由此可见，当实际价格偏离均衡价格时，市场上总是存在着变化的力量，最终达到市场的均衡或市场出清。

3.2.3　均衡变动

3.2.3.1　需求变动对均衡的影响

在供给不变的情况下，需求增加会使需求曲线向右平移，从而使均衡价格和均衡数量都增加；需求减少会使需求曲线向左平移，从而使均衡价格和均衡数量都减少，如图 3-10

所示。图中既定的供给曲线 S 和最初的需求曲线 D_0 相交于 E_0 点。在均衡点 E_0，均衡价格为 $\overline{P}$，均衡数量为 $\overline{Q}$。需求增加使需求曲线向右平移至 D_1 的位置，D_1 曲线与 S 曲线相交与 E_1 点。在均衡点 E_1，均衡价格上升为 P_1，均衡数量增加为 Q_1；相反，需求减少使需求曲线向左平移至 D_2 曲线的位置，D_2 曲线和 S 曲线相交于 E_2 点。在均衡点 E_2，均衡价格下降为 P_2，均衡数量减少为 Q_2。

3.2.3.2 供给变动对均衡的影响

在需求不变的情况下，供给增加会使供给曲线向右平移，从而使得均衡价格下降，均衡数量增加；供给减少会使供给曲线向左平移，从而使均衡价格上升，均衡数量减少，如图 3-11 所示。图中既定的需求曲线 D 和最初的供给曲线 S_0 相交于 E_0 点。在均衡点 E_0 的均衡价格和均衡数量分为 $\overline{P}$ 和 $\overline{Q}$。供给增加使供给曲线向右平移至 S_2 曲线的位置，并与 D 曲线相交与 E_2 点。在 E_2 点均衡价格下降为 P_2，均衡数量增加为 Q_2。相反，供给减少使供给曲线向左平移至 S_1 曲线的位置，且与 D 曲线相交于 E_1 点。在均衡点 E_1，均衡价格上升为 P_1，均衡数量减少为 Q_1。

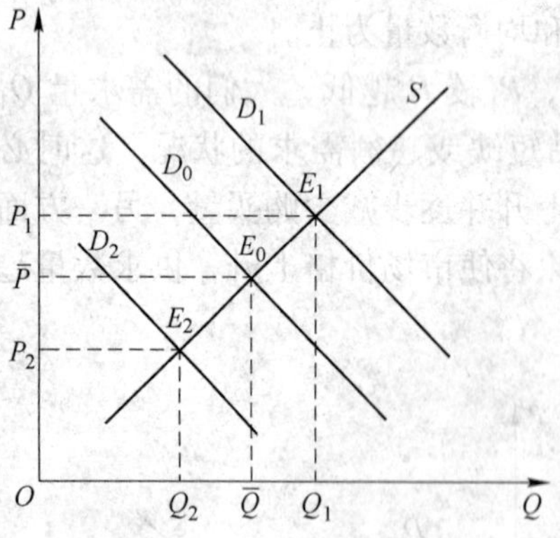

图 3-10 需求变动对均衡的影响

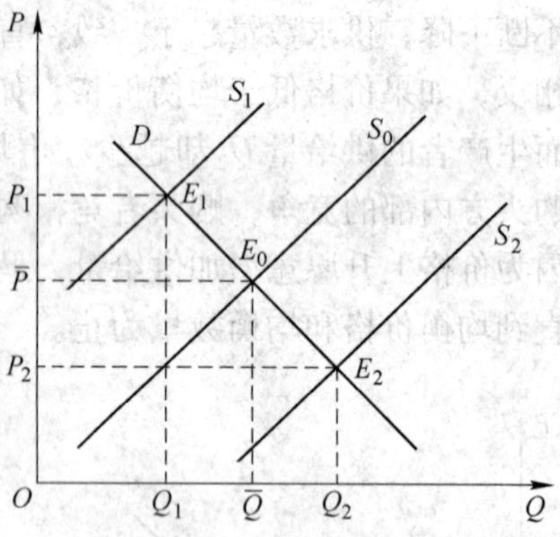

图 3-11 供给变动对均衡的影响

3.2.3.3 供求定理

从需求与供给的变动对均衡的不同影响中可以得出供求定理的基本内容：在其他条件不变的情况下，需求变动将引起均衡价格和均衡数量的同方向变动；供给变动将分别引起均衡价格反方向的变动和均衡数量的同方向的变动。

阅读材料 3-1

雪天的杂货店

1967 年，一场大暴雪使得芝加哥市区的交通瘫痪，外面的生活必需品难以进入，当时还是大学学生的詹姆斯所在住所附近有两家杂货店，一家杂货店以慈悲为怀，坚持在大雪天对店内商品不涨价，其店中的商品很快被抢购一空，但是，因为如此低的价格难以使其以高价自外界继续采购新的商品，这家店很快就关门大吉。另外一家杂货店则将所有的商品和价格暂时提高到原来的 2 倍，同时这家杂货店的老板出高价请当地的孩子乘雪橇从外地运进当地市民需要的各种商品，涨价的杂货店因为能够支付较高的雇佣雪橇拉货的成本，一直在暴雪过程中保证了对居民的基本供应，同时较高的价格也自然促使居民根据新的价格状况调整自己的需求，将自己采购的物品控制在自己能够承担的、确实也是必需的范围内。

（资料来源：张淑云．西方经济学教程．北京：化学工业出版社，2008.）

本章小结

本章主要介绍了需求与供给、市场均衡理论。需求是指在某一特定期间，在各种可能的价格下，消费者愿意而且能够购买的某种商品的数量；需求主要受到商品本身的价格、相关商品的价格、消费者的收入水平、消费者的偏好、消费者对未来的预期、人口数量与结构以及政府的有关政策等因素的影响。供给是指生产者在一定时期内，在各种可能的价格下，愿意并且能够提供出售的某种商品的数量；供给主要受到商品本身的价格、相关商品的价格、生产技术水平、生产要素的价格、生产者对未来的预期以及政府的相关政策等因素的影响。

均衡价格是指一种商品的市场需求量与其市场供给量相等的价格。商品的均衡价格为商品市场上需求和供给这两种相反的力量共同作用的结果。在其他条件不变的情况下，需求变动将引起均衡价格和均衡数量的同方向变动；供给变动将分别引起均衡价格反方向变动和均衡数量同方向变动。

习　题

3-1　填空题

（1）在供给不变的情况下，需求增加，会使需求曲线向（　　）平移，从而使得均衡价格和均衡数量（　　）；需求减少，会使需求曲线向（　　）平移，从而使得均衡价格和均衡数量（　　）。

（2）需求表或需求曲线表示（　　）和（　　）之间的函数关系。

（3）在需求不变的情况下，供给增加，会使供给曲线向（　　）平移，从而使得均衡价格（　　），均衡数量（　　）；供给减少，会使供给曲线向（　　）平移，从而使得均衡价格（　　），均衡数量（　　）。

3-2　选择题

（1）需求曲线是一条向（　　）倾斜的曲线。

A. 右下方　　B. 右上方　　C. 左下方　　D. 左上方

（2）供给曲线是一条向（　　）倾斜的曲线。

A. 右下方　　B. 右上方　　C. 左下方　　D. 左上方

（3）在某一时期内彩色电视机的需求曲线向左平移的原因是（　　）。

A. 彩色电视机的价格上升　　B. 消费者对彩色电视机的预期价格上升

C. 消费者对彩色电视机的预期价格下降　　D. 黑白电视机的价格上升

（4）当某种商品价格下降时，对其互补品最直接的影响是（　　）。

A. 互补品的需求曲线向右移动　　B. 互补品的需求曲线向左移动
C. 互补品的供给曲线向右移动　　D. 互补品的价格上升

（5）除了（　　），下列情况均会引起棉花的供给曲线移动。
A. 棉花的市场价格提高　　B. 棉花的互补商品价格下降
C. 增加28%的工资　　D. 棉花获得丰收

（6）下列（　　）体现了需求规律。
A. 首饰的价格上涨，使其质量得到了提高
B. 磁带的价格提高，录音机的销售量减少
C. 牛肉价格提高，看电影的人数增加
D. 洗衣机的价格下降，使其销售量增加

（7）某月内，X 商品的替代品的价格上升和互补品的价格上升，分别引起 X 商品的需求变动量为 50 单位和 80 单位，则在它们的共同作用下，该月 X 商品的需求数量为（　　）。
A. 增加 30 单位　　B. 减少 30 单位　　C. 增加 130 单位　　D. 减少 130 单位

（8）假如生产某种商品所需原料的价格上升了，这种商品的（　　）。
A. 需求曲线将向左方移动　　B. 供给曲线向左方移动　　C. 供给曲线向右方移动

（9）其他条件不变，牛奶价格下降将导致牛奶的（　　）。
A. 需求下降　　B. 需求增加　　C. 需求量下降　　D. 需求量增加

（10）当出租车租金上涨后，对公共汽车服务的（　　）。
A. 需求下降　　B. 需求增加　　C. 需求量下降　　D. 需求量增加

（11）假设某商品的需求曲线为 $Q = 30 - 9P$，市场上该商品的均衡价格为 4，那么，当需求曲线变为 $Q = 50 - 9P$ 后，均衡价格将（　　）。
A. 大于 4　　B. 小于 4　　C. 等于 4　　D. 无法确定

（12）当某商品的供给和需求同时增加后，该商品的均衡价格将（　　）。
A. 上升　　B. 下降　　C. 不变　　D. 无法确定

3-3　多项选择题

（1）1966 年以前，天主教徒在星期五不许吃肉，他们便吃鱼。1966 年，教皇允许教徒们在星期五吃肉，则（　　）。
A. 鱼的消费量将增加　　B. 鱼的消费量将减少
C. 肉的消费量将减少　　D. 肉的价格将上涨

（2）对西红柿需求的变化，可能是由于（　　）。
A. 消费者认为西红柿的价格太高了　　B. 消费者得知西红柿有益健康
C. 消费者预期西红柿将降价　　D. 种植西红柿的技术有了改进

（3）一种商品的需求量是由许多因素决定的，除价格外，主要因素还有（　　）。
A. 消费者偏好　　B. 商品的预期成本
C. 相关商品价格　　D. 消费者对该商品的价格预期

（4）在得出某棉花种植农户的供给曲线时，下列（　　）因素均保持为常数。
A. 土地的肥沃程度　　B. 技术水平　　C. 棉花的价格　　D. 棉花的种植面积

3-4　简答题

（1）下列要素如何影响对圆珠笔的需求？
1）铅笔的价格下降；
2）纸张的价格上涨；
3）廉价的计算机大量涌入市场；
4）政府增加对圆珠笔生产厂家的税收；

5）由于人口数量下降和老龄化，在校学生数大大下降。

（2）“9.11”恐怖袭击发生后，美国的民航运输业遭到重创，试分析这一事件对下列行业的影响：

1）铁路运输；

2）原油生产；

3）家用电器制造。

（3）下列情况是供给变化还是供给量的变化？

1）气候不好使水稻减产，大米的供给量大幅减少；

2）面粉涨价使面包价格提高；

3）手机价格提高后生产者增加了产量。

（4）根据需求法则，一种产品的需求量与其价格反向变动，为什么这些年来绝大多数产品的需求量与其价格同时上升？

（5）在人们生活中，作为必需品的水无疑比作为高档品的钻石重要得多，但为什么钻石的价格比水高？

3-5　计算题

（1）已知某市鸡蛋市场供给方程式分别为：

$$Q_D = 77 - 7P$$
$$Q_S = -14 + 6P$$

试求：

1）由于家庭收入增加，在各种可能的市场价格下，家庭 A、B、C 对鸡蛋的需求量依次增加 6kg、4kg 和 3kg，问市场需求方程式有何变化？市场均衡价格和均衡数量有何变动（假设整个鸡蛋市场的需求是 A、B、C 这 3 个家庭需求的总和）？

2）由于技术的不断改进，鸡蛋生产成本下降，在各种可能的市场价格下，养鸡场甲、乙、丙对鸡蛋的供给量依次增加 2t、5t 和 6t，问市场供给方程式有何变化？市场均衡价格和均衡数量有何变动（假设整个鸡蛋市场的供给是甲、乙、丙 3 个养鸡场供给的总和）？

3）如果政府从保障人民生活基本需要出发，规定鸡蛋市场价格上限为每千克 6 元，问鸡蛋市场将发生短缺还是过剩，数量是多少？

（2）设某产品的市场需求函数为 $Q_d = 50 - 5p$，其市场供给函数为 $Q_s = -10 + 5p$，求该产品的市场均衡价格和均衡数量。

3-6　应用分析题

案例分析：洛阳纸贵。

在我国西晋，有一位著名的文学家叫左思，他钦慕汉朝班固、张衡的成就，可是对他们的名作《两都赋》《二京赋》又有一点不服气，于是花了 10 年的功夫写了一篇叫《三都赋》的大赋。写成之后，人们都惊叹它不亚于班、张之作，一时竞相传抄，蔚为盛事。但由于那时纸张的生产量比较小，所以当人们都需要用纸张抄写《三都赋》的时候，纸张就供不应求，纸价飞涨。这就是著名的“洛阳纸贵”的故事。

试用均衡价格理论分析纸价的变动原因。

4 弹性理论

弹性是个物理学名词，它是指一种物体对外部力量的反应程度。在经济学中，弹性是指经济变量之间存在函数关系时，因变量变化对自变量变化反应的敏感程度。弹性的大小可用弹性系数来表示。弹性系数是因变量 Y 变动的比率对自变量 X 变动的比率的比值，用 E 来表示，计算公式为：

$$E = \frac{\Delta Y/Y}{\Delta X/X} = \frac{\Delta Y}{\Delta X} \cdot \frac{X}{Y} \tag{4-1}$$

若经济变量的变化量趋于无穷小，即 $\Delta X \to 0$，且 $\Delta Y \to 0$ 时，弹性公式为：

$$E = \lim_{\Delta X \to 0} \frac{\frac{\Delta Y}{Y}}{\frac{\Delta X}{X}} = \frac{\mathrm{d}Y}{\mathrm{d}X} \cdot \frac{X}{Y} \tag{4-2}$$

通常将式（4-1）称为弧弹性公式，将式（4-2）称为点弹性公式。

4.1 需求价格弹性

4.1.1 需求价格弹性的定义及计算公式

需求价格弹性是指商品价格变动所引起的需求量变动的比率，它反映商品需求量变动对其价格变动反应的敏感程度。不同商品的需求量变动对价格变动反应的敏感程度不同，需求价格弹性就不同，一般用需求价格弹性系数来表示其弹性的大小。需求价格弹性系数的基本计算公式为：

$$\text{需求价格弹性系数} = -\frac{\text{需求量率}}{\text{价格率}}$$

需求的价格弹性可以分为弧弹性和点弹性。

需求价格弧弹性表示某商品需求曲线上两点之间的需求量的变动对于价格的变动的反应程度，即需求曲线上两点之间的弹性。计算公式为：

$$E_{\mathrm{D}} = -\frac{\Delta Q/Q}{\Delta P/P} = -\frac{\Delta Q}{\Delta P} \cdot \frac{P}{Q} \tag{4-3}$$

其中 $Q = (Q_1 + Q_2)/2 \quad P = (P_1 + P_2)/2$

式中，E_{D} 为需求弹性系数；P 为商品价格；ΔP 为价格变动量；Q 为需求量；ΔQ 为需求的变动量。

需求价格点弹性表示需求曲线上某一点的需求量无穷小的变动率对于价格无穷小的变动率的反应程度。计算公式为：

$$E_{\mathrm{D}} = \lim_{\Delta P \to 0} -\frac{\Delta Q/Q}{\Delta P/P} = -\frac{\mathrm{d}Q}{\mathrm{d}P} \cdot \frac{P}{Q} \tag{4-4}$$

式中，$\frac{dQ}{dP}$ 就是需求曲线上任一点切线斜率的倒数。

需求价格弹性系数是需求量的变动比率与价格变动比率的比率，而不是需求量变动的绝对量与价格变动的绝对量的比率，由于商品需求量与其价格之间呈反方向变动，因而需求价格弹性系数为负值。但在实际运用中，对弹性的考察只注重量的变化，所以一般都取其绝对值。

4.1.2 需求价格弹性的分类

根据需求价格弹性系数的大小，可以将商品的需求弹性分为五类，见表4-1。造成这种差异的主要原因在于商品的必需程度、商品的可替代性、商品用途的广泛性、商品类别的大小、商品对消费者生活的重要程度、商品的消费支出在消费者预算总支出中所占的比重以及所考察的消费者调节需求量的时间等。

表4-1 不同商品需求弹性分类比较

分　类	需求价格弹性系数	实　例
完全无弹性	$E_D = 0$	胰岛素、丧葬费、接生费等
缺乏弹性	$E_D < 1$	粮食、蔬菜等
单位弹性	$E_D = 1$	预算约束一定的商品
富有弹性	$E_D > 1$	汽车、珠宝、国外旅游等
完全弹性	$E_D \to \infty$	银行以固定价格收购黄金

总收益也可以称为总收入，是指生产者出售一定量的商品所得到的全部收入，也就是商品销售量与其价格的乘积。由于不同商品的需求价格弹性不一样，因此降价与提价对总收益的影响也不同。

（1）当 $E_D > 1$ 时，商品的需求价格富有弹性。价格上升，销售收入减少；价格下降，销售收入增加。

（2）当 $E_D = 1$ 时，商品的需求价格单位弹性。无论价格上升还是下降，销售收入都不变。

（3）当 $E_D < 1$ 时，商品的需求价格缺乏弹性。价格上升，销售收入增加；价格下降，销售收入减少。

4.1.3 影响需求价格弹性的因素

（1）消费者对某种商品的需求程度。如果某种商品是日常生活所必需的，那么需求弹性就比较小，如盐、大米、燃料，即使价格上涨幅度很大，需求量也不会有大的变化。通常将需求缺乏弹性的商品称为必需品。另一方面，非生活必需品价格弹性就比较大，我们将富于弹性的商品称为奢侈品，这些商品的需求对价格的变化比较敏感。

（2）商品的可替代程度。某种商品的可替代品越多，替代性越强，该商品的需求弹性就越大，比如说，可口可乐的需求弹性应该是比较大的，因为如果可口可乐涨价，人们就会转而饮用百事可乐或其他软饮料。

（3）商品在家庭支出中所占的比例。如果一种商品在家庭支出中只占很小的份额，那么消费者对该商品的价格变化不会很敏感，因此需求弹性较小；相反，如果该商品支出在家庭支出中比重较大，那么价格变化后，消费者会对其需求重新慎重考虑，因而弹性较大。

（4）所考察的消费调节需求量的时间。需求弹性会随着需求量的时间的延长而变大，因为时间越长，消费者越容易找到替代品或调整自己的消费习惯。

4.1.4 需求价格弹性的应用

案例 4-1 降价促销

总收益也可以称为总收入，即销售量与价格的乘积。从厂商的角度来看，总收益是出售一定量商品的总收入，从居民来看，这也是为购买一定量商品而付出的总支出。

降价促销主要指的是需求富有弹性的商品，当该商品的价格下降时，需求量（从而销售量）增加的幅度大于价格下降的幅度，所以总收益会增加。

以电视机为例，假定电视机的需求是富有弹性的，$E_d=2$。当价格为 500 元，即 $P_1=$ 500 元，销售量为 100 台，总收益 TR_1 为：

$$TR_1 = P_1 \cdot Q_1 = 500 \times 100 = 50000 \text{ 元}$$

现在假定电视机的价格下降 10%，即 $P_2=450$ 元，因为 $E_d=2$，所以销售量增加 20%，即 $Q_2=120$ 台，这时总收益 TR_2 为：

$$TR_2 = P_2 \cdot Q_2 = 450 \times 120 = 54000 \text{ 元}$$

$$TR_2 - TR_1 = 54000 - 50000 = 4000 \text{ 元}$$

这表明，由于电视机价格下降，总收益增加了。需求富有弹性的商品价格下降而总收益增加，就是常说的“薄利多销”的原因所在。“薄利”就是降价，降价能“多销”，“多销”则会增加总收益，所以能够做到降价促销的商品是需求富有弹性的商品。

如果某种商品的需求是富有弹性的，那么当该商品的价格上升时，需求量（从而销售量）减少的幅度大于价格上升的幅度，所以总收益会减少。

案例 4-2 丰收悖论

丰收悖论是经济学中非常著名的一个悖论。其内容是设想某年大自然对农业格外恩惠，寒冷的冬季冻死了害虫，适于播种的春天早早到来，夏季丰沛的雨水使禾苗茁壮成长，阳光灿烂的秋季又使农作物易于收割和运输。年终，农民琼斯一家高高兴兴围坐在火炉旁计算一年的收入。结果使他们大吃一惊：少见的好年景和大丰收却使这个农家的收入比往年减少！他的邻居以及其他地方的农民也遭遇相同的命运。

这个故事就是经济学上著名的“丰收悖论”。丰收悖论的主要成因在于小麦等基本粮食作物缺乏需求弹性：消费者对于粮食这类产品的价格变动反应迟钝。粮食收成好，供给增加从而降低了价格，但粮食价格降低并不会刺激需求有较大增加。于是，收成好反而使全体农民的总收益下降。

当一种物品需求弹性大于 1 时，我们说他富有弹性，此时价格下降，收益会增加；当需求弹性等于 1 时，我们说他具有单位弹性，此时价格下降，收益不变；当需求弹性小于 1 时，就是缺乏弹性，此时价格下降，收益就下降，这就是“丰收悖论”的理论依据。

丰收悖论的成因何在？萨缪尔森用需求弹性分析了这种奇特的矛盾现象。他认为：“答案就在于人们对食品的需求弹性”。需求弹性是衡量需求量对价格变动反应程度的概念。如果一种物品的需求量对价格变动的反应大，可以说这种物品的需求是富有弹性的；如果一种物品的需求量对价格变动的反应小，可以说这种物品的需求是缺乏弹性的。一般说，必需品倾向于需求缺乏弹性，而奢侈品倾向于需求富有弹性。丰收悖论的主要成因在于小麦、玉米等基本粮食作物缺乏需求弹性。因而，就这些必需品而言，消费者对于小麦、玉米这类产品的价格变动反应迟钝。这就意味着，收成好时，农民整体的总收益低于收成不好的时候。也就是说，粮食收成好时，供给增加从而降低了价格，但粮食价格降低并不会刺激需求有较大增加。因此，收成好反而使全体农民的总收益下降了。

案例 4-3　日本人“鬼”在哪里

1987 年，福建省某机械厂进口一套设备。据调查，当时有 6 个国家或地区能够生产这种设备，价格在 800 万 ~1200 万美元。该厂家首先找日本一家企业谈判，开价 800 万美元，争取 1000 万美元成交。岂知，第一次谈判，日商就满口答应，并表示可以立即签订合同。厂长心里直打鼓：“日本人这么好说话，其中必定有‘鬼’！”但想来想去，货真价实，无可挑剔，便拍板敲定。

设备到货使用一年以后，许多易损零部件需要更换，厂长便请日商按合同供货。日商表示可以，但价格提高 1 倍（合同并未规定日后供应零部件价格）。厂长心想这是“敲竹杠”，便设法向其他生产同类设备的国家购买，但由于不配套，最后被迫以高价向日商购买这些专用零部件。几年下来，这比当初花 1200 万买还贵。厂长气愤地骂道：“日本人就是‘鬼’！”

最近，这位厂长有机会学到需求价格弹性，方才恍然大悟：由于国际市场竞争激烈，成套设备的主机极富弹性，而专用零配件几乎完全无弹性。因此，日商的销售策略是先在主机上让价，把价套住以后再在零配件上提价，这叫“堤内损失堤外补”。厂长深有感慨地说：“这本是经销 ABC，不能说日本人鬼，只能怪自己笨——无知！”

4.2　需求收入弹性

4.2.1　需求收入弹性的定义及计算公式

需求收入弹性是指某种商品的需求量的相对变动对于消费者收入的相对变动的反应程度，即收入变动的比率所引起的需求量变动的比率。通常用需求的收入弹性系数来表示需求收入弹性的大小，需求收入弧弹性和点弹性的计算公式分别为：

$$E_I = \frac{\Delta Q/Q}{\Delta I/I} = \frac{\Delta Q}{\Delta I} \cdot \frac{I}{Q} \tag{4-5}$$

$$E_I = \lim_{\Delta I \to 0} - \frac{\Delta Q/Q}{\Delta I/I} = - \frac{dQ}{dI} \cdot \frac{I}{Q} \tag{4-6}$$

式中，E_I 为需求收入弹性系数；I 为收入；ΔI 为收入的变动量；Q 为需求量；ΔQ 代表需求的变动量。

在影响需求的其他因素不变的情况下，由于需求量与消费者的收入一般是同方向变化的，所以需求收入弹性系数一般应为正值。

4.2.2 需求收入弹性的分类

根据需求收入弹性系数的大小，可以将商品的需求弹性分为以下三大类。

（1）当 $E_I > 1$ 时，即收入增加 1% 而需求量增加超过 1% 的商品，称为奢侈品，如名牌时装、旅游等。

（2）当 $0 < E_I < 1$ 时，即需求量增加幅度不超过收入增加幅度的商品，称为必需品，如粮食、盐等。

（3）当 $E_I < 0$ 时，即收入上升但需求量反而下降的商品，这类商品比较特殊，称为低档商品或劣等商品。不过劣等商品不一定是质量低劣的商品，主要是指一些消费层次很低的商品。人们收入增加后，转向中高档商品的消费，对这类商品的需求量就下降了，如杂粮、粗布等。

阅读材料 4-1

需求收入弹性与恩格尔定律

1857 年，世界著名的德国统计学家恩格尔阐明了一个定律；随着家庭和个人收入增加，收入中用于食品方面的支出比例将逐渐减小，这一定律被称为恩格尔定律，反映这一定律的系数被称为恩格尔系数。其公式表示为：

恩格尔系数(%)＝食品支出总额/家庭或个人消费支出总额×100%

恩格尔定律主要表述的是食品支出占总消费支出的比例将随收入变化而变化的一定趋势。揭示了居民收入和食品支出之间的相关关系，用食品支出占消费总支出的比例来说明经济发展、收入增如对生活消费的影响程度。众所周知，吃是人类生存的第一需要，在收入水平较低时，其在消费支出中必然占有重要地位；随着收入的增加，在食物需求基本满足的情况下，消费者才会开始向穿、用等其他方面转移。因此，一个国家或家庭生活越贫困，恩格尔系数就放大；反之，生活越富裕，恩格尔系数就越小。

国际上常用恩格尔系数来衡量一个国家和地区人民生活水平的状况。根据联合国粮农组织提出的标准，恩格尔系数在 59% 以上为贫困，50% ~59% 为温饱。40%~50% 为小康，30%~40% 为富裕，低于 30% 为最富裕。在我国运用这一标准进行国际和城乡对比时，要考虑到那些不可比因素，如消费品价格比价不同、居民生活习惯的差异以及由社会经济制度不同所产生的特殊因素。对于这些横截面比较中的不可比问题，在分析和比较时应做相应的剔除。另外，在观察历史情况的变化时要注意，恩格尔系数反映的是一种长期的趋势，而不是逐年下降的绝对倾向。它是在熨平短期的波动中求得长期的趋势。

阅读材料 4-2

恩格尔系数的争议

(1) 固定的标准不可取。一个确定不变的"国际公认"的恩格尔系数的贫困标准，譬如60%或50%，用于一般的研究或用作国际比较或许是可行的。但是，用于确定一个国家或一个地区的与社会救助相关的贫困线，则过于粗疏。因为至少各个国家和地区之间的消费结构和物价水平实际上都会表示出极大的差异，所以各个国家和地区的恩格尔系数也会有极大的差异。

以美国为例，他们的假设实际上是：一个4口之家的生活预算中，1/3用于食物，1/3用于住房，1/3用于衣物、家具、交通、卫生保健、水暖电气、各种税收、文艺等项。在这个生活预算中，住房的1/3开支是要确保的，所以，食品开支如果超出1/3就会涉及许多项必需的开支需要压缩，因而就是贫困了。

加拿大的贫困标准又不同，他们认为需要度量的不仅是食品的消费，所以他们根据自己的情况将贫困的标准定在用于吃、穿、住等方面的开支占生活预算的62%。这种计算方法又回到恩格尔系数的本义上了。

至于中国，情况又大不一样。到目前为止，中国城镇的普通居民绝大多数房租开支与收入相比还只占很少的一部分，大约不会超过工资的10%；而用在食品消费上的开支要大得多，一般在50%左右。如简单地用恩格尔系数60%或50%为贫困的标准去套，就会与实际情况大相径庭。

因此，应该从实际调查中得出适用于本国或本地区的恩格尔系数，这样才有可能正确地运用恩格尔系数法。

(2) 标准常常偏低。许多学者认为，恩格尔系数法从本质上说仍然是"绝对主义"的，因此，得出的贫困标准往往偏低。美国的鲁德斯在他的著作中写道："虽然无疑美国是一个富有的国家，但它所规定的贫困标准仍然停留在绝对标准的意义上。"他指出：根据美国的贫困标准，1978年一个4口人的非农业家庭的年收入是6662美元，平均用在食物、住宅和其他生活必需品方面的钱各占1/3，即2220.66美元，一餐饭仅有2.03美元，"这个估算是非常低的，很难相信有谁能用2.03美元为4口人准备出一顿富有营养的膳食，或者能用42.56美元为4口之家足够供给一个星期的饮食"。每月用于住宅方面的185.05美元，也支付不了房租或4人的贷款。还有，其他方面的需要也同样得不到满足。

(3) 仍有一定的随意性。许多学者，如阿尔柯克认为，奥珊斯基的"转折点"之说是还是有它的随意性，因为它并不能在恩格尔曲线上自己表现出来。

(4) 要依赖社会消费指数调查。第三个问题又引出了第四个问题，正像莫泰基指出的，要做一般公援消费物价指数和一般市民消费物价指数这一类的调查成本很高，花费的人力、物力也很大，所以不太可能每年做一次。香港通常是每5年做一次，公援金额也只能每5年调整一次，平时则跟着通胀作调整。

4.3 需求交叉弹性

需求交叉弹性是指在一定时期内一种商品的需求量的相对变动对它的相关商品的价格的相对变动的反应程度，它是某商品需求量的变动率与其相关商品价格的变动率之比。通常用需求交叉弹性系数来表示需求交叉弹性的大小，需求交叉价格弧弹性和点弹性的计算公式分别为：

$$E_{XY} = \frac{\Delta Q_X/Q_X}{\Delta P_Y/P_Y} = \frac{\Delta Q_X}{\Delta P_Y} \cdot \frac{P_Y}{Q_X} \tag{4-7}$$

$$E_{XY} = \lim_{\Delta P_Y \to 0} \frac{\Delta Q_X/Q_X}{\Delta P_Y/P_Y} = \frac{\mathrm{d}Q_X}{\mathrm{d}P_Y} \cdot \frac{P_Y}{Q_X} \tag{4-8}$$

式中，E_{XY} 为 X、Y 两种商品的需求交叉弹性系数；P_Y 为 Y 商品的价格；ΔP_Y 为 Y 商品价格的变动量；Q_X 为 X 商品的需求量；ΔQ_X 代表因 Y 商品价格的变动所引起的 X 商品需求量的变动量。

对于不同的商品关系而言，交叉弹性系数是不同的。一般来说，如果两种商品是互补关系，则其弹性系数为负值，因为互补品之间价格与需求量呈反方向变动，弹性的绝对值越大，互补性越强；如果两种商品是替代关系，则其弹性系数为正值，因为替代品之间价格与需求量呈同方向变动，弹性的值越大，替代性越强；如果两种商品没有相关关系，则交叉弹性系数为零。

4.4 供给价格弹性

4.4.1 供给价格弹性的定义及计算公式

供给价格弹性是指商品价格变动的比率所引起的供给量变动的比率，它反映了供给量变动对其价格变动反应的敏感程度。不同商品的供给量变动对价格变动反应的敏感程度不同，从而供给价格弹性就不同，一般用供给价格弹性系数来表示其弹性的大小。供给价格弧弹性和点弹性的计算公式分别为：

$$E_{\mathrm{S}} = -\frac{\Delta Q/Q}{\Delta P/P} = -\frac{\Delta Q}{\Delta P} \cdot \frac{P}{Q} \tag{4-9}$$

$$E_{\mathrm{S}} = \lim_{\Delta P \to 0} -\frac{\Delta Q/Q}{\Delta P/P} = -\frac{\mathrm{d}Q}{\mathrm{d}P} \cdot \frac{P}{Q} \tag{4-10}$$

式中，E_{S} 为供给价格弹性系数；P 为商品的价格；ΔP 为价格变动量；Q 为供给量；ΔQ 为供给的变动量。

由于商品的供给量与其价格之间呈同方向变动，因而供给价格弹性系数一般为正值。

4.4.2 供给价格弹性的分类

根据供给价格弹性系数的大小，可以将商品的供给弹性分为五类，见表4-2。造成这种差异的主要原因在于：生产成本的变化、生产要素的供给弹性、生产采用的技术类型、生产时期的长短、生产规模变化的难易程度以及生产的难易程度等。

表 4-2　不同商品供给价格弹性比较

分　类	供给价格弹性系数	实　例
完全无弹性	$E_S = 0$	无法复制的珍贵名画
缺乏弹性	$E_S < 1$	资本、技术密集型产品
单位弹性	$E_S = 1$	某些机械类产品
富有弹性	$E_S > 1$	劳动密集型产品
完全有弹性	$E_S \to \infty$	通信公司提供的电信服务

本章小结

在经济学中，弹性是指经济变量之间存在函数关系时，因变量变化对自变量变化反应的敏感程度。需求价格弹性是指商品价格变动所引起的需求量变动的比率，它反映商品需求量变动对其价格变动反应的敏感程度。需求收入弹性是指某种商品的需求量的相对变动对于消费者收入的相对变动的反应程度，即收入变动的比率所引起的需求量变动的比率。需求交叉弹性是指在一定时期内一种商品的需求量的相对变动对它的相关商品的价格的相对变动的反应程度，它是某商品需求量的变动率与其相关商品价格的变动率之比。供给价格弹性是指商品价格变动的比率所引起的供给量变动的比率，它反映了供给量变动对其价格变动反应的敏感程度。

习　题

4-1　选择题

（1）表示在一定时期内一种商品的需求量的相对变动对于它的相关商品的价格的相对变动的反映程度是需求的（　）。

A. 价格弹性　　B. 供给弹性　　C. 交叉弹性　　D. 收入弹性

（2）线性需求曲线中点的点弹性为单一弹性，中点以下部分任何一点的点弹性为（　）。

A. 富有弹性　　B. 缺乏弹性　　C. 完全弹性　　D. 完全无弹性

（3）如果某商品价格变化引起厂商销售收入反方向变化，则该商品是（　）。

A. 富有弹性　　B. 缺乏弹性　　C. 完全弹性　　D. 完全无弹性

（4）如果一条线性需求曲线与一条曲线型的需求曲线相切，则在切点处两条需求曲线的价格弹性系数（　）。

A. 不相同　　B. 相同

C. 可能相同，也可能不相同　　D. 根据切点位置而定

（5）当两种商品中一种商品的价格发生变化时，这两种商品的需求量都同时增加或减少，则这两种商品的需求的交叉弹性系数为（　）。

A. 正　　B. 负　　C. 1　　D. 0

（6）某商品的价格从 5 美元下降到 4 美元，需求量增加了 100，需求为（　）。

A. 缺乏弹性　B. 富有弹性　C. 单位弹性　D. 不能确定

(7) 假如买者可以按不变价格购买任何数量的某商品，这意味着该商品的需求价格弹性等于(　　)。

A. 零　B. 无穷小　C. 1　D. 无穷大

(8) 在下列价格弹性的表述中，正确的是(　　)。

A. 需求量相对变动对价格相对变动的反应程度

B. 价格变动的绝对值对需求量变动的绝对值的影响

C. 价格的变动量除以需求的变动量

D. 需求的变动量除以价格的变动量

(9) 需求的(　　)弹性，又通常被简称为需求弹性。

A. 需求的交叉弹性　B. 需求的收入弹性

C. 需求的价格弹性　D. 需求的推销弹性

(10) 已知某商品的收入弹性等于 -0.8，则这种商品是(　　)。

A. 低档商品　B. 一般的正常商品　C. 奢侈品　D 必需品

(11) 已知某两种商品的交叉弹性等于 1.8，则这两种商品是(　　)。

A. 独立品　B. 替代品　C. 互补品

(12) 某商品价格上涨 2%，其需求量下降 10%，则该商品的需求价格弹性是(　　)。

A. 缺乏弹性　B. 富有弹性　C. 单位弹性　D. 无限弹性

(13) 某类电影现行平均票价为 4 元，对该类电影需求的价格弹性为 1.5，经常出现许多观众买不到票的现象，这些观众大约占可买到票的观众的 15%，采取以下(　　)项方法，可以使所有想看电影而又能买得起票的观众都能买到票。

A. 电影票降价 10%　B. 电影票提价 10%

C. 电影票降价 15%　D. 电影票提价 15%

4-2　判断题

(1) 需求曲线的斜率就是需求弹性。(　　)

(2) 如果两种商品之间存在着替代关系，相应的需求的交叉弹性系数为负值。(　　)

(3) 一般来说，一种商品的替代品越多，该商品的需求弹性就越大；反之，就越小。(　　)

(4) 陡峭的需求曲线弹性一定小；而平坦的需求曲线弹性一定大。(　　)

4-3　计算题

(1) 某君对消费品 X 的需求函数为 $P = 100 - \sqrt{Q}$，分别计算价格为 80 和 20 时的价格弹性系数。

(2) 1998 年 1 月某航空公司的机票价格下降 5%，使另一家航空公司的乘客数量为从去年同期的 10000 人下降到 8000 人，试问交叉弹性为多少?

(3) 甲公司是皮鞋生产厂家，现价每双 200 元，2010 年的销售量为每月大约 10000 双。2010 年 1 月其竞争者乙公司把皮鞋价格从每双 220 元降到 180 元。甲公司 2 月份销售量跌到 8000 双。试求：

1) 甲、乙两公司皮鞋的交叉弹性是多少(甲公司价格不变)?

2) 如果甲公司皮鞋的价格弧弹性是 -2.0，乙公司把皮鞋价格保持在 180 元，甲公司想把销售量恢复到每月 10000 双的水平，每双鞋要降价多少?

(4) 已知某商品的需求方程和供给方程分别为：

$$Q_D = 14 - 3P$$

$$Q_S = 2 + 6P$$

试求该商品的均衡价格，以及均衡时的需求弹性和供给弹性。

(5) 假定在某市场上，A、B 两厂商是生产同种有差异的产品的竞争者；该市场对 A 厂商的需求曲

线为 $P_A = 200 - Q_A$，对 B 厂商的需求曲线为 $P_B = 300 - 0.5Q_B$；两厂商目前的销售量分别为 $Q_A = 50$，$Q_B = 100$。求：

1）A、B 两厂商的需求价格弹性各是多少？

2）如果 B 厂商降价后，使得 B 厂商的需求量增加为 $Q'_B = 160$，同时使竞争对手 A 厂商的需求量减为 $Q'_A = 40$。那么 A 厂商的需求的交叉价格弹性 E_{AB} 是多少？

3）如果 B 厂商追求销售收入最大化，那么 B 厂商的降价是一个正确的行为选择吗？

4-4　案例分析题

根据需求弹性理论解释“薄利多销”和“谷贱伤农”这两句话的含义。

5 消费者行为理论

消费是人类社会中最基本的经济活动之一。全世界每年私人消费支出占新创造财富总额的60%以上。这样巨大的消费支出，花在数不清的商品和服务上，反应了数十亿消费者的选择行为。为什么消费者购买这些商品和服务而不购买其他商品和服务？收入、价格、偏好如何影响他们的选择？这便是消费者行为理论要讨论的问题。

消费者行为理论是经济学分析的开始和基础。本章第一节分析消费者的偏好即效用论；第二节重点论述消费者的无差异曲线和预算线；第三节讨论消费者在既定收入和偏好的情况下，如何实现效用最大化的均衡条件；第四节进一步分析各种物品的替代效应和收入效应。

5.1 效用论概述

5.1.1 效用及其表示方法

5.1.1.1 效用、总效用和边际效用

效用（utility）是消费者从消费某种物品中得到的满足程度。消费者消费某种物品获得的满足程度高就是效用大，满足程度低就是效用小。如果消费者从消费某种物品中感受到痛苦，则是负效用。

效用是对欲望满足程度的衡量指标，和欲望一样也是一种对心理感觉的评价尺度。效用与欲望的不同之处在于，欲望存在于消费之前，效用产生于消费之后。效用取决于消费者对商品和劳务消费的主观评价。

同样的物品对同一个人在不同的时间和地点，效用也不同。例如，一杯水对一个住在泉边的人来说。效用很低，但对于一个在沙漠中旅行的人来说，效用很大；冰块在夏天对人们具有较大的效用，但在冬天对于正常的人就没有什么效用。

消费商品会给消费者带来效用。但需要区分这样两个概念：总效用（total utility，TU）和边际效用（marginal utility，MU）。总效用就是消费者从商品和服务的消费中得到的满足的总量；边际效用是指每增加 1 个单位消费量所引起的总效用的增量，因此也就是消费最后 1 个单位商品或服务所带来的效用增量。

总效用、边际效用与商品消费量之间的关系可用效用函数来表示。以 TU 表示总效用，以 MU 表示边际效用，以 Q 表示消费量，以 ΔQ 表示消费变化量，则效用函数为：

$$TU = f(Q) \tag{5-1}$$

$$MU = \frac{\Delta TU}{\Delta Q} \tag{5-2}$$

当商品的增加量趋于无穷小时，边际效用函数为：

$$MU = \lim_{\Delta Q \to 0} \frac{\Delta TU}{\Delta Q} = \frac{\mathrm{d}TU(Q)}{\mathrm{d}Q}$$

可以用表 5-1 说明总效用和边际效用的关系：当面包的消费量由 1 增加到 2 时，总效用由 10 效用单位上升为 18 效用单位，总效用的增量即边际效用下降为 8 效用单位（18 - 10 = 8）。以此类推，当面包的消费量增加到 5 时，总效用达最大值为 30 效用单位，而边际效用已递减为 0，此时消费者对面包的消费已达到饱和点。当面包的消费量再增加到 6 时，边际效用会进一步递减为负数，即 -2 效用单位，总效用便下降为 23 效用单位。

表 5-1　总效用与边际效用的关系

面包的消费量	总效用	边际效用
1	10	10
2	18	8
3	23	5
4	25	2
5	30	0
6	23	-2

根据表 5-1 可作出总效用曲线和边际效用曲线，如图 5-1 所示，横轴表示面包的数量，纵轴表示效用。*TU* 为总效用曲线，*MU* 为边际效用曲线。从图中可以看出，随着面包数量的增加，总效用是不断增加的，但总效用增加的速率是递减的。边际效用则是随着所消费面包数量的增加而不断减少。当边际效用为正值时，总效用递增；当边际效用为零时，总效用最大；当边际效用为负数时，总效用减少。

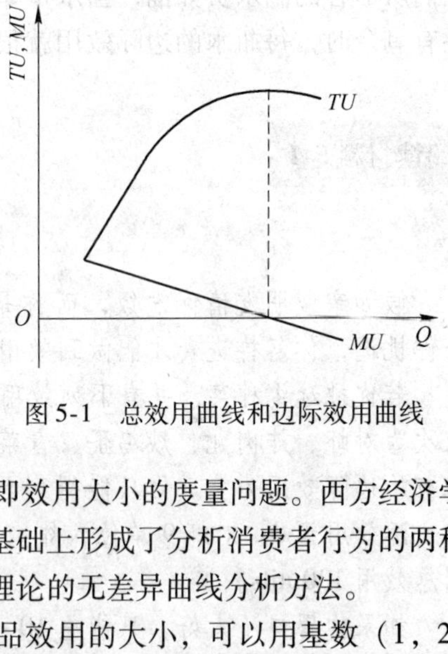

图 5-1　总效用曲线和边际效用曲线

5.1.1.2　效用的表示方法

既然效用是用来表示消费者在消费商品时所感受到的满足程度，那么就产生了对这种“满足程度”即效用大小的度量问题。西方经济学家先后提出了基数效用和序数效用两个概念，并在此基础上形成了分析消费者行为的两种方法，即基数效用理论的边际效用分析法和序数效用理论的无差异曲线分析方法。

基数效用理论在分析消费者行为时，认为一种产品效用的大小，可以用基数（1，2，3，…）测量，消费者可以说出从消费某种产品中得到的满足是多少效用单位。效用单位假设为英文效用一词的缩写 util。假如对某人来说，吃一个橘子得到的满足是 4utils，听一支歌的满足是 8utils，那么一支歌的效用为一个橘子效用的 2 倍。

序数效用理论认为，效用作为人的主观感受，不能用基数测量，而只能排出偏好次序，用序数（第一，第二，第三，…）表示满足程度的高低。如果消费者认为，听歌的效用高于吃橘子的效用，那么，不管两者的效用之比是 8:4，还是 5:4，都可以说歌的效用第一，橘子的效用第二。

5.1.2　边际效用递减规律

边际效用分析法主要采用边际效用递减规律来分析消费者的行为。边际效用递减规律是指一定时期内，在其他物品的消费量不变的条件下，随着消费者对某种物品消费量的增加，他从该物品的连续增加的消费单位中所得到的边际效用是递减的。边际效用的大小与欲望的强弱成正比，边际效用是决定产品需求价格的主观标准。这种情况普遍存在于一切物品的消费中，所以称为边际效用递减规律。

边际效用之所以递减，其原因在于以下几点。

（1）生理或心理偏好的变化。消费者消费一种物品的数量越多，某种刺激的反复会使人在生理上的反应或心理上的满足减弱，从而满足程度降低。例如，对于一个刚参加工作的人来说，拿到的第一个月的工资与拿到第二、第三个月工资所引起的兴奋程度是有差别的，在同等数量条件下，其兴奋度是逐渐递减的。

（2）物品本身用途的多样性。每一种物品都有多种用途，这些用途的重要性不同。人们总是先把物品用于最重要的用途，而后用于次要的用途。用于最重要用途的其边际效用就大，而用于次要用途的其边际效用就小，以此顺序持续下去，用途越来越不重要，边际效用就递减了。例如，水的用途很多，既可以用来喝，也可以用来做饭，还可以用来洗浴或浇地。当水的数量很少，只能用于喝这一种用途时，每瓶水的边际效用很高，也就是像人们所形容的滴水贵如油；当水量非常充足，满足了人们所有的需要，也就是用于浇地后还有剩余时，每瓶水的边际效用就很低了。

阅读材料 5-1

吃自助餐的学问

假如亲戚朋友请你吃饭，而你是个“经济人”，不知“礼义廉耻”，或者吃自助餐，任你挑选，你怎样进食才能做到效用最大化？

若你挑选4种菜，并有下列效用表5-2（单位util）。可以看出，从你喜欢的程度来说，依次为对虾、炸肉丸、炒鸡蛋、青菜。即使你胃口很好，也不能将这4种菜全部吃光。因为有的边际效用为负。你只能得到总效用120utils。按照理性假设，你应当将每种菜吃到其边际效用为0：对虾9单位，炸肉丸8单位，炒鸡蛋7单位，青菜6单位，这样便可得到总效用130utils。

如果你胃口不太好，只能吃10个单位，你也不会都吃最喜欢的对虾，那样只能得到总效用45utils。按照理性假设，你应当按照边际效用大小，依次选择。第一单位吃对虾，第二、三单位吃对虾和炸肉丸，第四、五、六单位吃对虾、炸肉丸、炒鸡蛋，最后再4种菜各吃一单位，这样便可得到总效用70utils。

表5-2 效用表

菜名	边际效用										总效用
	一	二	三	四	五	六	七	八	九	十	
对虾	9	8	7	6	5	4	3	2	1	0	45
炸肉丸	8	7	6	5	4	3	2	1	0	−1	35
炒鸡蛋	7	6	5	4	3	2	1	0	−1	−2	25
青菜	6	5	4	3	2	1	0	−1	−2	−3	15

5.1.3　消费者剩余

消费者剩余是福利经济学中的重要概念。它是指消费者对某种商品所愿意付出的代价超过他实际付出的代价的余额。因为这个余额可以衡量消费者额外的满足，所以称为消费者剩余。

也可以用需求曲线来说明消费者剩余问题。如图 5-2 所示，需求曲线 D 表示消费者对每一单位物品所愿支付的价格，当市场价格为 P_0，消费者的购买量为 Q_0时，消费者所愿支付的货币总额为从 O 到 Q_0区间需求曲线以下的面积，即相当于图中 $OABQ_0$ 的面积。而消费者实际支付的货币额为市场价格 P_0 与购买量 Q_0的乘积，即图中 OP_0BQ_0的面积。这两块面积的差额是图中阴影部分 ABP_0的面积，这是消费者剩余的总和。

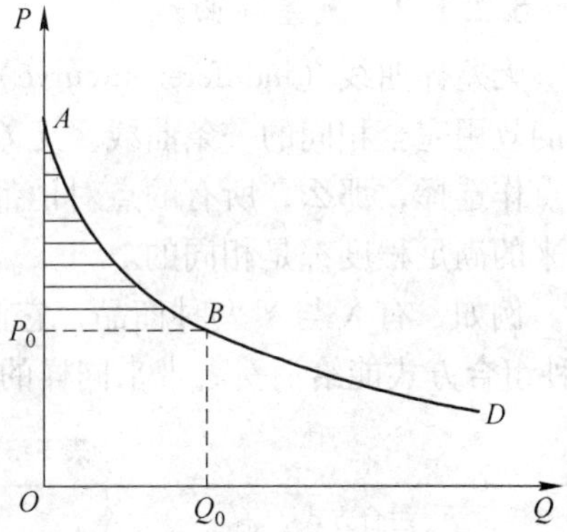

图 5-2　消费者剩余

在理解消费者剩余这一概念时要注意两点：第一，消费者剩余并不是实际收入的增加，只是一种心理感觉，它反映消费者通过购买和消费物品或劳务所感受到的福利状态，因此可以成为衡量消费者经济福利的标准；第二，生活必需品的消费者剩余比较大，因为消费者对这类物品的效用评价相对较高，愿意付出的价格也比较高，但这类物品的市场价格一般并不高。

5.2　无差异曲线和预算线

序数效用论者用无差异曲线来考察消费者行为，并在此基础上推导出消费者的需求曲线，深入阐述需求曲线的经济含义。消费者在购买商品时，必然会受到自己的收入水平和市场上商品价格的限制，这就是预算约束，预算约束可以用预算线来说明。

5.2.1　无差异曲线

5.2.1.1　消费者偏好

序数效用论者认为，商品给消费者带来的效用大小应用顺序或等级来表示。为此，序数效用论者提出了消费者偏好的概念。所谓偏好，就是爱好或喜欢的意思。对于不同的商品组合，消费者的偏好程度是有差别的，这种偏好程度的差别反映了消费者对这些不同的商品组合的效用水平的评价。我们研究的消费者偏好不是解释某些人会有某种特殊的偏好，而是要指明所有“理性”的消费者的偏好所具有的一些共同特征或基本假设。

(1) 偏好的完全性。偏好的完全性是指消费者总是可以比较和排序所给出的不同商品组合。比如，对于任何两个商品组合 A 和 B，消费者总是可以做出以下三种判断中的一种：对 A 的偏好大于对 B 的偏好；对 A 的偏好小于对 B 的偏好；对 A 和 B 的偏好相同(即 A 和 B 是无差异的)。

(2) 偏好的可传递性。可传递性是指对于任何 3 个商品组合 A、B 和 C，如果消费者对A的偏好大于B，对B的偏好大于C，那么在A、C这两个组合中，消费者必定有对A的偏好大于C。偏好的可传递性假定保证了消费者的偏好是一致的，因而也是理性的。

(3) 偏好的非饱和性。如果两个商品组合的区别仅在于其中一种商品的数量不相同，那么消费者总是偏好于含有这种商品数量较多的那个商品组合。这就是“多比少好”原则或非饱和性。

5.2.1.2 无差异曲线

无差异曲线（indifference curve）是用来表示两种商品的不同数量组合给消费者所带来的效用完全相同的一条曲线。无差异曲线符合这样一个要求：如果听任消费者对曲线上的点作选择，那么，所有的点对他都是同样可取的，因为任一点所代表的商品组合给他所带来的满足程度都是相同的。

例如，有X与Y两种商品，它们有A、B、C、D、E、F六种组合方式，见表5-3。这6种组合方式能给消费者带来同样的效用。

表5-3 商品组合消费的无差异表

组合方式	X商品	Y商品
A	5	30
B	10	18
C	15	13
D	20	10
E	25	8
F	30	7

根据表5-3可作出图5-3，横轴代表X商品的数量，纵轴代表Y商品的数量，U为无差异曲线，曲线上任何一点上X商品与Y商品不同数量的组合给消费者带来的效用都是相同的，这里要注意的是，序数效用论者认为效用是不能计量的，从而也不能用基数来表示。因此，无差异曲线就是指X与Y商品的这些组合方式中的任何一种给消费者带来的满足程度是相同的，而不管这种组合所能带来的具体效用是多少，因此消费者愿意选择其中任何一种组合。

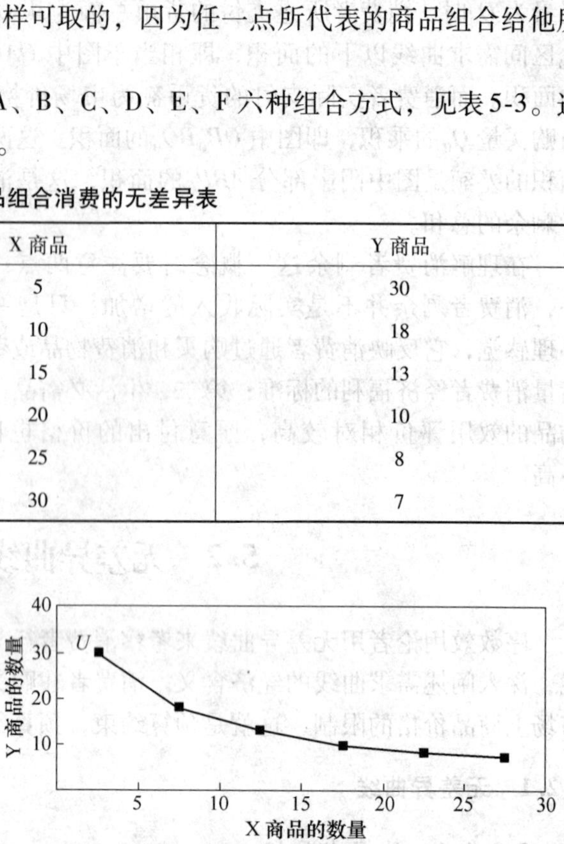

图5-3 商品组合消费的无差异曲线图

5.2.1.3 无差异曲线的特征

无差异曲线具有以下4个重要特征：

第一，无差异曲线是一条向右下方倾斜的曲线，其斜率为负值。这就表明，在收入与价格既定的条件下，消费者为了得到相同的总效用，在增加对一种商品的消费时，必须减少对另一种商品的消费，两种商品不能同时增加或减少。

第二，由于消费者的欲望是无限的，在同一平面图上可以有无数条无差异曲线。这些无差异曲线称为无差异曲线组（群）。同一条无差异曲线代表相同的效用，不同的无差异曲线代表不同的效用。离原点越远的无差异曲线，所代表的效用越大；离原点越近的无差异曲线，所代表的效用越小。如图5-4所示，U_1、U_2、U_3是3条不同的无差异曲线，它们分别代表不同的效用，其效用顺序为：$U_1 < U_2 < U_3$。

第三，在同一平面图上，任意两条无差异曲线不能相交，因为在交点上两条无差异曲线代表了相同的效用，如果两条无差异曲线相交就会与第二个特征相矛盾。

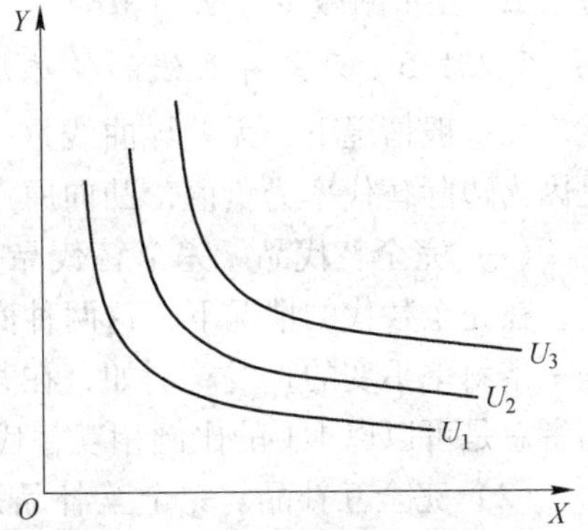

图5-4 无差异曲线组（群）

第四，无差异曲线是一条凸向原点的线。这是由消费者在消费两种物品时，物品之间的边际替代率递减决定的。

5.2.1.4 边际替代率

边际替代率是指在维持效用水平不变的前提下，消费者增加一单位某商品的消费数量时所需要放弃的另一种商品的消费数量。商品1对商品2的边际替代率的定义公式为：

$$MRS_{XY} = -\frac{\Delta Y}{\Delta X} \tag{5-3}$$

式中，MRS_{XY}代表商品X对商品Y的边际替代率，ΔX和ΔY分别为商品X和Y的变化量。由于ΔX是增加量，ΔY是减少量，两者的符号肯定是相反的。

当商品数量的变化趋于无穷小时，则商品的边际替代率公式为：

$$MRS_{XY} = \lim_{\Delta X \to 0} -\frac{\Delta Y}{\Delta X} = -\frac{dY}{dX} = \frac{MU_X}{MU_Y} \tag{5-4}$$

显然，无差异曲线上某一点的边际替代率就是无差异曲线在该点的斜率的绝对值，还等于两种商品的边际效用之比。边际替代率递减规律是指在维持效用水平不变的前提下，随着一种商品消费数量的连续增加，消费者为得到每一单位的这种商品所需要放弃的另一种商品的消费数量是递减的。根据表5-3计算以商品X代替商品Y的边际替代率，结果见表5-4，对于等量变动的商品X来说，商品Y是递减的，MRS_{XY}从2.4一直下降到0.2，这就是边际替代率递减规律。

表5-4 边际替代率计算表

变化情况	ΔX	ΔY	MRS_{XY}
A-B	5	12	2.4
B-C	5	5	1
C-D	5	3	0.6
D-E	5	2	0.4
E-F	5	1	0.2

边际替代率递减产生的原因是：随着商品X消费量的增加，它的边际效用在递减，随着商品Y消费量的减少，它的边际效用在递增。这样，每增加一定数量的商品X，所能代替的商品Y的数量就越来越少，或者说，在$MRS_{XY} = \Delta Y/\Delta X$公式中，当分母$\Delta X$不变时，

分子 ΔY 在不断减少，从而 MRS_{XY} 值就越来越小了。

5.2.1.5 无差异曲线的特殊形状

在一般情况下，无差异曲线是一条向右下方倾斜且是凸向原点的曲线。向右下方倾斜是因为边际替代率为负值，凸向原点是因为边际替代率递减。

（1）完全替代品。完全替代品是指两种商品之间的替代比例是固定不变的情况。因此，在完全替代的情况下，这两种商品之间的边际替代率是一个常数，相应的无差异曲线是一条斜率不变的直线。例如，在某消费者看来，一杯牛奶和一杯咖啡之间是无差异的，两者总是可以以 1:1 的比例相互替代，相应的无差异曲线如图 5-5 所示。

（2）完全互补品。完全互补品是指两种商品必须按固定不变的比例同时被使用的情况。因此，在完全互补的情况下，相应的无差异曲线为直角形状。例如，一副眼镜架必须和两片眼镜片同时配合，才能构成一副可供使用的眼镜，则相应的无差异曲线如图 5-6 所示。

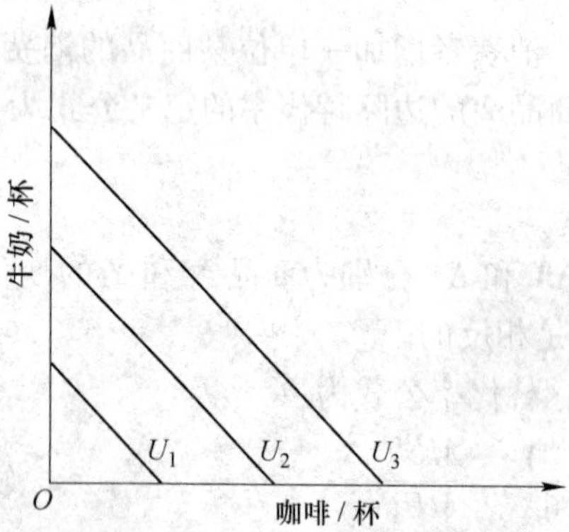

图 5-5 完全替代品的无差异曲线

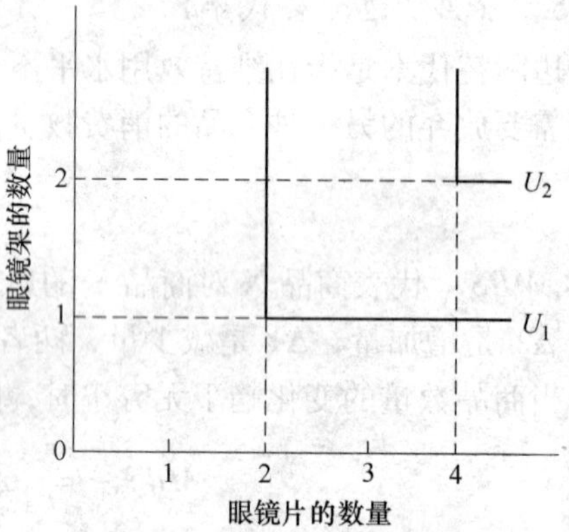

图 5-6 完全互补品的无差异曲线

5.2.2 预算线

无差异曲线描述了消费者对不同的商品组合的偏好，但这并不能说明消费者选择行为的所有方面。消费者在购买商品时，必然会受到自己的收入水平和市场上商品价格的限制，这就是预算约束。预算约束可以用预算线来说明。

5.2.2.1 预算线的内涵

预算线又称为预算约束线、消费可能线或价格线，它表示在消费者的收入和商品的价格给定的条件下，消费者的全部收入所能购买到的两种商品的各种组合。预算线表明了消费者的消费行为要受到其收入和商品价格的限制。这种限制就是购买商品所花费的钱既不能大于收入，也不能小于收入。若大于收入，则在既定的收入条件下无法实现；若小于收入，则无法实现效用的最大化。

假设消费者的既定收入为 I，商品 X 与商品 Y 的价格分别为 P_X 和 P_Y，购买量分别为 Q_X 和 Q_Y。假定全部收入都用来购买商品 X 和商品 Y，则消费者预算线可以表示为：

$$P_X Q_X + P_Y Q_Y = I \tag{5-5}$$

或

$$Q_Y = -\frac{P_X}{P_Y}Q_X + \frac{I}{P_Y} \tag{5-6}$$

式中，预算线的斜率为 $-\frac{P_X}{P_Y}$，纵截距为 $\frac{I}{P_Y}$。

这是一个直线方程，如图5-7所示，预算线将平面坐标系分成了3个区域：预算线以外的任意一点是消费者利用全部收入都不可能实现的商品购买的组合点。预算线以内的区域内的任何一点表示消费者将全部收入购买该点所表示的商品组合后仍有剩余。预算线上的任何一点才是消费者的全部收入刚好花完所能购买到的商品组合点。

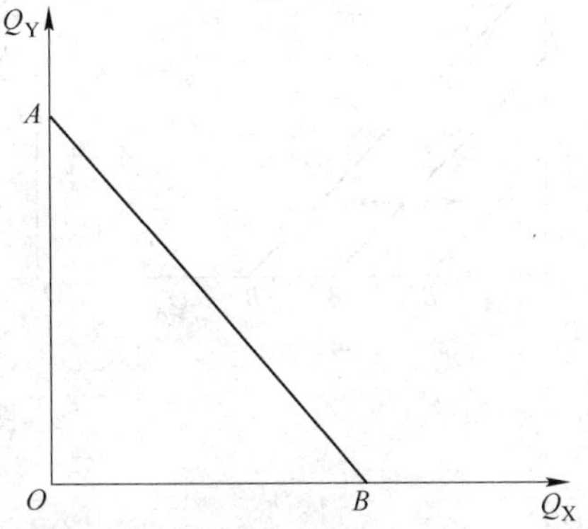

图5-7 预算线

5.2.2.2 预算线的变化

既然预算线表示消费者的购买行为要受到既定收入和价格的限制，那么，当消费者的收入或商品价格发生变动时，就会引起预算线的变动。一般预算线的变动可概括为以下4种情况。

（1）当两种商品的价格不变，消费者的收入发生变动时，预算线会发生平行移动。这是因为两种商品的价格不变，预算线的斜率 $-P_X/P_Y$ 不变，收入的变动只能引起预算线的横、纵截距 I/P_X 和 I/P_Y 发生变化，如图5-8（a）所示。假定原有的预算线为 AB。消费者收入 I 增加，使预算线由 AB 向右平移至 $A'B'$；相反，消费者收入 I 减少，使预算线 AB 向左平移至 $A''B''$。前者表示消费者的全部收入用来购买任何一种商品的数量都因收入增加而增加；后者表示消费者的全部收入用来购买任何一种商品的数量都因收入减少而减少。

（2）当消费者的收入不变，两种商品的价格同比例同方向发生变化时，预算线也会发生平移。这是因为两种商品的价格同比例同方向的变化，并不影响预算线的斜率 $-P_X/P_Y$，而只能使预算线的横、纵截距 I/P_X 和 I/P_Y 发生变化，如图5-8（a）所示。P_X 和 P_Y 同比例下降，使预算线 AB 向左平移至 $A''B''$；相反，P_X 和 P_Y 同比例上升，使得预算线由 AB 向右平移至 $A'B'$。前者表示消费者的全部收入用来购买其中任何一种商品的数量都同比例于价格的上升而减少；而后者则同比例于价格的下降而增加。

（3）当消费者的收入不变，商品X的价格发生变化而商品Y的价格保持不变时，预算线的斜率 $-P_X/P_Y$ 会发生变化，预算线的横截距 I/P_X 会发生变化，但是，预算线的纵截距 I/P_Y 保持不变，如图5-8（b）所示。假定消费者的收入 I 不变，商品X的价格 P_X 发生变化而商品Y的价格 P_Y 保持不变，P_X 下降，使得预算线由 AB 移至 AB'，它表示消费者的全部收入用来购买商品X的数量因 P_X 的下降而增加，但全部收入用来购买商品Y的数量并未受到影响。相反，P_X 上升，使得预算线由 AB 移至 AB''，它表示消费者的全部收入用来购买商品X的数量因 P_X 的上升而减少，但全部收入用来购买商品Y的数量并未受到影响。如果消费者的收入 I 不变，商品Y的价格 P_Y 发生变化而商品X的价格 P_X 保持不变，预算线的变化如图5-8（c）所示。

（4）当消费者的收入与两种商品的价格都同比例同方向发生变化时，预算线不发生变化。这是因为此时预算线的斜率 $-P_X/P_Y$ 以及预算线的截距 I/P_X 和 I/P_Y 都不会发生变化，它表示消费者的全部收入用来购买任何一种商品的数量都未发生变化。

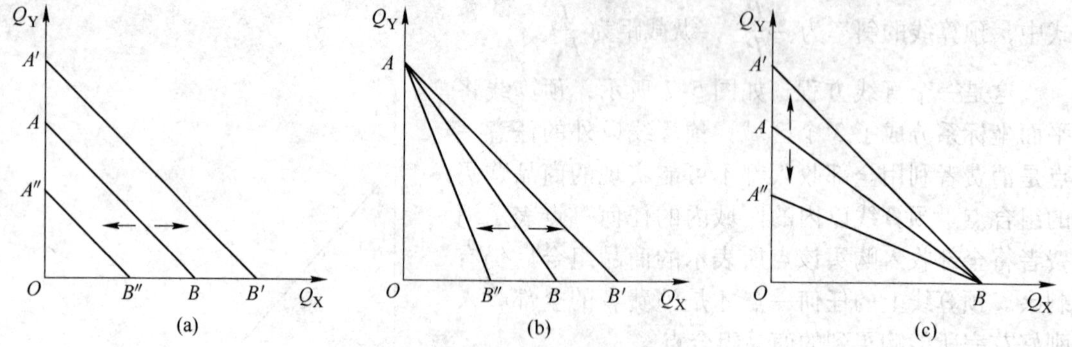

图 5-8　预算线的变动

5.3　消费者均衡

消费者均衡所研究的是消费者在既定收入和偏好的情况下，如何实现效用最大化的均衡条件。这里的均衡是指消费者实现最大效用时既不想再增加也不想再减少任何商品购买数量的一种相对静止的状态。在研究消费者均衡时，假设消费者的嗜好是既定的，消费者的收入是既定的，物品的价格是既定的。

5.3.1　基数效用理论分析消费者均衡

运用边际效用分析法来说明消费者均衡时，消费者实现效用最大化的均衡条件是：如果消费者的货币收入水平是固定的，市场上各种商品的价格是已知的，那么，消费者应该使自己所购买的各种商品的边际效用与价格之比相等。或者说，消费者应使自己花费在各种商品购买上的最后 1 元钱所带来的边际效用相等。

假定消费者用既定的收入 I 购买 n 种商品，P_1，P_2，…，P_n 分别为 n 种商品的既定价格，λ 为不变的货币的边际效用。以 X_1，X_2，…，X_n 分别表示 n 种商品的数量，MU_1，MU_2，…，MU_n 分别表示 n 种商品的边际效用，则上述的消费者效用最大化的均衡条件可以用公式表示为：

$$P_1X_1 + P_2X_2 + \cdots + P_nX_n = I \tag{5-7}$$

$$\frac{MU_1}{P_1} = \frac{MU_2}{P_2} = \cdots = \frac{MU_n}{P_n} = \lambda \tag{5-8}$$

其中，式（5-7）是限制条件，说明收入是既定的，购买 n 种商品的支出不能超过收入，也不能小于收入。超过收入的购买是无法实现的，而小于收入的购买也达不到既定收入的效用最大化。式（5-8）是消费者均衡条件，即所购买物品带来的边际效用与其价格之比是相等的，也就是说，每一单位货币不论用于购买哪一种商品，所得到的边际效用都是相等的。

目标函数：

$$\max TU = f(X_1, X_2, \cdots, X_n) \tag{5-9}$$

约束条件 s. t

$$P_1X_1 + P_2X_2 + \cdots + P_nX_n = I \tag{5-10}$$

证明：令 $L = f(X_1, X_2, \cdots, X_n) + \lambda[I - (P_1X_1 + P_2X_2 + \cdots + P_nX_n)]$

$$\frac{\partial L}{\partial X_1} = \frac{\partial f}{\partial X_1} - \lambda P_1 = 0, \quad \frac{\partial f}{\partial X_1} = \lambda P_1, \quad \frac{MU_1}{P_1} = \lambda$$

$$\frac{\partial L}{\partial X_2} = \frac{\partial f}{\partial X_2} - \lambda P_2 = 0, \quad \frac{\partial f}{\partial X_2} = \lambda P_2, \quad \frac{MU_2}{P_2} = \lambda$$

$$\vdots \qquad \vdots \qquad \vdots$$

$$\frac{\partial L}{\partial X_n} = \frac{\partial f}{\partial X_n} - \lambda P_n = 0, \quad \frac{\partial f}{\partial X_n} = \lambda P_n, \quad \frac{MU_n}{P_n} = \lambda$$

即

$$\frac{MU_1}{P_1} = \frac{MU_2}{P_2} = \cdots = \frac{MU_n}{P_n} = \lambda$$

5.3.2 序数效用理论分析消费者均衡

假定消费者的偏好不变、收入不变、商品的市场价格不变，则只有在既定的预算线与其中一条无差异曲线的切点，才是消费者获得最大效用水平或满足程度的均衡点。或者换句话说，消费者对于两种商品组合，最优购买组合量的选择是在既定的预算线与其中一条无差异曲线的切点上，由此构成的商品组合点不再变动，在这一均衡点上的购买量会使消费者获得效用的最大化。

如图 5-9 所示，假定 AB 表示预算线，U_1、U_2 和 U_3 分别表示 3 条无差异曲线，则只有预算线 AB 和无差异曲线 U_2 的相切点 E，才是消费者在给定的预算约束下能够获得最大效用的均衡点：在均衡点 E，相应的最优购买组合为（Q'_X，Q'_Y）。

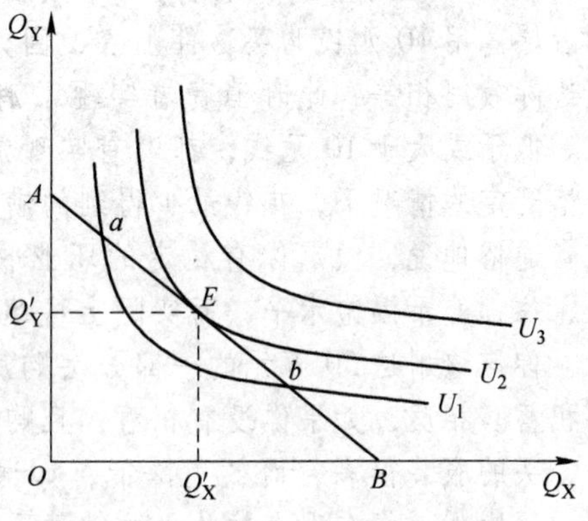

图 5-9 消费者的均衡

我们已经知道切点 E 就是消费者实现效用最大化的均衡点。在切点 E，无差异曲线和预算线两者的斜率是相等的。我们还知道，无差异曲线斜率的绝对值就是两商品的边际替代率 $MRS_{XY} = dY/dX$，预算线的斜率的绝对值可以用两商品的价格之比（P_X/P_Y）来表示，因此，在均衡点有 $dY/dX = P_X/P_Y$。其中，边际替代率是消费者愿意用一种商品交换另一种商品的比率，表达的是一种愿望的交换比率；预算线的斜率是市场上一种商品能够交换另一种商品的比率，表达的是一种现实的交换比率。“边际替代率 = 预算线的斜率”表达的一个信息就是愿望与现实一定要吻合，这就是消费者效用最大化的均衡条件。

因此，只有当消费者将两种商品的消费量调整到 $MRS_{XY} = dY/dX$ 时，或者说，调整到消费者主观偏好决定的两种商品的边际替代率和市场上的两种商品的价格之比相等时，消费者才处于一种购买时既不想再增加也不想再减少任何一种商品的这样一种均衡状态。这时，消费者获得了最大的满足。

5.3.3 消费者效用最大化的均衡条件

尽管序数效用论者和基数效用论者各自运用不同的方法研究消费者行为，但两者所得出的消费者的均衡条件实质上是相同的。

序数效用论者的消费者均衡条件：

$$MRS_{XY} = \frac{MU_X}{MU_Y} = \frac{P_X}{P_Y}$$

基数效用论者的消费者均衡条件：

$$\frac{MU_X}{P_X} = \frac{MU_Y}{P_Y} = \lambda$$

序数效用论者所得出的消费者均衡条件与基数效用论者所推导出来消费者效用最大化的均衡条件相同，表述为：在一定的预算约束下，为了实现最大的效用，消费者应该选择最优的商品组合，使得消费者愿意用一单位的某种商品去交换的另一种商品的数量，应该等于该消费者能够在市场上用一单位的这种商品去交换得到的另一种商品的数量。这才是理性消费者的消费行为表现，也与基数效用论者所得出的均衡条件相同。

阅读材料 5-2

把每 1 分钱都用在刀刃上

假定 1 元钱的边际效用是 5 个效用单位，一件上衣的边际效用是 50 个效用单位，消费者愿意用 10 元钱购买这件上衣，因为这时的 1 元钱的边际效用与用在一件上衣的 1 元钱边际效用相等，此时消费者实现了消费者均衡，也可以说实现了消费（满足）的最大化。低于或大于 10 元钱，都没有实现消费者均衡。我们可以简单地说在收入既定、商品价格既定的情况下，花钱最少得到的满足程度最大就实现了消费者均衡。

通俗地说，假定你有稳定的职业收入，你银行存款有 50 万元，但你非常节俭，吃、穿、住都处于温饱水平，而实际上这 50 万元足以使你实现小康生活。要想实现消费者均衡，你应该用这 50 万元的一部分去购房、一部分去买一些档次高的服装，银行也要有一些积蓄。相反，如果你没有积蓄，且购物欲望非常强，见到新的服装款式，甚至想借钱去买，买的服装很多，而效用降低，如遇到一些家庭风险，没有一点积蓄，使生活陷入困境。还比如，你在现有的收入和储蓄下是买房还是买车，你会作出合理的选择。你走进超市，见到如此之多的琳琅满目的物品，你会选择你最需要的。你去买服装肯定不会买回你已有的服装。所以说，经济学是选择的经济学，而选择就是在资源（货币）有限的情况下，实现消费满足的最大化，使每 1 分钱都用在刀刃上，这就实现了消费者均衡。

5.4 替代效应和收入效应

一种商品价格变化的总效应是指一种商品价格变动所引起的该商品需求量的变动，在坐标图上应是当消费者从一个均衡点移到另一个均衡点时需求的总变动。这个总效应可以分解为替代效应和收入效应两个部分。

5.4.1 替代效应和收入效应的含义

所谓替代效应是指在实际收入不变的条件下，某种商品价格的变动引起其他商品相对价格呈相反方向变动，从而引起该商品需求量的变化（比较便宜商品的购买对昂贵商品的购买的替代）。例如，鸡蛋价格每千克由4元降至2元，肉的价格不变，这样肉的价格就相对昂贵了。原来每月购买10kg鸡蛋，花费40元，现在仍然每月购买10kg鸡蛋，但只用花费20元，那么消费者就会实际增加收入20元。在价格下降引起的增收部分被剔除后，消费者还增加对于鸡蛋购买的部分就是替代效用。

所谓收入效应是指在货币收入不变的条件下，某种商品价格变动引起消费者实际收入呈相反方向变动，从而引起该商品购买量的变化。例如，某消费者的收入用来购买X、Y两种商品，在价格未变动以前，全部收入用来购买的两种商品是以使它获得最大满足的方式组合的。现在假定X商品的价格下降，在购买原来数量的X商品之后，消费者收入将有所剩余。X商品价格的下降等于增加了消费者的实际收入。这剩余收入可以用来购买X商品，也可以用来购买Y商品。

以上两种效应的差别在于：收入效应改变消费者的效用水平，替代效应不改变消费者的效用水平。

5.4.2 正常物品的替代效应和收入效应

正常物品是需求的收入弹性大于零的商品。因为需求的收入弹性大于零，其需求量与实际收入同方向变化。

如何确定替代效应和收入效应的作用程度呢？可以作一条平行于新的预算线并切于原有的无差异曲线的补偿性预算线来区分。如图5-10所示，假设消费者用全部收入购买X、Y两种商品，当价格未发生变动时，预算线AB与无差异曲线U_1相切于a，a是消费者最初的最大满足的均衡点。当X商品价格下降时，消费者实际收入提高，用全部收入可以购买到的X商品数量右移到B'，形成新的预算线AB'。在这种情况下，X商品的消费量增加，Y商品的消费量减少。为了区分收入效应和替代效应，作一条与AB'平行，并代表与AB'相同的价格比例的预算补偿线FG，它代表实际收入假设不变，而价格发生变动，给消费者带来同等满足程度的两种商品X、Y的各种不同组合。

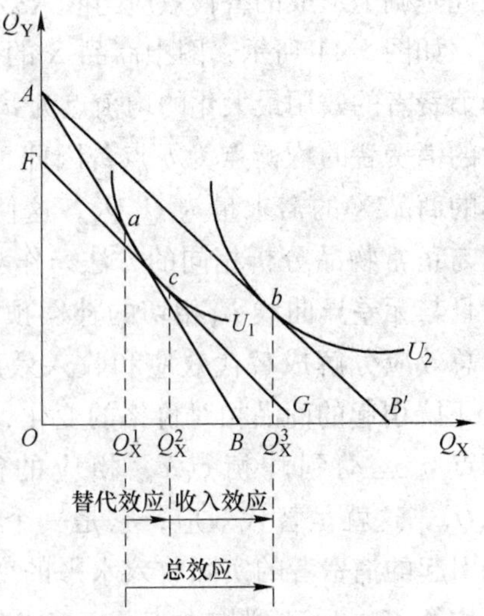

图5-10　正常物品的替代效应和收入效应

什么是补偿性预算线呢？当价格变动引起消费者实际收入发生变动时，补偿性预算线是用来表示以假设的货币收入的增减来维持消费者实际收入水平不变的一种分析工具。具体地说，在商品价格下降引起实际收入提高时，假设可取走一部分货币收入，以使消费者的实际收入维持原有的效用水平。图5-10中FG曲线即为补偿性预算线。

两种效应又是如何分解的呢？当商品 X 的价格下降时，大家可以从两个方面来观察可能对消费者产生的影响：替代效应作用，使需求量的增加量为 $Q_X^1Q_X^2$，表现在图 5-10 上就是由点 a 沿着 U_1曲线到点 c 的移动产生的水平距离；收入效应作用，使需求量的增加量为 $Q_X^2Q_X^3$，表现在图 5-10 上就是由点 c 向点 b 的移动产生的水平距离；总效应作用，商品 X 的需求量的增加量为 $Q_X^1Q_X^3$，表现在图 5-10 上就是由点 a 向点 b 的移动产生的水平距离。替代效应分析只考虑纯粹的商品边际替代率的变化而不考虑消费者的福利变化；收入效应分析只考虑纯粹的消费者的福利变化而不考虑商品边际替代率的变化。在这里，P_X 下降时，替代效应所引起的需求量的增加量 $Q_X^1Q_X^2$是一个正值。即符号为正，也就是说，正常物品的替代效应引起的需求量变化与价格变化呈反方向变动。收入效应所引起的需求量的增加量 $Q_X^2Q_X^3$也是一个正值，表明当 P_X下降使得消费者的实际收入水平提高时，消费者必定会增加对正常物品商品 X 的购买。也就是说，正常物品的收入效应引起的需求量变化与价格呈反方向变动。图 5-10 给出了正常物品价格下降时的替代效应和收入效应。

因此，对于正常物品来说，替代效应与价格呈反方向的变动，收入效应也与价格呈反方向的变动，在它们的共同作用下，总效应必定与价格呈反方向的变动。正因为如此，正常物品的需求曲线是向下方倾斜的。

5.4.3 低档物品的替代效应和收入效应

低档物品是指需求的收入弹性小于零的商品。因为这一特点，其需求曲线的变化以及在此基础上形成的替代效应与收入效应变化都有其不同于正常物品的情况。

如图 5-11 所示，图中商品 X 的价格 P_X 变化前的消费者的效用最大化的均衡点为 a 点，P_X 下降以后的消费者的均衡点为 b 点，因此，价格下降所引起的商品 X 的需求量为 $Q_X^1Q_X^2$，这便是总效应。运用与正常物品分析相同的方法，作与预算线 AB'平行且与无差异曲线 U_1相切的补偿预算线 FG，便可将总效应分解成替代效应和收入效应。具体地看，P_X下降引起的商品相对价格的变化，使消费者由均衡点 a 运动到均衡点 c，相应的需求增加量为 $Q_X^1Q_X^3$，这就是替代效应，它是一个正值。而 P_X下降引起的消费者的实际收入水平的变动，使消费者由均衡点 c 运动到均衡点 b，需求量由 Q_X^3减少到 Q_X^2，这就是收入效应。收入效应 $Q_X^3Q_X^2$是一个负值，其原因在于价格 P_X下降引起的消费者的实际收入水平的提高，会使消费者减少对低档物品的商品 X 的需求量。由于收入效应是一个负值，所以，图中的 b 点必定落在 a、c 两点之间。

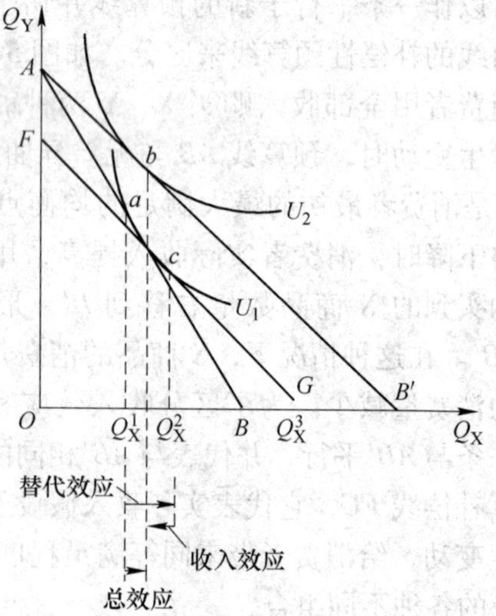

图 5-11 低档物品的替代效应和收入效应

图中商品 X 的价格 P_X下降所引起的商品 X 的需求量的变化的总效应为 $Q_X^1Q_X^2$，它是正

的替代效应 $Q_X^1Q_X^3$和负的收入效应 $Q_X^3Q_X^2$之和。由于替代效应 $Q_X^1Q_X^3$的绝对值大于收入效应 $Q_X^3Q_X^2$的绝对值，或者说，由于替代效应的作用大于收入效应，所以，总效应 $Q_X^1Q_X^2$是一个正值。

综上所述，对于低档物品来说，替代效应与价格呈反方向变动，收入效应与价格呈同方向的变动；而且，在大多数的场合，收入效应的作用小于替代效应的作用。所以，总效应应与价格呈反方向的变动，相应的需求曲线是向右下方倾斜的。

5.4.4 吉芬物品的替代效应和收入效应

吉芬物品是指需求量与价格呈同方向变动的特殊商品。因为这一特点，其需求曲线的变化以及在此基础上形成的替代效应与收入效应变化都有其不同于正常物品与低档物品的情况。

如图 5-12 所示，商品 X 的价格 P_X下降前后的消费者的效用最大化的均衡点分别为 a 点和 b 点，相应的商品 X 的需求量的减少量为 $Q_X^3Q_X^1$，这就是总效应。通过补偿预算线 FG 可得，$Q_X^2Q_X^3$为替代效应，它是一个正值。$Q_X^3Q_X^1$是收入效应，它是一个负值，而且负的收入效应 $Q_X^3Q_X^1$的绝对值大于正的替代效应 $Q_X^2Q_X^3$的绝对值，所以，最后形成的总效应 $Q_X^2Q_X^1$为负值。在图 5-12 中，a 点必定落在 b、c 两点之间。

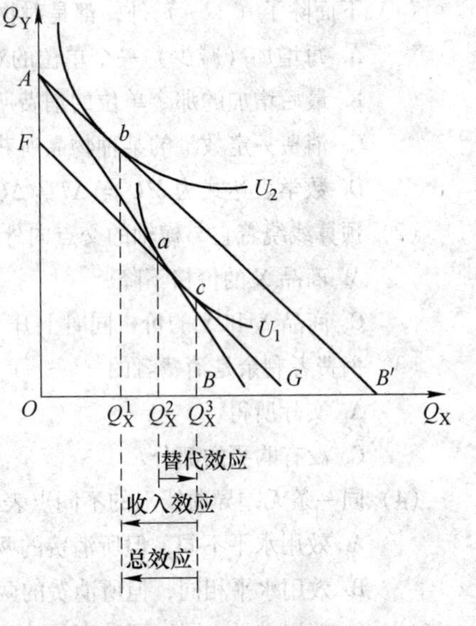

图 5-12　吉芬物品的替代效应和收入效应

很清楚，吉芬物品是一种特殊的低档物品。作为低档物品，吉芬物品的替代效应与价格呈反方向的变动，收入效应则与价格呈同方向的变动。作为特殊的低档物品，其特殊性在于收入效应的作用很大，以至超过了替代效应的作用，从而使得总效应与价格呈同方向的变动。这也就是吉芬物品的需求曲线呈现出向右上方倾斜的特殊形状的原因。

运用以上分析的结论就可以解释“吉芬难题”了。在 19 世纪中叶的爱尔兰，购买马铃薯的消费支出在大多数的贫困家庭的收入中占有较大的比例，于是，马铃薯价格的上升导致贫困家庭实际收入水平大幅度下降。在这种情况下，变得更穷的人们不得不大量地增加对劣等物品马铃薯的购买，这样形成的收入效应是很大的，它超过了替代效应。造成了马铃薯的需求量随着马铃薯价格的上升而增加的特殊现象。

本 章 小 结

每一个消费者的选择行为都取决于两方面的因素：一是消费者的主观愿望，即消费者对某种商品或商品组合的偏好程度；二是消费者的客观条件，即消费者在自己的现实收入水平下，购买一定价格的商品或商品组合的能力。如果消费者是理性的，消费者最优选择应该是在允许的客观条件下使自己主观愿望得到最大限度地满足，也就是在预算约束下使效用最大。

消费者均衡条件为：在一定的预算约束下，为了实现最大的效用，消费者应该选择最优的商品组合，使得消费者愿意用1单位的某种商品去交换的另一种商品的数量，应该等于该消费者能够在市场上用一单位的这种商品去交换得到的另一种商品的数量。

习　题

5-1　选择题

（1）下面除了（　　）外，都是对物品的边际效用的正确理解。

A. 每增加（减少）一个单位的对物品的消费所引起的总效用的增（减）量

B. 最后增加的那个单位的消费所提供的效用

C. 消费一定数量的某种物品所获得的总效用

D. 数学表达式为 $MU = \Delta TU/\Delta Q$（TU 表示总效用，Q 表示物品数量）

（2）预算线绕着它与横轴的交点向外移动的原因是（　　）。

A. 商品 X 的价格下降　　B. 商品 Y 的价格下降

C. 商品 X 和 Y 的价格同时上升　　D. 消费者的收入增加

（3）消费者剩余是消费者的（　　）。

A. 实际所得　　B. 主观感受

C. 没有购买的部分　　D. 消费剩余部分

（4）同一条无差异曲线上的不同点表示（　　）。

A. 效用水平不同，但所消费的两种商品组合比例相同

B. 效用水平相同，但所消费的两种商品的组合比例不同

C. 效用水平不同，两种商品的组合比例也不相同

D. 效用水平相同，两种商品的组合比例也相同

（5）当吉芬物品的价格上升时，应该有（　　）。

A. 替代效应为正值，收入效应为负值，且前者的作用小于后者

B. 替代效应为负值，收入效应为正值，且前者的作用小于后者

C. 替代效应为负值，收入效应为正值，且前者的作用大于后者

D. 替代效应为正值，收入效应为负值，且前者的作用大于后者

（6）当总效用增加时，边际效用（　　）。

A. 为正值，且不断增加　　B. 为负值，且不断减少

C. 为正值，且不断减少　　D. 为负值，且不断增加

（7）当某消费者对商品 X 的消费达到饱和点时，则边际效用 MU_X 为（　　）。

A. 正值　　B. 负值　　C. 0　　D. 不确定

（8）已知1元钱的边际效用为3个单位，一支钢笔的边际效用为36个单位，则消费者愿意用（　　）来买这支钢笔。

A. 12元　　B. 36元　　C. 3元　　D. 108元

(9) 消费者的收入不变，但其中一种商品的价格变化，则消费可能线（　　）。

A. 不动　B. 向右上方移动　C. 向左下方移动　D. 绕着某一点转动

(10) 若消费者张某只准备买两种商品 X 和 Y，X 的价格为 10，Y 的价格为 2。若张某买了 7 个单位的 X 和 3 个单位的 Y，所获得的边际效用值分别为 30 个单位和 20 个单位，则（　　）。

A. 张某获得了最大效用

B. 张某应增加 X 的购买，减少 Y 的购买

C. 张某应增加 Y 的购买，减少 X 的购买

D. 张某要想获得最大效用，需要借钱

(11) 某消费者消费更多的某种商品时，则（　　）。

A. 消费者获得的总效用递增　B. 消费者获得的总效用递减

C. 消费者获得的边际效用递增　D. 消费者获得的边际效用递减

5-2　多选题

(1) 一种物品的数量增加时，总效用的变化可能是（　　）。

A. 随物品的边际效用增加而增加

B. 随物品的边际效用下降而增加

C. 随物品的边际效用增加而下降

D. 随物品的边际效用下降而下降

(2) 某消费者的无差异曲线群中的两条不同的无差异曲线（　　）。

A. 不相交　B. 不接触　C. 可相切　D. 可接触

(3) 无差异曲线具有如下一些特征（　　）。

A. 是一条向右下方倾斜的曲线　B. 是凸向原点的曲线

C. 是斜率为负的曲线　D. 任意两条无差异曲线不能相交

(4) 在消费者收入与商品价格既定的条件下，消费者所能购买到的两种商品数量最大组合的线称为（　　）。

A. 等支出线　B. 总效用线　C. 消费可能线　D. 预算线

5-3　判断题

(1) 消费者均衡就是指消费者所获得的边际效用最大。（　　）

(2) 因为商品的边际效用递减，所以商品的需求曲线向右下方倾斜。（　　）

(3) 当消费者的收入不变，两种商品的价格都同比例同方向变化时，预算线不发生变化。（　　）

(4) 无差异曲线 $X+Y=C$ 的边际替代率是递减的。（　　）

5-4　计算题

(1) 已知某消费者每年用于商品 X 和商品 Y 的收入为 540 元，两商品的价格分别为 $P_X=20$ 元，$P_Y=30$ 元，该消费者的效用函数为 $U=3XY^2$，该消费者每年购买这两种商品的数量各应是多少？每年从中获得的总效用是多少？

(2) 免费发给消费者一定量（如食物）与发给消费者按市场价格计算的这些实物折算的现金，哪种方法给消费者带来更高的效用？为什么？试用无差异曲线来说明。

(3) 甲的效用函数为 $U=(X+2)(Y+6)$，X 为蛋糕的块数，Y 为牛奶的杯数。试问：

1) 甲原有 4 块蛋糕、6 杯牛奶。现如果甲给乙 3 块蛋糕、乙将给甲 9 杯牛奶，进行这项交易后，甲的商品组合是什么？若甲拒绝交换，这一决策明智吗？

2) 若 MRS_{XY} 是 -2，甲愿意为 3 杯牛奶而放弃 1 块蛋糕吗？

(4) 小王每年为购买第 1 件装饰品愿支付 10 元，第 2 件愿支付 9 元，…，直到第 10 件愿支付 1

元，第 11 件就不愿付钱。试问：

1）假如每件装饰品需付 3 元，她将买多少件装饰品？她的消费者剩余是多少？

2）若装饰品的价格涨到每件 5 元，情况将会怎样？

3）试描述所获得的消费者剩余和商品价格之间的关系。

（5）一个消费者每月用 200 元购买两类食品：肉制品 X_1，平均每磅 4 元；豆制品 X_2，平均每磅 2 元。

1）画出他的预算线。

2）如果他的效用函数为 $U(X_1, X_2) = X_1 + 2X_2$，为使效用最大化，X_1 与 X_2 各为多少？

3）如果商家对商品 2 采取购买 20 磅送 10 磅的销售方法，试画出新的预算线。

4）如果商品 2 的价格提高到 4 元，并取消优惠政策，请画出新的预算线，并求出效用最大的 X_1 与 X_2。

5-5 案例分析

（1）案例分析：复习时间的分配。

我们都有这样的经验，面对期末考试时，我们总是在有限的复习时间内复习很多门课程。但是，是不是应平均分配我们的复习时间呢？当然不是，因为对有的课程我们学得很好，只要用少量的时间复习就可以取得很高的成绩，也可以说花很多的时间在这门课上，成绩不会有很大的提高；而对有的课程可能基础差一些，我们需要花费较多时间才能够使成绩有很大的提高。这样，我们就要把复习时间合理地分配在相应的课程上。下面以一位大学生为例，假设这位大学生即将参加经济学、高等数学和英语三门课程的期末考试，距离考试还有 6 天时间，也就是说，他能用来复习功课的时间只有 6 天。假设每门功课占用的复习时间和相应会有的成绩见表 5-5，那么该同学怎样分配复习时间才能使三门课的总成绩为最高？

表 5-5　每门功课占用的复习时间和相应会有的成绩

课程	天数						
	0	1	2	3	4	5	6
经济学	30	44	65	75	83	88	90
高等数学	40	52	62	70	77	83	88
英语	70	80	88	90	91	91	93

6 生产、成本与厂商均衡理论

在分析了作为需求曲线基础的消费者选择行为理论后，下面对作为供给曲线基础的生产者选择行为理论进行分析。因为生产者选择取决于两方面的因素：一是生产技术状况；二是生产要素成本，从而需要进一步分析成本理论。然后，将研究对象转向市场结构分析，由于市场均衡产量和价格的决定不仅取决于消费者和生产者的选择，而且还取决于市场参与者所处的市场结构，所以还需要进一步分析完全竞争、完全垄断、垄断竞争和寡头垄断市场，说明厂商在不同的外部条件下利润最大化的均衡产量的确定以及整个行业的总产量和价格的确定。本章第一节介绍生产理论，第二节论述成本理论，最后第三节进一步分析厂商均衡理论。

6.1 生产理论

6.1.1 生产函数概述

6.1.1.1 生产与生产要素

生产要素是指生产过程中所使用的各种资源。这些资源可以分为劳动、资本、土地和企业家才能。生产是这 4 种生产要素合作的过程，产品则是这 4 种生产要素共同努力的结果。劳动是生产中一切体力和智力的消耗，劳动者的数量和质量是生产发展的重要因素。资本是生产者的投资，它既包括生产中使用的厂房、机器、设备、原料等有形资本，也包括商标、专利、信誉等无形资本，这里主要指有形资本。土地是指生产中使用的各种自然资源，如土地、水、森林、矿藏等。企业家才能是指生产经营者对生产过程的组织与管理，包括经营能力、组织能力、管理能力、创新能力。企业家才能能够有效地将土地、资本、劳动进行有效的配置，以追求利润的最大化。同样的生产要素，由于企业家才能不同，经营效果有天壤之别。因此，随着经济的发展和技术的进步，经济学家特别强调企业家才能，认为把劳动、土地、资本组织起来，使之演出有声有色的生产戏剧的关键是企业家才能。

生产是对各种生产要素进行组合以制成产品的行为。所以，生产就是把投入变成产出的过程。

6.1.1.2 生产函数的内涵

生产过程中的生产要素的投入量和产品的产量之间的关系可以用生产函数来表示。生产函数表示在一定时间内，在技术水平不变的情况下，生产中所使用的各种生产要素与所能生产的最大产量之间的关系。任何生产函数都以一定时期内的生产技术水平作为前提条件，一旦生产技术水平发生变化，原有的生产函数就会发生变化，从而形成新的生产函数。新的生产函数可能是以相同的生产要素投入量生产出更多或更少的产量，也可能是以变化了的生产要素的投入量进行生产。

假定用 Q 表示所能生产的最大可能产量，用 X_1，X_2，…，X_n 表示某产品生产过程中各种生产要素的投产量，则生产函数的一般表达式为：

$$Q = f(X_1, X_2, X_3, \cdots, X_n) \tag{6-1}$$

该生产函数表示在既定的生产技术条件下，生产要素组合（X_1，X_2，…，X_n）在某一时期所能生产的最大可能产量为 Q。

6.1.2 生产时期

固定投入是指当市场条件的变化要求产出变化时，其投入量不能随之变化的投入。例如，厂房、机器设备、土地等。

变动投入是指当市场条件的变化要求产出变化时，其投入量能立即随之变化的投入。例如，劳动量的投入等。

固定投入与变动投入的划分是建立在长期与短期划分的基础之上的。

短期是指生产者来不及调整全部生产要素的数量，至少有一种生产要素的数量是固定不变的时期。

在生产要素中，土地是固定的，企业家才能难以估算。所以，为了简化分析，通常假定生产中只使用劳动和资本这两种生产要素。设资本要素 K 不变，劳动要素 L 可变，则有短期生产函数：

$$Q = f(L, \overline{K}) \tag{6-2}$$

长期是指所有投入的生产要素等都是可以变动的时期。这里所说的长期只涉及工厂规模的改变而不涉及技术的变化，也就是说，工厂规模的扩大或缩小都只是固定资产数量的增减，并不涉及这些要素的质量改善。

6.1.3 一种可变生产要素的生产函数

6.1.3.1 总产量、平均产量、边际产量的定义

总产量是指一定的生产要素投入量所提供的全部产量。以 Q 代表某种可变要素投入量，其数学表达式为：

$$TP = f(Q) \tag{6-3}$$

平均产量是指单位可变生产要素提供的产量。其数学表达式为：

$$AP = \frac{TP}{Q} \tag{6-4}$$

边际产量是指增加一个单位可变要素投入量所增加的产量。其数学表达式为：

$$MP = \frac{\Delta TP}{\Delta Q} \tag{6-5}$$

或

$$MP = \lim_{\Delta Q \to 0} \frac{\Delta TP}{\Delta Q} = \frac{\mathrm{d}TP}{\mathrm{d}Q} \tag{6-6}$$

6.1.3.2 总产量、平均产量和边际产量曲线

根据定义和公式，编制一种可变生产要素的生产函数的总产量、平均产量和边际产量

的变动关系表列，见表6-1。

表6-1　总产量、平均产量和边际产量的变动关系

资本量（K）	劳动量（L）	劳动增量 ΔL	总产量（TP）	平均产量（AP）	边际产量（MP）
10	0	—	0	—	—
10	1	1	6	6	6
10	2	1	17	8.5	11
10	3	1	31	10.3	14
10	4	1	46	11.5	15
10	5	1	60	12	14
10	6	1	72	12	12
10	7	1	81	11.5	9
10	8	1	86	10.8	5
10	9	1	86	9.6	0
10	10	1	80	8	-6

根据表6-1中的数据绘成图（图6-1）。在图6-1中，*TP* 为总产量曲线，*AP* 为平均产量曲线，*MP* 为边际产量曲线。

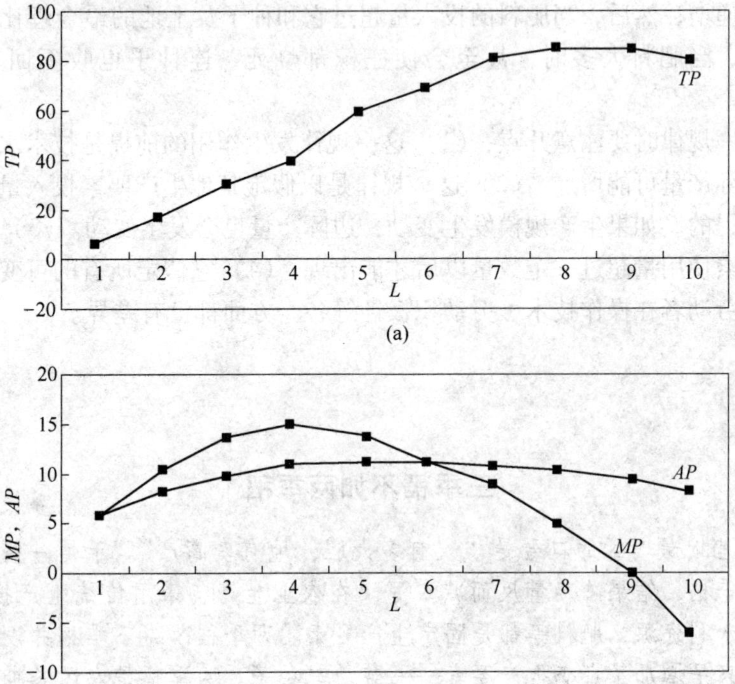

图6-1　总产量、平均产量和边际产量示意图

（a）总产量示意图；（b）边际产量和平均产量示意图

（1）总产量曲线的特点为：初期随着可变投入的增加，总产量以递增的增长率上升，之后以递减的增长率上升，达到某一极大值后，随着可变投入继续增加反而下降。

（2）平均产量曲线的特点为：初期随着可变要素投入的增加，平均产量不断增加，到一定点达到极大值，之后随着可变要素投入量的继续增加，反而下降。

(3) 边际产量曲线的特点为：边际产量在开始时，随着可变要素投入的增加不断增加，到一定点达极大值，之后开始下降，边际产量可以下降为零，甚至为负。边际产量反应的是总产量增量的变动情况。

6.1.3.3 边际报酬递减规律

从表 6-1 和图 6-1 中可知边际报酬递减规律。在技术水平保持不变的情况下，如果其他生产要素不变，只增加一种生产要素的投入，那么随着这种生产要素的投入量的增加所带来的边际产量先是增加，增加到一定程度后，随着生产要素的投入量的继续增加，其边际产量开始递减。

边际报酬递减规律产生的原因是，在任何产品的生产过程中，可变生产要素的投入量和固定生产要素的投入量之间都存在着一种最佳组合比例。在生产初期，固定要素不变，可变要素相对不足，此时，随着可变要素投入量的增加，边际产量逐渐增加。但是，当可变要素投入量增加到一定程度，使固定要素和可变要素达到最佳组合比例时，边际产量达到最大。如果继续增加可变要素的投入量，可变要素相对太多，而固定要素相对不足，边际产量就会呈现下降的趋势。例如，在农业生产中，当使用的工具和耕作方法没有发生重大变化，土地、人力、种子等生产要素都不变，只增加肥料，随着土地使用肥料的增加，先是边际产量递增；然后，当肥料的投入量超过它和种子及土地的最合理比例时，边际产量递减；最后，当肥料太多时，甚至会使庄稼都烧死，连种子也收不回来，边际产量为负。

在理解这一规律时要注意几点：(1) 这一规律发生作用的前提是技术水平不变。如果技术进步，边际产量可能增加。(2) 这一规律是以假定其他生产要素投入量不变，即生产规模不变为前提的。如果生产规模发生变动，边际产量也会发生变动。(3) 这个规律是在可变的生产要素使用量超过一定数量以后才能出现。(4) 它假定所有的可变投入要素是同质的，即所有劳动者在操作技术、劳动积极性等各个方面都没有差异。

阅读材料 6-1

三季稻不如两季稻

1958 年，当时最时髦的口号是“人有多大胆，地有多高产”。于是一些地方把传统的两季稻改为三季稻，结果总产量反而减少了。在农业生产仍采用传统生产技术的情况下，土地、设备、水利资源、肥料等都是固定生产要素。两季稻改为三季稻并没有改变这些固定生产要素，只是增加了可变生产要素——劳动与种子。两季稻是农民长期生产经验的总结，它行之有效，说明在传统农业技术条件下，固定生产要素已经得到了充分利用。改为三季稻之后，土地过度利用引起肥力下降，设备、肥料、水利资源等由两次使用改为三次使用，每次使用的数量都不足。这样，三季稻的总产量就低于两季稻了。四川省把三季稻改为两季稻之后，全省粮食产量反而增加了。江苏省邗江县 1980 年的试验结果表明，两季稻每亩总产量为 2014 斤，而三季稻只有 1510 斤，更不用说两季稻还节省了生产成本。群众总结的经验是“三三见九，不如二五一十”。

（资料来源：梁小民．微观经济学纵横谈．北京：生活·读书·新知三联书店，2005.）

6.1.3.4 总产量、平均产量和边际产量之间的关系

如图6-2所示，TP为总产量曲线、AP为平均产量曲线，MP为边际产量曲线。根据该图可以看出总产量、平均产量和边际产量之间的关系。

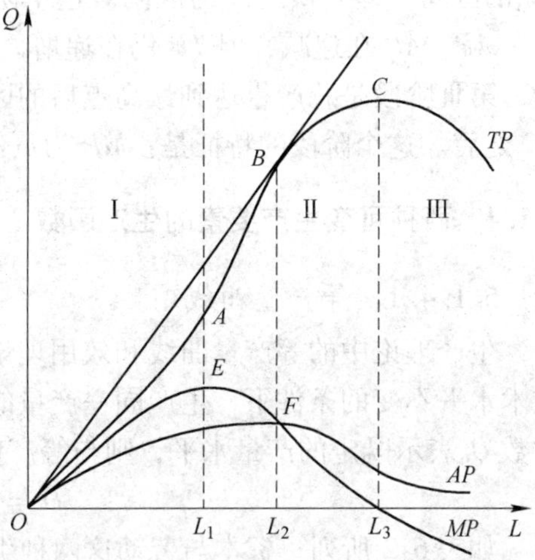

图6-2 总产量、平均产量和边际产量之间的关系

A 边际产量和总产量之间的关系

根据劳动的边际产量公式 $MP = dTP/dL$ 可知，总产量TP曲线上任意一点的切线的斜率就是该点对应的边际产量。

正是由于每一个劳动投入量上的边际产量值就是相应的总产量曲线的斜率，因此在图6-2中，总产量曲线和边际产量曲线之间有这样的关系：当边际产量大于零时，即当劳动投入量为 $0<L<L_3$ 区域时，总产量曲线的斜率为正，即总产量曲线是上升的；当边际产量小于零时，即当劳动的投入量为 $L>L_3$ 的区域时，总产量曲线斜率为负值，总产量曲线是下降的；当边际产量为零时，即当劳动的投入量恰好为 L_3 时，边际产量等于零，相应的总产量的线斜率等于零，此时对应的总产量在C点达到最大值。

B 平均产量和总产量之间的关系

由劳动平均产量公式 $AP = TP/L$ 可知，连接总产量曲线上任意一点和原点的连线的斜率就是相应的平均产量的值。如总产量曲线上的B点，与原点连线OB，斜率为 BL_2/OL_2，恰好是当劳动投入量为 L_2 时对应的平均产量，即平均产量曲线上F点对应的平均产量的值。

正是由于总产量曲线与平均产量曲线之间的这种关系，当平均产量达到最大时，即当劳动投入量为 L_2，平均产量达到最大值，对应平均产量曲线上的F点。此时，总产量曲线上对应的B点必然是从原点出发的最陡的切线，切点为B点。

C 边际产量与平均产量之间的关系

从图6-2中可以看出，边际产量与平均产量在平均产量曲线最高处F点相交。在F点左侧，边际产量曲线在平均产量曲线上方，此时平均产量是上升的，边际产量曲线MP将平均产量曲线AP向上拉；在F点右侧，边际产量曲线在平均产量曲线下方，此时平均产量是下降的，边际产量曲线MP将平均产量曲线AP向下拉；边际产量曲线与平均产量曲线交于平均产量曲线的最高点。

简而言之：当 $MP > AP$ 时，AP曲线是上升的；当 $MP < AP$ 时，AP曲线是下降的；当 $MP = AP$ 时，AP曲线达到极大值。

6.1.3.5 生产三阶段

如图6-2所示，第Ⅰ阶段，即平均产量曲线的递增阶段：劳动投入从O到 OL_2 为止。这个阶段的特征是：边际产量先递增后递减，且MP大于AP，TP和AP都呈持续上升趋势。

第Ⅱ阶段是平均产量最高点到总产量最高点（边际产量为 0 处），劳动投入从 OL_2 到 OL_3 的区间，即 L_2L_3 之间的区间。这个阶段的特征是：边际产量递减，但仍为正值且 MP 小于 AP，AP 在递减，但 TP 仍在递增，直至最高点。

第Ⅲ阶段是总产量达到最高点后的区域，也是边际产量为负值的区域，即变动投入在 OL_3 之后。这个阶段的特征是：MP 为负值，TP 和 AP 则随着劳动投入的增加而降低。

6.1.4 两种可变生产要素的生产函数

6.1.4.1 等产量曲线

生产理论中的等产量曲线和效用理论中的无差异曲线是很相似的。等产量曲线是指在技术水平不变的条件下，生产同一产量的两种生产要素投入的所有不同组合点的轨迹。以常数 Q_0 表示既定的产量水平，则与等产量曲线相对应的生产函数为：

$$Q = f(L,K) = Q_0 \tag{6-7}$$

如表 6-2 所列，资本与劳动这两种生产要素有 4 种组合方式，这 4 种组合方式都可以达到相同的产量。

表 6-2 资本与劳动配合使用的等产量表

组合方式	资本量（K）	劳动量（L）
A	6	1
B	3	2
C	2	3
D	1	6

根据表 6-2 的数据绘制等产量曲线，如图 6-3 所示。在图 6-3 中，横轴 OL 代表劳动的投放量，纵轴 OK 代表资本投放量，Q_0 为等产量线，在等产量线上任何一点所表示的资本与劳动不同数量的组合都能生产出相等的产量。

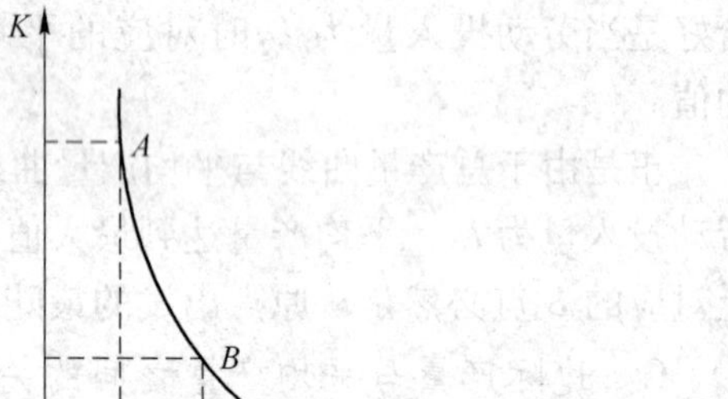

图 6-3 等产量曲线

与无差异曲线相似，等产量曲线有如下特点。

（1）等产量线向右下方倾斜，其斜率为负值。表明生产者为了达到相同的产量，在增加一种生产要素的投入时，可以减少另一种生产要素的投入，两种资源之间存在着相互替代的关系。

（2）在同一平面图上，可以有无数条等产量线。不同的等产量线代表不同的产量水平，并且离原点越远的等产量线所代表的产量水平越高，离原点越近的等产量线所代表的产量水平越低。如图 6-4 所示，Q_1、Q_2、Q_3、Q_4 是 4 条不同的等产量线，它们分别代表不同的产量水平，其顺序为：$Q_1 < Q_2 < Q_3 < Q_4$。

（3）在同一平面图上，任意两条等产量线不能相交。若相交，在交点上两条等产量线代表了相同的产量，与第二特征相矛盾。

（4）等产量线是一条凸向原点的线，这是由资源边际技术替代率递减所决定的。

6.1.4.2 边际技术替代率的含义

边际技术替代率是研究要素之间替代关系的一个重要概念，它是指在维持产量水平不变的条件下，增加一单位某种生产要素投入量时所减少的另一种要素的投入数量。以 $MRTS_{LK}$ 表示劳动对资本的边际技术替代率，则：

$$MRTS_{LK} = -\frac{\Delta K}{\Delta L} \qquad (6\text{-}8)$$

式中，ΔK 和 ΔL 分别为资本投入量的变化量和劳动投入量的变化量，式中加负号是为了使 $MRTS_{LK}$ 为正值，以便于比较。

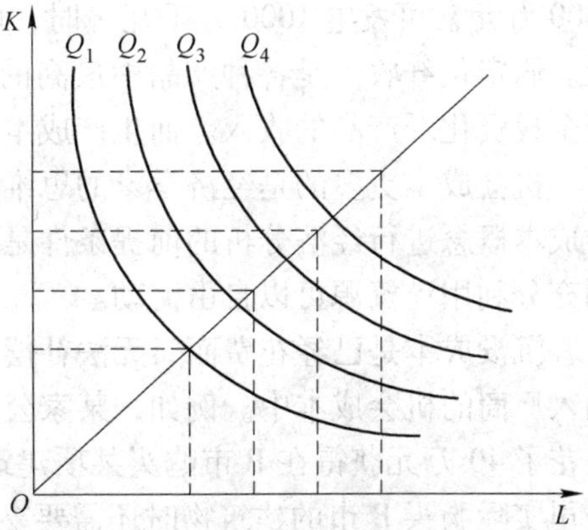

图6-4 多条等产量曲线

如果要素投入量的变化量为无穷小，式（6-8）变为：

$$MRTS_{LK} = \lim_{\Delta L \to 0} -\frac{\Delta K}{\Delta L} = -\frac{dK}{dL}$$

式中说明等产量曲线上某一点的边际技术替代率就是等产量曲线该点斜率的绝对值。

6.1.4.3 边际技术替代率递减规律

边际技术替代率递减规律是指在同一条等产量线上，以一种生产要素代替另一种生产要素的替代率呈不断下降趋势。为了使产量保持不变，当劳动投入不断增加时，每单位劳动能够替代的资本数量不断减少，也就是说，劳动的边际替代率是递减的。因此，当一种要素的投入量不断增加，在总产量不变的条件下，每单位这种要素能够替代的其他要素的数量不断减少，这就是边际替代率递减规律。

边际报酬递减规律与边际技术替代率递减规律的区别：边际报酬递减规律反映了当其他要素不变时，要素变动（如劳动变动）与产量变动之间的关系，而边际技术替代率递减规律则反映了当产量不变时，两种生产要素变动时的相互替代关系。

6.2 成本理论

6.2.1 生产成本与要素价格

6.2.1.1 成本的定义及分类

成本是生产者经营所支付的生产费用，或要素的所有者必须得到的报酬。厂商生产某种产品或提供某种劳务所花费的成本，等于生产要素的数量与单位要素的价格之乘积，在要素价格既定的条件下，厂商的生产成本将取决于生产要素的投入量。

成本主要有以下三种分类：

（1）机会成本与沉没成本。生产一单位的某种商品的机会成本是指生产者放弃使用相同的生产要素在其他生产途径中所得到的最高收入。而生产一单位某种商品的生产成本则是指生产过程中投入的各种生产要素的总成本。例如，当一个厂商决定投资 1000 万元用于发电 1000 万千瓦·时，需要购买原油、发电设备等生产要素若干项。将 1000 万元投资用于发电时，就不能再用这笔钱投资生产化纤等其他产品。假定原油等生产要素价格为

1000万元，可发电1000万千瓦·时，可卖1500万元，或可生产化纤500t，可卖1300万元。假定化纤收入是各种产品中最高的，则用1000万元投资发电的机会成本就是同一笔资金投资化纤产品的收入。而生产成本则只是投资于发电的各种生产要素的总和。

机会成本更多的是经济学家的思维，生产成本更多的是生产企业考虑的问题。利用机会成本概念进行经济分析的前提条件是：资源是稀缺的；资源具有多种用途；资源已经得到充分利用；资源可以自由流动。

沉没成本是已经花费而又无法补偿的成本。由于沉没成本与厂商的决策无关，所以不列入厂商的机会成本中。例如，某家公司打算将公司总部从A市迁往B市。该公司去年已经花了40万元获得在B市购买某项建筑的权利，这40万元支出就属于沉没成本。假定该公司实际购买B市的建筑物时还需要支付400万元，同时发现另一处同样的建筑物只要花费420万元的总费用就可以获得其所有权。该公司究竟购买哪一座建筑物呢？当然是前一座建筑物。尽管前一座建筑物前后花费的支出为440万元，而后一处建筑物只需花费420万元总支出，但是在进行决策前，公司已经在前一处建筑物上花费了40万元，公司只需要再花费400万元就可以获得前一处建筑物的所有权，而公司若要取得后一处建筑物的所有权，还需要花费420万元。

（2）显成本与隐成本。企业的生产成本包括显成本与隐成本两个部分。

显成本是指厂商在生产要素市场上购买或租用所需要的生产要素的实际支出，这些支出是在会计账目上作为成本项目记入账上的各项费用支出。它是一般会计学上的成本概念，它包括厂商支付所雇佣的管理人员和工人的工资，所借贷资金的利息，租借土地和厂房的租金，用于购买原材料或机器设备、工具和支付交通能源费用等支出的总额，即厂商对投入要素的全部货币支付。从机会成本角度来讲，这笔支出的总价格必须等于相同的生产要素用做其他用途时所能得到的最大收入，否则企业就不能购买或租用这些生产要素并保持对它们的使用权。

隐成本是对厂商自己拥有的且被用于该企业生产过程的那些生产要素所应支付的费用。这些费用并没有在企业的会计账目上反映出来，所以称为隐成本。例如，厂商将自有的房屋建筑作为厂房，在会计账目上并无租金支出，不属于显成本。但西方经济学认为，既然租用他人的房屋需要支付租金，那么当使用厂商自有房屋时，也应支付这笔租金，所不同的是这时厂商是向自己支付租金。从机会成本的角度看，隐成本必须按照企业自有生产要素在其他最佳用途中所能得到的收入来支付，否则，厂商就会把自有生产要素转移到其他用途上，以获得更多的报酬。

（3）私人成本与社会成本。私人成本是指私人生产者生产过程中按要素市场价格直接支出的费用。它反映了生产者可以得到的资源的最好替换用途。通常按照企业所使用的资源的市场价格来计算。

社会成本是指整个社会为某个厂商或某一生产要素投入所付出的成本。例如，某炼铁厂可能会向附近的河流排放废水，对工厂而言，排放废水的成本仅仅是把废水从工厂输送到河流所发生的费用；对整个社会而言，会造成社会环境的水污染，社会必须为此支付一笔费用以治理污染，从而构成社会成本。

6.2.1.2 利润

经济学中的利润概念是指经济利润，等于总收入减去总成本的差额。而总成本既包括显成本也包括隐成本。因此，经济学中的利润概念与会计利润也不一样。

隐成本是指稀缺资源投入任一种用途中所能得到的正常的收入，如果在某种用途上使用经济资源所得的收入还抵不上这种资源正常的收入，该厂商就会将这部分资源转向其他用途以获得更高的报酬。因此，西方经济学中的隐成本又被称为正常利润。将会计利润再减去隐成本，就是经济学中的利润概念，即经济利润。企业所追求的利润就是最大的经济利润。可见，正常利润相当于中等的或平均的利润，它是生产某种产品所必须付出的代价。因为如果生产某种产品连正常或平均的利润都达不到，资源就会转移到其他用途中去，该产品就不可能被生产出来。而经济利润相当于超额利润，亦即总收益超过机会成本的部分。

经济利润可以为正、负或零。在西方经济学中，经济利润对资源配置和重新配置具有重要意义。如果某一行业存在着正的经济利润，这意味着该行业内企业的总收益超过了机会成本，生产资源的所有者将要把资源从其他行业转入这个行业中。因为他们在该行业中可能获得的收益超过该资源的其他用途。反之，如果一个行业的经济利润为负，生产资源将要从该行业退出。经济利润是资源配置和重新配置的信号。

6.2.1.3 要素价格与成本函数

成本函数是在技术水平和要素价格不变条件下，成本与产出之间的相互关系，由企业的生产函数和要素价格决定。设总成本为 TC，产量 $q=f(L,K)$，则

$$TC = \phi(q) = \phi[f(L,K)]$$

由于成本函数是生产函数的函数，故与生产的短期、长期相对应，成本函数也分为短期成本函数和长期成本函数。

在短期内，假如技术水平、要素价格不变，L 为变动投入，K 为固定投入，q 为产量，w 为劳动的价格（工资），r 为资本的价格（利率），则短期生产函数和成本函数为

$$q = f(L,\overline{K})$$

$$TC = \overline{w}L + \overline{r}\,\overline{K} \tag{6-9}$$

式（6-9）表明，总成本 TC 可分为两部分：$\overline{w}L$ 为变动成本，即随产量变动而变动的成本；$\overline{r}\,\overline{K}$ 为固定成本，即在一定范围内，不随产量变动而变动的成本。即使企业暂时停产，固定成本仍然存在。由于变动投入 L 的变动将引起产量 q 的变动；同时，L 的变动引起总变动成本的变动，总变动成本又引起 TC 的变动，因此 TC 与 q 之间也表现为函数关系。

在长期中，企业的技术水平和所有投入都是可变的，因此长期生产函数为

$$q = f(L,K) \tag{6-10}$$

如果技术水平和要素价格不变，则

$$TC = \overline{w}L + \overline{r}K \tag{6-11}$$

式（6-11）表明，在长期中，由于不存在固定投入，也就没有固定成本，都是变动成本。

需要特别强调指出，这里的要素价格 w、r 只是要素的使用价格，而不是要素的所有价格。

6.2.1.4 要素的边际生产力论

要素的边际生产力论由美国经济学家克拉克提出，是边际分析方法在要素价格理论中

的具体应用或转化形式。克拉克将新增单位要素的生产率（即边际产品）称为边际生产力（率）。边际生产力（率）不过是在研究要素市场和收入分配问题时边际产品的另外一个说法，称为边际物质产品，记为 *MPP*。如果两种生产要素共同生产一定的产品，那么，当一种生产要素的数量不变，而增加另一种生产要素，新增单位要素的边际产量将会递减，称为边际生产力（率）递减规律。

在其他条件不变和边际生产力递减的前提下，某种生产要素的价格取决于其边际生产力。边际生产力的实物形态可用边际产量 *MP* 来表示，在产品价格不变时，边际生产力的价值形态可用边际产品价值来表示。边际产品价值记为 *MVP*，指新增加的一单位要素所带来的边际产品的市场价值，即 $MVP = P \cdot MP$。劳动要素的边际产品价值是

$$MVP_L = P \cdot MP_L \tag{6-12}$$

如果产品价格随着产量增加而不断下降，则边际生产力的价值形态可以用边际产品收益来表示。边际产品收益记为 *MRP*，指新增加的一单位要素所带来的收益，例如，劳动要素的边际产品收益是

$$MRP_L = MR \cdot MP_L \tag{6-13}$$

在完全竞争条件下，价格由市场的供求关系决定，而单个企业的产量变化不会影响产品价格，所以 $MR = P$。这时

$$MVP = MRP \tag{6-14}$$

6.2.2 短期成本函数

企业在短期内有变动投入和固定投入之分，考察成本可以使用总成本、平均成本、边际成本、总固定成本、总变动成本、平均固定成本和平均变动成本 7 个成本函数，见表 6-3。

表 6-3 某企业的短期成本表

(1) 产量 *q*	(2) 总固定成本 *TFC*	(3) 总变动成本 *TVC*	(4) 总成本 *TC*	(5) 平均固定成本 *AFC*	(6) 平均可变成本 *AVC*	(7) 平均成本 *AC*	(8) 边际成本 *MC*
0	20	0	20	—	—	—	>30
1	20	30	50	20	30	50	>26
2	20	56	76	10	28	38	>19
3	20	75	95	6.67	25	31.67	>5
4	20	80	100	5	20	25	>25
5	20	105	125	4	21	25	>27
6	20	132	152	3.33	22	25.33	>50
7	20	182	202	2.80	26	28.86	>98
8	20	280	300	2.50	35	37.50	

6.2.2.1 总成本函数

总成本是企业生产某一产量的各项成本之和。总成本 *TC* 由总固定成本 *TFC* 和总变动成本 *TVC* 两个要素构成，即

$$TC = TFC + TVC \tag{6-15}$$

以常数 b 代表总固定成本，$f(q)$ 代表随产量而变动的总变动成本，则

$$TC = b + f(q) \tag{6-16}$$

以上三种成本函数之间的关系可用图6-5来表示。总固定成本为一条水平线，总变动成本是随产量增加而上升的一条曲线。由于成本与产量具有反向关系，总变动成本曲线与总产量曲线相反，先以递减速度增加，后以递增速度增加。总固定成本与总变动成本的垂直加总为总成本，故总成本曲线也随产量增加而上升。

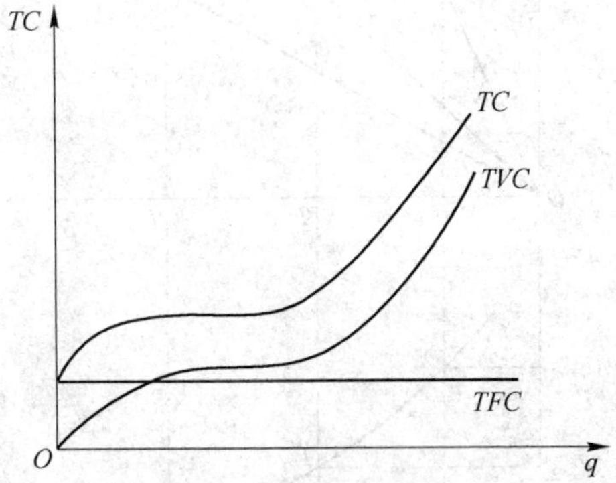

图6-5 总成本、总固定成本和总变动成本曲线

6.2.2.2 平均成本函数

平均成本是生产单位产品的成本之和，包括平均固定成本和平均变动成本。平均成本 AC 是企业的总成本除以产量，即

$$AC = \frac{TC}{q} \tag{6-17}$$

平均固定成本是单位产品的固定成本。平均固定成本 AFC 等于总固定成本除以产量，即

$$AFC = \frac{TFC}{q} = \frac{b}{q} \tag{6-18}$$

在图6-6中，TFC 曲线是一条水平线，当企业的产量不断增加时，单位产品所分摊的 TFC 越来越少，由原点引向 TFC 曲线某点（如 OX、OY、OZ）的斜率不断变小。根据定义，AFC 即为射线的斜率。

当产量分别为 q_1、q_2、q_3时，则有

$$\frac{Xq_1}{Oq_1} = AFC_1, \quad \frac{Yq_2}{Oq_2} = AFC_2, \quad \frac{Zq_3}{Oq_3} = AFC_3$$

以 X'、Y'、Z'分别代表 AFC_1、AFC_2、AFC_3，则可得到平均固定成本曲线。

平均变动成本是单位产品的变动成本。平均变动成本 AVC 可表示为

$$AVC = \frac{TVC}{q} = \frac{f(q)}{q} \tag{6-19}$$

图6-7的上半部为总变动成本曲线，由于 $AVC = \frac{TVC}{q}$，故平均变动成本是原点到总变动成本曲线上某点射线的斜率。

在开始阶段，AVC 递减，直到自原点的射线与 TVC 相切于点 Y，此后 AVC 递增，当产量分别为 q_1，q_2，q_3时，则有

$$\frac{Xq_1}{Oq_1} = AVC_1, \quad \frac{Yq_2}{Oq_2} = AVC_2, \quad \frac{Zq_3}{Oq_3} = AVC_3$$

显然

$$AVC_1 = AVC_3$$

以 X'、Y'、Z'分别代表 AVC_1、AVC_2、AVC_3，则可得到 AVC 曲线。

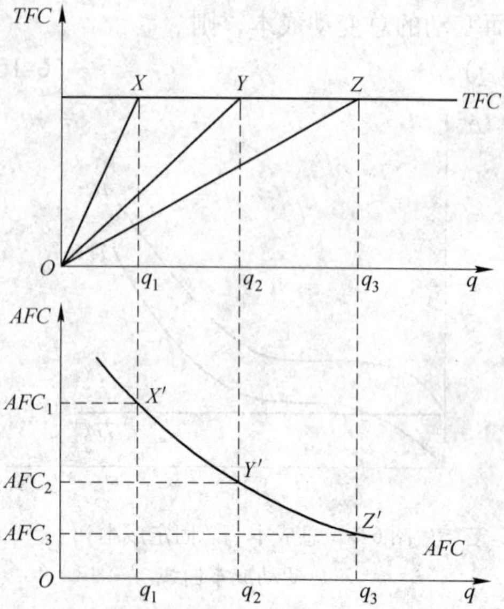

图 6-6　总固定成本与平均固定成本曲线

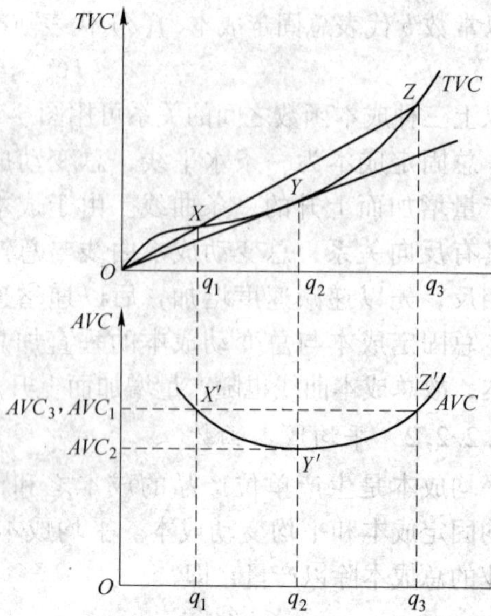

图 6-7　总变动成本与平均变动成本曲线

既然 AFC 与 AVC 之和构成 AC，故在短期内，企业的平均成本可以表示为

$$AC = \frac{TC}{q} = AVC + AFC = \frac{b}{q} + \frac{f(q)}{q} = \frac{b + f(q)}{q} \tag{6-20}$$

如图 6-8 所示，AFC 曲线向右下方倾斜，AVC 曲线呈 U 形。由于 AC = AFC + AVC，根据 AFC 和 AVC 曲线在相应产量上的垂直距离之和，即可导出 AC 曲线来。

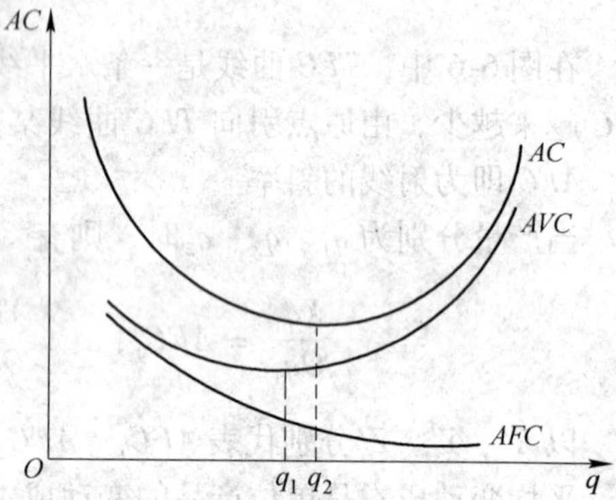

图 6-8　平均变动成本、平均固定成本与平均成本曲线

当企业产量很低时，随着产量增加，AFC 和 AVC 均呈下降趋势，导致 AC 下降。到产量 q_1 时，AVC 达到最低点，然后转为上升，但由于 AFC 仍在下降，而且下降的速度快于 AVC 上升的速度，致使 AC 继续下降。到产量 q_2 时，AVC 曲线上升的速度恰好等于 AFC 下降的速度，AC 曲线达到它的最低点。产量超过 q_2 后，由于 AVC 的增长速度超过 AFC 的下降速度，导致 AC 曲线上升。因此，AC 曲线也呈 U 形，并且始终位于 AVC 曲线上方，与 AVC 曲线的垂直距离等于 AFC。随着产量增加，AVC 率先达到最小值，而后 AC 才达到最小值，也就是说，AC 曲线达到最小值的产量水平（q_2）高于 AVC 曲线达到最小值的产量水平（q_1）。

另外，根据总成本和平均成本之间的关系，也可以借助总成本曲线 TC 推导出 AC 曲线。

6.2.2.3　边际成本曲线

边际成本指每增加单位产量所增加的总成本。边际成本 MC 可表示为

$$MC = TC_n - TC_{n-1} \Rightarrow \frac{\Delta TC}{\Delta q} \Rightarrow \frac{\mathrm{d}TC}{\mathrm{d}q} \tag{6-21}$$

$$MC = \frac{\mathrm{d}}{\mathrm{d}q}[b + f(q)] = \frac{\mathrm{d}f(q)}{\mathrm{d}q} \tag{6-22}$$

由于总固定成本不变，故 *MC* 也可定义为每增加单位产量所增加的总变动成本，即

$$MC = \frac{\mathrm{d}TVC}{\mathrm{d}q} \tag{6-23}$$

根据 *MC* 的定义，*MC* 曲线等于总成本或总变动成本曲线的斜率。通过 *TC* 或 *TVC* 曲线上不同点的切线，并计算其斜率，即可推导出 *MC* 曲线。

在图 6-9 中的 *TVC* 曲线上有 *A*、*B*、*C*、*D*、*E* 五个点，由于点 *A* 切线的斜率大于点 *B* 的斜率，以点 *A′*，*B′* 表示的 *MC* 数值下降，直至 *TVC* 曲线的拐点 *C*。*TVC* 曲线在拐点以后改变方向，其斜率开始上升。如图 6-9 所示，点 *D* 的斜率大于点 *C*，点 *E* 的斜率大于点 *D*。因此，*MC* 曲线是一条 U 形曲线，在与 *TVC* 曲线拐点 *C* 相对应的 *C′* 点达到最小值。由于 *TC* 曲线与 *TVC* 曲线的斜率相同，也可利用 *TC* 曲线推导同一条 *MC* 曲线。

根据以上分析，结合图 6-10 可以进一步说明 *MC* 曲线与 *AVC* 曲线的关系。

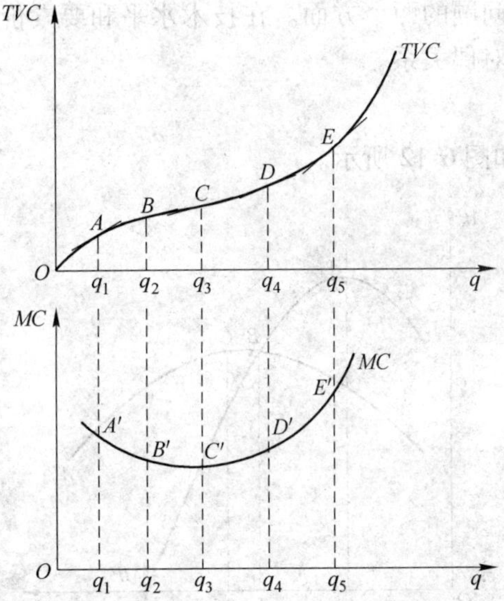

图 6-9　总变动成本与边际成本曲线

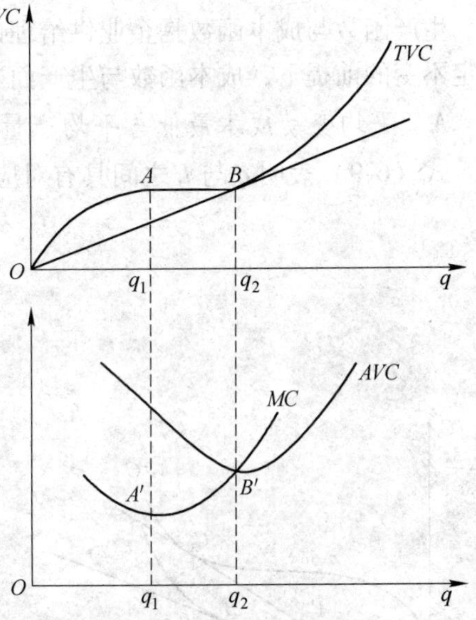

图 6-10　平均变动成本与边际成本曲线

在产量 q_2 之前，$MC < AVC$，*AVC* 处于下降阶段；在产量 q_2 以后，$MC > AVC$，*AVC* 处于上升阶段；在产量为 q_2，$MC = AVC$，*MC* 曲线与 *AVC* 曲线在 *AVC* 曲线的最低点相交时，即 $MC = AVC_{\min}$。

$$\begin{aligned} f'\left(\frac{TC}{q}\right) &= \frac{qf'(TC) - TC}{q^2} \\ &= \frac{f'(TC)}{q} - \frac{TC}{q^2} \\ &= \left[f'(TC) - \frac{TC}{q}\right]\frac{1}{q} \end{aligned} \tag{6-24}$$

式中，$f'(TC)$ 为 *MC*，$\frac{TC}{q}$ 为 *AC*，所以：

若 $MC > AC$，*AC* 处于递增阶段；

若 $MC < AC$，*AC* 处于递减阶段；

若 $MC = AC$，*AC* 处于最低点。

以上分别讨论了各种短期成本曲线的特性及其相互关系，现概括为图 6-11 和表 6-4。

表 6-4　短期成本曲线特性

成本项目	函数形式	曲线特性
总固定成本	$TFC = b$	平行于横轴的一条水平线
总变动成本	$TVC = f(q)$	先递减增加、后递增增加的一条曲线
总成本	$TC = TFC + TVC = b + f(q)$	始终比 TVC 高出 TFC 的一条曲线
平均固定成本	$AFC = TFC/q = b/q$	自左上方向右下方倾斜，为横轴的渐近线
平均变动成本	$AVC = TVC/q = f(q)/q$	先下降后上升，呈 U 形
平均成本	$AC = TC/q = b/q + f(q)/q$	始终比 AVC 高出 AFC 的一条 U 形曲线
边际成本	$MC = dTC/dq$	先下降后上升，先后通过 AVC、AC 最低点

6.2.2.4　成本函数与生产函数的对偶性

生产函数与成本函数是企业供给理论中同一问题的两个方面。在技术水平和要素价格既定不变的前提下，成本函数与生产面数存在着对偶关系。

A　平均变动成本最低与平均产量最高

式（6-9）表明 q 与 L 之间具有对应关系，如图 6-12 所示。

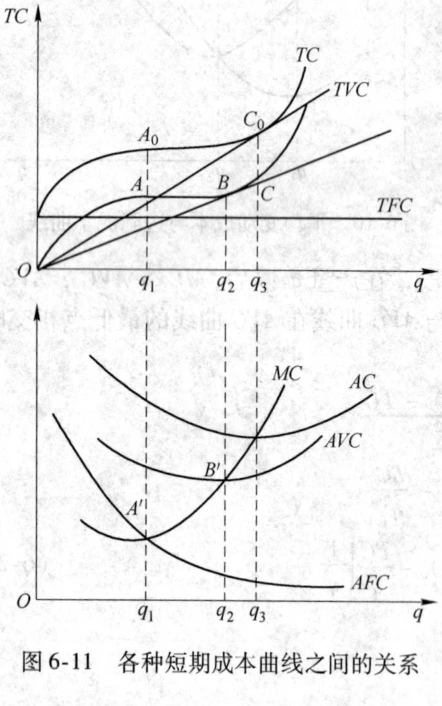

图 6-11　各种短期成本曲线之间的关系

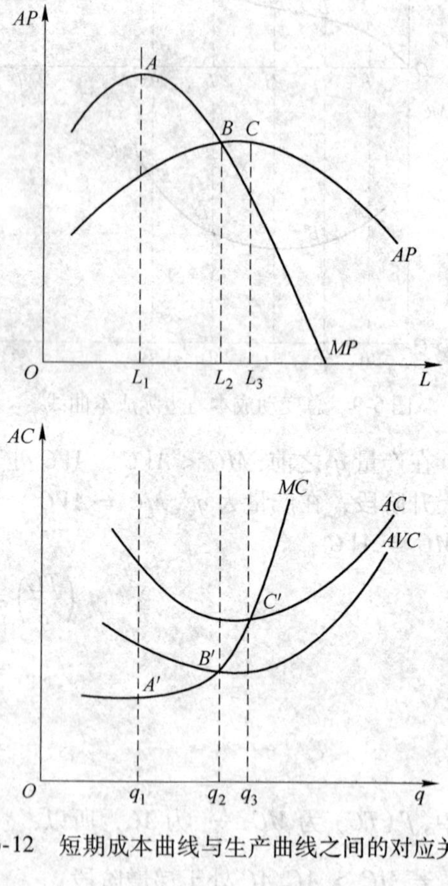

图 6-12　短期成本曲线与生产曲线之间的对应关系

可以看出：当平均产量最高时，平均变动成本最低，即 L 为 L_2，AP 为 B，相应的产量为 q_2 时的 AVC 为 B'。

因为
$$AC = \frac{b + f(q)}{q} = \frac{b}{q} + w\frac{L}{q}$$

又因
$$AP = \frac{q}{L}$$

所以
$$AC = w\left(\frac{1}{AP}\right) + \frac{b}{q} \tag{6-25}$$

同理
$$AVC = w\frac{L}{q} = \frac{w}{AP} \tag{6-26}$$

B 边际成本最低与边际产量最高

从图6-12中，我们可以看到另一重要对偶关系：当边际产量最高时，边际成本最低。即L为L_1，MP为A，相应产量为q_1时的MC为A'。

因为
$$MC = \frac{\mathrm{d}TVC}{\mathrm{d}q} = \frac{\mathrm{d}}{\mathrm{d}q}(wL) = w\frac{\mathrm{d}L}{\mathrm{d}q}$$

又因
$$MP = \frac{\mathrm{d}q}{\mathrm{d}L}$$

所以
$$MC = w\left(\frac{1}{MP}\right) = \frac{w}{MP} \tag{6-27}$$

阅读材料 6-2

保龄球馆的经营成本

在现实中，经常会看到一些企业没有利润，甚至是亏损的，但仍然在维持经营。如某些保龄球馆，打保龄球的价格甚至低于成本。在短期中，保龄球馆经营成本包括固定成本和可变成本，保龄球馆的场地、设备、管理人员的工资是短期中无法改变的固定投入。保龄球馆营业所支出的可变成本，如电费、服务员的工资等，如果不营业，这种成本就不存在；营业量增加，这种成本就增加。保龄球馆在决定是否继续营业时，考虑的主要是可变成本。当打保龄球的价格高于平均可变成本时，保龄球馆仍然会继续营业，因为它除了可以收回可变成本外，还可以收回一部分固定成本。有许多行业是固定成本高而可变成本低，如旅游、饭店、游乐场所等，只要服务价格高于平均可变成本，那么继续经营就要比不经营有利。

6.2.3 长期成本函数

在长期中，由于企业的所有投入要素都是可以变动的，因而不存在总固定成本和平均固定成本。这时，总变动成本等于总成本，平均变动成本等于平均成本。因此，在企业的长期成本函数中，就只有总成本、平均成本和边际成本三种成本函数。三者的特性及其相互关系与短期成本函数一样。为便于区别，凡长期成本函数都冠以L，凡短期成本函数都冠以S。

6.2.3.1 长期总成本、平均成本、边际成本

同短期成本分析一样，只要知道任一产量的长期总成本LTC，根据定义就可以导出长

期平均成本 LAC 和长期边际成本 LMC。

首先看总成本。长期生产函数是生产各种产量的最优投入数量组合的轨迹，而长期总成本就是用于购买各种最优投入数量的成本支出总和，即

$$LTC = rL + wK \tag{6-28}$$

长期平均成本是单位产品的成本，等于长期总成本除以产量，即

$$LAC = \frac{LTC}{q} \tag{6-29}$$

长期边际成本指增加单位产品导致的长期总成本的增量，等于长期总成本对产量的导数，即

$$LMC = \frac{dLTC}{dq} \tag{6-30}$$

与短期生产中的平均成本和边际成本类似，可以绘出长期平均成本和长期边际成本曲线。图6-13 表示 LTC、LAC 和 LMC 之间的关系。

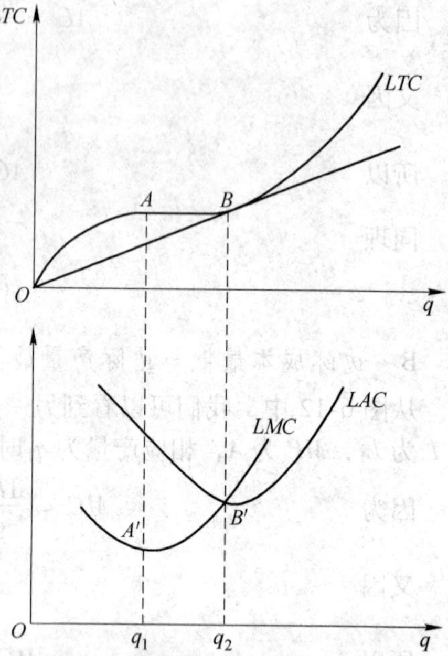

图 6-13 长期成本曲线之间的关系

6.2.3.2 长期总成本曲线与短期总成本曲线

长期总成本曲线是企业在各种产量下最低总成本的轨迹。图 6-14 假设生产某种产品的企业可以选择多种规模的生产，STC_1，STC_2，STC_3，STC_4，…分别代表各种生产规模的短期总成本曲线。如果企业根据市场需求预测决定生产 q_1，虽然各种生产规模都可以提供这个产量，但追求利润最大的企业，必定选择总成本最低的 STC_1 进行生产。同理，如果决定生产 q_2，企业必定选择总成本最低的 STC_2 进行生产。如果企业决定生产 q_1，两种相邻规模生产的总成本 STC_1、STC_2 同样最低，究竟选择哪一个生产规模呢？这要从市场需求来分析。如果预期未来市场需求量将增加，通常会选择 STC_2；如果 q_1 只是季节性的或暂

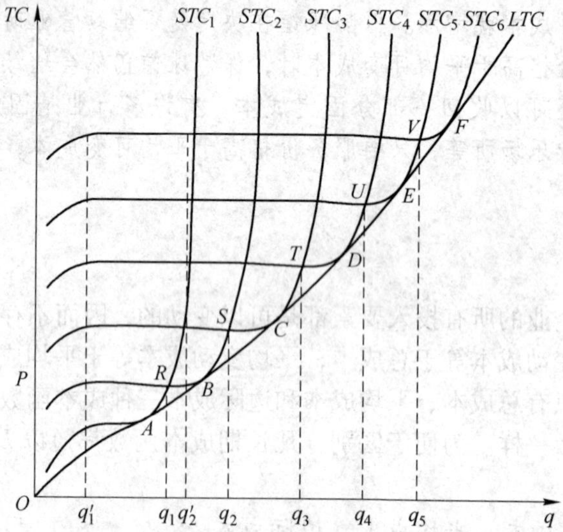

图 6-14 长期总成本曲线与短期总成本曲线

时的需求量，未来会下降，企业通常会选择 STC_1，可以减少筹资的困难。以此类推，我们可以得出结论：当产量在 q_1 以下，应当以 STC_1 的 OR 段进行生产；当产量在 q_1q_2 之间，应当以 STC_2 的 RS 段进行生产；当产量为 q_2q_3 之间，应当以 STC_3 的 ST 段进行生产；……将这些短期最低总成本线段连接起来，便形成一条不规则的长期总成本曲线 $ORSTUV$。

在现实的生产经营中，企业生产规模远不止这几种，至少在理论上可以无限细分。于是，这些最低短期总成本的线段将会越来越短，最终变成一个个点。由这些点形成的一条连续的平滑曲线 $ABCDEF$ 便是长期总成本曲线，它是所有短期总成本曲线的包络线。由于企业根据长期总成本曲线选择生产规模，制订生产计划，故长期总成本曲线又称计划曲线。但是，一经破土动工，企业生产便进入短期。所以，企业总是在长期中计划，在短期中经营。

长期总成本曲线与短期一样，也是先递减增加、后递增增加。但是，由于没有总固定成本，所以长期总成本曲线并不像短期那样与纵轴相交，而是从原点出发。

6.2.3.3　长期平均成本曲线与短期平均成本曲线

长期平均成本曲线也是企业在各种产量下最低平均成本的轨迹。它虽然与短期平均成本曲线一样呈 U 形，但长期平均成本曲线较为平滑，原因在于 SAC 只受边际报酬的制约，而 LAC 则受到规模报酬的影响。

图 6-15 与图 6-14 一样，假设企业生产某种产品可以选择多种生产规模，SAC_1，SAC_2，SAC_3，SAC_4，…分别代表各种生产规模的短期平均成本曲线。如果企业打算生产 q_1，他将选择 SAC_1 所代表的生产规模；如果分别决定生产 q_3 和 q_5 的产量，则必将分别选择 SAC_2 和 SAC_3 所代表的生产规模。因为企业总是选择能以最低单位成本生产预期产量的那个生产规模，LAC 曲线将是各个既定规模的 SAC 曲线相交之点下面的线段连接而成的一条不规则的曲线，即图 6-15 中的 $ABCDE$ 曲线。

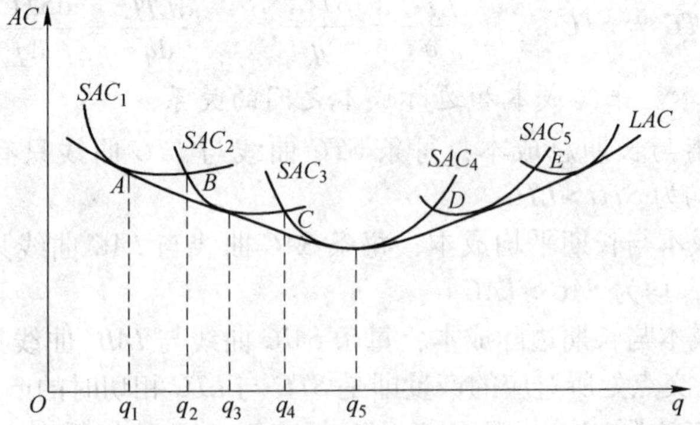

图 6-15　长期平均成本曲线与短期平均成本曲线

同样，企业各种可能的生产规模远不止上面所说的这几种。如果企业选择的生产规模可以无限细分，SAC 曲线将高度密集在坐标图中，LAC 曲线上的每一点都代表了与某一特定规模的 SAC 曲线相切之点，这时企业的 LAC 曲线将成为一条平滑的曲线。这条平滑的呈 U 形的 LAC 曲线也是各 SAC 曲线的包络曲线。

不难看出，长期平均成本曲线与短期平均成本曲线具有以下关系：

LAC 仅与 SAC 切于一点。在这一点，$LAC = SAC$，此外，$LAC < SAC$。

LAC 仅在最低点与 SAC 的最低点相切。在 LAC 最低点左边，LAC 切于 SAC 最低点左边；在 LAC 最低点右边，LAC 切于 SAC 最低点右边。

因此，在 LAC 的任何一点，都可以建立一个最优生产规模 SAC_i，但 SAC_i 一般不在最低点进行生产。

6.2.3.4 长期边际成本曲线与短期边际成本曲线

在图 6-16 中，SMC_1，SMC_2，SMC_3 分别代表企业短期平均成本为 SAC_1，SAC_2，SAC_3 的短期边际成本曲线，点 A，B，C 分别为 LAC 与 SAC 曲线切点所对应的产量 q_1，q_2，q_3 的短期边际成本。A，B，C 各点的连线即为 LMC 曲线。

LMC 曲线与 LAC 曲线的关系，和 SMC 曲线与 SAC 曲线的关系一样，即当 $LMC < LAC$ 时，LAC 曲线呈下降趋势；当 $LMC > LAC$ 时，LAC 曲线至上升趋势；当 $LMC = LAC$ 时，LMC 曲线在 LAC 曲线的最低点 B 与 LAC 相交，在且仅在交点处，$LMC = LAC = SAC = SMC$。

如图 6-14 和图 6-16 显示，LMC 和 SMC 在 LAC 曲线与各 SAC 曲线切点所对应的产量上恰好相等。以 q_1 为例，当 LAC 与 SAC_1 曲线在产量 q_1 相切时，$LAC = SAC_1$。当企业产量尚未达到 q_1 时，STC_1 以递减速度增加，其斜率小于 LTC，这时 $SMC_1 < LMC$。当企业产量超过 q_1 时，STC_1 以递增速度增加，其斜率大于 LTC，$SMC_1 > LMC$。只有当 $LAC = SAC_1$，LTC 与 STC_1 斜率相等时，LMC 才等于 SMC_1。如果从数学上看，这一点就更加明显：

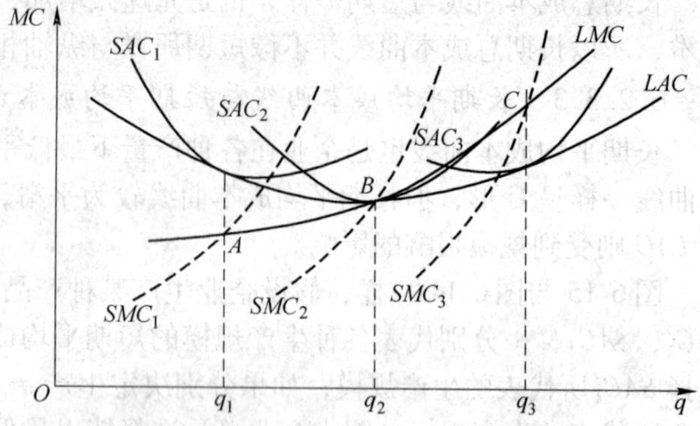

图 6-16 长期边际成本曲线与短期边际成本曲线

$$LTC = STC_1, \qquad \frac{LTC}{q} = \frac{STC_1}{q}, \qquad \frac{\mathrm{d}LTC}{\mathrm{d}q} = \frac{\mathrm{d}STC_1}{\mathrm{d}q}$$

6.2.3.5 总成本、平均成本和边际成本之间的关系

（1）短期总成本与长期总成本：每条 STC 曲线与 LTC 曲线只有一个切点，切点处 $STC = LTC$，此外，均为 $STC > LTC$。

（2）短期平均成本与长期平均成本：每条 SAC 曲线与 LAC 曲线只有一个切点，切点处 $SAC = LAC$，此外，均为 $SAC > LAC$。

（3）短期边际成本与长期边际成本：每条 SMC 曲线与 LMC 曲线只有一个交点，交点处 $SMC = LMC$，并且交点处所对应的产量即是 STC 与 LTC 相切时的产量。

（4）平均成本与边际成本：SMC 与 SAC 相交于 SAC 的最低点，LMC 与 LAC 相交于 LAC 的最低点。

6.3 厂商均衡理论

6.3.1 完全竞争市场上的厂商均衡

6.3.1.1 市场结构及其分类

A 市场结构划分标准

市场是指从事物品买卖的交易场所或接洽点。即一个市场可以是一个有形的买卖物品的交易场所，也可以是利用现代化通信工具进行物品交易的接洽点。从本质上讲，市场是物品买卖双方相互作用并得以决定其交易价格和交易数量的一种组织形式或制度安排。市场结构是指市场的垄断与竞争程度。

微观经济学以市场竞争程度来划分市场类型，影响市场竞争程度的具体因素主要有以下几点。

（1）市场上厂商的数目。厂商数目的多寡，是影响市场竞争特性的最基本因素。一般而言，处于平等地位的厂商越多，市场的竞争程度就越高；而当存在一个或几个厂商处于支配地位时，市场的竞争程度通常被削弱，相应地垄断程度就提高。

（2）厂商所提供的产品的差别程度。产品差别是同一种产品在质量、牌号、形式、包装等方面的差别。每种有差别的产品都以自己的某些特色引起消费者的注意。这样，有特色的产品就在喜爱这一特色的消费者中形成自己的垄断地位。在这种意义上，经济学家认为，产品差别引起垄断，产品差别越大，垄断程度越高。所以，产品差别越高的市场，垄断性越强；产品差别越低的市场，竞争性越弱。

（3）单个厂商对市场价格的控制程度。这其实是衡量厂商的市场垄断力的最全面和权威的指标。厂商的定价能力越强，市场的竞争程度越低，垄断性越高；反之，厂商对市场价格的影响力越弱，市场的竞争性越强，垄断程度越低。

（4）厂商进入或退出该市场的难易程度。进入的壁垒越高，会使得市场上现有的厂商的数目越少；退出的沉没成本越高，会使得厂商在决定进入时更加谨慎。这些都会增强市场的垄断性。相反，如厂商进入或退出该市场都十分容易，市场上的竞争程度就会提高。

在以上 4 个标准中，第一个因素和第二个因素是基本的决定因素。第三个因素是第一个因素和第二个因素的必然结果，第四个因素是第一个因素的延伸。我们正是综合这 4 个标准来判断一个市场的垄断和竞争程度，从而确定市场结构类型。

B 市场结构分类

根据上述 4 个标准，我们可以把市场结构划分为 4 种类型，即完全竞争、完全垄断、垄断竞争及寡头垄断。完全竞争是指一种竞争不受任何阻碍、干扰和控制的市场结构；垄断竞争是指厂商间存在着产品差别，以竞争因素为主，又存在一定垄断因素的市场结构；寡头垄断是指介于垄断竞争和完全垄断之间，由少数几家大型厂商控制某种商品的绝大部分乃至整个市场的市场组织形式；垄断市场是指整个行业只有唯一的一家厂商的市场组织形式。4 种市场结构类型比较见表 6-5。

表 6-5 市场结构分类

市场类型	厂商数目	产品差别程度	厂商对价格的控制程度	进出市场的难易程度	售卖方式	举例说明
完全竞争	非常多	完全无差别	完全不能控制	非常容易	市场交易	农副产品
完全垄断	一个	独特产品，无接近的替代品	很大程度，但经常受管制	非常困难，几乎不可能	广告宣传和加强服务	公用事业、水电
垄断竞争	许多	有一定差别	有一定程度控制	比较容易	广告宣传、质量、管理、价格等竞争	零售业、服务业
寡头垄断	几个	有一定差别或无差别	相当程度控制	比较困难	广告宣传、质量、管理、价格等竞争	汽车、飞机、钢铁、石油

6.3.1.2 完全竞争市场

A 完全竞争的条件

完全竞争又称为纯粹竞争。完全竞争市场是指竞争充分而不受任何阻碍和干扰的一种市场结构。完全竞争市场必须具备以下条件。

（1）市场上有大量的买者和卖者。作为众多参与市场经济活动的经济单位的个别厂商或个别消费者，单个的消费量和购买量都只占很小的市场份额，其供应能力或购买能力对整个市场来说是微不足道的。这样，无论买方还是卖方都无法左右市场价格，或者说，单个经济单位将不把价格作为决策变量，他们是价格接受者。显然，在交换者众多的市场上，若某厂商要价过高，顾客可以从别的厂商购买商品和劳务；同样，如果某顾客压价太低，厂商可以拒绝出售给顾客而不怕没有别的顾客光顾。

（2）参与经济活动的厂商出售的产品具有同质性。这里的产品同质不仅指商品之间的质量、性能等无差别，还包括在销售条件、装潢等方面是相同的。因为产品是相同的，对于购买商品的消费者来说，哪一个厂商生产的产品并不重要，他们没有理由偏爱某一厂商的产品，也不会为得到某一厂商的产品而必须支付更高的价格。同样，对于厂商来说，没有任何一家厂商拥有市场优势，他们将以可能的市场价格出售自己的产品。

（3）所有的资源都可以在各行业之间自由流动。厂商可以无成本地进入或退出一个行业，即劳动可以随时从一个岗位转移到另一个岗位，或从一个地区转移到另一个地区；资本可以自由地进入或撤出某一行业。资源的自由流动使得厂商总是能够及时地向获利的行业运动，及时退出亏损的行业。这样，效率较高的企业可以吸引大量的投入，缺乏效率的企业会被市场淘汰。资源的流动是促使市场实现均衡的重要条件。

（4）参与市场活动的经济主体具有完全信息。市场中的每一个卖者和买者都掌握与自己决策、与市场交易相关的全部信息。这一条件保证了消费者不可能以较高的价格购买，生产者也不可能以高于现行价格出卖。每一个经济行为主体都可以根据所掌握的完全信息，确定自己最优购买量或最优生产量，从而获得最大的经济利益。

显然，理论分析上述假设的完全竞争市场的条件是非常严格的。在现实的经济中，没有一个市场真正具有以上4个条件，通常只是将某些农产品市场看成是比较接近的完全竞争市场类型。但是，完全竞争市场作为一个理想经济模型，有利于我们了解经济活动和资源配置的一些基本原理，解释或预测现实经济中厂商和消费者的行为。

B 完全竞争厂商的需求曲线

在任何一个商品市场中，市场需求是针对市场上所有厂商组成的行业而言的。消费者对整个行业所生产的商品的需求称为行业所面临的需求，相应的需求曲线称为行业所面临的需求曲线，也就是市场的需求曲线。如图6-17（a）所示，图中D曲线就是一条完全竞争市场的需求曲线，它是向右下方倾斜的。

消费者对行业中单个厂商所生产的商品的需求量，称为厂商所面临的需求量，相应的需求曲线称为厂商所面临的需求曲线，简称为厂商的需求曲线。在完全竞争条件下，厂商所面临的需求曲线是一条由既定的市场均衡价格出发的水平线。如图6-17（b）所示，图中的d曲线就是一条完全竞争厂商的需求曲线，是一条与横轴平行的水平线。

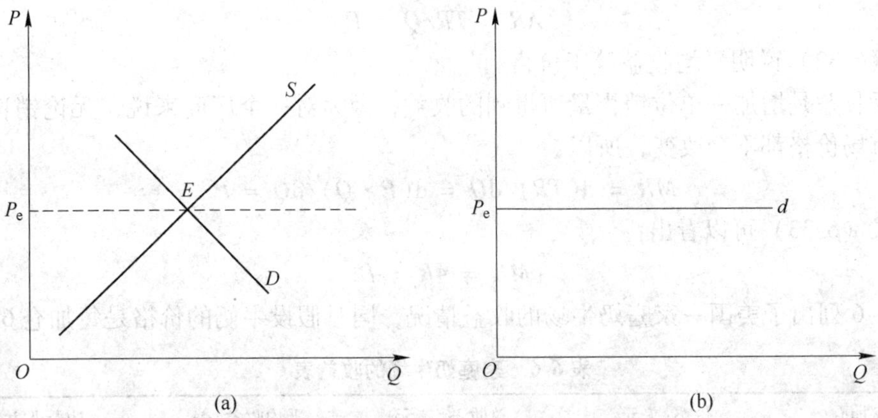

图 6-17 完全竞争市场和完全竞争厂商的需求曲线

（a）完全竞争市场的需求曲线；（b）完全竞争厂商的需求曲线

需注意的是，在完全竞争市场上，单个厂商是市场价格的接受者，而不是价格的设定者。这在图形上的表现就是完全竞争厂商的需求曲线是一条水平线。假设某家厂商把价格定得略高于市场价格，由于产品具有同质性，且消费者有完全信息并可以自由流动，那么，将没有人购买该厂商的产品。也就是说，厂商一旦涨价，它所面临的需求会下降为零。如果厂商的价格等于市场价格，则由于厂商数目众多的条件，一个厂商的供应是无足轻重的。无论厂商供应多少，价格都维持不变。或者说，在既定的市场价格下，厂商可能消费掉任意数量的商品。厂商会不会把价格降到市场价格以下呢？降价原本是为了刺激需求，既然每个厂商在市场价格下可以供应任意数量，那么何必降价呢？因此，在完全竞争市场上，厂商既不能提高价格，又不愿降低价格，只能是市场价格接受者。从需求的角度看，完全竞争厂商所面临的需求是水平的，水平需求的弹性是无穷大的。

图 6-17（b）中的厂商的需求曲线 d 是相对于图 6-17（a）中的市场需求曲线和市场供给曲线共同作用所决定的均衡价格 P_e 而言的。如果市场的供给曲线或需求曲线的位置发生移动，就会形成新的市场均衡价格，相应地，在图 6-17（b）中便会形成另一条从新的均衡价格水平出发的呈水平线形状的厂商的需求曲线。

此外，完全竞争厂商与某一价格水平重合的水平需求曲线不意味着完全竞争市场的价格固定不变。因为，需求函数本身是一个多元函数，其他变量的变化会影响需求的变化；供给函数也是一个多元函数，其他变量的变化会影响到供给的变化；需求与供给的变化又会影响到供给曲线位置的移动，从而形成市场的新的均衡价格，使单一的完全竞争厂商面临新的需求曲线。

C 完全竞争厂商的收益曲线

在完全竞争的条件下，个别厂商销售量的变动并不能影响市场价格。也就是说，厂商每增加一单位产品的销售，市场价格是不会变动的，从而每增加一单位产品销售的边际收益也不会变动。所以，平均收益与边际收益相等。

设总收益为价格与产量（即销售量）的乘积，即：

$$TR = P \cdot Q \tag{6-31}$$

平均收益是总收益除以销售量，即：

$$AR = TR/Q = P \tag{6-32}$$

式（6-32）说明平均收益等于价格。

边际收益是增加一单位销售量所得到的收益，因为对一个厂商来说，无论销售量增加多少，市场价格都不会改变，所以：

$$MR = d(TR)/dQ = d(P \cdot Q)/dQ = P \tag{6-33}$$

从式（6-33）可以看出：

$$MR = AR = P \tag{6-34}$$

表 6-6 列出了美国一家庭奶牛场的收益情况，同时假设牛奶的价格是每加仑 6 美元。

表 6-6　家庭奶牛场的收益表

产量/加仑	价格/美元	总收益/美元	平均收益/美元	边际收益/美元
1	6	6	6	—
2	6	12	6	6
3	6	18	6	6
4	6	24	6	6
5	6	30	6	6
6	6	36	6	6
7	6	42	6	6
8	6	48	6	6

正因为价格、平均收益和边际收益都是相等的，所以，平均收益曲线、边际收益曲线与需求曲线都是同一条线，即 $MR = AR = P$。根据表 6-6 得出图 6-18。

可见，完全竞争厂商的总收益曲线 TR 是一条由原点出发的向右上方倾斜的直线。完全竞争厂商 AR 曲线、MR 曲线和需求曲线 d 三线重叠，且等于既定的市场价格 P。

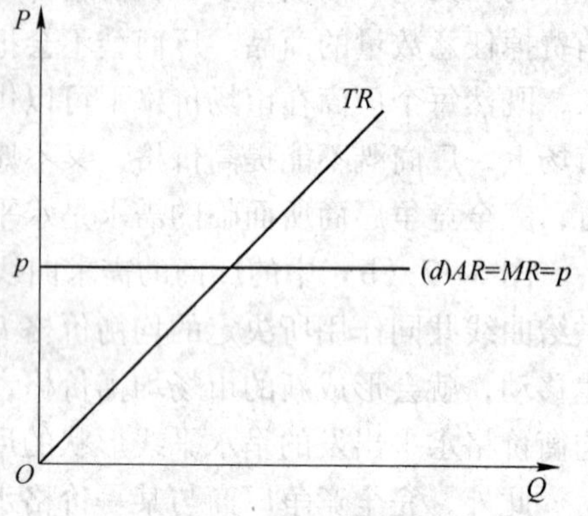

图 6-18　完全竞争厂商的收益和价格

在各种类型的市场上，平均收益与价格都是相等的。因为每单位产品的售价就是其平均收益。但只有在完全竞争市场上，对个别厂商来说，平均收益、边际收益与价格才相等。因为只有在这种情况下，个别厂商销售量的增加才不影响价格。在完全竞争市场上，厂商每增加一单位产品的销售，市场价格仍然不变，从而每增加一单位产品销售的边际收益 MR 也不会变，边际收益也等于价格。

6.3.1.3　完全竞争市场短期均衡

A　完全竞争市场短期均衡的含义

因为是完全竞争市场，厂商只能被动接受市场价格而不能左右市场价格。但此时：第一，短期内市场供求可能会发生变化。如果供不应求，企业可能盈利；如果供大于求，企业可能亏损；第二，市场价格可能会发生波动。如果价格低于可变成本，企业就会亏损；如果价格高于可变成本，企业就可能盈利。因此，在短期内，厂商出售产品就有可能处于盈利、盈亏平衡或亏损等不同的状态。

短期是指生产规模是给定的，厂商在这一期限内并不能根据市场需求情况来调整全部生产要素。因此，在短期内，不仅产品的市场价格是既定的，而且生产中的不变要素投入量是无法改变的，反映在图形中就是 SAC、SMC、$d(AR = MR = P)$ 曲线都是固定的。这里的均衡是指实现利润最大化下的最优产量点的确定，这是厂商两个行为原则的最终目标。

B 完全竞争厂商短期均衡

完全竞争厂商短期均衡时的盈亏状态可以用图 6-19 来说明。

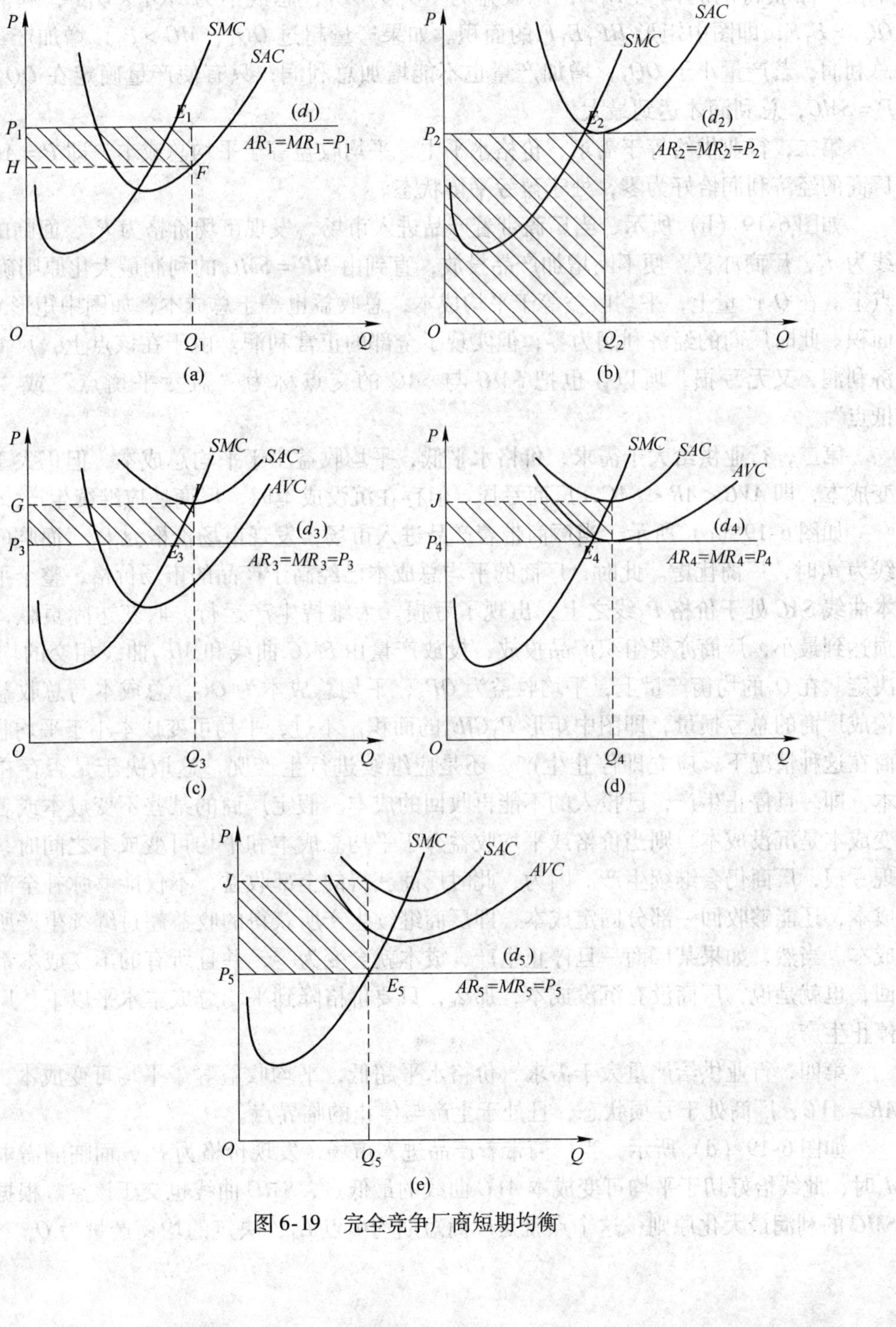

图 6-19 完全竞争厂商短期均衡

第一，行业供给小于需求，价格水平高，平均收益大于平均总成本，即 $P=AR>SAC$，厂商处于超额盈利状态。

如图6-19（a）所示，当厂商带着产品进入市场，发现自己的产品先于同行业竞争对手进入市场，因为时间差市场价格较高，达到 P_1、面临的需求曲线为 d_1 时，厂商狂喜，便不断增加产品投放，直到由 $MR=SAC$ 的利润最大化原则确定的 Q_1 点上，SMC 曲线与 MR_1 曲线的交点 E_1 即为厂商的短期均衡点。这时，平均收益为 OP_1，平均总成本为 Q_1F，单位产品获得的利润为 E_1F，总收益为 $OQ_1\times OP_1$，总成本为 $OQ_1\times Q_1F$，利润总量为 $OQ_1\times E_1F$，即图中矩形 HP_1E_1F 的面积。如果产量超过 OQ_1，$MC>P_1$，增加产量会降低总利润；若产量小于 OQ_1，增加产量也不能增加总利润；只有使产量确定在 OQ_1，$MR=P=SMC$，总利润才达到最大。

第二，行业供给等于需求，价格水平中，平均收益等于平均总成本，即 $P=AR=SAC$，厂商的经济利润恰好为零，处于盈亏平衡状态。

如图6-19（b）所示，当厂商带着产品进入市场，发现市场价格为 P_2、面临的需求曲线为 d_2，厂商亦喜，便不断增加产品投放，直到由 $MR=SMC$ 的利润最大化原则确定的 Q_2 点上。在 Q_2 产量上，平均收益等于平均成本，总收益也等于总成本，如图中矩形 $OP_2E_2Q_2$ 面积。此时厂商的经济利润为零，但实现了全部的正常利润。由于在该点上，厂商既无经济利润，又无亏损，所以，也把 SMC 与 SAC 的交点称为“盈亏平衡点”或“收支相抵点”。

第三，行业供给大于需求，价格水平低，平均收益小于平均总成本，但仍大于平均可变成本，即 $AVC<AR<SAC$，厂商亏损。但存在沉没成本时，厂商还应继续生产。

如图6-19（c）所示，当厂商带着产品进入市场，发现市场价格为 P_3，面临的需求曲线为 d_3 时，厂商忧虑。此时，厂商的平均总成本已经高于产品的市场价格，整个平均总成本曲线 SAC 处于价格 P_3 线之上，出现了亏损。为维持生产运行，收获边际贡献，并使亏损达到最小，厂商亦要组织产品投放，投放产量由 SMC 曲线和 MR_3 曲线相交的均衡点 E_3 决定。在 Q_3 的均衡产量上，平均收益为 OP_3，平均总成本为 OG，总成本与总收益的差额构成厂商的总亏损量，即图中矩形 P_3GIE_3 的面积。不过，平均可变成本小于平均收益。厂商在这种情况下，应立即停止生产，还是应继续进行生产呢，这取决于是否存在沉没成本，即一旦停止生产，已投入的不能再收回的成本。假定厂商的某些不变成本或者全部不变成本是沉没成本，则当价格或平均收益介于平均总成本和平均可变成本之间时，虽然出现亏损，厂商仍会继续生产。因为，此时厂商获得的全部收益，不仅能够弥补全部的可变成本，还能够收回一部分固定成本，即厂商继续生产所获得的收益超过继续生产所增加的成本。当然，如果某厂商一旦停止生产，成本就会变为零，并且所有的不变成本都可以收回，也就是说，厂商没有沉没成本，那么，只要价格降到平均总成本水平以下，厂商就会停止生产。

第四，行业供给严重大于需求，价格水平超低，平均收益等于平均可变成本，即 $P=AR=AVC$，厂商处于亏损状态，且处于生产与停止的临界点。

如图6-19（d）所示，当厂商带着产品进入市场，发现价格为 P_4，面临的需求曲线为 d_4 时，此线恰好切于平均可变成本 AVC 曲线的最低点，SMC 曲线也交于该点。根据 $MR_4=SMC$ 的利润最大化原则，这个点就是厂商短期均衡点 E_4，决定的均衡产量为 Q_4。在 Q_4 产量上，平均收益小于平均总成本，必然是亏损的。同时，平均收益仅等于平均可变成本，这意味着厂商进行生产所获得的收益，只能弥补可变成本，而不能收回任何的不变成本。生产与不生产对厂商来说，结果是一样的。所以，*SMC* 曲线与 *AVC* 曲线的交点是厂商生产与不生产的临界点，也称为“停止营业点”或“关闭点”。

第五，行业供给严重大于需求，价格水平超级低，平均收益小于平均可变成本，即 $AR<AVC$，厂商处于亏损状态，应停止生产。

如图 6-19（e）所示，当价格进一步下降至 P_5，面临的需求曲线为 d_5时，MR_5曲线与 *SMC* 曲线相交之点为短期均衡点 E_5。在这一产量上，平均收益已小于平均可变成本，意味着厂商若继续生产的话，所获得的收益连可变成本都收不回来，更谈不上收回固定成本了，所以，厂商停止生产。

上述分析表明，完全竞争厂商短期均衡的条件是：短期内，在完全竞争的市场条件下，无论市场价格怎样变化，由于厂商不能根据市场需求情况来调整全部生产要素，厂商只能按 $AR \geqslant AVC$ 和 $SMC=MR$ 原则来调整自己的产量点。企业应该将生产点推进到边际成本与边际收益相等点，这也就是上面所说的企业的最佳产量点 Q_1、Q_2、Q_3、Q_4、Q_5。在上述的最佳产量点上，厂商或者可以获得最大利润，或者可以利润为零，或者可以蒙受最小亏损。

6.3.1.4 完全竞争市场长期均衡

在长期内，完全竞争厂商的所有要素都是可变的，厂商通过对全部生产要素的调整，来实现最大利润。完全竞争厂商在长期中对生产要素的调整表现为两方面，一是厂商自身对最优生产规模的调整，二是厂商进入或退出一个行业即厂商数目的调整。

A 完全竞争市场长期均衡与短期均衡的不同

在短期内，由于时间过短，厂商来不及调整规模，新厂商也来不及加入该行业，厂商的规模和厂商的数目都是不变的；而在长期内，不仅厂商的规模可以调整，而且厂商的数目也是可以增减的。

在完全竞争市场价格给定的条件下，厂商在长期生产中对全部要素的调整可以表现为两个方面：一方面表现为对最优生产规模的选择；另一方面表现为进入或退出一个行业的选择。

在短期的情况下，只要厂商出售产品的平均收益大于平均变动成本就可以开工生产。长期内，厂商则不能这样做，厂商必须使得自己所出售的产品的平均收益能够弥补平均总成本，即平均变动成本加平均固定成本。如果长期调整也不能改变企业的亏损状态，则企业应该退出该行业，而转入那些其平均收益可以弥补其平均成本的行业进行生产。

B 完全竞争厂商自身对最优生产规模的调整

在短期内，如果厂商能够获得利润，它会进一步加以调整，以得到更多的利润。从图 6-20 中可以看到，假定产品的市场价格为 P_0，且暂定不变，短期里厂商已拥有的生产规模以 SAC_1曲线和 SMC_1曲线代表。在短期内，厂商生产规模给定，只能在既定的生产规模下进行生产，此时，单位成本可能较高，单位产品可能赚得不多。根据利润最大化均衡条件，厂商选择的最优产量为 Q_1，所获得的利润为图中 P_0E_1GF 的面积。但是，在长期内，厂商会调整生产规模，努力降低单位产品成本。假设厂商将生产规模调整为 SAC_2曲线和

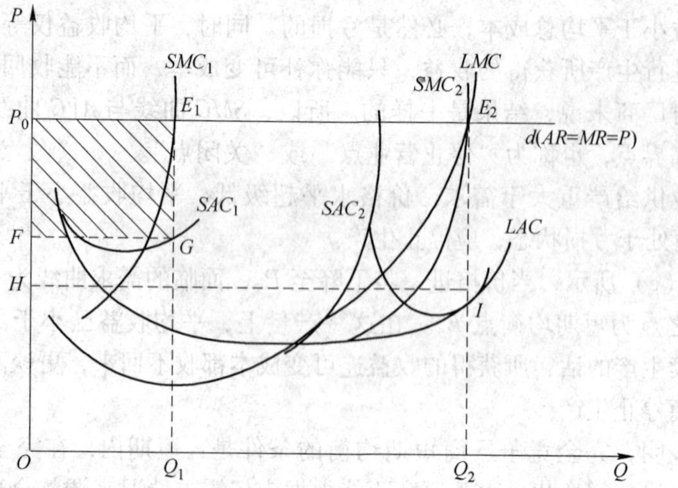

图6-20 长期生产中厂商对最优生产规模的选择

SMC_2曲线所代表的最优生产规模进行生产，按照 $MR = LMC$ 的利润最大化原则，相应的最优产量达到 Q_2，此时厂商获得的利润增大为图中 P_0E_2IH 所示的面积。很显然，在长期内，厂商通过对生产规模的调整，能够获得比在短期所能获得的更大的利润。

不过，这里是假设产品的市场价格始终不变。但在实际上，如果市场需求不变的话，各个厂商自身都会调整规模，即使厂商数量没有变化，整个行业的产量也会相应发生变化，随着整个市场供给量的增加，往往会引起价格下降。

C 行业中厂商数目的调整

分析完全厂商在长期中进入或退出一个行业即厂商数量的调整及对单个厂商利润的影响。

前面已经指出，在完全竞争市场，要素可以在不同部门之间自由流动，或者说，厂商可以自由进入或退出一个行业。实际上，生产要素总是会流向能获得更大利润的行业，也总是会从亏损的行业中退出，正是由于行业之间生产要素的自由流动或厂商的自由进出，导致了完全竞争厂商长期均衡时的经济利润为零。具体来看，如果当某一行业开始时的产品价格较高，为 P_3，厂商根据利润最大化均衡条件，将选择最优生产规模进行生产，如图6-21 中的 Q_3产量。此时厂商获得了利润，这会吸引一部分厂商进入到该行业中。随着行业内厂商数量的增加，市场上的产品供给就会增加，在市场需求相对稳定的情况下，市场价格就会不断下降，单个厂商的利润随之逐步减少，厂商也将随着价格的变化进一步调整生产规模。只有当市场价格水平下降到使单个厂商的利润减少为零时，新厂商的进入才会停止，至此，厂商的生产规模调整至 Q_2产量上。

相反，如果市场价格较低为 P_1，厂商根据 $MR = MC$ 的条件，相应的最优生产规模选择在 Q_1产量上。此时，厂商是亏损的，这会使得行业内原有厂商中的一部分退出该行业的生产。随着行业内厂商数量的逐步减少，市场上产品的供给就会减少，若市场需求相对稳定，产品的市场价格就会上升，单个厂商的利润就会随之逐步增加。只有当市场价格水平上升到使单个厂商的亏损消失即利润为零时，厂商的退出才会停止。总之，不论是新厂商的加入，还是原有厂商的退出，最终这种调整将使市场价格达到等于长期平均成本最低

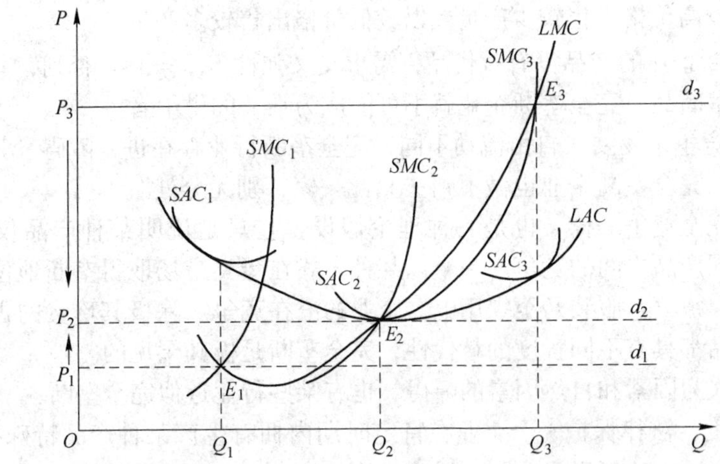

图 6-21 厂商进入或退出行业

点的水平，如图 6-21 中价格水平 P_2。在这一水平，行业中的每个厂商既无利润，也无亏损，但都实现了长期均衡。

图中 E_2 点是完全竞争厂商的长期均衡点。在这个长期均衡点上，LAC 曲线达到最低点，代表最优生产规模的 SAC_2 曲线相切于该点，相应的 SMC_2 曲线和 LMC 曲线都从该点通过，厂商面对的需求曲线与 LAC 曲线相切于这一点。总而言之，完全竞争厂商的长期均衡出现在 LAC 曲线的最低点。此时，不仅生产的平均成本降到长期平均成本的最低点，而且商品的价格也等于最低的长期平均成本。

因此，得到完全竞争厂商的长期均衡条件为：

$$MR = LMC = SMC = LAC = SAC = AR = P$$

此时，单个厂商的利润等于零。

在理解长期均衡时，要注意两点：第一，长期均衡点 E 就是收支相等点，这时，成本与收益相等。厂商所能获得的只是作为生产要素之一的企业家才能的报酬；第二，长期均衡点就是平均成本与边际成本相等点，即 $MR = AR = P$，也就是这两条曲线相交时，平均成本一定处于最低点。这也就说明了在完全竞争条件下，可以实现成本最小化，从而也就是经济效率最高。

6.3.2 完全垄断市场上的厂商均衡

6.3.2.1 完全垄断基本假设

完全垄断又称独占或卖方垄断，是指整个行业的市场完全处于一家厂商所控制的状态。与完全竞争相反，它是只存在一个供给者和众多需求者的产品市场，从而具有以下几个相互联系的特征：

(1) 与完全竞争市场有众多卖者不同，完全垄断企业能够排斥其他竞争对手，独自控制一个行业的供给。由于整个行业仅存在唯一的供给者，企业就是行业。

(2) 正由于完全垄断企业控制整个行业的供给，也就能够控制整个行业的价格，成为价格的制定者。与完全竞争企业面对既定价格只能调整产量不同，完全垄断企业可以有两个决策变量：以较高价格出售较少产量或以较低价格出售较多产量。

（3）完全垄断企业的产品没有替代品，需求交叉弹性 $E_{XY}=0$ 。否则，其他企业将以自己的产品替代垄断品，完全垄断企业就不可能成为唯一的供给者。

（4）与完全竞争市场要素自由流动不同，完全垄断行业存在进入障碍，其他企业难以参与竞争。否则，完全垄断企业也做不到“只此一家，别无分处”。

完全垄断与完全竞争一样，也是一种理论假设。它只是说明某种产品仅有唯一供给者，并不排斥不同产品之间的竞争。一个以某种方式在蛋类市场取得垄断地位的企业，同样面临来自肉类、蔬菜、服装乃至家用电器企业的潜在竞争。除极其珍贵的古董、邮票等外，绝大多数产品都具有不同程度的替代性，完全垄断是极其罕见的。

但是，由于人为因素和自然因素的障碍，也有某些行业近似完全垄断：

（1）专利制度。法律保护一个企业在特定时期内拥有生产某种产品特殊技术的权利，不允许其他企业仿造，从而形成垄断。

（2）市场特许权。出于社会公共福利和经济效率的考虑，政府对供电、供水、供气、公共交通等公用事业，特许一家公司垄断经营权。

（3）规模经济。某些规模经济明显的行业，单个企业在平均成本最低点的产量，已经足以满足市场需求，由一家企业供给最有效率。在这种情况下，往往会形成自然垄断。

6.3.2.2 垄断的形成

现实中完全垄断的形成主要有以下几个方面：

（1）政府借助于政权对某一行业进行完全垄断，例如一些国家政府对铁路、邮政、供电、供水等公用事业的完全垄断。

（2）政府特许的私人完全垄断，例如英国历史上的东印度公司垄断了对东方的贸易；专利权。

（3）某些产品的市场需求很小，只有一家厂商生产即可满足全部需求。

（4）某些厂商控制了某些特殊的自然资源或矿藏，例如美国铝公司、加拿大制镍公司。

（5）对某些产品的特殊技术的控制，例如可口可乐。

6.3.2.3 完全垄断产品市场需求曲线和收益曲线

A 企业需求曲线就是市场需求曲线

由于完全垄断市场只有一个企业，生产和销售被独家企业控制，因而完全垄断企业面对的需求曲线，也就是市场面对的需求曲线。

面对既定的市场需求，完全垄断企业虽然对价格和销量都有充分控制力，但并非两者都可以任意确定，只能二择一。如果完全垄断企业确定较高的价格，销量便取决于消费者在这种价格下愿意购买的数量。因此，完全垄断企业的需求曲线不像完全竞争企业那样是一条水平线，而是一条向右下方倾斜的曲线。

B 边际收益不等于平均收益

正由于完全垄断企业面对的需求曲线向右下方倾斜，完全垄断企业的平均收益随着销量增加而减少，边际收益与平均收益并不相等。与完全竞争企业不同，它的总收益随着销量的增加而递减增加，边际收益比平均收益下降得更快。因为每增加一个单位销售，价格必须降低，不仅新增加这个单位的收益减少，而且全部销售的单位收益都要减少。这就是说，完全垄断下企业的边际收益总是小于且越来越小于单位产品的销售价格，边际收益曲线以快于需求曲线的速度下降，如图6-22所示。

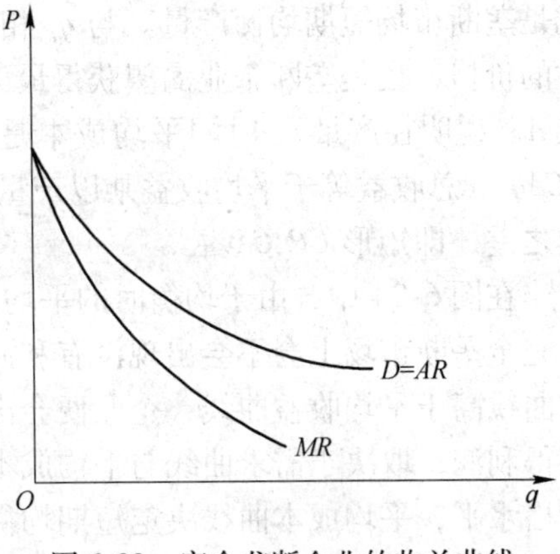

图6-22 完全垄断企业的收益曲线

设 $P = f(q)$ 为市场（企业）的需求函数，并假定其斜率为负，则完全垄断企业有

$$TR = P \cdot q = q \cdot f(q)$$

$$AR = TR/q = f(q) = P$$

$$MR = \frac{dTR}{dq} = \frac{d}{dq}(q \cdot f(q)) \quad (6\text{-}35)$$

$$= f(q) + q\frac{df(q)}{dq}$$

$$= AR + q\frac{dP}{dq}$$

因为 $\frac{dP}{dq} < 0$，$q > 0$，$q\frac{dP}{dq} < 0$，故 $MR < AR$，即 MR 曲线在 AR 曲线的下方。

6.3.2.4 完全垄断产品市场短期均衡

A 总收益-总成本分析法

如图6-23所示，与完全竞争产品市场企业均衡相似，完全垄断企业均衡的总收益-总成本分析法，也可分为亏损区和盈利区，也有盈亏平衡点和最大利润点。不同的是，由于随着销量增加而价格下降，总收益曲线不是直线而是抛物线，完全垄断企业的盈利区更大，盈利额也更多。

B 边际收益-边际成本分析法

为了获得最大利润，完全垄断企业也将根据 $MR = MC$ 定理决定其价格和产量。由图6-24可见，垄断企业的 MR 曲线与 MC 曲线相交于点 E。从点 E 作垂直线交于横轴得 q_e，

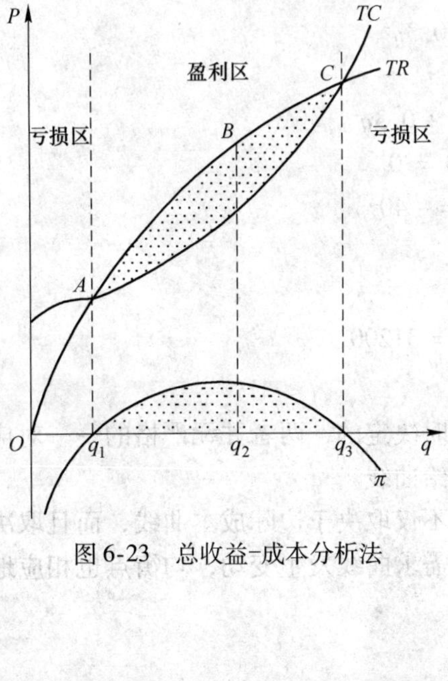

图6-23 总收益-成本分析法

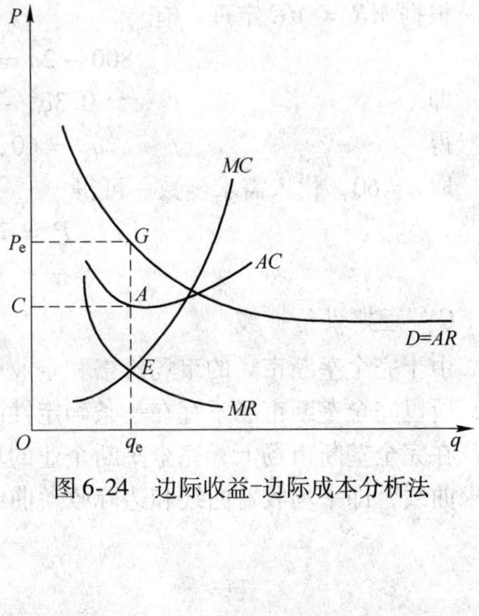

图6-24 边际收益-边际成本分析法

就是垄断市场短期均衡产量。与 q_e 相对应，P_e 为短期均衡价格，即市场上消费者愿意支付的价格，也是垄断企业渴望获得最大利润的价格。图中过点 E 的垂直线与 AC 曲线交于点 A。说明在产量 q_e 时的平均成本是 q_eA。总成本等于平均成本乘以产量，即图中矩形 $OCAq_e$。总收益等于平均收益乘以产量，即图中矩形 OP_eGq_e。这时的利润为总收益与总成本之差，即矩形 CP_eGA。

在图6-24中，由于均衡时的平均成本曲线低于平均收益曲线，因而获得利润。那么，在完全垄断市场上会不会出现没有利润，甚至亏损的情况？这不是不可能的。如果平均成本曲线高于平均收益曲线，企业便会出现亏损。由此可见，垄断厂商达到短期均衡时能否获得利润，取决于需求曲线与平均成本曲线的相对位置：需求曲线决定短期均衡产量时的价格水平，平均成本曲线决定短期均衡产量时的利润水平。

如果完全垄断企业需求曲线为线性函数，其形式为 $P = a - bq$，则有

$$TR = P \cdot q = aq - bq^2$$

$$AR = P = TR/q = a - bq$$

$$MR = \frac{\mathrm{d}TR}{\mathrm{d}q} = a - 2bq \tag{6-36}$$

可见，MR 与 AR 具有相同的纵轴截距 a，但 MR 的斜率绝对值是 AR 的2倍。

例6-1 完全垄断企业的短期均衡

设完全垄断市场的需求函数和完全垄断企业总成本函数分别为

$$q = 800 - P$$

$$TC = 1200 + 80q - 4q^2 + 0.1q^3$$

求完全垄断企业的均衡数量、均衡价格及其最大利润。

解： 由需求函数可得

$$P = 800 - q$$

$$TR = Pq = 800q - q^2$$

$$MR = 800 - 2q$$

由总成本函数可得

$$MC = 80 - 8q + 0.3q^2$$

根据 $MR = MC$ 定理，有

$$800 - 2q = 80 - 8q + 0.3q^2$$

即

$$0.3q^2 - 6q - 720 = 0$$

得

$$q_1 = 60, \quad q_2 = -40$$

取 $q=60$，代入需求函数，可得

$$P = 740$$

$$\pi = TR - TC = 31200$$

C 短期供给曲线

由于完全垄断市场的市场价格和企业产量是同时决定的，两者并无严格的一一对应关系，所以完全垄断市场不存在一条确定性的短期供给曲线。

在完全垄断市场上，完全垄断企业的均衡产量不仅取决于边际成本曲线，而且取决于需求曲线，即平均收益曲线和边际收益曲线。如果需求曲线发生变动，均衡点也相应地发

生变动，有可能出现许多不同于完全竞争的情况：同一均衡价格对应不同均衡产量；或者同一均衡产量对应不同均衡价格：市场价格上升，企业供给量不变，甚至反而下降。这就是说，均衡价格和均衡产量并不唯一，无法通过连接各个均衡点形成短期供给曲线。

图6-25表示，假定需求曲线由D_1变为D_2，均衡点便从E_1变为E_2，均衡产量也从q_1变为q_2，但均衡价格仍为P_1。这表明，由于需求曲线的变动，一个特定的均衡价格可能导致多个均衡产量。

图6-26表示，假定需求曲线由D_1变为D_2，边际收益曲线由MR_1变为MR_2。这时，均衡价格由P_1降为P_2，但企业供给量反而从q_1增至q_2。从表面上看，这违背供给法则，实际上，这是需求弹性发生变动的结果。

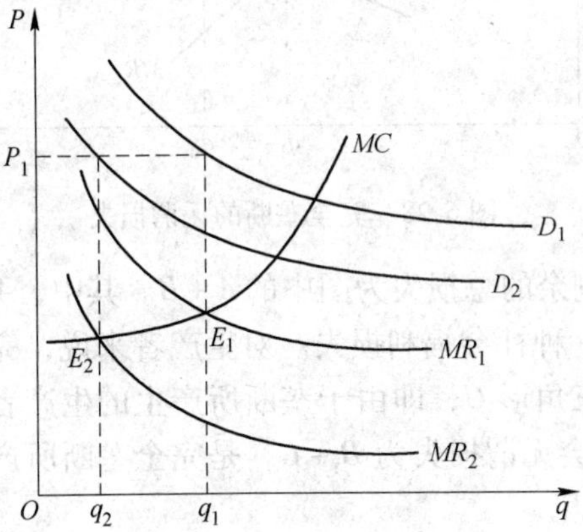

图6-25　同一价格不同销量

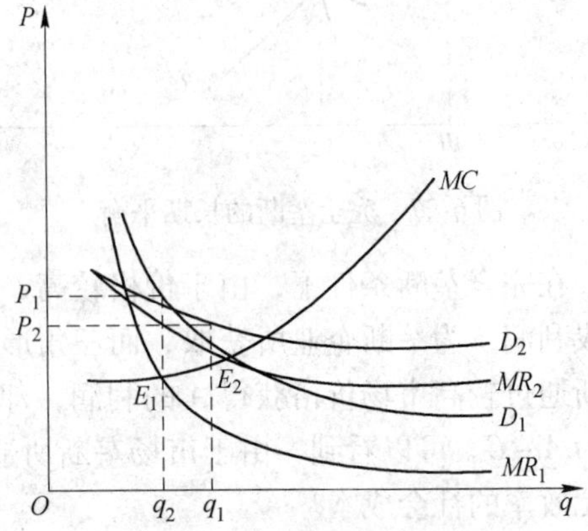

图6-26　价格下降供给量反而增加

6.3.2.5　完全垄断产品市场长期均衡

在长期中，完全垄断企业同完全竞争企业一样，可以调整生产规模或进行技术改造，以适应长期需求的变动，并尽可能地降低平均成本。所不同的是，完全竞争企业的利润为零，完全垄断企业则以存在利润为前提条件。如果无利可图，它就会将资源转移到有利可图的行业。

在长期调整中，完全垄断企业为了实现利润最大化，必须使长期边际成本等于边际收益。在图6-27中，SAC_1代表最初的生产规模，短期均衡点为E_1，以P_1的价格出售q_1的产量。在点E_1，MR虽然等于SMC_1，但不等于LMC，因而不是长期均衡。为获得最大利润，完全垄断企业将进一步调整生产规模，把工厂扩大到SAC_2，并在E_2达到均衡。由图可见，在点E_2，边际收益与短期、长期边际成本相等，达到了长期均衡。在这种情况下，完全垄断企业以较低价格P_2出售q_2的产量，得到的利润将大于生产规模SAC_1时的水平。如果这时MR与LMC不相等，则表示生产规模还没有调到最有利的规模；如果MR与SMC_2不相等，则说明没有能在既定规模上以最优产量水平进行生产。由此可见，完全垄断企业长期均衡的必要条件是$MR = SMC = LMC$；充分条件为$\frac{dMR}{dq} - \frac{dLMC}{dq} < 0$，完全垄断企业的长期均衡产量低于长期平均成本最低的产量。

在图6-28中，$D = AR$和MR分别为完全垄断企业的市场需求曲线与边际收益曲线，MC为边际成本曲线。由图可知，在完全竞争条件下，有$P = MC$，故P_0与q_0是完全竞争市场均衡的价格与产量。同样，我们有完全垄断下的价格 P_1 与产量 q_1。可以看出完全垄断市场价格高于完全竞争市场，而产量又低于完全竞争市场。

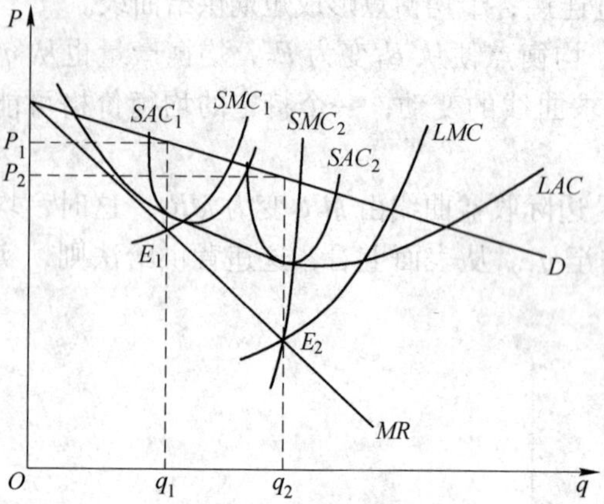

图 6-27　完全垄断的长期平衡

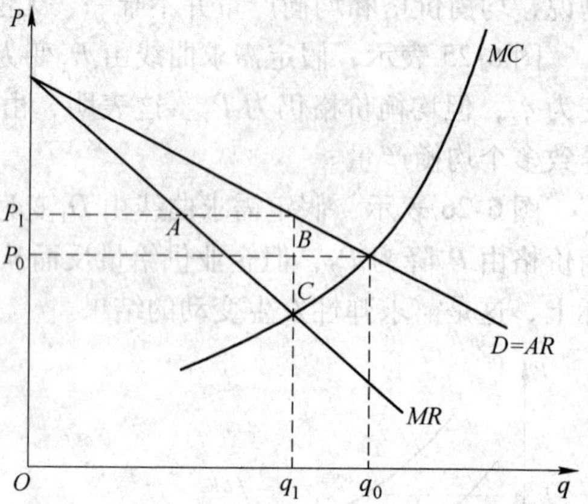

图 6-28　完全垄断的无谓损失

在完全垄断条件下，由于价格较高，消费者剩余的总损失为图中的 $A+B$。其中，A 转化成利润，为垄断企业所获取，而三角形 B 则是一种社会福利损失。对生产者来说，完全垄断通过较高市场价格获得 A 的利润，却损失了三角形 C，即由于垄断所产生的生产者剩余为 $A-C$。可以看到，由于市场垄断所造成的社会无谓损失为 $B+C$，是完全垄断所产生的无效率的社会成本。

6.3.2.6　完全垄断产品市场价格歧视

与完全竞争市场一物一价不同，完全垄断企业是市场价格的制定者，常常采用价格歧视的方法，对不同的消费者或同一消费者的不同需求索取不同的价格。实行价格歧视的前提有以下三点：

（1）市场存在不完善性；

（2）各个市场对同种产品的需求价格弹性不同；

（3）可以有效地把不同市场之间或市场的各部分之间分开。

价格歧视的程度，可分为以下三种类型。

A　一级价格歧视

这种价格歧视也称为完全价格歧视。它是指完全垄断企业按照不同消费者购买不同数量产品所愿意支付的最高价格分别定价，即按需求价格定价。从理论上讲，如果完全垄断企业对每个销售增量都收取需求价格，就能够占有全部消费者剩余。

在图 6-29 中，需求曲线上的每一点，都表示消费者在效用最大化选择下，对不同产品数量的需求价格。在完全价格歧视时，完全垄断企业的收益是需求曲线以下的面积。记 $P(q)$ 为需求函数，$C(q)$ 为成本函数，则完全垄断企业最优决策的利润（π）为面积 $HDGE$，即

$$\pi = \int_0^{q_e} P(q)\,\mathrm{d}q - C(q) \tag{6-37}$$

可见，完全垄断企业实行完全价格歧视的利润，已远远超过统一垄断价格的利润的面积 HP_eGE，将消费者剩余 ΔP_eDG 全部据为己有。

B 二级价格歧视

二级价格歧视是指：完全垄断企业按不同价格出售不同数量等级的产品。但购买相同数量等级产品的消费者以同样价格支付。这是一种不同产品数量等级间的价格歧视，又称为非线性定价。图 6-30 表示，当消费者购买 $0\sim q_1$ 数量的产品时，定价 P_1；当消费者购买 $q_1\sim q_2$ 数量的产品时，定价 $P_2\cdots$。显然，二级价格歧视的利润小于一级价格歧视，但大于统一垄断价格。

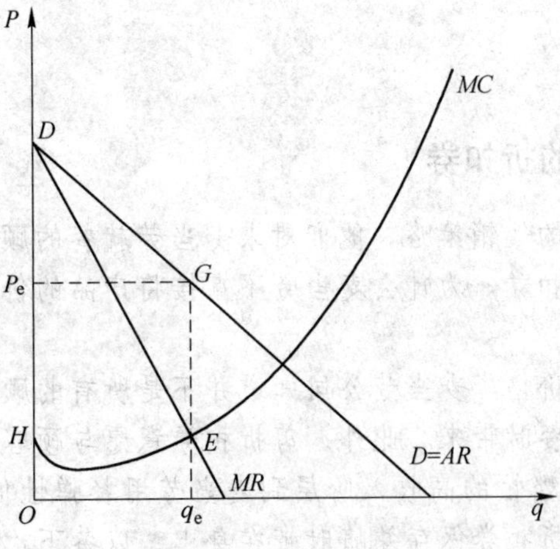

图 6-29 一级价格歧视

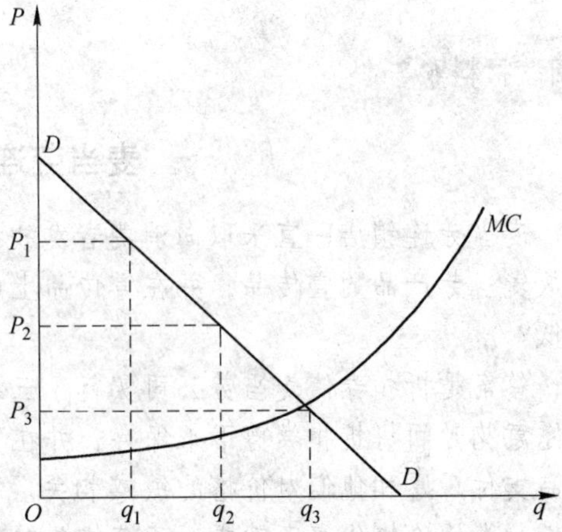

图 6-30 二级价格歧视

C 三级价格歧视

三级价格歧视又称为局部价格歧视。它是指完全垄断企业对不同类型的消费者，或对不同市场的消费者制定不同的销售价格。实行这种价格歧视必须满足两个前提条件：(1) 不同市场可以完全分隔。由于地区、技术、法律、税收等屏障，不同消费者只能在不同的市场内购买，不存在市场间套利行为的可能性。比如，电力公司对工业用电与家庭用电按不同标准收费；出口产品在国内与国外以不同价格销售。(2) 不同市场需求弹性不同。在需求弹性较小的市场以较高价格销售，在需求弹性较大的市场以较低价格销售。

完全垄断企业实施局部价格歧视，仍然依据 $MR=MC$ 的原则，使各市场的边际收益相等，而不同市场上的产品价格则根据其需求弹性确定。图 6-31 表示完全垄断企业的产

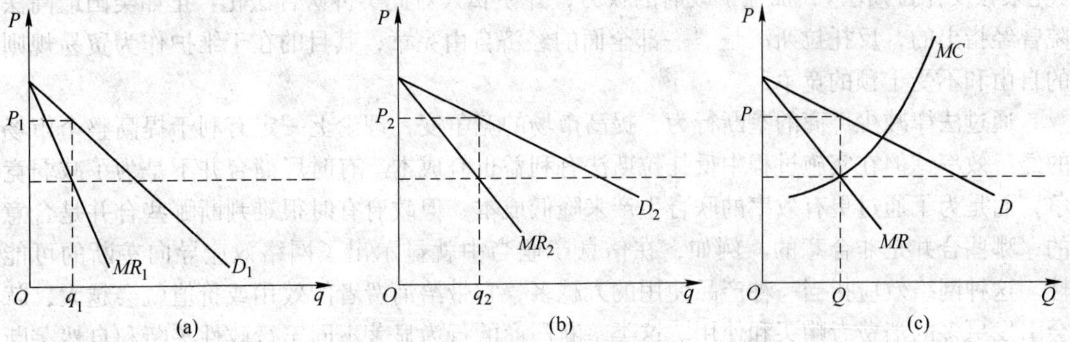

图 6-31 三级价格歧视

品分别在国内与国外市场销售，图6-31（a）为国内市场，图6-31（b）为国际市场，图6-31（c）是总市场。D是总需求曲线，由图6-31（a）和图6-31（b）中D_1与D_2曲线横向叠加而成，表示在一定价格下，国内外市场需求量的总和。MR是总边际收益曲线，由MR_1和MR_2叠加而成。MC为总边际成本曲线。完全垄断企业按照边际成本等于边际收益的原则，将总产量分配给两个市场，国内市场需求弹性较小，定价较高（P_1）；国外市场需求弹性较大，定价较低（P_2）。

阅读材料6-3

麦当劳连锁店的折扣券

麦当劳连锁店一直采取向消费者发放折扣券的促销策略。他们对来麦当劳就餐的顾客发放麦当劳产品的宣传品，并在宣传品上印制折扣券。为什么麦当劳不直接将产品的价格降低?

答案是折扣券使麦当劳公司实行了三级差别价格。麦当劳公司知道并不是所有的顾客都愿意花时间将折扣券剪下来保存，并在下次就餐时带来。此外，剪折扣券意愿与顾客对物品支付意愿和他们对价格的敏感相关。富裕而繁忙的高收入阶层到麦当劳用餐弹性低，对折扣券的价格优惠不敏感，不可能花时间剪下折扣券保存并随时带在身上，以备下次就餐时用。而且折扣券所省下的钱他也不在乎。但低收入的家庭到麦当劳用餐弹性高，他们更可能剪下折扣券，因为他的支付意愿低，对折扣券的价格优惠比较敏感。

对麦当劳连锁店进行真实的调查，发现来麦当劳的消费者平均有10个顾客就有1个没有带折扣券，假定每月来麦当劳就餐的顾客有500人，就有50人没有享受折扣，如果折扣是3元，那么麦当劳就从中得到超额收入150元。

6.3.2.7 对垄断的公共政策

A 通过立法打破垄断，引入竞争

反对垄断最有名的法律是美国1890年通过的《谢尔曼反托拉斯法》，其目的是为了减少当时被认为主宰美国经济的大而强的“托拉斯”的市场势力。1914年美国又通过了《克莱顿反托拉斯法》，加强了政府的权力，并使私人对此类诉讼合法化。正如美国最高法院曾经指出的，反托拉斯法是“一部全面的经济自由宪章，其目的在于维护作为贸易规则的自由和不受干预的竞争”。

通过法律减少厂商的垄断行为，提高市场的竞争度，理论上一定有利于提高整个市场的经济效率，但在实施过程中反托拉斯法有利益也有成本。有时厂商合并不是为了减弱竞争，而是为了通过更有效率的联合生产来降低成本，但政府有时很难判断哪些合并是合意的，哪些合并是非合意的。例如，在信息产业当中就显示出了网络效应导向垄断的可能性。这种网络效应指当一种产品使用的人越多，它带给消费者的效用或价值就会越大，就会引发更多的消费者购买和使用。这类垄断厂商的行为显著不同于行政性垄断和自然垄断厂商，它们比较注重降低成本和提高服务的质量，注重研究和新技术的开发，力求在与潜在竞争对手面对未来的角逐中占据有利地位。同时，它们也会在商业竞争中利用已有的垄断地位给它们带来的优势，实施一些被认为是不合理竞争的行为。

B 管制完全垄断厂商的行为

管制主要是政府针对自然垄断厂商所采取的措施。由前面对自然垄断的分析可以得出两个结论。第一，由于规模经济的因素，自然垄断厂商的垄断经营比几家厂商同时经营有可能节省生产成本。第二，自然垄断作为垄断的一种形式，会由于缺乏竞争造成高价格、高利润、低产出、低服务水平等经济效率损失。为了矫正垄断厂商的行为，政府对于一般认为属于自然垄断的行业和部门如供水、电力等公用事业以及通信、航空运输等实行了一系列的管制措施。政府机构不允许这些公司自己对产品定价，而是对它们的价格进行管制。

C 打破行政垄断

行政垄断是由于行政权力赋予特权而产生的垄断。从实际情况看，有的具有自然垄断属性的行业，被政府采用特许或国有化方式授予特定厂商垄断经营权，因而部分行政性垄断与自然垄断是重叠的。然而，不少行政性垄断与自然垄断条件并没有必然的联系，尤其在实行传统计划经济制度的国家，集权式的政企不分的经济模式使得行政垄断成为普遍的现象。后一种行政垄断的特点是厂商或生产经营单位与政府管理职能相结合，构成没有潜在竞争压力的无条件垄断。这类行政性垄断不仅存在一般自然垄断的缺乏效率问题，而且还会产生与国有制产权安排相联系的厂商内部治理结构不合理的问题。从我国改革实践经验看，这类行政垄断厂商缺乏降低成本的压力，缺乏关注消费者利益的动力，甚至缺乏市场竞争环境下最基本的服务意识。因而，越来越多的人认识到除去少数确实直接关系到国家安全的领域，对于绝大多数传统行政性垄断的部门应当通过深化市场化改革打破垄断体制。

6.3.3 垄断竞争与寡头垄断市场

6.3.3.1 垄断竞争的含义和特征

垄断竞争又称为不完全竞争，是指一种既有垄断又有竞争，既不是完全竞争又不是完全垄断的市场结构。垄断竞争描述的是一个有许多出售相似但不相同产品的厂商的市场结构。在垄断竞争的市场上，每家厂商都垄断着自己生产的产品，但许多其他厂商也生产相似替代品与之争夺顾客。

具体来说，垄断竞争描述了具有以下特征的市场。

(1) 存在大量的厂商。有许多厂商争夺相同的顾客群体。

(2) 产品存在差别。每个厂商生产的一种产品至少与其他厂商生产的这种产品略有不同。因此每个厂商不是价格的接受者，而是面临一条向右下方倾斜的需求曲线。

(3) 厂商自由进入和退出。厂商可以无限制地进入或退出一个市场。因此，市场上厂商的数量要一直调整到经济利润为零时为止。

细心观察一下，在生活中有很多具有这些特征的市场：餐馆、家具、图书、健身房、家装公司、陶瓷艺术品等。产品差异可能是由很多因素构成的。以餐馆为例，虽然每家餐馆提供的都是食物，但每家餐馆都努力提供更有特色的食物，全聚德以挂炉烤鸭闻名全国，东坡肉、叫花鸡是楼外楼的拿手好菜，到东来顺可以吃最地道的涮羊肉，永和的豆浆也成为近几年中国豆浆的标志。即使是每家餐馆都有的菜式，大家也会在配料、调味或者服务的不同上来强化自己产品的竞争力。甚至地理位置的不同也可能成为构成产品差异的基础。当一个人正在炒菜时发现没有盐了，他宁愿到附近的便利店就近购买，也不愿到更远的大型超市去买，即使超市里的盐更便宜些。

6.3.3.2 垄断竞争市场的均衡

由于垄断竞争厂商之间存在产品和服务的差异性，一个垄断竞争厂商面临的需求曲线通常比完全竞争厂商面临的需求曲线的弹性小；但由于产品和服务同时又存在替代性，垄断竞争厂商又比垄断厂商面临的需求曲线弹性大。图 6-32 给出了三类市场厂商需求曲线的比较特征。其中，垄断厂商的需求曲线与市场需求曲线等同，因而较为陡直；完全竞争厂商是价格的接受者，因而需求曲线是一条水平线；垄断竞争厂商的需求曲线形状处于上述二者中间的某个位置。

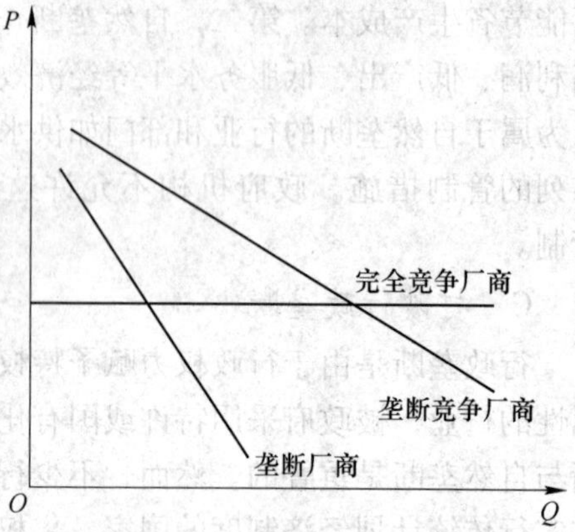

图 6-32 不同市场结构下厂商需求曲线的比较

接下来分析垄断竞争厂商的决策规则。首先观察短期价格和产出决策。在垄断竞争条件下，一个追求利润最大化的垄断竞争厂商的短期决策行为在许多方面很像垄断厂商。它面临一条向右下方倾斜的需求曲线，其边际收益曲线处于需求曲线的下方。因此，垄断竞争厂商遵循垄断者的利润最大化规律；它选择生产边际收益等于边际成本的产量，然后用其需求曲线找出它可以出售的价格。

图 6-33 给出了在不同垄断竞争行业中的两家典型厂商的成本、需求和边际收益曲线。在图 6-33（a）、（b）中，利润最大化产量在边际收益与边际成本曲线的交点处。这两幅图表示厂商利润的不同结果。在图 6-33（a）中，价格高于平均成本，因此厂商获得正利润；在图 6-33（b）中，价格低于平均成本，在此情况下厂商面临亏损。可以看出，垄断

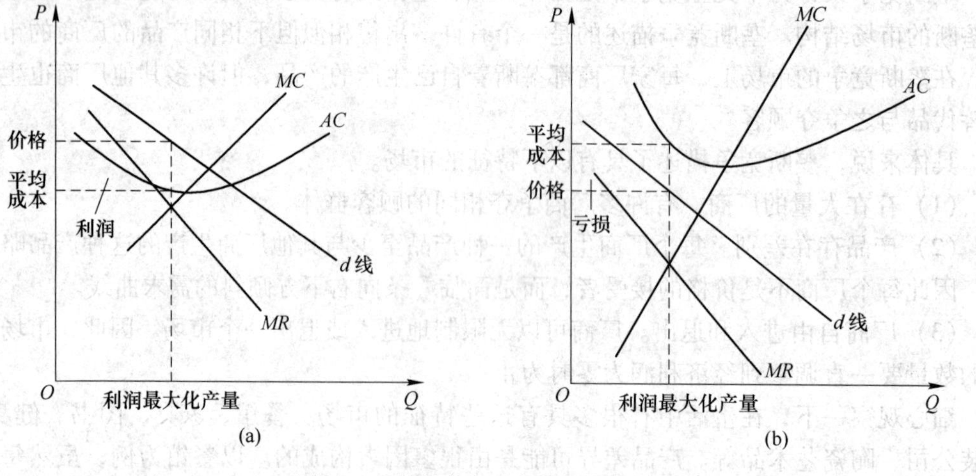

图 6-33 垄断竞争厂商的短期平衡

（a）企业有利润；（b）企业有亏损

竞争厂商选择产量和价格的方式与垄断者一样。在短期内，这两种类型的市场结构是相似的。

图6-33描述的情况不会持续太久。当厂商有利润时，如图6-33（a）所示，新厂商有进入市场的激励。这种进入增加了顾客可以选择的产品数量，从而减少了市场现有厂商面临的需求。也就是说，利润鼓励进入，而进入又使已有厂商面临的需求曲线向左移动。随着对已有厂商产品需求的减少，这些厂商的利润会不断下降。反之，当厂商有亏损时，如图6-33（b）所示，它们在长期会“被挤出市场”。这种情况发生时，保留在该行业中的厂商获得了市场总量的更大份额，使它们的需求曲线向右移动，直至亏损完全消失。

这个进入和退出的过程一直要持续到市场上厂商正好有零经济利润时为止。这一过程的结果如图6-34所示。对于一个厂商来说，当它的需求曲线与它的平均成本曲线相切时，这种长期均衡状态就会出现。*G*点就是该厂商的长期均衡点，这是因为利润为零，没有人企图进入或被迫退出该行业。

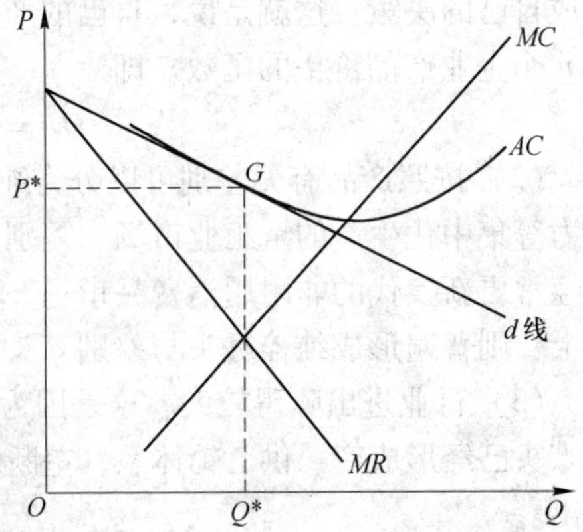

图6-34　垄断竞争厂商的长期平衡

这一分析结果可以很好地用来解释个人计算机市场。最初，计算机厂商如苹果公司和康柏公司赢得了很大的利润。但后来随着个人计算机产业进入壁垒的不断减少，许多小厂商也进入了这个市场。今天，这个产业有为数众多的厂商，每一家只在市场中占一小部分份额，尽管它们不断努力，但仍然无法赢得与其努力相称的经济利润。

可以看出，垄断竞争市场的长期均衡具有以下两个特点。

一个是价格大于边际成本，这与垄断市场是相同的。这是因为垄断竞争厂商和完全垄断厂商都面临的是向右下方倾斜的需求曲线，在满足边际收益等于边际成本的利润最大化条件时，使得边际收益小于价格。

另一个是价格等于平均成本，这又与竞争市场是一样的。因为垄断竞争市场的自由进出使得长期当中的经济利润为零。这个特点使得垄断竞争市场表现得不同于垄断市场，因为垄断厂商在长期内能够获得垄断利润。

6.3.3.3　对垄断竞争市场的评论

一种评论认为：

（1）生产规模不是最适生产规模，而是小于最适生产规模，成本消耗多，存在资源浪费。

（2）垄断竞争市场中每个厂商的生产规模都小于理想规模且产量低于理想水平，存在过多的生产同样产品的企业。

另一种评论认为：

资源浪费的根本原因在于产品的差异性，产品差别可以满足差异化的需要，这本身是一种社会经济福利。

6.3.3.4 寡头垄断的含义与特征

寡头垄断又称寡占或卖方寡头。寡头垄断就是指少数几家厂商垄断了某一行业的市场，控制了这一行业的供给。在这种市场上，几家厂商的产量在该行业的总供给中占了很大的比例，每家厂商的产量都占有相当大的份额。它是介于完全竞争与完全垄断之间的另一种比较现实的市场类型，具有以下特点：

(1) 只有少数几个企业，每个企业对市场都有举足轻重的影响，彼此竞争十分激烈。与完全竞争、完全垄断、垄断竞争企业独立行动不同，寡头垄断企业相互依存，彼此制约。任何一个企业必须考虑自己决策所引起的竞争对手的对策，并根据竞争对手的对策来形成自己的决策。这就是说，自己的产量不仅是自己产品价格的函数，而且是同一行业所有 n 个企业产品价格的函数。即

$$Q_1 = f(P_1, P_2, \cdots, P_n) \tag{6-38}$$

(2) 按照产品有无差别可以分为纯粹寡头和差别寡头。纯粹寡头出现在钢铁、水泥、电力等集中化生产的重工业市场，差别寡头出现在纺织业、轮胎业、罐头食品业、香烟业等经常更新换代的非耐用消费品市场，而汽车、电冰箱、电视机、计算机等耐用消费品市场上，则普遍形成纯粹寡头与差别寡头的混合寡头。

(3) 行业进出障碍较大。这是因为：现有寡头经济规模可观，已经具有规模经济；现有寡头已经形成产、供、销体系，垄断现有市场；存在寡头垄断组织，可以控制其他企业进出。

寡头垄断市场的上述特征，使寡头经济行为具有很大不确定性，迄今尚无描述寡头行为的统一模型。

阅读材料 6-4

雷克航空公司的终结

1977 年，英国人弗雷达·雷克开办了一家名为“雷克”的航空公司，经营从伦敦飞往纽约的航班，票价是 135 美元，远远低于当时的最低票价 382 美元。毫无疑问，其票价非常具有竞争力。事实证明，雷克公司成立后，发展非常迅速。到 1981 年，其年营业额达到 5 亿美元，连其竞争对手，一些老牌的世界知名航空公司也感受到了威胁。但是好景不长，到了 1982 年雷克公司破产，从此销声匿迹。

究竟发生了什么事？原来包括泛美、环球、英航和其他航空公司在内的竞争对手们采取联合行动，一致大幅降低票价，甚至低于雷克。而且还达成协议，运用各自的影响力阻止各大金融机构向雷克公司贷款，使其难以筹措资金，导致了雷克公司的破产。一旦把雷克挤出市场，他们的票价马上回升到了原来的水平。

但弗雷达并不甘心，他依照美国反垄断法提出诉讼，指责上述公司联手实施价格垄断，为了驱逐一个不愿接受其“游戏规则”的公司，不惜采取毁灭性价格来达到目的。1985 年 8 月，被告各公司以 800 万美元的代价同雷克公司达成庭外和解，雷克随即撤诉。

赔款达成和解不等于认罪。从技术上讲，没有官方的说法来认定雷克公司是被垄断价格驱逐出市场的，但是这个案例已经明显地透露出一个威胁信号，即如果谁企图加入跨越

大西洋的航空市场，他必须首先考虑其可能面临的破产威胁。

（资料来源：金雪军．西方经济学案例．杭州：浙江大学出版社，2004.）

6.3.3.5 寡头厂商的行为策略和市场均衡

A 寡头厂商的行为策略选择

现以最简单的寡头市场——双寡头市场为例，说明寡头厂商的行为。假设一个村子的饮用水来源是张三和李四家打的两口水井，村子的居民只能向张三或李四买水。两人每月要决定各自的产量，并以市场所能承受的价格出售。为简单起见，假设张三和李四可以无成本地想抽取多少水就抽取多少水，也就是说，水的边际成本为零。

表6-7列出了村子对饮用水的需求情况。第一栏表明村子对水的总需求量。第二栏表示每吨水的价格，如果两个水井的所有者总计出售10t水，那么每吨水的价格是90元。如果他们总计出售20t水，价格将下降到每吨水80元，以此类推。根据这两栏数字就可以得到向右下方倾斜的需求曲线。第三栏表示卖水得到的总收益，它是需求量与价格的乘积。由于边际成本假设为零，所以总收益就是总利润。

表6-7 饮用水的需求表

数量/t	价格/元·t^{-1}	总收益（总利润）/元
0	12	0
10	11	110
20	10	200
30	9	270
40	8	320
50	7	350
60	6	360
70	5	350
80	4	320
90	3	270
100	2	200
110	1	110
120	0	0

下面要讨论的是张三和李四会怎样决定自己出售水的数量和价格。但在讨论他们现在所处的双寡头市场之前，有必要先讨论一下如果饮用水市场是完全竞争的或者完全垄断的会出现什么结果。因为这是两种最为极端的市场结构。

如果饮用水市场是完全竞争性的，由于前面已经假设抽水的边际成本为零，所以这时的水的价格应该与边际成本相同，即也为零。那么对照需求表，在价格为零时，市场的总产量应该是120t。也就是说如果张三和李四处在完全竞争的饮用水市场中，他们的决策是生产120t水，价格为零。

如果饮用水市场是完全垄断性的，那么从表6-7中可以看到，当产量为60t，价格是6元/t时总利润是最高的，所以完全垄断厂商就会按照这个产量和价格生产。可见这个产量比完全竞争时的产量要低，这说明垄断是有效率损失的。

现在考虑张三和李四双寡头的情况。作为寡头厂商，他们有两种行为策略，一种是合作，即就水的生产量和收取的价格达成一致。厂商之间有关生产与价格的这种协议被称为勾结，而且联合起来行事的厂商集团被称为卡特尔。一旦形成了卡特尔，市场就相当于是由一个垄断者在提供服务，这时的寡头市场就和完全垄断市场并无二致。这就是说，当张三和李四选择合作的策略时，他们就会将总产量定在 60t 水，因为这个产量是总利润最高的产量。当然，这个产量是存在效率损失的。

卡特尔不仅必须就总产量水平达成一致，而且还要就每个成员的生产量达成一致，在这个例子中，张三和李四还要就如何在他们之间分配这 60t 水的生产达成一致。卡特尔的每个成员都想有较大的市场份额，因为市场份额越大，获得的利润就会越多。如果张三和李四最终达成协议，两人平分这 60t 水的总产量，那么每个人的产量是 30t，售价则为 6 元/t，每人获利 180 元。

寡头厂商的第二种行为策略是竞争。由于寡头厂商的最终目标是追求自己的利润最大化，当张三发现如果李四遵守协议生产 30t 水，而自己生产 40t 水（由于这时总产量达到 70t，根据市场需求表，这时的水价是 5 元/t，那么自己就能获得 200 元的利润），比自己遵守协议时所获的 180 元的利润要高时，张三就会选择生产 40t 水。而李四也会以同样的方法进行推理。这样一来，张三和李四将各自生产并销售 40t 水。这时村里的饮用水的总供给量变为 80t，价格为 4 元/t，每个人的利润为 160 元，比他们勾结时所能获得的 180 元的利润要少，而这时市场的产量要大于垄断水平。

B　寡头市场的均衡

当我们研究一个市场时通常希望确定均衡时的市场价格和产量。所谓均衡指的是当市场中每一个厂商都已做到最好，并且没有理由改变它们的价格和产量时的市场状态。例如，一个竞争性的市场在供给量和需求量相等时均衡，因为此时各厂商所做的是它所能做的最好的——它能卖掉它的全部产品和使它的利润最大化。同样地，一个垄断者在边际收益等于边际成本时均衡，也因为此时它所能做的是最好的和使它的利润最大化。最后，当研究垄断竞争时，看到了长期均衡是怎样通过新厂商的加入将利润压低到零利润而实现的，这对垄断厂商来说无疑也是其最优选择。

在这些市场中，各厂商都将价格和市场需求当做给定的，并且不必考虑竞争者的行为。但是，在寡头市场中，寡头的行为具有很强的策略性，每个寡头在做价格和产量的决策时都要考虑其竞争对手可能采取的决策。这就使得对寡头市场的均衡的研究显得更为复杂。不过在作一些修改以后，我们依然可以把同样的法则应用于寡头垄断市场。在寡头市场中，各个厂商是在给定它的竞争者的行为以后作出自己最好的选择，而这些竞争对手也会在给定该厂商的行为后采取它们所能采取的最好的行为。因而，各厂商考虑到它的竞争者，并假设它的竞争者也会这样做。这种结果被称为纳什均衡，是 1951 年由数学家约翰·纳什首先解释清楚的。纳什均衡是相互作用的经济主体在假定其他主体所选择的策略为既定时，选择自己的最优策略的状态。

在上文所举的例子中，当张三生产 40t 水为既定时，李四的最优策略是生产 40t 水，同样，在李四生产 40t 水为既定时，张三的最优策略也是生产 40t 水。一旦他们达到了这种纳什均衡，张三和李四都没有做出其他决策的激励。

这个例子说明了合作和竞争之间的冲突。俩人合作选择垄断的产量可以获得总体最大的利润，但由于他们追求自己的私利，都有扩大生产并攫取更大市场份额的意图，当他们这样做时，总产量增加，价格下降，每个人获得的利润都低于合作时的水平。同时，寡头间竞争的结果不会达到完全竞争市场的结果。因为寡头厂商认识到，他们生产的产品数量的增加降低了产品的价格，这反过来会影响到利润。因此，他们不会遵循竞争厂商的规律，在价格等于边际成本的产量进行生产。

总之，在寡头市场达到均衡时，其市场产量会高于竞争市场，但低于垄断市场，其产品价格会高于竞争市场而低于垄断市场。

6.3.3.6 寡头垄断市场的价格决定

A 不存在勾结

（1）价格领袖制，包括支配型价格领袖、效率型价格领袖、晴雨表型价格领袖。

（2）成本加成法。

B 存在勾结

卡特尔（公开勾结）：Cartel 是生产相似产品的独立企业联合起来以提高价格和限制的一种组织。

石油输出国组织（Organization of Petroleum Exporting Countries，OPEC）就是一个长期勾结失败的例子。在 1973—1975 年间，OPEC 初有成效，石油产量急剧下降，石油价格飞涨。每隔几年一些成员国总是出现无视既定配额而增加生产的情况，从而导致价格战的爆发。最为壮观的是 1986 年，沙特阿拉伯竟然将石油价格从每桶 28 美元降低到 10 美元以下。在这些相互仇恨（甚至像伊拉克、伊朗、科威特那样，不仅打价格战，而且还真的大动干戈）的成员之间，要维持一个国际卡特尔协议非常困难。

6.3.3.7 古诺双头模型

法国数理经济学家古诺在 1838 年提出的双头垄断模型被认为是最早的寡头垄断模型。

古诺模型基于这样一些假定：（1）市场上只有两个企业，彼此之间并不存在任何正式或非正式的勾结；（2）两个企业生产同质产品，并以追求利润最大化为目标；（3）每个企业都视对方的产出水平既定不变，并据此确定自己的产量；（4）需求曲线为线性，边际成本是常数。

图 6-35 说明企业 1 的产量决策。假设企业 1 认为企业 2 的产量为 0，它的需求曲线就是市场需求曲线 $D(0)$，边际收益曲线为 $MR(0)$。按照 $MR = MC$ 的原则，最优产量将为 50 个单位。假设企业 1 认为企业 2 的产量为 50 个单位，企业 1 的需求曲线会左移 50 个单位，为 $D(50)$，相应的边际收益曲线为 $MR(50)$，最优产量为 25 个单位。假设企业 1 认为企业 2 的产量为 75 个单位，企业 1 的需求曲线将左移 75 个单位，为 $D(75)$，相应的边际收益曲线为 $MR(75)$，最优产量为 12.5 个单位。假设企业 1 认为企业 2 生产 100 个单位或更多，企业 1 便不会生产。由此可见，企业 1 利润最大化

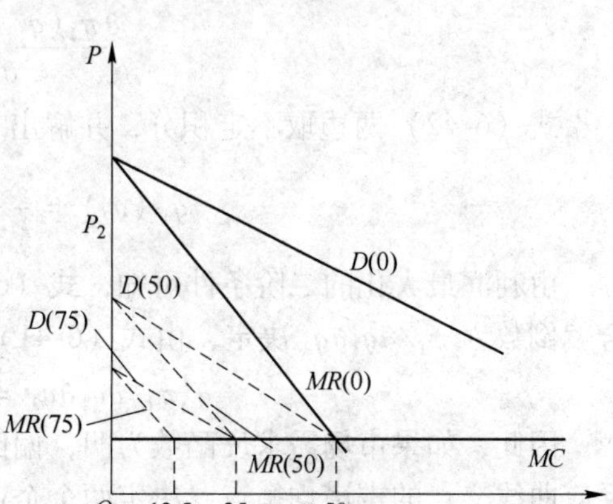

图 6-35 古诺双头垄断产量决策

产量是其推测的企业2产量的减函数，称为企业1的反应函数，记为 $q_1^*(q_2)$。

我们可以对企业2进行同样的分析，在对企业1的产量做出各种假定下构造企业2的反应函数，记为 $q_2^*(q_1)$。如果企业2的边际成本曲线与企业1不同，那么反应曲线也将不同。图6-36表示由反应函数得出的企业1与企业2的反应曲线，两条反应曲线的交点是两个企业同时达到利润最大化的均衡点，称为古诺均衡。偏离古诺均衡，两个企业便不可能同时达到均衡，至多只能有一个企业实现利润最大化。

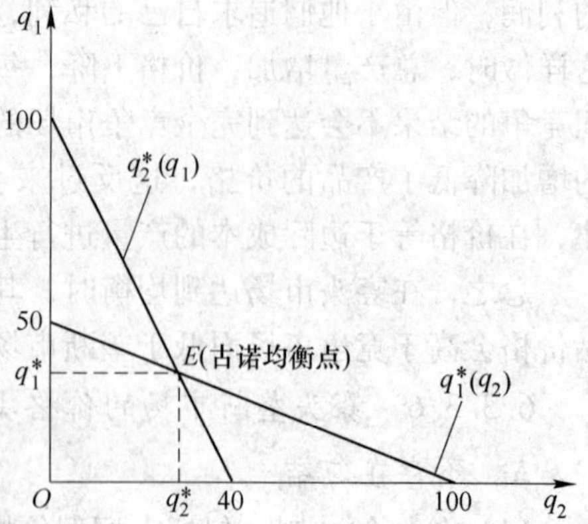

图6-36　古诺独立行动模型

从数学上看，记 q_i 为企业 i（$i=1$，2）的产量，$C_i(q_i)$ 为企业 i 的成本函数，$P(Q)=P(q_1+q_2)$ 为市场需求函数，则企业1利润最大化的问题为

$$\max p_1(q_1,q_2)=P(q_1,q_2)q_1-C_1(q_1) \tag{6-39}$$

显然，企业1的利润有赖于企业2的产量。这就是说，最优产量（q_1^*，q_2^*）必须满足两个一阶条件，即

$$\frac{\partial\pi_1(q_1,q_2)}{\partial q_1}=P(q_1+q_2)+P'(q_1+q_2)q_1-C_1'(q_1)=0$$
$$\frac{\partial\pi_2(q_1,q_2)}{\partial q_2}=P(q_1+q_2)+P'(q_1+q_2)q_2-C_2'(q_2)=0 \tag{6-40}$$

利润最大化的二阶条件为

$$\frac{\partial^2\pi_i}{\partial q_i^2}=2P'(Q)+P''(Q)q_i-C_i''(q_i)<0 \tag{6-41}$$

$Q=q_1+q_2$，$i=1$，2。

记 $q_1^*(q_2)$ 为企业1的反应函数，则有

$$\frac{\partial\pi_1(q_1^*(q_2),q_2)}{\partial q_1}=0 \tag{6-42}$$

式（6-42）两边取不定积分，并解出 $q_1^*(q_2)$，有

$$q_1^*(q_2)=-\int\frac{\partial^2\pi_1/\partial q_1\partial q_2}{\partial^2\pi_1/\partial q_1^2}\mathrm{d}q_2 \tag{6-43}$$

由利润最大化的二阶条件可知，式（6-43）的分母为负，故反应函数的斜率符号由混合偏倒数 $\partial^2\pi_1/\partial q_1\partial q_2$ 决定，由式（6-41）可知：

$$\partial^2\pi_1/\partial q_1\partial q_2=P'(Q)+P''(Q)q_1 \tag{6-44}$$

因此，如果市场需求反函数为凹，偏倒数将为负值，反应函数具有负斜率。作为两条反应曲线交点的古诺均衡点，决定两个企业的最优产量 q_1^*、q_2^*。

例6-2　设双寡头垄断市场需求函数为：$P=60-Q$，$Q=q_1+q_2$；两个企业的边际成本为0，即 $MC_1=MC_2=0$。求市场均衡价格和两个垄断企业的均衡数量。

解： 企业1的总收益和边际收益为

$$TR_1 = Pq_1 = (60 - Q)q_1 = 60q_1 - (q_1 + q_2)q_1 = 60q_1 - q_1^2 - q_2q_1$$

$$MR_1 = 60 - 2q_1 - q_2$$

由 $MR_1 = MC = 0$，解出企业 1 的反应函数

$$q_1 = 30 - \frac{1}{2}q_2$$

同理，可解出企业 2 的反应函数

$$q_2 = 30 - \frac{1}{2}q_1$$

两式联立，可解出古诺均衡下两个企业的产量为 $q_1 = q_2 = 20$，均衡市场价格为 $P = 60 - Q = 20$。

古诺均衡解是在假定双头垄断独立行动的条件下得出的。张伯伦在古诺模型的基础上，提出相互勾结模型：如果两个寡头厂商相互串通，共同瓜分利润，就会出现所谓共谋均衡。双头垄断企业求得共谋均衡的行为类似于完全垄断企业，首先寻求能使利润达到最大的联合产量，然后再瓜分这一产量和利润。沿用上例的数据：

$$TR = PQ = (60 - Q)Q = 60Q - Q^2$$

$$MR = 60 - 2Q$$

在 $MR = MC = 0$ 时，可得出利润最大化的产量为 $Q = 30$，市场价格为 $P = 30$。这就是说，只要向市场提供 30 个单位产品。便可取得最大垄断利润。至于两个企业如何分配产量，则取决于彼此的讨价还价能力。如果企业 1 生产 10 个单位，企业 2 便可提供 20 个单位；如果企业 1 生产 16 个单位产品，企业 2 只能提供 14 个单位；如果两个企业同意平分产量，则各生产 15 个单位。因此，两个企业产量的各种组合，便可构成一条契约曲线，如图 6-37 所示。如果两个企业同意平分市场份额，便是图中点 F 表示的共谋均衡点。如果是上个例的古诺均衡解，均衡点便是图中的点 E。如果按照完全竞争市场条件来确定价格与产量，均衡点则为图中点 H。

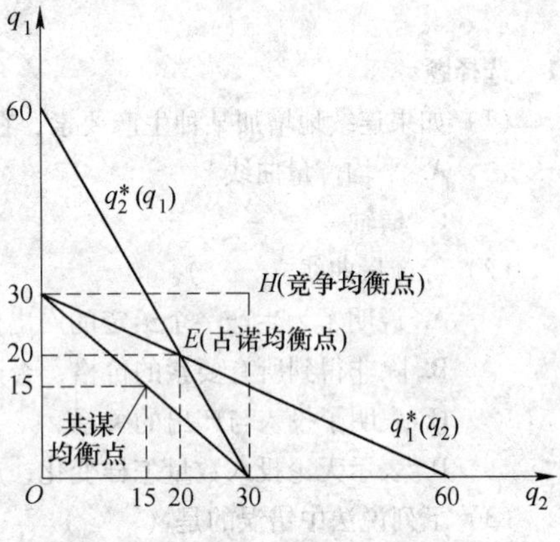

图 6-37 张伯伦相互勾结模型

可以看到，双头垄断独立行动的古诺均衡在产量上高于相互勾结的完全垄断市场，低于完全竞争市场，在价格上低于相互勾结的完全垄断市场，高于完全竞争市场。

本 章 小 结

生产函数表示在一定时间内，在技术水平不变的情况下，生产中所使用的各种生产要

素与所能生产的最大产量之间的关系。一种可变生产要素的生产函数表示产量随一种可变投入的变化而变化。通过分析总产量、平均产量和边际产量之间的关系，得出边际报酬递减规律；两种可变生产要素的生产函数表示由两种可变生产要素投入量的一定组合所能生产的最大产量，通过分析边际技术替代率与边际产量的关系，得出边际技术替代率递减规律。

成本包括短期成本和长期成本，分别包括总成本、平均成本和边际成本。*LTC* 曲线是一条由原点出发向右上方倾斜的曲线；*LAC* 曲线是一条先下降然后缓慢上升的 U 形曲线；*LMC* 曲线也是一条先下降而后上升的 U 形曲线，但它们都比短期平均成本函数和短期边际成本曲线要平坦。

完全竞争市场是指竞争充分而不受任何阻碍和干扰的一种市场结构，均衡条件是：短期内，在完全竞争的市场条件下，无论市场价格怎样变化，厂商只能按 $AR \geqslant AVC$ 和 $SMC = MR$ 原则来调整自己的产量点。完全垄断市场中，垄断者是市场唯一的卖者。当厂商独占一种资源、当政府给一个厂商排他性生产一种物品的权利时，垄断就产生了，这时垄断厂商的需求曲线是一条向右下方倾斜的曲线，其边际收益总是低于其产品的价格。垄断竞争市场有三个特点：许多厂商、有差异化的产品和自由进入。垄断竞争厂商的需求曲线也是向右下方倾斜的，这使得其边际收益也低于其价格。寡头垄断又称寡占或卖方寡头。寡头垄断就是指少数几家厂商垄断了某一行业的市场，控制了这一行业的供给。

习　题

6-1　选择题

（1）如果连续地增加某种生产要素，在总产量达到最大值的时候，边际产量曲线与（　　）相交。

A. 平均产量曲线　　B. 纵轴

C. 横轴　　D. 总产量曲线

（2）等产量曲线（　　）。

A. 说明了为生产一个给定的产出量而可能的各种投入要素的组合

B. 除非得到所有要素的价格，否则不能画出该曲线

C. 表明了投入与产出的关系

D. 表示无论投入数量怎样变化，产出量都是一定的

（3）下列说法中错误的是（　　）。

A. 只要总产量减少，边际产量一定是负数

B. 只要边际产量减少，总产量一定也减少

C. 随着某种生产要素投入量的增加，边际产量和平均产量增加到一定程度将趋于下降，其中边际产量的下降一定先于平均产量

D. 边际产量曲线一定在平均产量曲线的最高点与之相交

（4）某厂商每年从企业的总收入中取出一部分作为自己所提供的生产要素的报酬，这部分资金被视为（　　）。

A. 显成本　　B. 隐成本　　C. 经济利润　　D. 正常利润

（5）短期平均成本曲线成为 U 形的原因与（　　）。

A. 规模报酬有关　　B. 外部经济与不经济有关

C. 要素的边际生产率有关　　D. 固定成本与可变成本所占比重有关

(6) LAC 曲线（　　）。

A. 当 $LMC < LAC$ 时下降，而当 $LMC > LAC$ 时上升

B. 通过 LMC 曲线的最低点

C. 随 LMC 曲线下降而下降

D. 随 LMC 曲线上升而上升

(7) 如果在厂商的短期均衡产量上，AR 小于 SAC，但大于 AVC，则厂商（　　）。

A. 亏损，立即停产　　B. 亏损，但继续生产

C. 亏损，生产或不生产都可以　　D. 获得正常利润，继续生产

(8) 在一般情况下，厂商得到的价格若低于（　　）就停止营业。

A. 平均成本　　B. 平均可变成本

C. 边际成本　　D. 平均固定成本

(9) 完全垄断企业短期均衡时，存在（　　）。

A. 正常利润　　B. 超额利润

C. 严重亏损　　D. 以上三种情况都有可能

(10) 当一个竞争性市场中的厂商蒙受经济损失时，该行业在完全趋于长期均衡过程中可能发生的情况是（　　）。

A. 较高的价格和较少的厂商

B. 较低的价格和较少的厂商

C. 较高的价格和较多的厂商

D. 较低的价格和较多的厂商

(11) 以下关于垄断竞争厂商和垄断厂商的说法不正确的是（　　）。

A. 两者都面临着右下方倾斜的需求曲线

B. 两者都存在社会福利的无谓损失

C. 两者在长期中都获得零的经济利润

D. 两者的边际收益都小于市场价格

(12) 在垄断竞争厂商长期均衡点上，长期平均成本处于（　　）。

A. 上升阶段　　B. 下降阶段

C. 水平阶段　　D. 以上三种情况都可能

(13)（　　）市场结构中的厂商要考虑竞争对手的反应。

A. 完全竞争　　B. 垄断　　C. 寡头　　D. 垄断竞争

(14) 根据可变要素的总产量曲线、平均产量曲线和边际产量曲线之间的关系，可将生产划分为三个阶段，任何理性的生产者都会将生产选择在（　　）。

A. 第Ⅰ阶段　　B. 第Ⅱ阶段　　C. 第Ⅲ阶段

(15) 对应于边际报酬的递增阶段，STC 曲线（　　）。

A. 以递增的速率上升　　B. 以递减的速率上升

C. 以递增的速率下降　　D. 以递减的速率下降

(16) 当边际产量大于平均产量时（　　）。

A. 平均产量递减　　B. 平均产量递增　　C. 平均产量不变　　D. 总产量递减

(17) 下面情形表示生产仍有潜力可挖的是（　　）。

A. 生产可能性边界上的任意一点　　B. 生产可能性边界外的任意一点

C. 生产可能性边界内的任意一点

(18) 等成本曲线绕着它与纵轴 Y 的交点向外移动，表明（　　）。

A. 生产要素 Y 的价格下降了　　B. 生产要素 X 的价格上升了

C. 生产要素 X 的价格下降了　　D. 生产要素 Y 的价格上升了

（19）等产量曲线具有如下特征（　　）。

A. 斜率为负

B. 凸向原点

C. 等产量曲线上任一点切线的斜率等于该点的 $MRTS$

D. 任何两条等产量曲线不能相交

（20）边际报酬递减规律发生作用的前提是（　　）。

A. 存在技术进步　　B. 生产技术水平不变

C. 具有两种以上可变要素的生产　　D. 只有一种可变要素的生产

（21）总成本曲线与可变成本曲线之间的垂直距离（　　）。

A. 随产量减少而减少　　B. 等于平均固定成本

C. 等于固定成本　　D. 等于边际成本

（22）由于（　　）的作用，才使得 AC 曲线的最低点的出现既慢于又高于 AVC 曲线的最低点。

A. 平均成本　　B. 平均可变成本　　C. 平均不变成本　　D. 边际成本

（23）已知产量为 8 个单位时，总成本为 80 元，当产量增加到 9 个单位时，平均成本为 11 元，那么，此时的边际成本为（　　）。

A. 1 元　　B. 19 元　　C. 88 元　　D. 20 元

（24）随着产量的增加，短期固定成本（　　）。

A. 增加　　B. 减少　　C. 不变　　D. 先增后减

（25）市场上厂商的数目很多，厂商之间各自提供的产品有差别，厂商对价格有一定的控制权，厂商进入或退出一个行业比较容易，以上描述的是（　　）市场的特征。

A. 完全竞争　　B. 垄断竞争　　C. 垄断　　D. 寡头

（26）在短期内，（　　）是完全竞争厂商的关闭点。

A. SAC 曲线与 SMC 曲线的交点　　B. MR 曲线与 SMC 曲线的交点

C. AVC 曲线与 SMC 曲线的交点

（27）在短期内，（　　）是完全竞争厂商的收支相抵点。

A. SAC 曲线与 SMC 曲线的交点　　B. MR 曲线与 SMC 曲线的交点

C. AVC 曲线与 SMC 曲线的交点

（28）在 $MR=MC$ 的均衡产量上，企业（　　）。

A. 必然得到最大利润

B. 必然得到最小利润

C. 若获利，则利润最大；若亏损，则亏损最小

D. 不可能亏损

6-2　多项选择题

（1）厂商的长期成本中有（　　）。

A. 长期总成本　　B. 长期可变成本　　C. 长期边际成本　　D. 长期平均成本

（2）以下说法正确的是（　　）。

A. $MC>AC$ 时，AC 下降　　B. $MC<AC$ 时，AC 下降

C. $MC=AC$ 时，AC 下降　　D. $MC=AC$ 时，AC 达到最低点

（3）企业所追求的最大利润指的就是（　　）。

A. 经济利润　　B. 超额利润　　C. 正常利润　　D. 企业利润

（4）在厂商的停止营业点上，应该有（　　）。

A. 利润为零　　B. $P=AVC$　　C. $AR=AVC$　　D. 总亏损 $=TFC$

（5）当一个完全竞争行业实现长期均衡时，每个企业（　　）。
A. 都实现了正常利润　　B. 利润都为零
C. 行业中没有任何企业进入　　D. 行业中没有任何企业退出

（6）市场结构的基本类型有（　　）。
A. 完全垄断市场　　B. 寡头垄断市场
C. 生产要素市场　　D. 垄断竞争市场

（7）具有以下（　　）特点的市场是完全竞争市场。
A. 大量的卖者　　B. 同质的产品
C. 资源自由流动　　D. 完全信息

6-3　判断题

（1）只要边际产量为正，总产量总是增加的。（　　）
（2）只要边际产量为负，总产量总是减少的。只要边际产量大于平均产量，边际产量就把平均产量拉高。（　　）
（3）只要边际产量小于平均产量，边际产量就把平均产量拉低。（　　）
（4）只要边际产量为正，总产量总是增加的；只要边际产量是负的，总产量总是减少的。（　　）
（5）平均产量曲线和边际产量曲线的关系表现为：两条曲线相交于平均产量曲线的最高点，在此点之前，边际产量曲线高于平均产量曲线，在此点之后，边际产量曲线低于平均产量曲线。（　　）
（6）生产一单位某种商品的机会成本是指生产者所放弃的使用相同的生产要素在其他生产用途中所能得到的收入。（　　）
（7）当厂商的经济利润为零时，厂商仍然得到了全部正常利润。（　　）
（8）长期总成本曲线是无数条短期总成本曲线的包络线。（　　）
（9）在长期生产中，厂商总是可以在每一产量水平上找到相应的最优的生产规模进行生产。在短期内，厂商做不到这一点。（　　）
（10）长期平均成本曲线是无数条短期平均成本曲线的包络线。（　　）
（11）厂商的收益就是厂商的销售收入。（　　）
（12）完全竞争条件下，每一销售量水平上的边际收益值就是相应的总收益曲线的斜率。（　　）
（13）完全竞争厂商在任何商品销售量水平上都有：$AR = MR = P$。（　　）
（14）在任何情况下，只要厂商实现了 $MR = MC$，厂商就一定能获得利润。（　　）
（15）如果企业没有经济利润，就不应当生产。（　　）

6-4　简答题

（1）如果行业中每个企业都处于长期均衡状态，整个行业是否必定处于长期均衡状态？如果企业和行业都处于长期均衡状态，它们是否必然处于短期均衡状态？
（2）用图示说明垄断为何导致低效率。
（3）在垄断竞争市场，长期内厂商没有经济利润。然而，厂商并不处于长期平均成本曲线的最低点。为什么会发生这种情况？为什么一些人指责垄断竞争引起了浪费和无效率？若有好处，那么消费者从垄断竞争市场中获得了什么好处？
（4）垄断程度越高，垄断利润越大，我们为什么还要欢迎并争取国际垄断财团来华投资？
（5）导致市场不完全竞争的主要原因是什么？不完全竞争的形式有哪些？
（6）家电行业的制造商发现，为了占有市场份额，他们不得不采取一些竞争策略，包括广告、售后服务、产品外形设计，其竞争程度是很激烈的。因此，家电行业被认为是完全竞争行业。这种说法对吗？

6-5　计算题

（1）某企业在短期生产中的生产函数为 $Q = -L^3 + 24L^2 + 240L$，计算企业在下列情况下的 L 的取值范围。1）在第Ⅰ阶段；2）在第Ⅱ阶段；3）在第Ⅲ阶段。

（2）假定某企业的短期成本函数是 $TC(Q)=Q^3-10Q^2+17Q+66$。

1）指出该短期成本函数中的可变成本部分和不变成本部分。

2）写出下列相应的函数：$TVC(Q)$、$AC(Q)$、$AVC(Q)$、$AFC(Q)$ 和 $MC(Q)$。

（3）已知生产函数为 $Q=f(K,L)=KL-0.5L^2-0.32K^2$，$Q$ 表示产量，K 表示资本，且 $K=10$，L 表示劳动。

1）写出劳动的平均产量（AP_L）函数和边际产量（MP_L）函数。

2）分别计算当总产量、平均产量和边际产量达到极大值时厂商雇佣的劳动。

（4）已知某企业的平均可变成本为 $AVC=X^2-30X+310$，X 为产量。当市场价格变为 310 时，该企业的利润为 0，求该企业的固定成本量。

（5）已知某完全竞争企业中的单个厂商的短期成本函数为 $STC=0.1Q^3-2Q^2+15Q+10$。试求：

1）当市场上产品的价格为 $P=55$ 时，厂商的短期均衡产量和利润。

2）当市场价格下降为多少时，厂商必须停产。

3）厂商的短期供给函数。

（6）某企业使用 L 和资本 K 进行生产，长期生产函数为 $q=20L+65K-0.5L^2-0.5K^2$，每期总成本 $TC=2200$ 元，要素价格 $w=20$ 元，$r=50$ 元。求企业最大产量，以及 L 和 K 的投入量。

（7）完全竞争企业的长期成本函数为 $LTC=q^3-4q^2+8q$，市场需求函数 $Q_d=2000-100p$。试决定

1）长期均衡上的市场价格和数量；

2）这个行业长期均衡时的企业数量。

（8）某企业短期总成本函数为

$$STC=1000+240q-4q^2+q^3/3$$

1）当 SMC 达到最小值时产量多少？

2）当 AVC 达到最小值时产量多少？

（9）设某完全垄断企业的市场需求函数和成本函数分别为

$$P=100-4Q,\qquad TC=50+20Q$$

如果能将消费着分隔成两个市场，$Q=q_1+q_2$，且有

$$P_1=80-5q_1,\qquad P_2=180-20q_2$$

试求：

1）完全垄断企业在两市场时实行相同价格下的价格、产量及总利润。

2）完全垄断企业实行价格歧视下的价格、产量及总利润。

（10）如果一个垄断厂商的收益曲线为 $P=100-3Q$，可变成本曲线为 $C=Q^2+20Q$，求厂商的利润最大的产量、价格、净利润。

（11）考虑表 6-8 中给出的某厂商的总收益和总成本。

表 6-8 总收益和总成本（单位：元）

产量	0	1	2	3	4	5	6	7
总成本	10	12	13	16	20	27	36	48
总收益	0	9	18	27	36	45	54	63

1）该厂商利润最大化的产量为多少？

2）你认为这个厂商是处于何种市场结构？试给出判断的理由。

7 一般均衡与福利经济理论

在现代市场经济中，所有的参与者，包括厂商和消费者之间都是相互依存的，虽然个人决策都是在独立和自由的状态下做出的，但某一市场的均衡却取决于所有参与者的决策和行为，包括其他市场的决策和行为。考察单个市场并分析在外界条件不变情况下，这些单个市场的均衡情况，是一种局部平衡分析；考察在所有市场、市场参与者都相互联系的情况下，这些市场是如何达到均衡的，是一般均衡分析。在一般均衡的基础上，本章研究福利经济学。福利经济学是经济学的一个分支，研究福利经济学的目的是为了对不同经济状况的福利水平进行评价。

本章第一节主要论述一般均衡分析。在第二节中，讨论社会福利的帕累托最优条件以及效率与公平的一些基本问题。

7.1 一般均衡分析

7.1.1 局部均衡和一般均衡

在现实的经济体系中，经济社会中的每一个部门或单位都不是孤立存在的，而是相互依存相互影响的，因此一个经济变量变动必然导致一系列连锁反应，直接或间接地影响其他经济变量，最终影响整个经济体系的状态。各种产品之间存在替代关系或互补关系，这种相互影响不断传递，使产品市场同时达到均衡。各种生产要素之间也存在着替代或互补影响，这种相互影响不断传递，使要素市场同时达到均衡。各种产品和生产要素之间又存在着相互影响的关系，这种影响是相互的、反复的和多样的。

局部均衡理论（方法）是讨论某种商品或生产要素的供求状况对于该商品或该要素的价格的影响、决定作用，而把其他情况假定不变。局部均衡分析是假定其他条件既定不变，个别地考察任一种产品或生产要素的供求达到均衡状态所需具备的条件和相应的均衡价格和数量。

一般均衡理论（方法）是从一个社会的所有商品和要素的供求与价格都是相互影响、相互依存的这一前提出发，认为经济系统中任何一种变化都会产生 3 种效应：冲击效应、扩散效应、反馈效应（由相关市场的价格和数量调整导致的某一市场的价格和数量的调整）。一般均衡分析方法是从微观经济主体的行为角度出发，来考察每一种产品和每一种要素的供给和需求同时达到均衡状态所需具备的条件和相应的均衡价格和均衡数量。

一般均衡的分析结论往往同局部均衡分析得出的结论迥然不同，例如，从局部均衡的分析的角度来说，降低工资将会导致收入水平下降，进而各个市场的需求和价格普遍下降，最终导致生产下降，失业增加。可见降低工资到底是会增加就业，还是会增加失业，从一般均衡的眼光来分析比局部分析要复杂很多。

一般均衡分析追求整个经济体系的各种变量的总体均衡。实现一般均衡既复杂又困难。实际上，由于经济社会中各种变量是不断变化的，并且一种变量变化引起的另一些变量在作用方向、速率、方式上，因具体条件不同而有所不同，因此，经济体系的一般均衡只是一种趋势，而非均衡则是常态。

7.1.2 一般均衡理论的含义

7.1.2.1 一般均衡的基本假设

一般均衡的存在，需要一系列极为严峻的条件：

（1）所有市场符合完全竞争条件；

（2）每个家庭都是产品需求者和要素供给者：收入来自要素供给，并全部用于消费，在收入约束下追求效用最大化；

（3）每个家庭的效用函数都是连续的，且既定不变，无差异曲线凸向原点；

（4）每个企业都是要素需求者和产品供给者，在生产函数的约束下追求利润最大化；

（5）每个企业的生产函数既定不变，不存在规模报酬递增，等产量线凸向原点；

（6）只考虑最终产品的交换和生产，没有中间产品；

（7）不存在外部性。

7.1.2.2 一般均衡的基本思想

一般均衡理论涉及较深的数学描述，这里仅从经济含义上说明一般均衡的基本思想。

A 家庭

作为产品的需求者，家庭对某种产品的需求量，是所有产品价格和要素价格的函数。

作为要素供给者，家庭对某种要素的供给量，是所有产品价格和要素价格的函数。

家庭对各种产品的需求量和要素的供给量，构成家庭的目标函数。

家庭对各种产品的需求量及其价格乘积之和，等于家庭对各种要素的供给量及其价格乘积之和，这构成家庭的预算约束，即预算线。

家庭在预算约束下，选择最优的产品需求量和要素供给量，以求效用最大化，均衡条件为

$$\frac{MU_X}{P_X} = \frac{MU_Y}{P_Y} = \cdots = \frac{MU_N}{P_N} \tag{7-1}$$

将每个家庭对某种产品的需求和对某种要素的供给分别进行加总，便可得到这种产品的市场需求和这种要素的市场供给。

B 企业

作为产品的供给者，企业对某种产品的产销量，是所有产品价格和要素价格的函数。

作为要素的需求者，企业对某种要素的需求量，是所有产品价格和要素价格的函数。

企业对各种产品供给量及其价格乘积之和构成企业的总收益；企业对各种要素需求量及其价格乘积之和构成总成本；总收益与总成本之差为利润。

企业在生产函数和要素价格的约束下，选择最优的产品供给量和要素需求量，以求利润最大化，均衡条件为

$$\frac{MP_L}{w} = \frac{MR_K}{r} = \cdots = \frac{MP_n}{P_n} \tag{7-2}$$

将每个企业对某种产品的供给和某种要素的需求分别进行加总，便可得到这种产品的市场供给和这种要素的市场需求。

C　市场

有了产品市场的需求和供给、要素市场的需求和供给，就可以说明产品市场和要素市场的一般均衡。

将产品和要素都看作商品，则每种商品的供求函数都可以表示为所有商品价格的函数。如果所有商品市场同时达到供求均衡，整个经济便处于一般均衡状态。即

$$\begin{aligned} Q_{d1}(P_1,P_2,\cdots,P_n) &= Q_{s1}(P_1,P_2,\cdots,P_n) \\ Q_{d2}(P_1,P_2,\cdots,P_n) &= Q_{s2}(P_1,P_2,\cdots,P_n) \\ &\cdots \\ Q_{dn}(P_1,P_2,\cdots,P_n) &= Q_{sn}(P_1,P_2,\cdots,P_n) \end{aligned} \tag{7-3}$$

7.1.3　瓦尔拉斯平衡

经济学文献中通常将一般均衡称为瓦尔拉斯均衡。为证明一般均衡是否存在，或者说，一般均衡在什么条件下存在，几代经济学家付出了艰辛的努力，并取得重大的成果。下面给出有关瓦尔拉斯均衡的几个基本结论：

在市场中，如果某种商品所需要的量超过所供给的量，便说该种商品存在超额需求。由此，瓦尔拉斯定律认为，在交易经济中只要效用函数满足某些条件，则必有全社会超额需求的价值之和为零。这就是说，在整个市场中，如果某种商品市场的价值存在超额需求，则必定有另一种商品市场的价值存在超额供给。这样，所有市场超额需求的市场价值将为零。值得注意的是，瓦尔拉斯定律仅仅指整个市场上所有商品超额需求的价值为零，并不意味着市场上所有实物商品供求都是相等的。这是因为，瓦尔拉斯定律仅仅是对超额需求的价值在各个市场之间求和，而不同市场间的实物商品是无法求和的。

在经济学上，瓦尔拉斯均衡是指，在整个市场中，若存在一个价格向量 $\boldsymbol{P}^*$，使各个商品市场超额需求的市场价值为零，即每一个市场各自达到供求相等，则称该价格向量 $\boldsymbol{P}^*$ 为瓦尔拉斯均衡。可见，瓦尔拉斯均衡比瓦尔拉斯定律严格很多，前者要求每个商品市场的超额需求均为零，而后者只要求所有市场上的超额需求为零。

在瓦尔拉斯均衡情况下，每个消费者对于 n 种商品所需求并获得的商品数量，称为瓦尔拉斯均衡配置。请注意，瓦尔拉斯均衡与瓦尔拉斯均衡配置的区别：前者是一个 n 维价格向量，使各个市场都供求相等；后者则是一个需求矩阵，是消费者在各个市场供求相等时，所需求并获得的商品数量。这样，经济学就可以通过商品（社会资源）在每一个消费者手中的拥有量来评估消费者所获得的经济福利。

7.2　福利经济学

7.2.1　旧福利经济学与新福利经济学

与一般均衡相关的是社会资源的最优配置问题，这涉及福利经济学研究的内容。什么是福利经济学？西方经济学家们曾经下过各种不同的定义。一种比较流行的说法是：福利

经济学是从社会经济福利的角度对经济体系的运行进行评价的经济理论。至于什么是福利，按照福利经济学的主要创建人、英国经济学家庇古的说法，福利一词是指个人获得的效用和满足。当代西方学者认为，福利包含着非经济（如友谊、正义等）方面的内容。一个社会的福利是社会成员个人福利的总和。从经济含义来说，经济学所研究的应限于社会福利中可以直接或间接用货币来衡量的那部分社会福利，即经济福利，只有经济福利才是福利经济学研究的主要课题。由于福利经济学以研究社会经济福利为目标，并以一定的伦理价值判断为前提，被认为是一种规范经济学。

福利经济学一般假定有以下三大社会目标：最大的选择自由、最高的经济效率、公平的收入分配。福利经济学按照发展阶段可以分为旧福利经济学和新福利经济学。庇古根据边际效用基数论，把国民收入作为衡量社会经济福利的尺度，提出两个基本的福利命题：（1）国民收入的总量。总量越大，则表示福利越大。（2）国民收入的分配。分配越是均等化，社会经济福利就越大。19 世纪末产生了以帕累托为代表人物的新福利经济学。新福利经济学在序数效用论基础上，避开收入分配问题，以效率作为福利分析的唯一目标。帕累托提出的帕累托最优状态成为新福利经济学判断社会福利最大与否的标准。

7.2.2 帕累托最优状态

7.2.2.1 帕累托最优状态的含义及条件

帕累托最优状态是指社会经济达到了这样一种状态：不可能在至少某一成员受益的同时，不使其他任何成员受损。这就是说，社会资源已得到最优配置，经济运行已达到最高效率，如果任何改变使某一成员受益，其他成员必然受损。

与帕累托最优相对应，帕累托改进准则是指：如果社会资源的重新配置至少使某一员的境况变好，而其他成员的境况没有变坏，那么，这种变化是一种经济状态的改进。所以，帕累托最优状态是不再存在帕累托改进的资源配置状态。

如果社会资源重新配置后符合帕累托改进准则，则称改进后的状态为帕累托更优。

7.2.2.2 交换的帕累托最优及其条件

交换的帕累托最优的含义是指两种既定数量的产品在两个消费者之间的最优分配，如能使各自达到效用的最大化就是最优（两种既定数量的产品在两个消费者之间的分配，使两个消费者的利益达到最大化）。假定 A、B 进行交换。如果交换使双方都感到最大满足，这就被称为最优交换。假定 A 有产品 X，B 有产品 Y，交换中必须使 A 与 B 两人的 X 对 Y 的边际替代率相等，这样双方才满意。

那么，交换的帕累托最优状态的位置在哪里？

埃奇渥斯盒状图是英国经济学家埃奇渥斯于 19 世纪末建立的，他运用这一盒状图来说明交换的帕累托最优状态及其最优条件。在埃奇渥斯盒状图（图 7-1）的全部可能的产品分配状态之中，哪一些符合帕累托最优状态呢？

引入无差异曲线，选择任意点进行最优分析，可以推出以下结论：

（1）在交换的埃奇渥斯盒状图中，任意一点，如果它处在消费者 A 和 B 的两条无差异曲线的交点上，则它就不是帕累托最优状态，因为在这种情况下，总存在帕累托改进的余地。

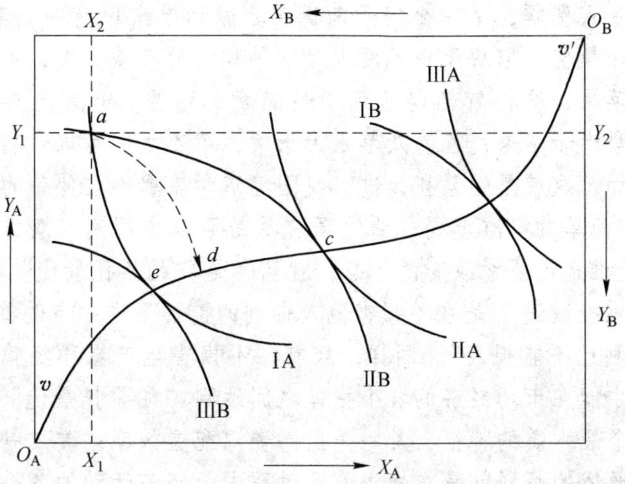

图7-1 交换的埃奇渥斯盒

(2) 在交换的埃奇渥斯盒状图中，任意一点，如果它处在消费者A和B的两条无差异曲线的切点上，则它就是帕累托最优状态，并称为交换的帕累托最优状态。因为在这种情况下，不存在帕累托改进的余地。

(3) 所有无差异曲线的切点的轨迹构成曲线 vv'，叫做交换的契约曲线，它表示两种产品在两个消费者之间的所有最优分配（即帕累托最优状态）的集合。

(4) 给定任何不在曲线 vv' 上的点，总存在比它更好的点，这些点在曲线 vv' 上。

从交换的帕累托最优状态可以得到交换的帕累托最优条件：交换的帕累托最优状态点是无差异曲线的切点，交换的帕累托最优条件是在该切点上两条无差异曲线的斜率相等。

如用边际替代率的术语来表示就是：要使两种商品X、Y在两个消费者A、B之间的分配达到帕累托最优状态，则对于这两个消费者来说，这两种商品的边际替代率必须分别相等。即

$$RCS_{XY}^{A} = RCS_{XY}^{B} \tag{7-4}$$

阅读材料7-1

帕累托最优标准——满意即最优

帕累托是19世纪初的意大利经济学家，他是新福利经济学家代表人物。以他的名字命名的“帕累托最优”是现代经济学中的一个重要概念，也是经济学的一个美好的理想境界。

这一命题是判断福利优劣的新标准，其含义是：在其他条件不变的条件下，如果某一经济变动改善了一些人的状况，同时又不使一些人蒙受损失，这个变动就增进了社会福利，称为帕累托改进；在其他条件不变的条件下，如果不减少一些人的经济福利，就不能改善另一些人的经济福利，就标志着社会经济福利达到了最大化的状态，实现了帕累托最优状态。

这个概念非常令人费解，举一个例子来说明。假如原来甲有一个苹果，乙有一个梨，他们是否就是帕累托最优，取决于甲乙两人对苹果和梨的喜欢程度，如果甲喜欢苹果大于梨；乙喜欢梨大于苹果，这样就已经达到了最满意的结果，也就已经是“帕累托最优”了。如果是甲喜欢梨大于苹果；乙喜欢苹果大于梨，甲乙之间可以进行交换，交换后的甲乙的效用都有所增加，这就是帕累托改进。我国经济学家盛洪在他著的《满意即最佳》里说过一句话：“一个简单的标准就是，看这项交易是否双方同意，双方是否对交易结果感到满意。”如果真是谁也不愿意改变的状态，就已经是“帕累托最优”了。

通俗地讲“帕累托改进”是在不损害他人福利的前提下进一步改善自己福利，用老百姓的俗话说就是“利己不能损人”。同样，只有在不损害生产者和经营者权利的前提下维护消费者的权益，才能在市场经济的各个主体之间达到“帕累托最优”的均衡状态。

市场经济有两个最本质的特征，其一是提高资源配置效率；其二是实现充分竞争。所谓的帕累托最优，通俗的解释就是在资源配置过程中，经济活动的各个方面不但没有任何一方受到损害，而且社会福利要尽可能实现最大化，社会发展要达到最佳状态。西方经济学中的帕累托最优，实际上就是要求不断提高资源的配置效率。

（资料来源：梁小民. 微观经济学纵横谈. 北京：生活·读书·新知三联书店，2005.）

7.2.2.3 生产的帕累托最优及其条件

生产的帕累托最优的含义是指两种既定数量的生产要素在两个生产者之间的最优分配，如能使各自达到产量的最大化就是最优（两种既定数量的生产要素在两个生产者之间的分配，使两个生产者的利益最大化）。假定生产者 C、D 用生产要素 L、G 进行生产，分别生产 X、Y 两种产品。假定 C 生产产品 X，D 生产产品 Y。现在要讨论的是：在生产要素 L、G 一定的情况下，如何对生产要素进行分配，才能使 C、D 双方都达到最大产量。

那么，生产的帕累托最优状态的位置在哪里？

我们仍用埃奇渥斯盒状图（图 7-2）来分析两种既定数量的生产要素在两个生产者之间的分配。在埃奇渥斯盒状图的全部可能的要素分配状态之中，哪一些符合帕累托最优状态呢？

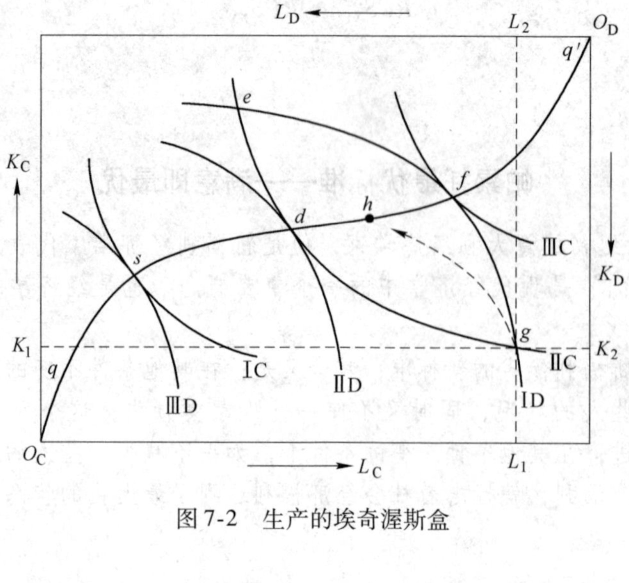

图 7-2 生产的埃奇渥斯盒

引入等产量曲线并选择任意点进行最优分析，可以推出以下结论：

（1）在生产的埃奇渥斯盒状图中，任意一点，如果它处在生产者 C 和 D 的两条等产量线的交点上，则它就不是帕累托最优状态，因为在这种情况下，总存在帕累托改进的余地。

（2）在生产的埃奇渥斯盒状图中，任意一点，如果它处在生产者 C 和 D 的两条等产量线的切点上，则它就是帕累托最优状态，并称为生产的帕累托最优状态。因为在这种情况下，不存在帕累托改进的余地。

（3）所有等产量线的切点的轨迹构成曲线 qq'，叫做生产的契约曲线（或效率曲线），它表示两种要素在两个生产者之间的所有最优分配（即帕累托最优状态）的集合。

（4）给定任何不在曲线 qq' 上的点，总有比它更好的点，这些点在曲线 qq' 上。

从生产的帕累托最优状态可以得到生产的帕累托最优条件：生产的帕累托最优状态点是等产量线的切点，生产的帕累托最优条件是在该切点上两条等产量线的斜率相等。

如用边际替代率的术语来表示就是：要使两种要素 L、K 在两个生产者 C、D 之间的分配达到帕累托最优状态，则对于这两个生产者来说，这两种要素的边际替代率必须分别相等，即：

$$RTS_{LK}^{C} = RTS_{LK}^{D} \tag{7-5}$$

7.2.2.4　交换和生产的帕累托最优及其条件

交换和生产的帕累托最优的含义是指两种既定数量产品的组合，既能使社会的交换达到最优，消费者的效用达到最大化，又能使社会的生产达到最优状态，即生产者的产量达到最大化（两种既定数量产品的组合，使生产者的利益与消费者的利益都最大化）。

首先描述问题并作出假定。

（1）整个经济只包括两个消费者 A 和 B，它们在两种产品 X 和 Y 之间进行选择。

（2）整个经济只包括两个生产者 C 和 D，它们在两种要素 L 和 K 之间进行选择以生产两种产品 X 和 Y；且假定 C 生产 X，D 生产 Y。

（3）假定消费者的效用函数即无差异曲线簇为给定不变，生产者的生产函数即等产量曲线簇为给定不变。

我们知道，图 7-2 所示的生产契约线 qq' 代表了所有生产的帕累托最优状态的集合。具体说来，生产契约线 qq' 上的每一点均表示两种投入在两个生产者之间的分配为最优，即表示最优投入。但仔细观察就会发现，生产契约线 qq' 还提供了另一有用的信息，即在该曲线上的每一点也表示了一定量投入要素在最优配置时所能生产的一对最优产出（曲线上的每一点对应一对相切的等产量曲线，一条曲线代表 X 的最优产量，另一条与之相切的曲线代表 Y 的最优产量）。于是引出生产可能性曲线：选取生产契约线 qq' 上的每一点，可得到相应的所有的 X、Y 的最优产出量；利用另一坐标图，可以画出 X、Y 最优产出量的轨迹。这一轨迹被称为生产可能性曲线 pp'，是 X、Y 最优产出量集合的几何表示，如图 7-3 所示。

生产可能性曲线 pp' 将整个产品空间分为 3 个互不相交的组成部分：曲线 pp' 本身，曲线 pp' 右上方区域；曲线 pp' 左下方区域。右上方区域是所谓“生产不可能性区域”；左下方区域则是“生产无效率”区域。

生产可能性曲线的位置高低取决于投入要素的数量和技术状况。如果要素数量或者技术状况发生了变化，则可能生产的最大产出组合就可能发生变化，从而生产可能性曲线的位置就可能发生变化。

如图 7-4 所示，生产和交换的帕累托最优点，即生产和交换最优条件的结合点，就是无差异曲线与生产可能性曲线 pp' 的相切之点 p。在切点 p 上，整个社会的交换和生产都达到了最佳状态。

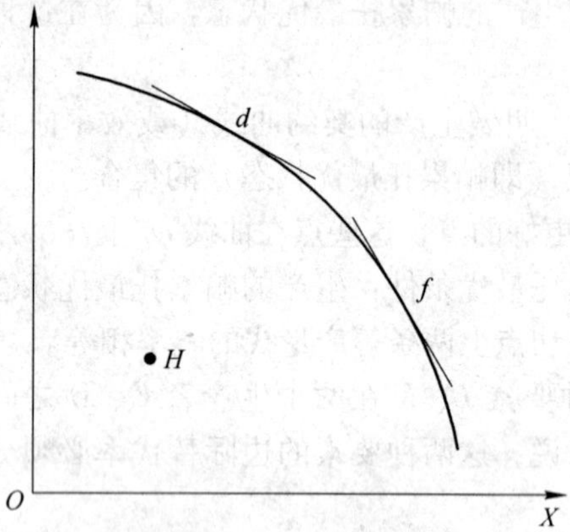

图 7-3 生产的可能性曲线

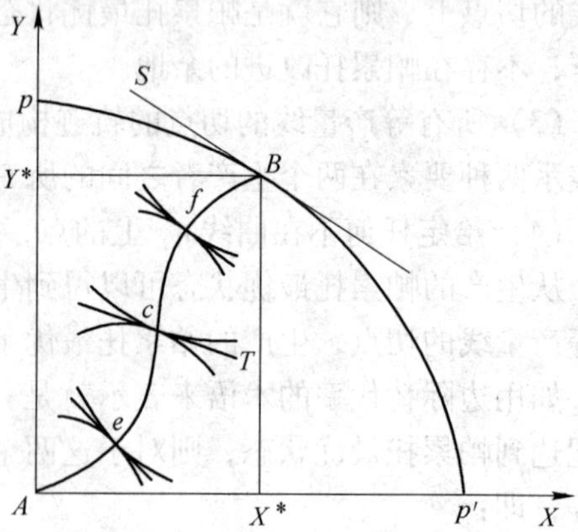

图 7-4 生产和交换的帕累托最优

生产和交换的帕累托最优条件，即给定生产可能性曲线上一点 B 和与 B 相应的交换契约曲线上一点 C，只要 B 点的产品的边际转换率不等于 C 点的产品边际替代率，则点 C 就仅表示交换的帕累托最优状态，而非生产和交换的帕累托最优状态。由此即得生产和交换的帕累托最优条件：

$$RCS_{XY} = RPT_{XY} \tag{7-6}$$

即产品的边际替代率等于边际转换率。

阅读材料 7-2

一个帅小伙的难题

一日我在车上收听交通台的娱乐节目，在节目的最后，主持人给听众留下一个没有答案的故事，要求听众解答。故事说的是一个帅小伙开车到某偏僻的地方（这个地方出租车很少），遇上了想搭车的人，一位是救过他命的医生（医生会开车）；一位是一位漂亮的姑娘；还有一个人背着一个病人急需去医院看病。他的车只能坐 4 个人，主持人留下问题是：这个帅小伙如何做才能使几方面都满意呢？

按照帕累托最优的理论，我给的答案是：帅小伙把车交给医生开，让医生把病人送到医院，他和那位漂亮的姑娘再慢慢地等出租车。这种方案是不是使几方面都得到了满意？

7.2.2.5 帕累托最优的必要条件和充分条件

A 实现帕累托最优的必要条件

（1）高效率的资源配置。对于使用资源投入生产商品的全部厂商来说，任何一对投入的边际技术替代率应当相等，且等于投入的资源价格之比：

$$MRTS_{(M,L)C} = MRTS_{(M,L)W} = P_M/P_L \tag{7-7}$$

（2）高效率的消费。对于每一个消费者来说，任何两种商品的边际替代率应当相等，且等于商品价格之比：

$$MRS_{(W,C)1} = MRS_{(W,C)2} = P_W/P_C \tag{7-8}$$

（3）对于所有消费者，任何两种商品的商品替代率应当等于生产这两种商品的技术替代率，并等于商品价格之比：

$$MRS_{(W,C)1} = MRS_{(W,C)2} = MRTS_{(W,C)1} = MRTS_{(W,C)2} = P_W/P_C \tag{7-9}$$

B　实现帕累托最优的充分条件

实现帕累托最优的充分条件是：在资源空间的所有等产量线和在商品空间的所有无差异曲线必须是非凹的（或特例是直线）。这样才能保证商品空间的高效率生产可能性线和效用空间的效用可能性线凹向原点，以及最终效用边界线是凹向原点的。

7.2.2.6　实现帕累托最优的四种途径

帕累托最优这个命题问世近100年来，被无数经济学家加以改进、修补，至今被大多数西方经济学家看作是评价资源配置效率的一个基本标准，但同时它也受到许多学者的责难，对帕累托命题讨论最多的就是其实现的途径问题。既然帕累托最优是一个经济的最佳状态，那么如何才能达到这一完美的境界？什么样的经济制度才能达到资源的有效配置？对此，西方学者众说纷坛、莫衷一是。下面就完全计划、完全集中调节、完全歧视性垄断经济、完全竞争这四种途径逐一进行简要讨论。

A　完全计划与帕累托最优

西方经济学界把完全计划能够达到帕累托最优与里昂惕夫（W. W. Leontie）的名字联系起来，认为里昂惕夫的“投入产出”分析就其完全用实物数量来运算的意义上说，为完全计划能够达到帕累托最优这种观点提供了数量分析的基础，它是一种“无价格的经济学”。其实，就里昂惕夫本人来说，他认为竞争和计划是两个可以共同存在和发挥作用的范畴。毫无限制的自由竞争和无所不包的全面计划只是存在于幻想之中的极端。在他的后半生中，他对运用投入产出法来制定和评价第三世界国家的发展计划表现了越来越大的兴趣。

在威尔斯看来，里昂惕夫的投入产出模型可以使“极权主义国家”的完全计划经济实现帕累托最优状态。为此，中央政府必须事先确定所有商品的价格比率，用十分精确的办法使之实际上等于帕累托最优条件中所要求的相应的边际替代率和边际转换率。换言之，中央政府需要为社会生产建立起一套包含成千上万个指标的有效的贸易条件指标体系，使之符合帕累托最优条件所要求的高效率的价格比率；然后根据计算出来的替代率在无数个消费者之间进行高效率的商品分配，并且在有限的资源出现变动时刺激消费者进行高效率的商品替代。最重要的是，为了提供刺激生产者的经济动力，中央计划者（CPB）要确立一套十分准确的“影子价格”，使之成为引导消费者购买和生产者供给的高效率“市场信号”。这样，中央计划者或中央政府就必须收集和计算大量的各种信息。

现在绝大多数经济学家都认为，完全计划这种理想的经济状态在现实生活中是不可能存在的，即在全社会范围内以完全计划实现资源配置的帕累托最优是不可能的。这是因为：（1）在完全计划条件下，信息的任何不准确、不及时都会导致计划的不科学，从而导致资源配置的损失；中央计划者要想具备“绝对”的完备信息体系是不可能的。（2）把完全计划建立在投入产出分析的基础上，势必要求计划手段十分发达，要求绝对计量与定量分析十分准确。但是，即使依靠数学分析能够解释全部经济问题，依靠电子计算机能够求出最完备的计划方案，对于复杂多变的产品供求状况来说也不可能给出最精确的事先答案。（3）完全计划要求中央计划目标与消费者、生产者分散决策动机必须完全一致。但事实上，整体目标与个体目标、整体利益与个体利益、宏观要求与微观动机等之间的冲突在完全计划条件下也不能百分之百地全部解决与统一。

B 完全集中调节与帕累托最优

威尔斯所指的“完全集中调节”实际就是“兰格模式”。他认为，“完全集中调节可以实现帕氏最优”是兰格对“社会主义”经济理论的伟大贡献之一。

在兰格模式中，实现资源最优配置需要知道的条件有三个：一是社会对每种商品的需求量；二是现有经济资源的数量；三是作为各种生产要素费用指数的广义价格。同市场竞争一样，前两项条件在社会主义经济中也是已知的，区别仅在于竞争市场经济是通过市场而社会主义经济是通过计划获取的。关键在于第三个条件，即在社会主义条件下如何能够像竞争市场那样找到一组物价参数来满足客观均衡条件，使各种商品达到供求相等。对此，兰格模式运用模拟市场运行的“试错法”来完成其理论演绎。威尔斯认为这个办法是解决“完全集中调节”走向帕累托最优的一个理论“突破”。

假定中央计划部门随意选出一组物价作为给定的参数并据此进行生产，如果产出水平与市场需求相吻合，就证明价格是正确的；如果出现供过于求或供不应求，中央计划部门就需要再根据产品过剩与不足的程度对价格参数进行重新调整，再次重复前一过程，如此循环往复，错了再试，直到选出一组使供求完全相等的均衡价格为止。在兰格看来，“完全集中调节”的社会主义经济不仅能够实现资源的合理配置，而且更优于私有制经济。这是因为：（1）错误试验程序与市场机制的结合实际就是求解一个联立方程体系，它完全可以由一台大型电子计算机来进行，以此来模拟市场机制的运行，这样就可以轻而易举地解决解联立方程式的困难；虽然计算机容量有限，不能完全替代市场，但可以避免市场运行的烦琐与动作迟缓的缺陷。（2）中央计划部门实际上并不需要求解上百万个方程，因为这些方程是由消费者的购买与生产者的决策“分散解出”的。中央计划部门只要把注意力放在资源的供给与需求的数量上就可最终找到一组使供求平衡的均衡价格。因此，在集中调节的经济中，中央政府能够总揽全局，能够获取比私人厂商更全面更可靠的信息，比竞争市场能更为有效地达到均衡价格，从而使资源配置达到最优。

众所周知，计划和市场的关系问题一开始就是社会主义经济运行的核心问题。兰格模式首开计划和市场结合研究的先例，是把市场机制导入计划经济的尝试，是传统模式下计划和市场结合的一种卓越的思路。兰格“完全集中调节”的设想突破了人们僵化地理解计划经济而导致实践上完全排斥市场作用的做法。在今天看来，兰格设想并不是没有缺陷的，问题在于：对试错法的代价社会的承受能力有多大？模拟的市场是否必然受供求关系的影响？它能否带来经济波动？能否最终高效率地配置资源？

C 完全歧视性垄断经济与帕累托最优

歧视性垄断是指对于不同团体的顾客收取不同价格的垄断经济。庇古总的来说也反对歧视性垄断价格制度，但是他将消费者剩余原理引入歧视性垄断价格的分析之中，并把它划分成三级：

第一级歧视性垄断价格是指“对不同的商品单位索取不同的价格，即每一单位实际所付的价格等于该单位的需求价格，没有任何消费者剩余留给购买者”。

第二级歧视性垄断价格是指垄断者根据消费者不同的购买数量，分别制定不同的价格，能够部分地攫取消费者剩余。

第三级歧视性垄断价格是指垄断者“多少能以某种特殊标记分开”同一种商品的不同的消费阶层与集团，从而确定不同的垄断价格。

庇古认为，第三级歧视性垄断价格在现实生活中是常见的（如铁路货运的运价，飞机的票价，报刊的订价等几乎就是视不同对象确定不同的价格）。第二级歧视价格在现实生活中虽然也存在（如某些基础设施），但却十分少见。至于第一级歧视价格，“是很少可行的，因为形成市场需求函数的个人需求函数一般来说远不会相同”。因此，第一级歧视价格“将引起很大的成本与困难”。庇古的第一级歧视价格后来被罗宾逊夫人称之为“完全歧视”。

在完全歧视垄断经济条件下，消费者购买每一单位产品的价格都正好等于他愿意付出的最高价格。假定垄断者知道消费者的需求曲线，知道消费者在价格为$10 时愿意购买一个单位产品，在价格为$7 时愿意再购买 3 个单位产品等，如果消费者共购买 4 个单位的产品，那么垄断者将对第一单位产品定$10 的价格，对另外 3 个单位产品定$7 的价格。由此消费者共付$31，而在单一垄断价格下，垄断者对这 4 个产品都只能定价$7，消费者只需付 $7 ×4 = $28。但在完全歧视价格下，消费者剩余（31 -28 =3）则全部被垄断者所占有。

由此看来，在完全歧视下，垄断产量的每个单位几乎都需要按不同的价格出售，因此，出售一个追加单位所增加的收益就等于这一单位所售出的价格，这样，产品的需求曲线就是垄断者的边际收益曲线。在平均成本不变或垄断者不付租金而又没有大规模经济时，产量会等于完全竞争下的产量，因为那时垄断者的边际成本等于完全竞争下的平均成本。

正如西方学者指出的，完全歧视性垄断制度是一种极限，是极端的推理结果。在现实生活中要想知道每一个消费者对每一种产品的需求函数，其成本必然高得惊人，高得足以使之成为“绝对”不可能。

D　完全竞争与帕累托最优

在西方经济学中，实现帕累托最优的真正希望被放在“完全竞争”上。换言之，完全竞争是达到帕累托最优的“经典性途径”。当代西方微观经济学的重要成就之一就是“发现”完全竞争市场经济能够实现帕累托最优的一切条件。

通过完全竞争自动实现帕累托最优条件，从而能够实现社会资源的最优配置，这是实现帕累托最优的第四条途径。

本 章 小 结

局部均衡分析是假定其他条件既定不变，个别地考察任一种产品或生产要素的供求达到均衡状态所需具备的条件和相应的均衡价格和数量；一般均衡分析方法从微观经济主体的行为角度出发，来考察每一种产品和每一种要素的供给和需求同时达到均衡状态所需具备的条件和相应的均衡价格和均衡数量。

帕累托最优状态是指：社会经济达到了这样一种状态，即尽可能在至少某一成员受益的同时，不使其他任何成员受损。在两个消费者、两种产品和两种生产要素的一般均衡模型中，交换的帕累托最优要求这两种商品的边际替代率必须分别相等，生产的帕累托最优要求这两种要素的边际替代率必须分别相等，生产和交换的帕累托最优要求产品的边际替代率等于边际转换率。经济学上的效率指的是资源的配置已经达到这样一种境地，无论作何改变都不可能同时使一部分人受益而其余的人不受损。

习　题

7-1　选择题

（1）一般均衡的代表人物是（　　）。

A. 瓦尔拉斯　B. 马歇尔　C. 帕累托　D. 埃奇渥斯

（2）在评价经济效率时，新福利经济学采用的是（　　）。

A. 帕累托最优标准　B. 庇古最优标准

C. 公平标准　D. 就业标准

（3）按照帕累托的理论，消费者福利最大化的分析利用了（　　）。

A. 等成本线　B. 无差异曲线

C. 生产可能线　D. 菲利普斯曲线

（4）两条等产量线的边际技术替代率相等，再作任何一种变动都不可能使任何一个生产者得到更多的产出或者保持相等的产出，而不使另一个生产者减少产出。这是（　　）。

A. 消费者福利最优化的条件　B. 生产者福利最优化的条件

C. 社会福利的最优的条件　D. 产出的最优的条件

（5）帕累托最优条件的三个组成部分中，其中没有涉及的问题是（　　）。

A. 效率问题　B. 社会问题　C. 生产问题　D. 分配问题

（6）帕累托最优配置被定义为下列（　　）情况下的资源配置。

A. 总产量达到最大

B. 边际效用达到最大

C. 消费者得到他们想要的所有东西

D. 没有一个可以在不使他人景况变坏的条件下使自己的景况变得更好的方法

7-2　简答题

（1）什么是帕累托改进和帕累托最优状态？为什么说完全竞争是达到帕累托最优的充分条件而不是必要条件？

（2）实现帕累托最优状态的必要条件和充分条件分别有哪些？

（3）简述实现帕累托最优的四种途径。

（4）市场在实现帕累托最优上的缺陷有哪些？

8 经济效率理论

8.1 经济效率的含义

8.1.1 经济效率的概念

经济资源是具有稀缺性的。在经济资源的稀缺性面前，人类面临决策问题，决策问题的实质是效率问题。

经济效率（economic efficiency）是指人们在运用和配置资源上的效率。它要求在不同的生产目的之间合理地分配与使用资源，最大限度地满足人们的各种需要。要达到最大经济效率，不管在什么样的经济体制下，人们都不得不面临三个抉择：一是生产哪些东西并生产多少；二是怎样生产；三是如何分配和向谁分配这些产品（包括劳务）。由此看来，资源配置效率就是经济活动中的各种资源在各种不同的使用方面和方向之间分出轻重缓急，决定生产的最佳种类和数量，并寻求一种最佳分配方式，从而使社会福利达到最大化，使社会达到最佳状态。经济上的效率可以分为两个层次：资源运用效率与资源配置效率。

8.1.2 资源运用效率

“资源运用效率”是狭义上的效率概念，有的学者称之为“生产效率”，其含义是指一个生产单位、一个区域或一个部门如何组织并运用自己可支配的稀缺资源，使之发挥出最大作用，用既定的生产要素生产出最大量的产品。生产效率又分为生产的技术效率与生产的经济效率。前者是一个纯粹的物质技术性的概念，仅说明生产过程中所需要的生产要素投入量与产出量的关系，如果所投入的生产要素中没有出现浪费，那就是有技术效率的，为达到同一个生产目的，有许多办法都可以实现技术效率；而后者是指在生产过程中尽可能地少投入、多产出，即选择一种能使生产成本最低、产出最大或质量最好的“经济效率”。

8.1.3 资源配置效率

资源配置效率，有人称之为“经济制度的效率”，是指通过在不同生产单位、不同区域或不同行业之间分配有限的经济资源而达到的效率，这种效率使每一种资源都有效地配置于最适宜的使用方面和方向上。这种效率概念的深层含义可以引申为，如果一个经济能合理地运用和分配资源，达到若不使某人的状况差一些就不能让另一个人变得更好一些的程度，那么，这个经济就是有效率的。实际上，这种效率就是帕累托效率。

8.1.4 资源运用效率与资源配置效率的联系和区别

资源运用效率与资源配置效率是相互联系但又有一定区别的。

第一，它们的实现途径不同。资源运用效率是通过改善内部管理方法和提高生产技术来实现的，而资源配置效率则是通过外部的生产要素流动，即通过制度安排（如经济计划或市场机制）的运行获得的。

第二，资源配置效率影响资源运用效率。资源配置效率的高低在一定程度上会影响资源运用效率的状态，即总体上的资源配置不当会使微观上一些生产单位或行业的资源运用效率降低。

第三，资源运用效率影响资源配置效率，即如果微观上效率较高就能为社会经济资源总量的增加创造条件，从而为资源配置合理化提供一个前提。

第四，帕累托效率从广义上讲包含资源运用效率，在某种程度上和某些场合中资源配置效率的帕累托效率含有资源运用效率概念的含义。从这个意义上讲，帕累托效率就是一种综合效率，是一个完全效率的概念，指的是生产、消费和交易都有机地组织在一个经济系统之中的效率。

8.2 资源运用效率

8.2.1 资源运用效率目标

在资源开发利用中，资源开发利用决策者（经理层）不一定总是以利润最大化为目标，如有时是通过追求收入最大化支付红利以满足股东的利益，有时则追求短期利润（也许是为获得晋升或巨额奖金）而牺牲长期利润。即便如此，对于决策者来讲，追求利润最大化以外的其他目标的自由度也是有限的。因为一味如此，可能会在市场竞争中失败，或者因为资源所有者的利益不能满足而被撤换。因此，经济学上关于追求利润最大化的假说是合理的。

为此，资源运用效率目标应确定为利润最大化目标。

8.2.2 短期利润最大化

假设一区域某类资源开发利用的单位产量一定，则该类资源开发量增大，产出量就同比例增加。

设：该类资源开发利用的产量为 q；获得的收入为 R；资源开发产品的价格为 P。

则
$$R = Pq \tag{8-1}$$

若资源开发利用成本也取决于资源开发利用的产量 q，则利润 $\pi(q)$ 为：

$$\pi(q) = R(q) - C(q) \tag{8-2}$$

如图 8-1 所示，为了实现短期利润最大化，资源开发利用决策者会选择收入与成本之间差额最大的资源开发利用产出量。收入 $R(q)$ 是一条曲线，这条线的斜率表示每当产量增加一个单位时收入的增加量，即边际收益。因为成本包括固定成本和可变成本，所以 $C(q)$ 不是一条直线，它的斜率为衡量每增加一单位产量时成本的增加量，即边际成本。

由于在短期存在固定成本，所以当产量为零时，$C(q)$ 为正。

对低水平的产量而言利润为负，因为收入不足以抵消固定成本和可变成本（当 $q=0$时，由于存在固定成本，利润为负）。这时边际收益小于边际成本，意味着增加产量将增加利润。随着产量增加，利润将变为正值因为（q 大于 q_0），并且一直增加到产量达到 q^* 时为止。这时，边际收益与边际成本相等，收入与成本间的直线距离 AB 在该点最大，相应地 $\pi(q)$ 也就达到最大，q^* 为利润最大化产量。一旦产量超过 q^*，边际收益便小于边际成本，利润下降，这反映生产总成本增长迅速。

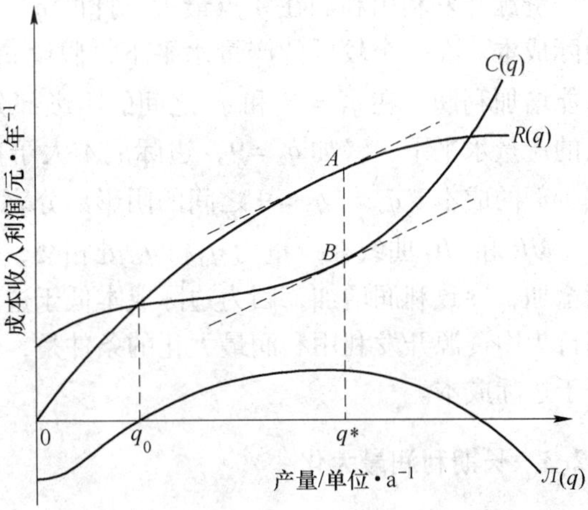

图 8-1　资源开发利用短期利润最大化

当边际收益等于边际成本时，利润实现最大化，无论是竞争性的还是非竞争性的资源开发利用方式都适用这一法则。这一重要法则同样可以从数学上导出来。

利润即 $\pi = R - C$，在额外增加一单位产量正好使利润不变的点达到最大，即

$$\Delta\pi/\Delta q = \Delta R/\Delta q - \Delta C/\Delta q = 0 \tag{8-3}$$

$\Delta R/\Delta q$ 即边际收益 MR，$\Delta C/\Delta q$ 即边际成本 MC。

因此，当 $MR - MC = 0$ 时，利润最大。所以：

$$MR(q) = MC(q) \tag{8-4}$$

在短期的资源开发利用行为中，资源开发利用者的资本数额固定，必须选择它的可变投入（劳动等）水平以使利润最大化。

图 8-2 显示了资源开发利用者的短期决策。平均收益曲线、边际收益曲线都为水平线，资源开发利用产品价格等于40 元。在图8-2 中，ATC 为平均总成本曲线，平均可变成

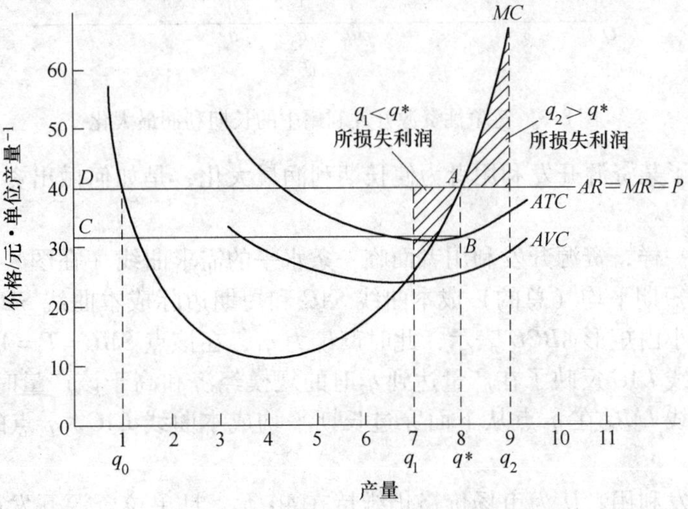

图 8-2　竞争性资源开发利用中的短期利润最大化

本曲线为 *AVC*，边际成本曲线为 *MC*。

资源开发利用利润在 *A* 点最大，此时 $q^*=8$，价格为 40 元，因为该点边际收益等于边际成本。在一个较低的产量水平下，假设 $q_1=7$，边际收益大于边际成本，所以增加产量能增加利润。在 $q_1=7$ 和 q^* 之间的阴影部分表示生产 q_1 产量所损失的利润。在一个较高的产量水平下，譬如 $q_2=9$，边际成本大于边际收益，因而，降低产量能节约超过收入减少额的成本。q^* 与 $q_2=9$ 之间的阴影部分表示资源开发利用产出量 q_2 所损失的利润。

MR 和 *MC* 曲线在产量为 q_0 和 q^* 处相交，但在 q_0 点利润显然没有最大化。超过 q_0 的产量增加，导致利润增加，因为边际成本低于边际收益，所以，在竞争性条件下短期开发利用行为中资源开发利用利润最大化的条件是，当边际成本曲线处于上升阶段时，边际收益等于边际成本。

8.2.3 长期利润最大化

从长期来看，资源开发利用者可以改变投入方式，如扩大或缩小资源开发利用的规模，或决定是否继续从事某类资源开发利用，还是另起炉灶从事其他产业活动。下面分析竞争性市场下的资源开发利用行为以及追求利润最大化的资源开发利用量的决策，如图 8-3 所示。

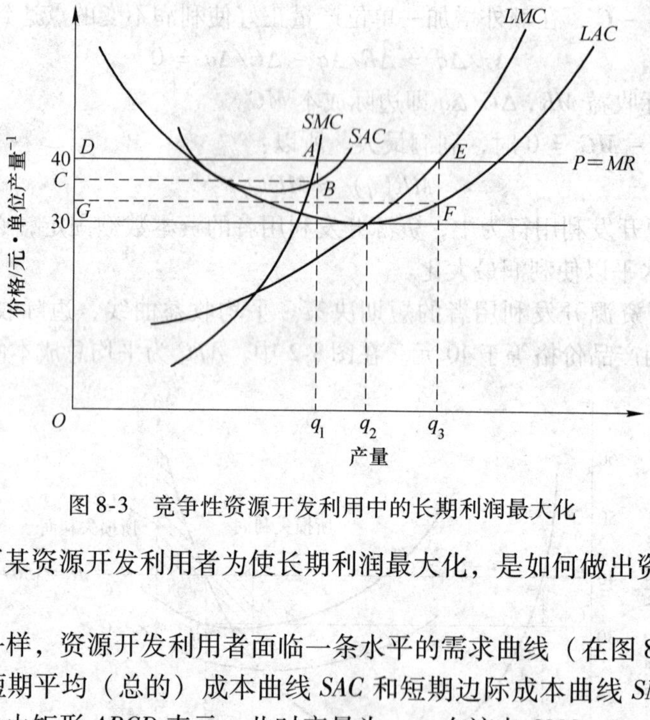

图 8-3 竞争性资源开发利用中的长期利润最大化

图 8-3 表明了某资源开发利用者为使长期利润最大化，是如何做出资源开发利用产量决策的。

正像在短期一样，资源开发利用者面临一条水平的需求曲线（在图 8-3 中，市场价格为 40 元）。它的短期平均（总的）成本曲线 *SAC* 和短期边际成本曲线 *SMC* 很低，可得到正的利润，其大小由矩形 *ABCD* 表示，此时产量为 q_1，在该点 $SMC=P=MR$。

长期成本曲线 *LAC* 反映了在产量达到 q_2 时的规模经济和高于该产量时的规模不经济。长期边际成本曲线 *LMC* 在 q_2 点从下面穿过长期平均成本曲线 *LAC*，q_2 点的长期平均成本最小。

如果资源开发利用者认为市场价格仍维持在 40 元，且单位资源开发产出量不变，它会扩大资源开发利用规模，生产的产量为 q_3，此时的长期边际成本等于 40 元。其边际利

润从 AB 增加到 EF，总利润从 $ABCD$ 增加为 $EFGD$。

产量为 q_3时，利润最大，因为低于该产量，如 q_2，产量增加时带来的边际收入大于边际成本，所以扩大产量是应该的。但是，如果产量高于 q_3，边际成本就会大于边际收入，增加产量就会减少利润。

总之，资源开发利用者追求利润最大化的长期产量，应使长期边际成本等于价格。

8.3　效率与公平

8.3.1　效率、帕累托最优与可持续发展

效率、帕累托最优和可持续发展是资源与环境经济学研究的三个基本主题，资源与环境经济学研究始终都在寻求效率、最优和可持续发展三者之间的统一。

效率作为经济学体系的一个评价标准，无疑是经济学中最有吸引力的概念之一。这一概念的产生应该归因于现实中人们的选择行为。经济学因稀缺性而存在，当人们面对稀缺资源进行选择时就产生了“效率”的概念，因为人们总想使其“效用”最大化。而帕累托最优是福利经济学的核心概念之一，福利经济学的主要内容都是围绕这个概念发展、演化而来的。帕累托最优在西方经济学中作为一个价值判断已被广泛地运用于经济分析。19世纪末，意大利经济学家帕累托曾在序数效用论的基础上，围绕着资源配置的最优条件来说明社会经济福利的极大值问题。按照福利经济学的解释，所谓最优条件，是指在一定的经济组织下，为达到最大社会福利在生产、交换和分配等方面所需具备的条件。帕累托最优是经济学用来描述这样一种经济状态，在该状态中没有一个人能够在不损害其他人利益的前提下，使自身利益得到改进，也就是指人们没有共同改进各自利益的机会的状态。因此，帕累托最优常被用来说明经济社会达到一种没有互利或互惠机会的效率状态。

由此可见，效率与最优，其各自的评价标准是不一样的。经济效率的分析，有个定位的问题，要看是从哪个角度去评价。我们经常在现实生活中看到，某种资源配置方式，从其个体利益看，是具有经济效率的，但是，从实现全社会福利的角度看，却不具有经济效率。在环境问题上最为典型的就是污染问题。例如，假设发电厂的可选燃料有两类，一类是会产生重度污染的燃煤，另一类是污染轻的可更新能源。因为燃煤价格低，往往被以利润最大化为目标的电力生产厂商选中。然而，污染导致附近居民健康受损的问题及其治理所必需的开支，可能大大超过电力厂商使用廉价燃煤所节省的成本。从电力生产厂商来说，面对多种资源配置方式的选择，在使用环境容量不需付费的条件下，选择产生重度污染但是廉价的燃煤，可以达到效用最大化的目标，是有效率的。但是，从实现全社会福利最大化的角度来说，这种资源配置方式显然是无效率的，因此，肯定不是最优。所以，效率和最优并不总是重合的。效率评价可以站在多个角度，而最优标准却是以全社会福利最大化为目标。

即使是站在社会的角度，效率与最优这两个概念也是有区别的。要实现帕累托最优，即实现最大社会福利的充分必要条件是效用边界线与社会无差异曲线相切，如图 8-4 所示。

效用边界线是在一定的资源约束条件下，社会实现效用最大化的资源配置的组合。而

社会无差异曲线则是社会福利函数的图形化，是在兼顾效率与公平的前提下社会谋求福利最大化的资源配置的组合。效用边界线与社会无差异曲线相切，意味着社会在兼顾效率与公平的前提下实现了效用最大化，因此，是社会福利的最优状态。这表明，效率是指由效用边界线所确定的效用最大化的区间，在此区间内的任何一个资源配置组合都是有效率的。而最优则是既满足效率又满足公平的效用边界线上的一个点。效率是最优的必要条件，但不是充分条件。只有既满足了资源配置的效率标准，又满足了效率配置的公平标准，这样的资源配置才是最优的。因此，最优体现的是效率与公平并重，在选择环境资源配置方式时，应该选择最优标准，既体现效率，又实现公平。

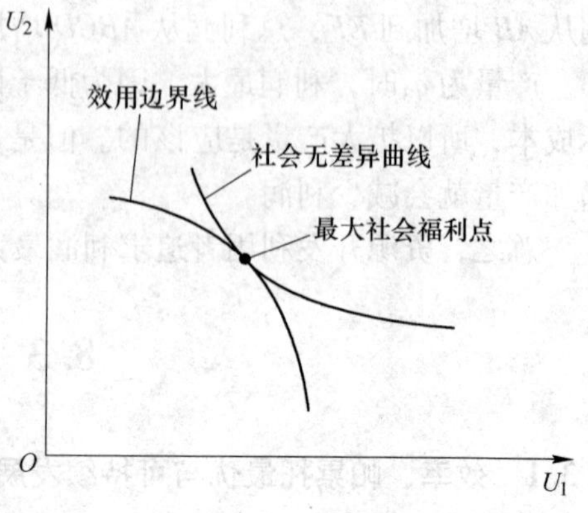

图 8-4 最大社会福利

但是，即使是最优标准，也还是无法完全准确地贯彻可持续发展的指导思想。因为最优与可持续发展虽有相通的地方，但还是有很大差异。可持续发展强调的公平还包括国际公平和代际公平，只有将国际公平和代际公平也纳入社会福利函数，可持续发展与最优才能统一。

8.3.2 洛伦茨曲线与基尼系数

8.3.2.1 洛伦茨曲线

由于公平是很难衡量的，有些经济学家用一个比较容易测量的指标——平等来作为公平的近似指标。当然，两者有很大的差别：平等只是衡量社会财富分配的平均程度，并不完全代表公平。任何一种公平的观点都在不同程度上包含了平等这一因素，而所谓公平不过是在平等和效率之间寻求一种平衡。因此，用平等来衡量公平至少能和效率有所区别，而且更为重要的是，它可以用一定的数量指标来测定。

衡量经济平等的一个重要的工具是洛伦茨曲线。在图 8-5 中，我们画一个正方形，纵轴是社会财富的百分比，我们将正方形的高分为 5 等分，每一等分为 20% 的社会总财富。在横轴上，我们将 100% 的家庭从最穷者到最富者从左到右排列，也分为 5 等分。第一等分代表收入最低的 20% 的家庭，越靠右边，收入越高，最右边的那个等分则代表收入最高的 20% 的家庭。在这个正方形中，我们将每一百分比的家庭所拥有的财富的百分比累计起来，并将相应的点画在图中，便得到了一条洛伦茨曲线，该曲线就能直观地表现出社会总财富是如何在各阶

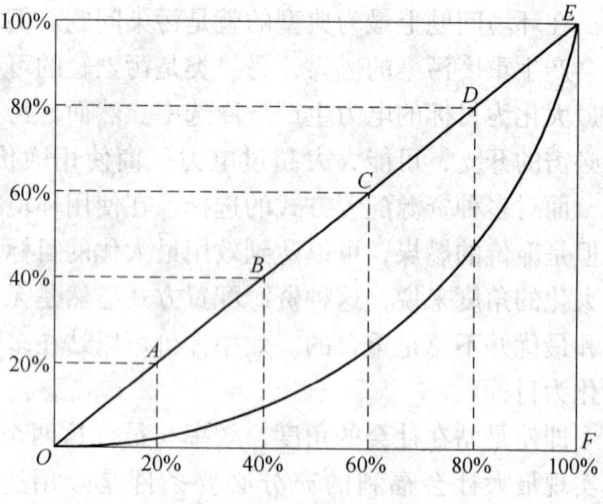

图 8-5 洛伦茨曲线

层家庭中分布的。

如果财富完全平均地分配于所有家庭，那么洛伦茨曲线就是对角线 *OE*，*OE* 被称为绝对平等线，因为这样的洛伦茨曲线表示所有家庭都得到完全相同的收入。例如，在图 7-5 中，第一个 20% 的家庭拥有社会总财富的 20%（*A* 点），而前 40% 的家庭拥有 40% 的财富（*B* 点），*C* 和 *D* 点依次类推，直到最后 100% 的家庭拥有 100% 的财富（*E* 点）。当然，我们知道，*OE* 线并不代表一种最公平的分配方式。

另一个极端是完全不平等的洛伦茨曲线 *OFE*，因为这一折线意味着唯一的一个家庭拥有 100% 的财富，而其他所有的家庭都一无所有。当然，当今世界上任何一个经济都处于这两种极端的财富分配状况之间，如图 8-5 中的弧形曲线 *OE*。曲线越靠近对角线，或者越平坦，则社会财富分配越平等；而越靠近边框 *OFE*，或者越弯曲，则越不平等。

为了使社会财富分配的平等程度更具有可测性和可比性，我们再引入一个指标——基尼系数，即图 8-5 中由绝对平等线和实际洛伦茨曲线围成的半月形面积，与由绝对平等线和绝对不平等线围成的三角形 *OEF* 的面积的比例。因此，基尼系数可在 0（绝对平等）~ 1（绝对不平等）之间变动。

8.3.2.2 基尼系数

基尼系数（Gini coefficient）是 20 世纪初意大利经济学家基尼根据洛伦茨曲线定义的判断收入分配公平程度的指标。如图 8-6 所示，设洛伦茨曲线和完全平等线之间的面积为 *A*，洛伦茨曲线右下方的面积为 *B*，并以 *A* 除以（$A+B$）的商表示不平等程度，这个数值被称为基尼系数或称洛伦茨系数。基尼系数的范围在 0 ~ 1 之间，如果 *A* 为零，基尼系数为零，表示社会财富完全平等分配；如果 *B* 为零，则基尼系数为 1，表示社会财富完全不平等分配。收入分配越是趋向平等，洛伦茨曲线的弧度越小，基尼系数也越小，反之，收入分配越是趋向不平等，洛伦茨曲线的弧度越大，那么基尼系数也越大。

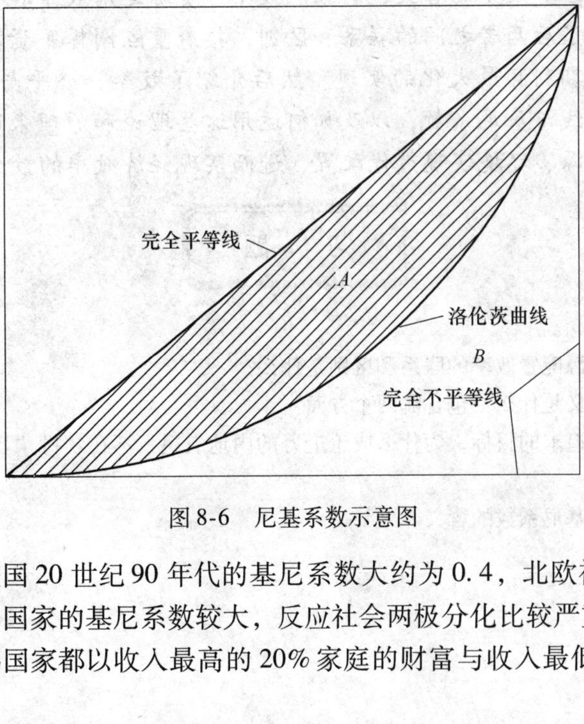

图 8-6 尼基系数示意图

有数据表明，美国 20 世纪 90 年代的基尼系数大约为 0.4，北欧福利型国家的基尼系数较小，某些发展中国家的基尼系数较大，反应社会两极分化比较严重。鉴于洛伦茨曲线不易确定，目前很多国家都以收入最高的 20% 家庭的财富与收入最低 20% 家庭的财富之比，来衡量分配不平等的程度。这两个数字的比在中国是10.7，而美国是8.4，俄罗斯是4.5，印度是4.9，最低的是日本，只有3.4倍。

目前公认的标准是，基尼系数在0.3以下为“好”，0.3～0.4之间为“正常”，超过0.4为“警戒”。一旦基尼系数超过0.6，表明该国社会处于可能发生动乱的“危险”状态。

关于我国的基尼系数，有的学者认为可能已经超过了0.5，总之已经超过了“正常”范围，国家统计局公布的我国近年基尼系数见表8-1。据有关资料显示，我国目前贫富差距较大，50个富豪的资产，就相当于5000万农民的年收入；300万个百万富翁的资产，就相当于全国9亿农民2年的总收入。

表8-1　我国近年基尼系数

年份	基尼系数	年份	基尼系数
2003	0.479	2009	0.490
2004	0.473	2010	0.481
2005	0.485	2011	0.477
2006	0.487	2012	0.474
2007	0.484	2013	0.473
2008	0.491	2014	0.469

本章小结

本章首先介绍了经济效率的含义，对经济效率、资源运用效率和资源配置效率的概念进行了介绍，并剖析了后两者之间的联系和区别，接着重点阐释了资源运用效率，主要是短期利润最大化及长期利润最大化的实现。然后介绍了效率、公平与可持续发展的关系，最后介绍了洛伦茨曲线与基尼系数，以及如何运用这些理论和原理来研究资源、环境的科学合理配置，从而资源、环境实现最优配置，进而实现经济效率的最大化。

习　题

8-1　简述经济效率的概念。

8-2　资源运用效率与资源配置效率的联系和区别是什么？

8-3　资源运用效率的含义是什么？包含哪两个方面？

8-4　公平与效率是人人追求的目标，为什么成千上万的内地农民，不在农村“当家作主”，却跑到沿海“受人剥削”？

8-5　简述洛伦茨曲线与基尼系数的含义。

9 外部性理论

9.1 外部性概述

9.1.1 外部性的定义

从经济学角度看，外部性概念直接来源于20世纪30年代由庇古创立的旧福利经济学，是在分析边际私人纯产值与边际社会纯产值相背离时提出的。

外部性理论是经济学术语。外部性亦称外部成本、外部效应（externality）或溢出效应（spillover effect）。外部性可以分为正外部性（或称外部经济、正外部经济效应）和负外部性（或称外部不经济、负外部经济效应）。外部性概念的定义问题至今仍然是一个难题，有的经济学家把外部性概念看作是经济学文献中最难捉摸的概念之一。

一般来说，外部性指的是私人收益与社会收益、私人成本与社会成本不一致的现象，通过当事人以货币的形式得到补偿时，外部性就发生了。也就是说，外部性是指一个经济当事人的行为影响他人的福利，而这种影响并没有通过货币形式或市场机制反映出来。

外部性的特征概括为：

第一，外部性是经济活动中的一种溢出效应，在受影响者看来，这种溢出效应不是自愿接受的，而是由对方强加的。例如，某工厂造成的空气污染，使附近居民因呼吸有害的空气而损害身体。

第二，经济活动对他人的影响并不反映在市场机制的运行过程中，而是在市场运行机制之外。市场机制的基本特征是，如果经济主体的活动引起了其他经济主体收益的增减变化，这一经济主体必须以价格形式向对方索要或支付货币。如果发生了外部性，那么就不会有表现为价格形式的货币支付。因此，外部性发生于市场运行机制之外。

9.1.2 原因及影响

9.1.2.1 外部性产生的原因

外部性的产生主要源于两个方面，一是市场缺失，二是产权缺失。其一，由于生产或消费中技术上的相互依赖产生外部性，而这种外部性并不是施加者有意的，但又很难避免。例如，政府在城市兴建公园并免费开放，由于不存在市场机制，所以不但使进入者直接受益，而且还提高了公民健康水平而使社会福利提高。其二，是特定资源的产权缺失。例如，工厂排放烟雾污染环境，如果存在私人对空气的排他性产权，那么排放者就必须购买这种产权才能排放烟雾，而大气的物理性质和公共产品属性使界定空气的产权和建立市场存在很大的障碍，所以，公共产品性质的部分资源更容易产生外部性。

9.1.2.2 外部性导致的结果

外部性会对资源的配置产生影响。从图9-1可以看出，产品的供给由私人边际成本和

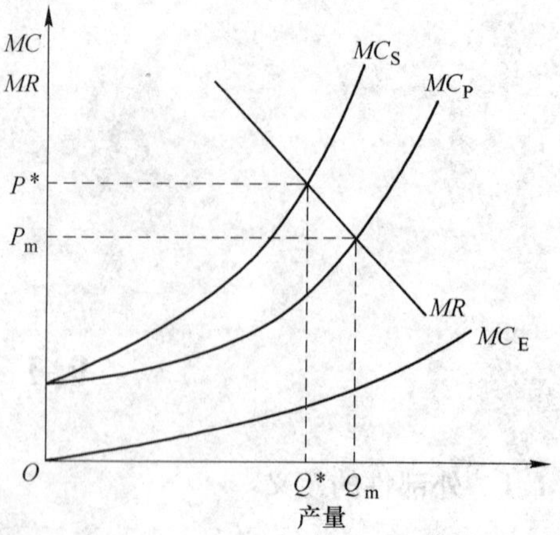

图 9-1　市场失灵下的外部性分析

边际收益决定，由于产品消费的一部分成本（外部性成本）没有进入企业决策中，所以企业按照边际私人成本和边际私人收益相等确定一个市场均衡产量 Q_m。如果考虑外部性成本，社会最优产量应该在 Q^* 处，此时的社会最优产量对应边际社会成本等于边际社会收益。可见，不考虑外部性，私人决策的经济活动偏离了社会最优水平。图中：P 为价格，R 为收益，Q 为数量，MC 为边际成本；* 表示最优值，下标 m、P、S 和 E 分别表示市场、私人、社会和外部性。其中：$MC_S = MC_P + MC_E$，即 $MC_E = MC_S - MC_P$，也就是说外部性是市场失灵无法将外部成本计入私人成本导致资源配置不合理。同理，还可以分析由于市场失灵，无法将外部收益计入私人收益导致资源配置不合理。

9.1.3　发展过程

许多经济学家对外部性理论的发展做出了重要贡献，但具有里程碑意义的经济学家却不多见。论及外部性理论，三位经济学家的名字是不得不提及的，而且可以提到里程碑意义的高度。这三位经济学家的名字就是马歇尔、庇古和科斯。

9.1.3.1　第一块里程碑——马歇尔的“外部经济”理论

马歇尔是英国“剑桥学派”的创始人，是新古典经济学派的代表。马歇尔并没有明确提出外部性这一概念，但外部性概念源于马歇尔 1890 年发表的《经济学原理》中提出的“外部经济”概念。

在马歇尔看来，除了以往人们多次提出过的土地、劳动和资本这三种生产要素外，还有一种要素，这种要素就是“工业组织”。工业组织的内容相当丰富，包括分工、机器的改良、有关产业的相对集中、大规模生产以及企业管理。马歇尔用“内部经济”和“外部经济”这一对概念来说明第四类生产要素的变化如何能导致产量的增加。

马歇尔指出：“我们可把因任何一种货物的生产规模之扩大而发生的经济分为两类：第一是有赖于这工业的一般发达的经济；第二是有赖于从事这工业的个别企业的资源、组织和效率的经济。我们可称前者为外部经济，后者为内部经济。在本章中，我们主要是研究了内部经济；但现在我们要继续研究非常重要的外部经济，这种经济往往能因许多性质相似的小型企业集中在特定的地方——即通常所说的工业地区分布——而获得。”他还指出：“本篇的一般论断表明以下两点：第一，任何货物的总生产量之增加，一般会增大这样一个代表性企业的规模，因而就会增加它所有的内部经济；第二，总生产量的增加，常会增加它所获得的外部经济，因而使它能花费在比例上较以前为少的劳动和代价来制造货物。”“换言之，我们可以概括地说：自然在生产上所起的作用表现出报酬递减的倾向，而人类所起的作用则表现出报酬递增的倾向。报酬递减律可说明如下：劳动和资本的增加，一般导致组织的改进，而组织的改进增加劳动和资本的使用效率。”

从马歇尔的论述可见，所谓内部经济，是指由于企业内部的各种因素所导致的生产费用的节约，这些影响因素包括劳动者的工作热情、工作技能的提高、内部分工协作的完善、先进设备的采用、管理水平的提高和管理费用的减少，等等。所谓外部经济，是指由于企业外部的各种因素所导致的生产费用的减少，这些影响因素包括企业离原材料供应地和产品销售市场远近、市场容量的大小、运输通信的便利程度、其他相关企业的发展水平，等等。实际上，马歇尔把由企业内分工带来的效率提高称作是内部经济，这就是在微观经济学中所讲的规模经济，即随着产量的扩大，长期平均成本降低；而把由企业间分工导致的效率提高称作是外部经济，这就是在“温州模式”中普遍存在的块状经济的源泉。

马歇尔虽然并没有提出内部不经济和外部不经济概念，但从他对内部经济和外部经济的论述可以从逻辑上推出内部不经济和外部不经济概念及其含义。所谓内部不经济，是指由于企业内部的各种因素所导致的生产费用的增加。所谓外部不经济，是指由于企业外部的各种因素所导致的生产费用的增加。马歇尔以企业自身发展为问题研究的中心，从内部和外部两个方面考察影响企业成本变化的各种因素，这种分析方法给经济学后继者提供了无限的想象空间。

第一，如上所述，有内部经济必然有内部不经济，有外部经济必然有外部不经济，从最简单的层面可以发展马歇尔的理论。

第二，马歇尔考察的外部经济是外部因素对本企业的影响，由此自然会想到本企业的行为如何会影响其他的企业的成本与收益。这一问题正是由著名的经济学家庇古来完成的。

第三，从企业内的内部分工和企业间的外部分工这种视角来考察企业成本变化，自然会让我们想到，科斯的《企业的性质》与《社会成本问题》这两篇重要文献是不是受到马歇尔思想的影响。

9.1.3.2 第二块里程碑——庇古的“庇古税”理论

庇古是马歇尔的嫡传弟子，于1912年发表了《财富与福利》一书，后经修改充实，于1920年易名为《福利经济学》出版。这部著作是庇古的代表作，是西方经济学发展中第一部系统论述福利经济学问题的专著。因此，庇古被称为“福利经济学之父”。

庇古首次用现代经济学的方法从福利经济学的角度系统地研究了外部性问题，在马歇尔提出的“外部经济”概念基础上扩充了“外部不经济”的概念和内容，将外部性问题的研究从外部因素对企业的影响效果转向企业或居民对其他企业或居民的影响效果。这种转变正好是与外部性的两类定义相对应的。

庇古通过分析边际私人净产值与边际社会净产值的背离来阐释外部性。他指出，边际私人净产值是指个别企业在生产中追加一个单位生产要素所获得的产值，边际社会净产值是指从全社会来看在生产中追加一个单位生产要素所增加的产值。他认为：如果每一种生产要素在生产中的边际私人净产值与边际社会净产值相等，它在各生产用途的边际社会净产值都相等，而产品价格等于边际成本时，就意味着资源配置达到最佳状态。但庇古认为，边际私人净产值与边际社会净产值之间存在下列关系：如果在边际私人净产值之外，其他人还得到利益，那么，边际社会净产值就大于边际私人净产值；反之，如果其他人受到损失，那么，边际社会净产值就小于边际私人净产值。庇古把生产者的某种生产活动带给社会的有利影响，叫做“边际社会收益”；把生产者的某种生产活动带给社会的不利影响，叫做“边际社会成本”。适当改变一下庇古所用的概念，外部性实际上就是边际私人成本与边际社会成本、边际私人收益与边际社会收益的不一致。在没有外部效应时，边际私人成本就是生产或消费一件物品所引起的全部成本。当存在负外部效应时，由于某一厂商的环境污染，导致另一厂商为了维持原有产量，必须增加诸如安装治污设施等所需的成本支出，这就是外部成本。边际私人成本与边际外部成本之和就是边际社会成本。当存在正外部效应时，企业决策所产生的收益并不是由本企业完全占有的，还存在外部收益。边际私人收益与边际外部收益之和就是边际社会收益。通过经济模型可以说明，存在外部经济效应时纯粹个人主义机制不能实现社会资源的帕累托最优配置。

需要注意的是，虽然庇古的"外部经济"和"外部不经济"概念是从马歇尔那里借用和引申来的，但是庇古赋予这两个概念的意义是不同于马歇尔的。马歇尔主要提到了"外部经济"这个概念，其含义是指企业在扩大生产规模时，因其外部的各种因素所导致的单位成本的降低。也就是说，马歇尔所指的是企业活动从外部受到影响，庇古所指的是企业活动对外部的影响。这两个问题看起来十分相似，其实所研究的是两个不同的问题或者说是一个问题的两个方面。庇古已经将马歇尔的外部性理论大大向前推进了一步。

既然在边际私人收益与边际社会收益、边际私人成本与边际社会成本相背离的情况下，依靠自由竞争是不可能达到社会福利最大的，于是就应由政府采取适当的经济政策，消除这种背离。政府应采取的经济政策是：对边际私人成本小于边际社会成本的部门实施征税，即存在外部不经济效应时，向企业征税；对边际私人收益小于边际社会收益的部门实行奖励和津贴，即存在外部经济效应时，给企业以补贴。庇古认为，通过这种征税和补贴，就可以实现外部效应的内部化。这种政策建议后来被称为"庇古税"。

庇古理论也存在一些局限性：

第一，庇古理论的前提是存在所谓的"社会福利函数"，政府是公共利益的天然代表者，并能自觉按公共利益对产生外部性的经济活动进行干预。然而，事实上，公共决策存在很大的局限性。

第二，庇古税运用的前提是政府必须知道引起外部性和受它影响的所有个人的边际成本或收益，拥有与决定帕累托最优资源配置相关的所有信息，只有这样政府才能定出最优的税率和补贴。但是，现实中政府并不是万能的，它不可能拥有足够的信息，因此从理论上讲，庇古税是完美的，但实际的执行效果与预期存在相当大的偏差。

第三，政府干预本身也是要花费成本的。如果政府干预的成本支出大于外部性所造成的损失，从经济效率角度看消除外部性就不值得了。

第四，庇古税使用过程中可能出现寻租活动，会导致资源的浪费和资源配置的扭曲。

9.1.3.3 第三块里程碑——科斯的"科斯定理"

科斯是新制度经济学的奠基人，因他"发现和澄清了交易费用和财产权对经济的制度结构和运行的意义"，荣获了1991年度的诺贝尔经济学奖。科斯获奖的成果在于两篇论文，其中之一就是《社会成本问题》。而《社会成本问题》的理论背景是"庇古税"，长期以来关于外部效应的内部化问题被庇古税理论所支配。在《社会成本问题》中，科斯多次提到庇古税问题。从某种程度上讲，科斯理论是在批判庇古理论的过程中形成的。科斯对庇古税的批判主要集中在以下几个方面：

第一，外部效应往往不是一方侵害另一方的单向问题，而具有相互性。例如化工厂与居民区之间的环境纠纷，在没有明确化工厂是否具有污染排放权的情况下，一旦化工厂排放废水就对它征收污染税，这是不严肃的事情。因为，也许建化工厂在前，建居民区在后。在这种情况下，也许化工厂拥有污染排放权。要限制化工厂排放废水，也许不是政府向化工厂征税，而是居民区向化工厂“赎买”。

第二，在交易费用为零的情况下，庇古税根本没有必要。因为在这时，通过双方的自愿协商，就可以产生资源配置的最佳化结果。既然在产权明确界定的情况下，自愿协商同样可以达到最优污染水平，可以实现和庇古税一样的效果，那么政府又何必多管闲事呢?

第三，在交易费用不为零的情况下，解决外部效应的内部化问题要通过各种政策手段的成本——收益的权衡比较才能确定。也就是说，庇古税可能是有效的制度安排，也可能是低效的制度安排。

上述批判就构成所谓的科斯定理：如果交易费用为零，无论权利如何界定，都可以通过市场交易和自愿协商达到资源的最优配置；如果交易费用不为零，制度安排与选择是重要的。这就是说，解决外部性问题可能可以用市场交易形式即自愿协商替代庇古税手段。

科斯定理进一步巩固了经济自由主义的根基，进一步强化了“市场是美好的”这一经济理念，并且将庇古理论纳入到自己的理论框架之中：在交易费用为零的情况下，解决外部性问题不需要“庇古税”；在交易费用不为零的情况下，解决外部性问题的手段要根据成本——收益的总体比较，也许庇古方法是有效的，也许科斯方法是有效的。可见，科斯已经站在了巨人——庇古的肩膀之上。有的学者把科斯理论看作是对庇古理论的彻底否定，这是一种误解。实际上，科斯理论是对庇古理论的一种扬弃。

随着20世纪70年代环境问题的日益加剧，市场经济国家开始积极探索实现外部性内部化的具体途径，科斯理论随之被投入到实际应用之中。在环境保护领域排污权交易制度就是科斯理论的一个具体运用。科斯理论的成功实践进一步表明，“市场失灵”并不是政府干预的充要条件，政府干预并不一定是解决“市场失灵”的唯一方法。

科斯理论也存在局限性：

第一，在市场化程度不高的经济中，科斯理论不能发挥作用。特别是发展中国家，在市场化改革过程中，有的还留有明显的计划经济痕迹，有的还处于过渡经济状态，与真正的市场经济相比差距较大。例如，在上海市苏州河的治理过程中，美国专家不断推销他们的污染权交易制度，但试行下来效果不佳。

第二，自愿协商方式需要考虑交易费用问题。自愿协商是否可行，取决于交易费用的大小。如果交易费用高于社会净收益，那么，自愿协商就失去意义。在一个法制不健全、不讲信用的经济社会，交易费用必然十分庞大，这样，就大大限制了这种手段应用的可能，使得它不具备普遍的现实适用性。

第三，自愿协商成为可能的前提是产权是明确界定的。而事实上，像环境资源这样的公共物品产权往往难以界定或者界定成本很高，从而使得自愿协商失去前提。

任何一种理论都不可能是完美无缺的，科斯理论也不例外。尽管如此，可以毫不夸张地说，科斯奠定了外部性理论发展进程中的第三块里程碑，而且其理论和实践意义远远不局限于外部性问题，为经济学的研究开辟了十分广阔的空间。

9.2 外部性类型

从外部性的定义出发有两个明显的标志：外部性是随着生产或消费活动而产生的。

其带来的影响或是外部经济，或是外部不经济。据此，传统上按两个类别划分得到四种具体形式，即生产的外部经济性、生产的外部不经济性、消费的外部经济性、消费的外部不经济性。实际上，随着外部性理论的发展，大致可以从以下七个角度对外部性进行分类。

9.2.1　外部性的影响效果：外部经济与外部不经济

大多数经济学教科书都讲到，外部性可以分为外部经济（或称正外部经济效应、正外部性）和外部不经济（或称负外部经济效应、负外部性）。外部经济就是一些人的生产或消费使另一些人收益而又无法向后者收费的现象；外部不经济性就是一些人的生产或消费使另一些人受损而前者无法补偿后者的现象。

9.2.2　外部性的产生领域：生产的外部性与消费的外部性

生产的外部性就是由生产活动所导致的外部性，消费的外部性就是由消费行为所带来的外部性。最初，经济理论重视的是生产领域的外部性问题。20 世纪 70 年代以后，关于外部性理论的研究范围扩展至消费领域。

综合上述两种分类，可以得到表 9-1 所示的组合。

表 9-1　外部性的常见分类

类　型	外部经济	外部不经济
生产	生产的外部经济性	生产的外部不经济
消费	消费的外部经济性	消费的外部不经济

生产的外部经济性是指一个生产者在生产过程中给他人带来有利的影响，而生产者本身不能从中得到补偿。例如养蜂场场主与果园园主之间的互惠关系。从效率上看，生产的外部经济性体现的是企业生产所获得的私人收益总是小于社会收益。

消费的外部经济性是指一个消费者在其消费过程中给他人带来有利的影响，而消费者本身却不能从中得到补偿。如私人花园给路人免费欣赏，居住环境的改善大大增加生产性投资。

生产的外部不经济性是指一个生产者在其生产过程中给他人带来了损失或额外费用，而他人又不能得到补偿。例如上游造纸厂排出的污水对下游渔场产生污染；建筑施工对居民休息的妨碍。从效率上看，生产的外部经济性体现的是企业生产所支付的私人成本总是小于社会成本。

消费的外部不经济性是指一个消费者在其消费过程中的一些消费活动给他人带来了损失或额外费用，而他人又得不到补偿，例如汽车排放的尾气、空调的噪声对隔壁牙医看病带来的负面影响。

9.2.3　外部性产生的时空：代内外部性与代际外部性

通常的外部性是一种空间概念，主要从即期考虑资源是否合理配置，即主要是指代内的外部性问题；而代际外部性主要是要解决人类代际之间行为的相互影响，尤其是要消除前代对后代、当代对后代的不利影响。这种分类源于可持续发展理念。从资源配置的角度看，可持续发展思想最大特点就是从动态角度考虑资源的合理配置。由于自然资源与环境密切相关，对自然资源的使用常会产生环境外部性，并体现这一成本的转嫁。如果外部性的成本转嫁时间很长，涉及了多代，则称为代际外部性。

代际外部性是将当代人进行生产和消费的成本（或效益）转嫁给后代，它同样可以分为代际外部经济和代际外部不经济。在我国，关于代际外部性思想源远流长。“前人栽树，后人乘凉”就是指一种代际外部经济；而“杀鸡取卵”“竭泽而渔”则属于代际外部不经济。在对自然资源的开发利用中，代际外部经济体现为长期行为。当代人的活动不仅不会破坏后代人的发展，还会使后代人拥有的自然资源有所增加。代际外部不经济则体现为短期行为，当代人的活动破坏了后代人的资源基础，使他们的发展受到影响。

此外，外部性问题的空间范围也在扩大。现在的外部性问题已经不再局限于同一地区的企业与企业之间、企业与居民之间的纠纷，而是扩展到了区际之间、国际之间的大问题。全球性的能源问题、环境污染问题等是跨国界的行为的相互影响，“温室效应”便是一例。“环境与发展”已经成为同“和平与发展”相提并论的主题。

9.2.4 外部性的根源：制度外部性与科技外部性

新制度经济学丰富和发展了外部性理论，并把外部性、产权以及制度变迁联系起来，从而把外部性引入制度分析之中。朱中彬把这种外部性称为“制度外部性”。制度外部性主要有 3 个方面的含义：（1）制度是一种公共物品，本身极易产生外部性；（2）在一种制度下存在、在另一种制度下无法获得的利益（或反之），这是制度变迁所带来的外部不经济性（或外部经济）；（3）在一定的制度安排下，由于禁止自愿谈判或自愿谈判的成本极高，经济个体得到的利益与其付出的成本不一致，从而存在着外部收益或外部成本。我国俗语“一个和尚挑水喝，两个和尚抬水喝，三个和尚没水喝”就包含着制度外部性的意义。制度外部性实质上就是社会责任与权利的不对称。盛洪认为，制度外部性问题要解决的主要是如何在社会成员中分配制度变革所带来的新增利益的问题：（1）“搭便车”——即为改革付出努力的人不能获得相应的全部报酬；（2）“牺牲者”——即在改革中某些人承担了别人应该承担的成本。前一种情况使改革缺乏动力，后一种情况使改革增加阻力。

科技外部性是一个尚未被人使用的概念，但其含义已普遍存在。它大致包含如下几个方面：（1）科技成果是一种外部性很强的公共物品，如果没有有效的激励机制，就会导致这种产品的供给不足；（2）科技进步往往是长江后浪推前浪，一项成果的推广应用能够为其成果的研究、开发和应用开辟道路；网络自身的系统性、网络内部信息流与物流的交互性、网络基础设施长期垄断性导致网络经济的外部性。

9.2.5 产生外部性的前提条件：竞争条件下的外部性与垄断条件下的外部性

鲍莫尔不仅对竞争条件下的外部经济性或外部不经济性作了分析，还对垄断条件下的外部经济或外部不经济性作了考察，他认为竞争条件下的外部经济问题与垄断条件下的外部经济问题是不一样的。

米德在他 1962 年发表的《竞争状态下的外部经济与不经济》一文中将外部经济和不

经济分为以下两种情况：（1）“无偿的生产要素”的作用；（2）环境的影响。可见，米德对外部性的研究已涉及环境。

9.2.6 外部性的稳定性：稳定的外部性与不稳定的外部性

1978年，格林伍德与英吉纳发表了《不稳定的外部影响、责任规划与资源配置》一文，分析了不稳定性的外部影响。而在此之前，大量的研究都是分析稳定的外部影响的。所谓稳定的外部影响，是指可以掌握的外部影响，人们可以通过各种协调方式，使这种外部影响内在化。问题出在不稳定的外部性，往往难以确定。

9.2.7 外部性的方向性：单向外部性与双向外部性

单向外部性是指一方对另一方所带来的外部经济或不经济；双向外部性包括相互的外部经济、相互的外部不经济、甲方对乙方有外部经济效应而乙方对甲方有外部不经济效应或者反之。

9.3 外部性与资源配置

9.3.1 外部性的测度

环境外部性一般都是用收益或费用来测度的。具体指标很多，下面分别介绍。

外部费用：某一种具有外部不经济性的经济活动，给他人带来不能得到补偿的损失或额外费用。

私人费用：通过市场表现并反映在产品或服务的价格之中的真正发生支付的费用。这里的私人是一个具备独立决策行为的市场主体，可以是一个生产者、消费者、企业、家庭等。

社会费用：私人费用和外部费用之和，是某项经济活动给社会带来的真正承担的全部费用。

环境费用：当外部费用表现形式主要是环境污染、环境破坏或其他环境恶化现象时，这种外部费用就是环境费用。

边际费用：增加单位物品或服务的产出时所追加的费用。

边际私人成本：企业增加某一单位产品的生产所需要的私人费用。

边际社会成本：边际私人成本与边际外部成本之和。

除了上述成本和费用指标外，相应的收益指标有：外部收益、私人收益、社会收益、环境受益、边际收益、边际私人收益、边际社会收益。

此外，与收益和成本有关的边际成本递减规律和边际收益递减规律仍起作用。它们的概念如下。

边际成本递增规律（边际收益递减规律）：在短期内，在一定技术条件下，若其他投入不变，只是不断增加某一变动投入，则这一变动投入的边际收益迟早会逐渐减少，单位产品的成本迟早会逐渐增加。

9.3.2　外部不经济性与资源配置

当某一企业存在外部不经济性时，对社会来说，该企业的产出水平将是过剩的，而社会其他企业产出水平不足，资源配置状况不是最优，资源应从该企业转向其他企业，如图 9-2 所示。

从图 9-2 可看出，利润最大化的厂商将根据边际私人成本曲线（*MPC*）与边际收益曲线（$MR = P_0$）做生产决策，其私人最优产量为 Q_e。但由于厂商生产具有外部不经济性，Q_e不是社会最优产量，社会最优产量是 Q_n。可见企业的产量相对于社会最优产量是过剩的，从社会来看，资源配置不是最优。

如果一个部门存在外部不经济性时，对社会来说，该部门的产出水平将是过剩的，价格将是偏低的；而社会其他部门产出水平不足，资源配置低效率，资源应从该部门转向其他部门，这可用 9-3 图说明。由于部门产出数量可以影响产出价格，图 9-3 中社会供给曲线 SS 和部门供给曲线 *PS* 都是向上倾斜的。部门最优产量 Q_e相对社会最优产量 Q_n是过剩的，因此部门资源配置不是最优的。

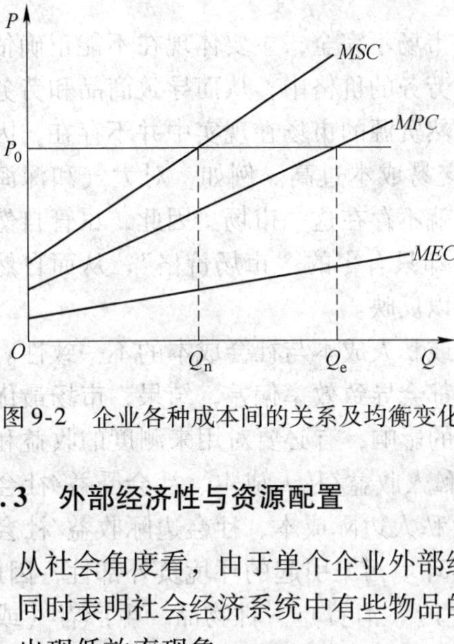

图 9-2　企业各种成本间的关系及均衡变化

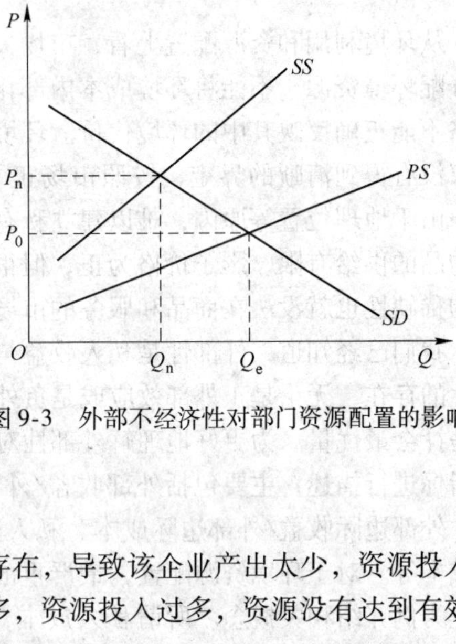

图 9-3　外部不经济性对部门资源配置的影响

9.3.3　外部经济性与资源配置

从社会角度看，由于单个企业外部经济性的存在，导致该企业产出太少，资源投入不足。同时表明社会经济系统中有些物品的产出过多，资源投入过多，资源没有达到有效配置，出现低效率现象。

从图 9-4 可以看出，由于企业生产存在外部经济性，产品的边际私人成本 *MPC* 大于边际社会成本 *MSC*，企业的最优产量 Q_n小于社会最优产量 Q_e。从整个社会来看，这种产品供给不足。

企业生产的外部经济性对部门的资源配置的影响表现为：外部经济性导致该部门资源投入不足，而其他一些部门资源投入过多，使整个经济系统偏离了资源最优配置状态或进入低效率状态。这可用图 9-5 说明。企业生产的外部经济性，导致该产品部门的私人供给曲线 *PS* 高于社会供给曲线 *SS*。部门生产的最优产量 Q_n小于社会最优产量 Q_e，私人最优生产时的产品价格 P_0高于社会最优时的产品价格 P_n。可见，生产的外部经济性导致部门产品供给不足，资源配置低效率。

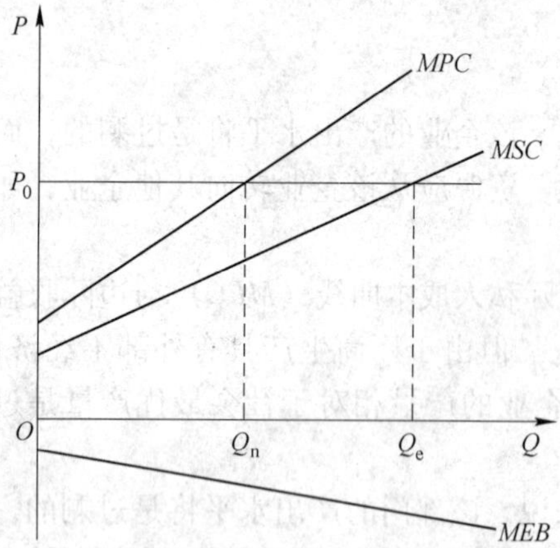

图 9-4 外部经济性对单个企业资源配置的影响

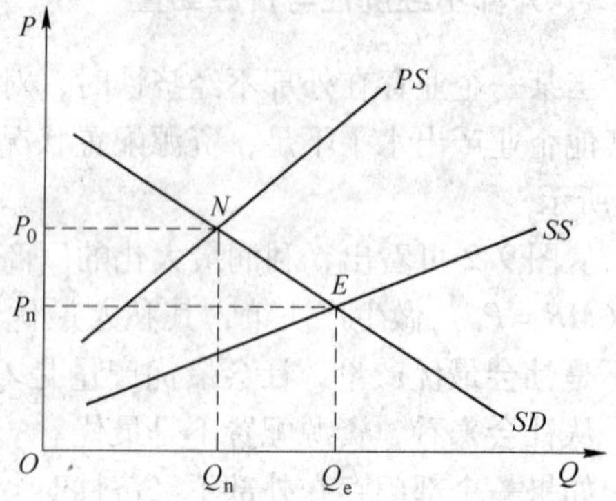

图 9-5 外部经济性对部门资源配置的影响

9.4 外部性的内部化

从环境利用和资源配置上看，市场失灵是由于市场不完全，主要体现在不能正确估价和分配环境资源，不能将环境成本内部化于商品和劳务的价格中，从而导致商品和劳务的价格不能正确反映其中的环境代价。环境和某些自然资源的市场在现实中并不存在，因为产权没有得到清晰的界定，按照市场正常运作的交易成本过高。例如，对大气和深海资源，由于地理位置等原因，难以建立私有产权，也就不存在这一市场。因此，尽管自然环境物品的供给有限，影子价格为正，但很多情况下却只有零的“市场价格”，从而自然环境的稀缺性也就没法在商品和服务的市场价格中予以反映。

我们已经知道，外部性是私人收益与社会收益或私人成本与社会成本的不一致性。外部性的存在，无论是正外部效应或是负外部效应，都会导致效率偏差，结果，市场最优量不是社会最优量。为更好地理解外部性对资源配置的影响，有必要对用来测度的收益和成本指标进行描述，主要包括外部收益/外部成本、私人收益/私人成本、社会受益/社会成本、外部边际收益/外部边际成本、私人边际收益/私人边际成本、社会边际收益/社会边际成本等。对于环境资源配置，最严重的问题是由环境污染引起的环境负外部性，因此，以此为例介绍相关概念。所谓私人成本，是指为生产（消费）一件物品，生产者（或消费者）自己所必需承担的费用，在不存在外部性的场合，私人成本就是生产或消费一件物品的全部成本；即外部成本为零，私人成本等于社会成本，现在假定生产者 A 多生产一件物品会导致负的外部效应，使另一生产者 B 的生产环境恶化，为了抵消这种环境恶化的影响，维持原有产量，生产者 B 必须追加一定的成本支出，这就是所谓的外部成本。私人成本与外部成本的总和就是社会成本。与此类似，相应的收益指标主要对应正外部性。每增加一个单位产品的生产所引起的成本的增加就是边际成本，每增加一个单位的产品的生产所引起的收益的增加就是边际收益，当存在外部经济效应时，社会边际收益等于私人边际收益与外部边际收益之和；当存在外部不经济效应时，社会边际成本等于私人边际成本与外部边际成本之和。

外部性内部化，就是使生产者或者消费者产生的外部费用，进入他们的生产或者消费决策，由他们自己承担，以此弥补私人成本与社会成本的差额，从而解决外部性问题。在对如何使外部性内部化的研究中形成了以庇古为代表的“政府干预”理论和以科斯为代表的“产权安排”理论。

9.4.1 庇古的思路

新古典经济学认为，在完全竞争的市场条件下，社会边际成本与私人边际成本相等，社会边际效应与私人边际效应相等，从而实现资源配置的帕累托最优。但是在现实中，由于外部性等因素的存在往往使上述情况很难出现，庇古认为社会边际成本（收益）与私人边际成本（收益）背离时，不能靠在合约中规定补偿方法予以解决，而必须依靠外部力量，即政府干预加以解决。1920 年，庇古首次提出了对污染征收税或费的想法：当社会边际成本（收益）与私人边际成本（收益）不相等时，政府可以通过税收与补贴等经济干预的手段使边际税率（边际补贴）等于外部边际成本（外部边际收益），使外部性“内部化”。如一方面由政府对造成外部性的生产者征税，限制其生产；另一方面，给产生正外部性的生产者补贴，鼓励其扩大生产。这样，在利润最大化原则作用下，生产者从各自利益出发，会将其产量调整到价格等于社会边际成本之点。这即是庇古提出的“修正税(corrective taxes)”办法。他指出，政府实行的这些特殊鼓励和限制是克服私人边际成本和社会边际成本背离的有效手段，政府干预能弥补市场机制的不足，那么征收多少的税比较合适呢？假定政府税收的思路是将化工厂和渔业公司设想成一个新公司，考察它的最优产品（此时也是社会最优），然后将其与私人最优比较从而定税。只要对化工厂征收相当于“外部边际成本”的边际税率，即可使化工厂的私人边际成本等于社会边际成本，从而实现资源配置的社会最优。

案例 9-1　荷兰的碳税问题

为了抵御全球变暖，许多经济学家建议征收碳税，因为 CO_2 是主要的温室气体。事实上，有些国家，如荷兰、挪威等，已经开始征收碳税。

碳税是根据化石燃料的含碳量征收的。Bovenberg（1993）指出，碳税除了成本最小，改革诱导及“双重年息”外，还能对产业结构的调整产生影响，原因在于较高的税率下，企业没有动力进入大量使用含碳原料的产业。“双重年息”（“double dividend”, Pearce, 1991），是指收入中用来缴纳碳税的那一大部分，由于化石燃料的需求无弹性，所以这部分是增加的。

然而，荷兰单方面征收碳税也产生了不利影响。设想对能源密集部门的企业征收该税的情况。因为荷兰是一个小国开放经济，相对于欧盟国家中不用缴纳碳税的竞争者来说，荷兰的能源密集企业存在竞争劣势。根据欧盟的法律，荷兰既不能向出口企业退还这部分税收，也不能对从其他欧盟国家进口的货物征收碳税。由此而产生的结果是，能源密集型产品的生产转移到不征收碳税的国家，并且由于长期成本不可重新配置，长期转移将超过短期转移。如果在不征收碳税的国家使用含碳量更高的燃料（如用煤代替天然气），还有可能使 CO_2 排放量进一步增加，从而导致对全球 CO_2 排放量的净影响不确定。对荷兰经济的这种冲击性影响将远不止于能源密集型产品产量的减少，因为很多供应商将由此遭受损失。随着经济向新均衡调整，产出会进一步减少。

对此 Bovenberg 的解释是，源于其他国家没有同时征收碳税以使外部性内部化，在这种形势下，荷兰可以运用次优政策选择，即给企业补贴以代替税收。虽然，补贴会使污染部门的企业数目增加，并且与“污染者付费”原则矛盾，经常受人们批评，但是，在单边活动中，补贴可能是最好的选择，补贴是一种对企业的、用以减少 CO_2 排放量的给付。他可以避免能源密集型企业出现竞争劣势，同时又可以减少 CO_2 的排放。不过，虽然补贴的经济负担可以被分摊，但在一个扭曲性税收很高的经济中，会带来相当大的效率损失，荷兰正是这样的例子。而且，在 WTO 中，欧盟国家与非欧盟国家（如美国）认为补贴是一种不平等贸易交易。Bovenberg 的结论是，在缺乏国际合作的情况下，税收、补贴、管制和行业内自愿协定等措施的混合可能是最好的办法。

9.4.2 科斯的思路

20 世纪 60 年代以前，理论界在解决外部效应的看法上基本沿袭庇古的传统，认为外部性内部化过程中应该引入政府干预力量，外部性生产者被课税、惩罚或给予津贴，而外部性受害者则被补偿。这一传统被美国经济学家科斯于 1960 年发表的一篇重要论文《社会成本问题》所打破。科斯认为：“人们一般将该（即负外部性——笔者注）视为甲给乙造成损害，因而所要决定的是，如何制止甲？但这是错误的，我们正在分析的问题具有互相性，即避免对乙的损害将会使甲遭受损害，必须决定的真正问题是，是允许甲损害乙，还是允许乙损害甲？关键在于避免较严重的损害。”科斯进一步强调，应该从庇古的研究传统中解脱出来，寻求新的改变，即“在设计和选择社会格局时，我们应当考虑总的效果”，环境配置的产权分析方法便是由科斯提出来的，科斯认为通过明晰所有权有可能使产生外部性的行为达到社会最优。

科斯的思路主要通过科斯定理来表达，科斯定理的表达方式很多，比较权威的是，从效率的角度看，只要交易成本为零，那么法定权利的初始配置便无关紧要，因为交易费用为零的世界里，合约交易可以无成本的进行，只要是重新安排产权有利于产值的最大化，就可能通过合约交易或人们之间的讨价还价改变最初的产权界定，使资源实现优化配置，而与法律的判决无关。

科斯定理可以用图 9-6 来说明，为方便起见，假定经济中只有两个人：一个污染者和一个受污染者，下面分析两种情景。

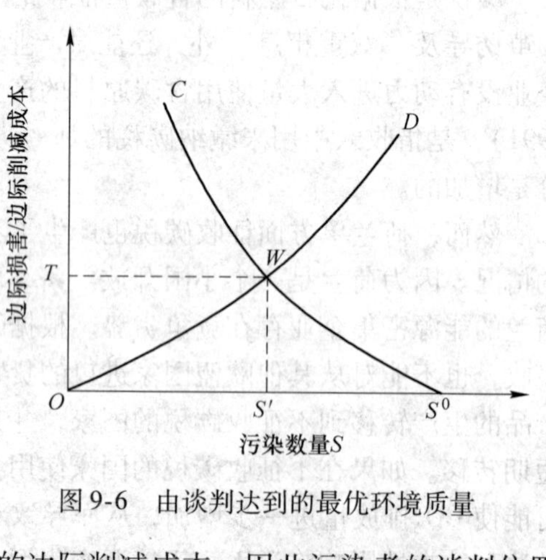

图 9-6 由谈判达到的最优环境质量

情景 1 假定环境的排他性产权归于受污染者，对他来说，单位污染的损害如曲线 OD 所示，即随着环境中污染数量的增加，单位污染产生的边际损害增大，如果受污染者得到足够的补偿，他将忍受一定程度的污染，只要边际补偿高于他受到的边际损害，他就认可环境污染，因此，他的谈判位置沿着边际损害曲线 OD 由 O 向 D 移动，另外，污染者愿意为使用环境提供补偿，只要单位污染物的补偿额低于他的边际削减成本。因此污染者的谈判位置沿着边际削减成本曲线 CS^0 由 C 向 S^0 移动，讨价还价的结果在 W 点达到均衡，环境资源得以优化配置，此时，环境中的污染物的数量为 OS'，需要削减的数量为 S^0S'。污染者将为单位污染物支付一定的补偿费用 T 给受污染者，即环境所有者。

情景2 假定污染者拥有使用环境的排他性产权，在这种情况下，受污染者为减少环境中污染物的排放量不得不支付补偿费给污染者。受污染者的支付意愿取决于他所能减少的边际损害，因此他讨价还价的位置沿着边际损害曲线 OD 从 D 向 O 移动，而污染者只在得到的补偿大于边际削减成本时才愿意减少污染，因此他讨价还价的位置沿着边际削减成本曲线 CS^0 由 S^0 向 C 移动，讨价还价的均衡结果同样在 W 点，达到与情况1同样的环境质量和同样的污染物削减量，只是此时受污染者支付一定的补偿费用 T 给污染者，以获取将污染物排放限定在 OS' 的数量水平。

科斯定理包含了一个最基本的条件：交易成本为零。但我们都明白，零交易费用的世界如同没有摩擦力的物理世界一样奇怪。因此，与其说"科斯定理"阐明了零交易费用条件下效率结果与产权无关的结论，还不如说他指出了存在交易费用时产权制度是如何作用于或影响效率的。当我们重新使用"科斯定理"时，更多的是指：如果交易费用不为零，也可以利用明确界定的产权之间的自愿交换来达到资源配置的最佳效率，从而克服外部效应而无须抛弃市场机制。其原因在于，只要产权界定清晰（即不削弱），交易各方就会力求降低交易费用，使资源用到产出最大、成本最低的地方，达到资源的最优配置。正因为如此，在科斯看来，外部性完全由私人合约得到解决，亦即基于资源交易的私人合约行为对市场运转有着自我修正的效能。

科斯主张的与庇古相反，后者是要动用政府税收，对造成负外部性者征税，用以补贴受负外部性损害者，或通过补贴对产生正外部性者以合适的激励；而科斯则主张当事人通过自愿的市场交易方式得以重新明确产权安排来解决，这种外部性内部化在实际中有两种形式：（1）联合。将几个交易主体合并成一个主体，从而消除交易的必要，也就消除了扭曲资源配置的可能。（2）买卖损害权。也就是在既定的谁有损害或保护自己不受损害的权利下，没有权利的一方可以通过市场向有权利的一方购买，其实质是引入市场，使环境外部性在产权明晰的基础上进入市场交换，如排污权的交易。

近30年来，在诸如环境污染、政治环境等问题上，越来越多的国家和政府在借鉴市场交易的方式，科斯的思想无论是在理论界，还是实际中都产生了深远的影响，但我们也发现，同样在理论与实践中存在着几个问题。科斯所指出的只是一种静态的、双头博弈格局，并且是一种非协同博弈，其经典状态是双头外部性问题进行自愿谈判，而一旦参与人增加，结果会如何。实际上，就会产生两类麻烦：（1）随着参与谈判人数的增加，当外部性涉及大的群体利益时，交易成本便会急剧增加。（2）当人数增加时，什么机制能协调各方力量，使人们自愿参加交易，并保证协议得以贯彻。当环境污染受损人数众多时，科斯方法并不能很好地解决外部性问题，政府干预还是必不可少的。

另外，用自愿交易的方式解决外部性，隐含了产权清晰的前提，而产权清晰的过程本身又会产生社会成本，这个问题由美国经济学家威茨曼于1975年提出，在20世纪八九十年代，哈特、莫尔都研究了外部性问题内部化的过程中产权如何分配、如何清晰等问题，以使社会效益最大化，外部性之所以发生，很大原因是由于外部性的产生过程中产权不清晰，如环境污染，在污染这个领域产权界线不清，若主张自愿谈判来解决污染治理，首先得明确当事各方的产权，而这本身就是有成本的。

9.5 解决外部性的途径

9.5.1 对付外部性的措施

既然外部性存在不能使资源达到有效配置，那么，如何减少或消除外部性带来的效率损失，就成为人们关心的问题。

如何减少或消除外部性带来的问题，人们有着不同的看法。

主张政府干预的人认为，既然外部性存在的情况下市场不再是配置资源的有效机制，即市场失灵了，那么政府应当出来干预，用适当的政策加以调节。而不主张政府干预的人则认为，市场本身有能力解决外部性所产生的问题，政府不用干预，只要创造有利于市场交易的必要条件。下面先考虑政府干预的措施。

税收和补贴是政府用来抵消外部性对资源配置不良影响的重要干预措施。政府通过对产生消极外部性的厂商征课税金或罚款，使它向政府支付由于污染等导致社会所增加的成本，把厂商造成的外部成本内部化，促使它们减少或消除外部影响。必要的时候，政府还可采用行政或法律手段，命令厂商期限整治。这类政策对改善资源配置是有积极作用的，其难点在于难以确定边际污染成本，从而难以恰当确定污染税率。这是因为，人类只要有生产和消费的活动，总会对周围环境有或多或少的污染，问题是如何使污染控制到一定程度。污染的程度是可以预测的，例如，一定体积空气或水中污染物的含量、水中含氧量的减少等。当然，人们总希望空气和水的污染越少越好，最好纯洁度达到100%。然而，这不可能，也不足取。这是由于净化环境，减少污染，一方面带来的利益，一方面要耗费成本，假定这种利益和成本可以用货币来表示，空气和水的清洁度可用百分数表示，那么，随着污染的控制，空气和水的清洁度（百分数）越高，每一度的边际利益会递减，而边际成本会递增。例如，假定把100t水的清洁度从60%提高到61%时，会带来10美元的利益（比方说增进人的健康，提高了产品质量而取得利益），而从61%提高到62%时所带来的利益也许只有9美元90美分。反之，将这些水的清洁度从60%提高到61%时所费成本如果是8美元的话，则从61%提高到62%时所需成本一定会超过8美元，这是由于清洁度越高，对净化处理设备和工艺等的要求越高，因而成本也越高。污染的控制应该到这一程度：边际成本等于边际利益。即污染税率并不是越高越好，当然，太低了也不行。

相反，对于产生积极外部影响的机构或单位，政府应做补贴。例如，教育卫生事业，不但有助于提高公民素质，为他们提供参与平等竞争的机会，而且会产生巨大的积极的外部效应。科研事业也是这样。对这些单位，应由政府给予适当补贴，如果要求这些单位都成为盈利机构，它们提供的有利服务将减少到资源配置无效率的地步。

将外部效应内部化是解决消极外部效应问题的另一思路。存在外部效应时，市场之所以失灵，是因为经济活动主体作决策时没有把外部效应考虑进来。上游化工厂污染下游渔场，工厂做产量决策时不考虑社会成本，导致成本低估，产量过高。如果能通过某种方式使独立分散的经济决策者本身承担或享受外部效应带来的成本或利益，他们就会自动提高资源配置效率。将有关单位或机构合并成一家或同属一个利益集团，这就是使外部效应内部化的一种有效方式，例如，让养鱼场和化工厂合并成一个集团或一个公司，则工厂生产给养鱼带来的损失就成为公司的内部成本，外部效应内部化了，公司做生产决策时就会自动协调化工产品和养鱼两项业务的决策，对所有业务决策作全面的利弊权衡。

相信市场本身解决外部效应对资源配置影响的理论称为科斯定理。美国经济学家科斯认为，如果产权是明确定义的，如果协商是毫无成本的，则在有外部效应的市场上，交易双方总能通过协商达到资源优化配置，而不管产权起初归哪一方。根据这种理论，当某个厂商的生产活动危害到其他经济主体利益时，在谈判成本较小和每个经济主体具有明确的所有权的情况下，有关各主体可以通过谈判协商来解决外部性问题。下面举个例子来说明这一点。

假设有一家工厂，生产时其烟囱排放的烟尘污染了周围5户居民，假定每户由此受损75元，5户共375元。再假定治理办法有二：一是给烟囱安装一个除尘器，费用150元；二是给每户居民买一烘干机，每台50元，5台共250元。显然，这两种办法中第一种办法成本低，按科斯定理，只要交易成本为零，不论把产权给了工厂还是给了5户居民，即不论是工厂拥有排烟权力，还是居民有不受污染的权利，他们都可以通过协商自动采取150元解决问题的办法。为什么？如果把产权给了工厂，则5户居民就想，既然工厂有权冒烟，若取第二种办法，我们要花250元，还不如花150元给工厂安装一个除尘器。相反，如果把产权给了5户居民，则工厂就想，既然我无权污染人家，污染了就得赔钱，与其赔人家375元，还不如自动装一除尘器，这样，只要产权明晰，无论初始产权属谁，只要交易成本为零，外部性带来的问题总能自动妥善处理。这里，交易成本为零很重要，上例中的交易成本是5户居民集中开会协商所花费用，例如，开会要饮茶、通话联系、损失时间等。如果交易成本大于零，问题就不这样容易解决，假定交易成本是125元，则采取第一种解决办法就要花275元（除尘器150元+交易成本125元），在这样情况下，5户居民就可能采取第二种解决办法，因为第二种办法只要250元。可见，交易成本为零，或极低，是非常重要的。

9.5.2 解决途径

9.5.2.1 政府的直接管制

采用命令控制式的管制手段是指政府强制资源开发不能超出预先确定的开发水平。例如，规定森林开发的数量，提出具体的污染排放控制标准或发放“排污许可证”。控制是指对标准的监督和强制执行。该手段可以极大地改善环境质量，但是在实施和强制执行中的达标成本远远高于人们的预期。

9.5.2.2 市场的经济激励

OECD环境委员会较早地提出了经济激励手段，按照奥斯彻和沃斯研究可分类为：收费、补贴、押金-退款制度、建立市场和执行刺激五大类。其中，外部性内部化的经济激励手段可分为三大类：价格控制、数量控制、责任制度。

价格控制主要是对生产者行为或产品实行税收、收费或补贴。如果对企业征税，意味着同样的生产活动水平下，企业获得的净收益减少，企业会减少生产活动。合理的税费标准可以起到将外部性内部化的作用。补贴是指对于具有正外部性的企业实施政府补贴的政策，能通过卡尔多-希克斯（Kaldor-Hicks compensation test）补偿实现帕累托改进。数量控制则通过分配市场许可来设定最优的资源利用水平或可接受的污染水平。资源使用者只能使用与其购买的许可证相一致的资源数量，同时允许资源使用者自由交换许可证规定的资源数量，以此，来确定各自的资源利用水平，实现资源优化利用。责任制度就是设立一个社会可以接受的行为准则，如果资源利用者或消费者违反了这个准则，就会遭到某些财政性处理。例如，生产者生产之前预交一部分债券基金，如果生产的行为导致环境污染或者污染超标，这笔债务就会被没收。还有押金-退款手段，指企业先预先交一部分押金，如果最后企业污染排放达标则退款，否则就扣留押金。

9.5.2.3 自愿协商

就是根据科斯的社会成本及产权理论，界定产权，通过市场交易和双方谈判达成对外部性行为成本收益的对等。该方法虽然不需要政府干预，但是政府要界定产权以确保谈判成本较低。

9.5.2.4 社会准则

社会准则或良心效应，是指通过对人们进行社会准则的教育以解决外部性。许多经济学家认为，由于良心效应的存在，外部不经济的产生者的福利水平会下降，因此不经过市场或政府干预，外部不经济的产生者会主动给予外部性以补偿是有可能。这种外部性内化的手段，由于缺乏激励和强制，只能在局部范围起作用。

本章小结

外部性理论是经济学术语。外部性亦称外部成本、外部效应或溢出效应。外部性可以分为正外部性（或称外部经济、正外部经济效应）和负外部性（或称外部不经济、负外部经济效应）。

外部性的产生主要源于两个方面，其一，由于生产或消费中技术上的相互依赖，产生外部性，而这种外部性并不是施加者有意的，而且又很难避免；其二，是特定资源的产权缺失。

外部性的特征概括为：第一，外部性是经济活动中的一种溢出效应，在受影响者看来，这种溢出效应不是自愿接受的，而是由对方强加的。第二，经济活动对他人的影响并不反映在市场机制的运行过程中，而是在市场运行机制之外。

许多经济学家对外部性理论的发展做出了重要贡献，但具有里程碑意义的经济学家却不多见。论及外部性理论，三位经济学家的名字是不得不提及的，而且可以提到里程碑意义的高度。这三位经济学家的名字就是马歇尔、庇古和科斯。

随着外部性理论的发展，大致可以从以下七个角度对外部性进行分类：外部性的影响效果，即外部经济与外部不经济；外部性的产生领域，即生产的外部性与消费的外部性；外部性产生的时空，即代内外部性与代际外部性；外部性的根源，即制度外部性与科技外部性；产生外部性的前提条件，即竞争条件下的外部性与垄断条件下的外部性；外部性的稳定性，即稳定的外部性与不稳定的外部性；外部性的方向性，即单向外部性与双向外部性。

外部经济影响对资源配置效率的影响可以解释为在存在外部不经济的条件下，私人厂商的最优产量大于社会最优产量；在存在外部经济的条件下，私人厂商的最优产量小于社会最优产量。

外部性内部化，就是使生产者或者消费者产生的外部费用，进入他们的生产或者消费决策，由他们自己承担，一次弥补私人成本与社会成本的差额，从而解决外部性问题，在对如何使外部性内部化的研究中形成了以庇古为代表的“政府干预”理论和以科斯为代表的“产权安排”理论。

解决外部性的途径有以下四个方面：政府的直接管制、市场的经济激励、自愿协商、社会准则。

习 题

9-1 简述外部性与外部性特征。

9-2 举例说明什么是外部效应。

9-3 简述外部性如何影响资源的有效配置。

9-4 玛丽和汤姆是邻居，玛丽养狗，狗吠打扰了汤姆的休息，玛丽养狗的收益是20元，汤姆受到的损害为25元，用科斯方法如何解决该外部性。

9-5 某两企业之间存在外部性，企业1给予企业2造成外部不经济。企业1生产X产品，企业2生产Y产品，各自的成本函数为：$C_1 = 2x^2$，$C_2 = y^2 + 2xy$，x、y分别为两企业的产量，企业2的成本受企业1的产量的影响，x、y的市场价格分别为80、60。

(1) 假设两企业不对外部性进行交涉，两企业的产量各自为多少？

(2) 假设两企业进行外部性问题交涉，交易成本为0，两企业的产量为多少？

(3) 在(2)的场合，对企业1的外部不经济性有法规及无法规时，两企业如何分配利润？

(4) 政府为抑制外部不经济性，对企业1的生产每单位征收t的税收，企业各自追求利润最大化，政府税率t应定为多少？

(5) 政府向企业1对X的产量征收每单位t的税收，而将其作为补贴向企业2发放。假设两企业可以无交易成本地自由交涉，那么政府的税收、补贴政策会带来什么影响？

10 环境经济政策

10.1 环境经济政策概述

10.1.1 环境经济政策的概念与类型

广义的环境经济政策，是指可以纳入经济政策范畴的环境政策，它既具有环境政策的性质又具有经济政策的性质，是环境保护工作和经济工作、环境政策和经济政策相互交叉、渗透和结合的产物，反映了环境保护与经济发展之间的关系。狭义的环境经济政策，就是指有关运用经济手段特别是经济杠杆来解决环境问题、开展环境保护工作的政策。国务院在1981年作出的《关于在国民经济调整时期加强环境保护工作的决定》中指出："要利用经济杠杆，促进企业治理污染。"对超过国家标准排放污染物的单位要征收排污费。对"三废"综合利用的产品，要采取奖励政策，按照有关规定，实行减、免税和留用利润。对进行"以税代利、独立核算"、自负盈亏试点的企业的环境保护设施，要给予减、免固定资产占用费的照顾。本节所介绍的几项具体的环境经济政策，主要指这种意义上的环境经济政策。

环境经济政策是我国环境政策中具有特定功能和重要地位的一类政策，正确认识它的特点，充分发挥它的作用对于促进我国环境保护事业的发展具有重要的意义。

（1）从环境保护与经济发展的相互关系看。一方面，我国的环境污染和环境破坏，主要是在经济建设和经济过程中产生的，主要是经济活动的副产物，我国解决环境问题、保护环境的能力和水平，在很大程度上取决于我国的经济实力和经济发展水平；我国环境保护工作的体制和政策，在很大程度上受到经济体制、经济政策和经济条件的影响和制约。另一方面，环境保护工作和环境政策，对经济活动、经济工作和经济政策也有很大的影响和反作用。环境保护工作搞好了，可以促进经济的持续发展。也就是说，环境保护与经济发展既存在相互促进、互为条件的一面，也存在相互制约、互相矛盾的一面。要正确处理和协调好环境保护与经济发展的关系，就必须在制定环境政策时考虑经济条件和经济政策，在制定经济政策时考虑环境保护和环境政策。即必须制定既考虑环境保护又考虑经济发展，能反映经济工作和环境工作内在联系，能促进经济和环境协调发展的环境经济政策。环境保护与经济发展的这种天然的、不可分割的内在联系，是环境经济政策得以存在和发展的根本条件。随着环境保护与经济工作的相互结合和渗透，环境经济政策的重要性也日益明显和突出。

（2）从经济手段的重要性看。经济手段多种多样，但其基本特征是贯彻经济利益原则，从经济利益上来处理国家、集体和个人之间，污染者与被污染者之间，以及上下左右之间的各种经济关系，达到控制各种有损于环境的活动、调动各方面保护环境的积极性的目的。环境污染与破坏的产生，从经济利益根源上分析，在于开发者或排污者只注意取得劳动的最近的、最直接的有益效果，而忽视了那些长远的、间接的经济损失。防治环境污染和破坏，保护和改善环境的活动之所以发展不平衡，其中一个重要原因是其中存在着物质利益的问题。环境经济政策针对物质利益问题去贯彻经济利益原则、运用经济手段，促使人们从物质利益上关心环境保护工作，抓住了关键性的环节，因而能显示强大的经济杠杆作用和政策威力。

（3）从环境经济政策的内容和特征看。我国的环境经济政策，是运用环境经济科学的理论与方法来调节、控制经济-环境系统的产物，它强调遵循客观经济规律、贯彻环境保护与经济发展协调发展的原则，注意合理地运用经济手段和经济杠杆来控制人们的行为，力求以最小的劳动消耗和投资取得最佳的经济效益、社会效益和环境效益。这些是环境经济政策的主要特点。环境经济政策的基本内容包括：将环境保护纳入国民经济计划，把保护环境作为经济发展的一个战略任务，搞好经济发展与环境生态之间的综合平衡，对物质资源进行合理开发、充分利用和综合利用，把提高资源利用率、减少废弃物排放作为扩大再生产的主要途径，结合经济生产过程解决环境污染和环境破坏问题，运用税收、信贷、拨款、利润、利息、价格、奖金等价值工具来组织防治污染、保护环境的活动，等等。上述特点和内容表明，环境经济政策是环境政策的重要支柱之一，它的贯彻实施直接关系到环境保护事业的兴衰。

（4）从历史经验教训看。国内外的经验证明，切实可行的环境经济政策，是克服环境管理工作中的困难、打开环境保护工作局面的有力武器。长时期以来，我国环境保护工作中存在着不少不适合实际情况的传统观念，有的人把计划经济同商品经济对立起来，忽视价值规律、市场调节和经济杠杆的重要作用，在环境保护工作中存在着单纯依靠行政手段和指令性计划的倾向；不注意建立“责、权、利相结合，国家、集体和个人利益相结合，环境保护劳动同劳动成果、经济利益相联系”的环境保护责任制，结果使得我国的环境保护工作长时期得不到显著的进步。党的十一届三中全会以后，党和国家重视经济手段的作用，制定了排污收费、奖励综合利用、对环境保护实行经济优惠等环境经济政策，用经济杠杆调节环境保护方面的财力、物力和人力的流向，调整产业结构和生产力布局，很快地打开了环境保护工作的局面。《中共中央关于经济体制改革的决定》（以下简称《决定》）发表后，环境计划工作的重点逐步转移到运用经济政策和价格、税收等经济杠杆，对宏观经济活动和环境保护活动进行全面管理和调节的轨道上来，如何运用经济手段、经济杠杆为环境保护服务成为环境政策研究的重要课题。可以预计，在《决定》的指引下，中国的环境经济政策必将发展到一个新的阶段。

10.1.2 环境经济政策的类型

经济合作与发展组织（OECD）是目前国际上对环境经济政策进行系统研究与实践的国际机构。早在20世纪70年代就开始研究总结OECD成员国在环境经济政策手段方面的经验，并且出版了大量环境经济政策出版物。在对OECD成员国环境经济政策进行系统分析的基础上，1991年OECD对环境经济政策进行了初步分类，分为：环境税费、排污许可证交易、押金退款、执行鼓励金。1994年，OECD继续完善环境经济政策的分类，把环境经济政策分为环境税费、排污许可证交易、押金退款、补贴4种类型。随着OECD国家环境经济政策的实践，在最近的OECD环境经济政策数据库中，又把环境经济政策分为环境税费、交易许可制度、押金-退款制度、环境激励补贴、自愿方法5种类型（OECD，2007）。

另外，世界银行的密哈顿先生等从各种环境经济政策手段同市场的关系角度，把不同层次的环境经济政策手段总体上分为“利用市场”和“创建市场”两类。“利用市场”是利用现有的市场来实施环境管理，包括排污费和环境税、押金退款制度。“建立市场”是用市场机制本身来解决环境问题，包括明晰产权、排污权交易。这种环境经济政策分类方法产生了较大的影响，为很多环境经济学家所接受。此外，2002年，世界银行在对环境经济政策领域进行系统梳理的基础上，将环境经济政策细分为7大类。各类型环境经济政策及所包括的相应具体政策手段详见表10-1。这些经济手段广泛应用于污染控制，自然保护，资源利用，流域、区域综合环境管理，国际和全球环境问题，生产和消费等领域。国内从20世纪90年代中期开始研究环境经济政策，并探讨了环境经济政策手段的类型。王金南等从政策适用范围角度把环境经济政策分为协调经济发展与环境保护关系的宏观政策，运用价格、税收、财政、金融等经济调节手段保护环境的中观政策，以及直接运用经济刺激机制的微观政策。在此基础上，把环境经济政策分为环境经济核算、环境定价、环境税费、环境投融资、环境市场激励等五种类型（陆新元等，1997）。另外，国内有的学者也将环境经济政策分成环境收费、补贴、押金制度、建立市场和强制刺激五种。

表10-1 环境经济政策类型

政策领域	主要政策方向
明晰产权	所有权：土地保有权、水权、矿权 使用权：许可证、管理权、特许权、开发权等
创建市场	可交易的排污许可证、可交易的开发配额、可交易的水资源的环境股票等
税收手段	污染税、原料投入税、产品税、出口税、进口税、差别税收、租金和资源税、土地使用税、投资税减免等
收费制度	排污费、使用者费、准入费、管理收费、资源/生态/环境补偿费等
财政手段	财政补贴、软贷款、赠款、利率优惠、周转金、部门基金、生态/环境基金、加速折旧等
责任制度	法律责任处罚、环境资源损害责任、保险赔偿、执行鼓励金等
债券与押金制度	环境债券、押金制度等

10.2 排污收费

仅仅依赖排污标准很难实现资源的最优配置。很多经济学家主张用政府引导的经济机制来达到帕累托最适度。庇古税或排污费就是这样一种经济机制。排污费是根据污染所造成的危害对排污者收费，以弥补私人成本和社会成本之间的差距，使二者相等。用边际控制成本和边际外部成本可以确定最优排污费率。排污费可以降低控制污染成本，并且具有激励排污企业改进技术减少污染的动态效率。虽然由于信息不对称问题的存在，排污费的实行很难达到理想目标，但只要使污染控制接近最优控制水平，排污费就是可取的经济手段。

在 OECD 成员国家，用户向管理机构纳税并取得相应的回报称为“费”，如污染物处理费等，税则是用户向政府无偿缴纳的，如燃油税、机动车辆税。在中国，费是预算外资金，税是预算内资金，排污费由环保部门收取却纳入政府的财政预算，具有“准税”的性质。排污收费政策早在 1978 年就在我国提出并开始实践，迄今为止已经成为应用最广泛的环境经济政策。

10.2.1 庇古税

环境管理的经济手段中，排污收费手段又称为庇古手段。1920 年，英国经济学家庇古在《福利经济学》一书中首先提出对污染征收税或费的想法。根据污染所造成的危害对排污者征税，用税收来弥补私人成本和社会成本之间的差距，使二者相等，使外部成本内部化。后来，人们将针对污染物排放的数量和质量征收的各种税费统称为庇古税。

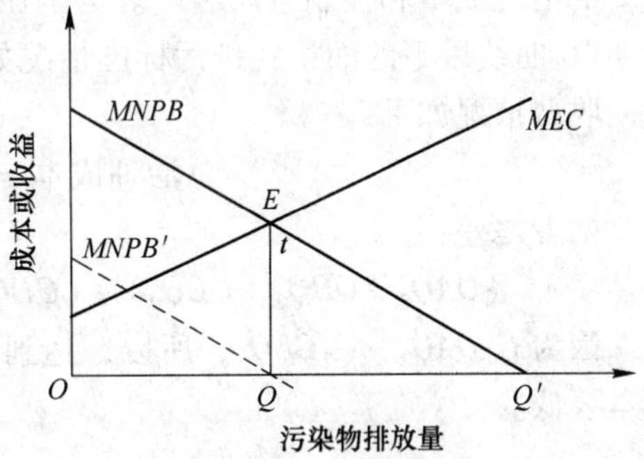

图 10-1 庇古税示意图

图 10-1 为庇古税的示意图。图中 *MNPB* 为企业的边际私人纯收益，*MEC* 为边际外部（损害）成本，这两条曲线相交于 *E* 点，与 *E* 点相对应的污染物排放量（*Q*）就是有效率的污染水平。厂商为了追求最大限度的私人纯收益，希望将生产规模扩大到 *MNPB* 线与横轴的交点 *Q′*。但是，随着生产规模扩大，污染物的排放量也增加到 *Q′*，即大大超过 *Q* 的水平。如果政府向造成环境污染的厂商征收排污费，厂商的私人纯收益就会减少，*MNPB* 线的位置、形状以及它与横轴的交点也会发生变化。假定政府根据厂商的污染物排放量，对每一单位排放量征收特定数额（如图 10-1 中 *t*）的排污费，那么，正如图 10-1 所示，*MNPB* 线就将向左平行移动到 *MNPB′* 线的位置。该线与横轴相交于 *Q* 点，表示厂商将根据其对利润最大化的追求，把生产规模和污染物的排放量控制在有效率的污染水平上。因此，*t* 是最优排污费率，它使有效率的污染水平等于 *Q*。这样，最优庇古税就可以定义为：使排污量等于最优污染水平时的排污收费（税）。此时边际外部（损害）成本等于边际私人纯收益。制定最优庇古税不仅需要知道 *MEC* 的信息，而且需要知道 *MNPB* 的信息。但是政府往往难以得到企业的这类信息，因为企业没有动力向政府提供这类信息，以帮助政府来制定费率或税率。这就是信息不对称问题。信息不对称问题是实施庇古税的一个重要障碍，现实中很难真正达到最优污染水平。但只要排污税费的征收有助于使污染物排放量更接近而不是更偏离最优污染水平，征收排污税费就是可取的。

10.2.2 排污收费的主要优点和局限性

10.2.2.1 优点

在达到同样环境标准的条件下，与命令控制型手段相比，排污收费的主要优点在于，可降低环境达标的费用，有利于污染减排的采用和创新。

A 降低环境达标费用

排污收费手段能够以较小的费用达到排污标准，这种优点可用图 10-2 分析。在图 10-

2 中，横轴表示污染排放量的削减量（排污控制量），纵轴表示成本和排污费。假定某一生产过程中排污厂商只有三家，MAC_1、MAC_2、MAC_3表示生产同样产品的这三家工厂的边际治理成本。因为使用了不同的控制技术，不同工厂的 MAC 不同，这与现实情况相符。对于同样的污染减少量，工厂 1 的成本最高，工厂 2 次之，工厂 3 最低。为简化分析起见，假定政府的目标是将污染物的排放量削减 $3Q_2$，并假设线段 $Q_1Q_2 = Q_2Q_3$，且 $Q_1 + Q_2 + Q_3 = 3Q_2$。如果政府设定统一的环境标准，强制所有的厂商各自削减相当于 Q_2 的污染物排放量，工厂 1、2、3 的边际治理成本将分别达到 A、B、C。而如果政府设定排污费为 t，三家工厂将会根据各自的治理成本，在缴纳排污费和自行治理污染之间进行权衡，根据总成本最小化的原则，选择不同的污染控制水平。例如，对工厂 1 来说，污染控制量从零上升到 Q_1 为止，治理污染比付税要便宜。但是超过 Q_1，$MAC1 > t$，缴费比较合算。由图 10-2 可见，工厂 1 的控制成本最高，控制量最少；工厂 3 治理成本最低，控制量最多；工厂 2 的治理成本和控制量均居中。为了比较统一执行标准和收费情况下的总成本，需要计算 MAC 曲线以下的面积：排污标准情况如下：总治理成本 $= OAQ_2 + OBQ_2 + OCQ_2$

收费情况如下：

$$\text{总治理成本} = ODQ_1 + OBQ_2 + OEQ_3$$

两者之差：

$$(OAQ_2 + OBQ_2 + OCQ_2) - (ODQ_1 + OBQ_2 + OEQ_3) = Q_1DAQ_2 - Q_2CEQ_3$$

因为 $Q_1DAQ_2 > Q_2CEQ_3$，所以，达到同样的排污控制量，排污收费比单纯执行标准的成本要低。

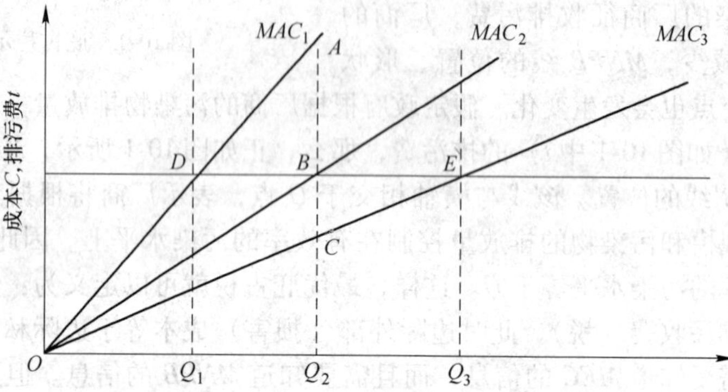

图 10-2 排污费与统一的排污标准比较

B 有利于技术创新

实行统一的环境标准时，政府必须首先确认企业的排污超过了标准，然后才能采取相应的措施。只要排污没有超过标准，厂商就不应该缴纳罚款，因而也就没有不断寻求低成本的污染治理技术的积极性。而在征收排污费时，只要政府实行根据污染企业的污染物排放量或生产规模来征收的办法，那么，即使企业的排污没有超过标准，厂商也必须缴纳一定数量的排污费，因而企业就有不断寻求低成本的污染治理技术以少缴排污费的积极性。如图 10-3 所示，假设 MAC_1 为排污者现有的边际治理成本曲线。如果排污收费标准确定在如图 10-3 中所示的 t_1 水平，那么根据排污收费的刺激机制，该排污者最终将会把排污水

平从最大排污量 W_m降低到污染边际治理成本等于排污收费标准时的水平，即图 10-3 中的 W_1。此时，排污者承担的费用由两部分组成：一部分是排污者交纳的排污费、其值等于 Ot_1AW 的面积，另一部分是排污者的污染控制费用，其值等于 AW_1W_m的面积。排污染承担的总费用为面积 Ot_1AW_m。

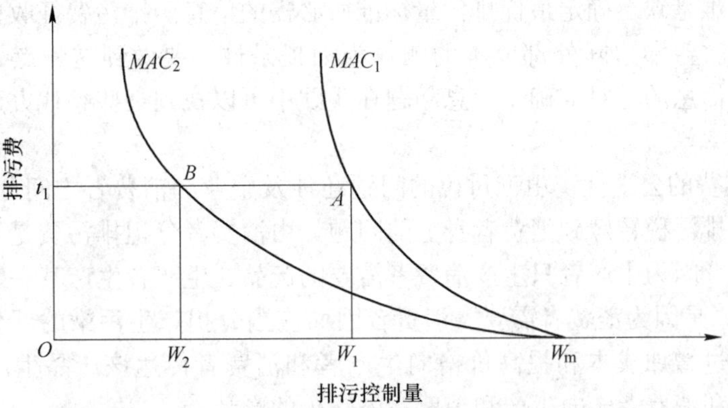

图 10-3 排污收费与污染削减技术创新

现在，假设排污者革新污染控制技术，使边际治理成本曲线从 MAC_1下降到 MAC_2，而对排污者的排污费征收标准依然为 t_1，显然，根据排污收费的刺激作用，排污者为使其承担的排污费用最小，将会自动把排污水平 W_1降低到 W_2。在这种情况下，排污者承担的污染费用为面积 Ot_1BW_2和面积 BW_2W_m之和，即面积 Ot_1BW_m。可以看出，由于污染控制技术的革新或边际治理成本的降低，排污者实际所承受的费用降低了，其降低的数量为面积 ABW_m。费用的节省意味着排污者得到相应的经济效益。在一定的排污收费标准下，污染控制技术的革新潜力越大，即 MAC_2与 MAC_1之间差异越大，排污者所得到的费用节省也越大。排污收费客观上起到了激励污染企业不断革新技术的作用。

C 降低监督实行环境标准的费用

监督实行环境标准，意味着运用行政或法律的手段直接控制经济当事人的行为；而征收排污费，只是运用经济手段改变了经济当事人面临的外部环境。在监督执行环境标准时，政府需首先确认企业的排污超过了标准，然后才能采取相应的措施。

对于排污费，由超标排污费向总量收费的改进大大节约了污染监测费用。只要政府实行根据污染企业的生产规模来征收的办法，那么，政府所需要做的，就只是确定哪些类别产品的生产和消费会导致环境污染，某个企业的生产规模有多大（可以根据该企业所生产的产品数量来确定，也可以根据该企业所使用的主要原材料的数量来确定），该企业是否安装了环保设施，而不一定强制某一企业将其污染物的排放量控制在什么水平。与确定企业的污染物排放量是否超标相比，政府征收排污费所需要的交易成本相对较低。换句话说，由于征收排污费时政府所必须确认的只是企业所从事的经济活动是否会导致污染，从总体上而不是逐个企业地控制环境污染的程度（污染者的生产规模由他们自己确定），因而与监督执行环境标准时逐个企业确认其污染程度相比，征收排污费所需要的交易成本应该是比较低的。

D 有利于筹集环保资金

排污收费的收入作为环境保护的一个资金来源，可以为环境管理部门和公共环境保护设施提供部分资金，也可以返还污染企业作为治理污染的专项基金使用，体现了污染者付费的原则。

10.2.2.2 排污收费的局限性

（1）信息失真对排污收费的影响。排污收费在理论上是理想的，但实行起来有相当的困难，最大的困难是缺乏确定最优排污量标准所必需的信息。排污费征收标准的制定必须以对边际私人纯收益和边际外部成本的测算为前提条件。要做到这一点，需要详细的信息。如果不要求信息的绝对准确，信息问题在实践中可以找到某些替代办法，比如采用试错法调整排污费率等。

（2）排污收费的公平性。由谁付税的问题还涉及企业和消费者之间分担税负的问题，即企业会不会把排污税转嫁到消费者身上的问题。由消费者分担排污费是不是公平呢？一般来说是公平的。因为生产者只生产消费者需要的产品，生产者生产某一数量的某种产品（从而产生污染）是因为消费者需要。消费者因而应当分担产生污染的部分责任。排污费的一个作用是通过增加成本和提高价格向生产者和消费者传达该产品生产造成污染的信息，促进生产者和消费者转向生产和消费污染较少的产品。

排污费一般来说是公平的，但是统计资料显示，当税率提高时，穷人相对于富人来说要把支出的较大部分用来支付增加的费用，因而受到的损失较大。这样排污费在分配上有可能是不公平的。但是政府的税款可以通过不同形式返还给受损失较大的那部分消费者，减少以致消除分配上的不公平。

10.3 排污权交易

10.3.1 排污权交易的基本原理

排污权交易与排污收费分别是两种基于市场对环境问题进行管理的手段。这两种管理手段不同，区别也比较明显。排污收费制度是先确定一个价格，然后让市场来确定总体排放水平，而排污权交易正好相反，即首先确定排放总量，然后再让市场确定价格。市场确定价格的过程就是优化资源配置的过程，也是优化污染治理责任配置的过程。排污权交易的主体思想来源于“科斯定理”。科斯定理表达了这样一种思想；只要市场交易成本为零，无论初始产权配置状态如何，通过交易总可以达到资源的最优配置。也就是说，最有效率的资源利用方式与产权的初始配置状态无关。

科斯定理在环境问题上最典型的应用是排污权交易，也是当前受到各国关注的环境经济政策之一。它早在20世纪70年代就由美国经济学家戴尔斯提出，并首先被美国国家环保局用于大气污染及河流污染管理，而后德国、澳大利亚、英国等国家相继进行了排污权交易政策的实践。我国在大气污染控制方面也开展过可交易排污许可证的试点工作，并取得了一定效果。

排污权交易的主要思想是：在满足环境要求的条件下，建立合法的污染物排放权利即排污权（通常以排污许可证的形式表现），并允许这种权利像商品那样被买入和卖出，以此来进行污染物的排放。其一般做法是：首先由政府部门确定出一定区域的环境质量目标，并据此评估该区域的环境容量；然后推算出污染物的最大允许排放量，并将最大允许排放量分割成若干规定的排放量，即若干排污权，政府可以选择不同的方式来分配这些权利，公开竞价拍卖、定价出售或无偿分配等，并通过建立排污权交易市场使这种权利能合法地买卖；在排污权市场里，排污者会从其利益出发，自主决定其污染治理程度，从而买入或卖出排污权。

10.3.2 排污权交易制度与排污收费制度比较

与排污收费制度相比，排污权交易制度是控制环境污染更为合理有效的经济手段。

10.3.2.1 公平和经济有效性

排污权交易政策所面临的主要问题是在某区域最大污染负荷已确定的情况下，如何在现有的和将来的污染者之间合理有效地进行排污权总量的分配。即主要考虑该分配系统的公平性和经济有效性。在分配允许排放量时，那些不能有效去除污染的污染者没有资格比有效去除污染的污染者享用更大的环境容量；那些能够较经济地去除污染的污染者可将其拥有的允许排放量出售给处理费用高的污染者，以卖方多处理来补偿买方少处理，从而使区域的污染治理经济有效。

10.3.2.2 灵活性

排污收费或税收制度下，污染者花钱购买污染权，其价格是由污染控制机构统一制订的，因此，污染总量是通过管理机构收费或税收的高低来间接控制。而排污权交易制度控制的是允许排放量而非价格，从这种意义上讲，它是环境法规和经济刺激手段结合的产物。采用排污权交易制度，当经济增长或污染处理技术提高时，允许排放量的价格自动调节到所需水平，以使污染排放总量适应上述变化；而如果采用排污收费，收费价格的增长必须通过污染控制机构研究制订，这不仅有可能受到政治上的阻碍、增加管理上的费用，而且会导致决策的拖延。

10.3.2.3 有助于发展经济的同时保护环境

采用排污权交易制度，当经济发展，许多新的污染源加入该管理系统时，污染者必须向管理当局或其他污染者购买预先的或剩余的允许排放量，这样会使总的污染负荷不变，确保环境质量的水平。但如果采用排污收费的制度，新的污染源只需交费，即可在一定程度上排放，导致污染水平增长。

10.3.3 排污权交易的优点

排污权交易政策具有以下优点：

（1）成本最小化。政府管理机构在没有增加排污权供给的前提下，通过排污权交易，使边际治理成本比较高的污染者买进排污权，边际治理成本比较低的污染者出售排污权，其结果是全社会总的污染治理成本最小化。

（2）刺激技术革新。排污权交易使额外的污染物削减，促使污染者采用先进工艺，减少污染排放或采用更有效的控制设备增大污染物削减量。

（3）促进经济增长。污染物排放总量不超标，因此能确保环境质量水平；同时排污权交易市场的存在又使新、改、扩建企业通过购买排污权得到发展，促进了脏乱地区经济的持续增长。

（4）改善工业布局。污染者为了扩大生产强烈希望减少污染物的排放，新企业兴建对排污权的需求促使企业降低污染排放，这会有助于形成一个污染水平较低而生产水平较高的合理工业布局。

（5）减轻环境部门负担。由于排污权交易政策使得污染控制的决策部分地转移到了工厂经营者，减轻了环境部门的负担，使政府从复杂的决策评价事务中摆脱出来。

（6）更具有市场灵活性。排污权交易可避免排污收费的一些问题。排污权交易不需要像排污收费那样，事先确定排污标准和相应的最优排污费率，而只需要确定排污权数量并找到发放排污权的一套机制，然后让市场去确定排污权的价格。通过排污权价格的变动，排污权市场可以对经常变动的市场物价和厂商治理成本做出及时反应。

10.3.4 排污权交易的实施条件

在环境保护的各种政策手段中，排污权交易对市场机制的利用最充分，如果条件合适，它可以对环境保护起到积极的作用。但是，也正因为排污权交易有赖于市场机制，因而采用这种手段就需要满足一系列条件。

10.3.4.1 合理分配排污权

按照“污染者付费”原则，排污权应该通过拍卖等手段，有偿分配给排污者，但由于较高的获取成本使得排污权持有者有惜售心理，从而影响交易市场的形成。现实中通常采取根据一定的条件无偿分配的方式发放排污许可证。这样一来，又产生了两个问题，一是违背了“污染者付费”原则，二是新老污染源由于获取排污权方式的不同而处于不平等的竞争地位。因此，合理分配排污权，既能体现“排污者付费”原则，又不会由于获取成本过高而影响交易市场的形成，这是实行排污权交易的重要条件。

10.3.4.2 完善的市场条件

排污权既然可以买卖，从长期看来其价格将呈上升趋势，因而就会有人炒卖排污许可证，甚至有可能出现某些人通过垄断排污权市场牟取暴利的现象。排污权的价格应该由市场决定，但需要排污权市场有良好的交易秩序和交易环境。因此，完善的市场是排污权顺利交易的重要条件。

10.3.4.3 政府部门的有效管理

污染单位之所以要购买排污权，是因为没有排污许可证就不能排污，若政府无法确定目前排污许可证的分布状况，或者虽然能够确定但无法制止无证排污，那么，排污权交易就根本开展不起来。因此，政府对污染者排污的有效管理就成为排污权交易存在的第三个条件。

政府部门的有效管理，还特别体现在维持和管理排污权市场竞争交易秩序的能力上。通过买卖排污许可证来保护环境，政府部门有关工作人员将拥有很大的权力，他们的买卖行为足以左右排污权市场，并影响整个环境保护事业。因此，对这些工作人员的行为进行有效监督，防止他们以权谋私，是实现政府部门有效管理的重要保障。

阅读材料 10-1

湖州市排污权交易工作亮点和典型案例分析

（1）实施背景

当前和今后一段时间，是湖州市加快发展时期，随着工业化、城镇化和新农村建设进程的加快，湖州市经济社会发展与资源环境约束的矛盾越来越突出，湖州的严峻环境状况，湖州的发展要求，都需要湖州市综合运用法律、经济、技术和必要的行政办法，采取浓度、总量和质量相结合的综合控制手段来进一步实现污染减排的任务。现行的排污收费政策，实际执行中演变成“付费即可排污”的后果，无法对污染物排放总量实施有效控制；环境保护的责任过多倾向于政府一方，环境质量难以改善。唯有探索市场对环境资源的配置、保护机制，方是治本之道。

2008年10月湖州市人民政府颁布了《湖州市主要污染物排污权有偿使用和交易暂行办法》(湖政发〔2008〕51号)，2009年12月31日，又颁布出台《湖州市主要污染物排污权交易实施细则（试行)》(湖政发〔2009〕82号)，对排污权有偿使用和交易等内容进行了详细的解释和规定，从而使排污权有偿使用和交易工作步入正轨。

(2) 工作亮点

通过主要污染物总量现场核定，确认的企业生产设备和厂区平面图是湖州市排污权有偿使用和交易工作的一大成果，将这一成果积极应用到企业的日常监管中是湖州市排污权有偿使用和交易工作的一大亮点。

(3) 主要做法

1) 开展排污总量核算，强化后续环境管理

2009年6月7日，湖州市在研究决定排污量核定规则的同时，积极开展市区排污总量核算，组织人员对市区153家符合排污权有偿使用条件的持排污许可证的工业企业进行排污总量核算，并在此基础上在吴兴区选择金能达、三友两家印染厂开展老污染源第三方总量核查工作试点，为下一步老污染源在市区全面推行排污权有偿使用打下基础。在实施排污权有偿使用的过程中，强化排污企业总量核查，逐个进行现场检查，从而规范企业环境行为。在总量核查过程中抽调环保局总量处和监察支队人员，并邀请企业总量核查报告编制单位有关技术人员共同参与，认真比对企业审批或验收确定的主要产污设备与现状的差异，确定企业主要产污设备和主要污染物排放量。

在主要污染物核定的现场核查中，检查人员发现部分企业环境意识仍较薄弱，生产设备增减或替换、生产工艺改变未能及时报环保部门备案，给环境监管带来一定难度。针对这一问题，按照《浙江省排污许可证管理暂行办法》和《浙江省排污许可证管理暂行办法实施细则（试行)》，在2011年湖州市重点企业排污许可证年度审核过程中，将排污权有偿使用与排污许可证发放挂钩，对通过排污权核查认定的企业设备清单和厂区平面图不但在主要污染物排放权证中体现，同时附在排污许可证中，为企业现场监管提供依据。

2) 排污权交易和有偿使用制度的总体框架

①排污权交易的主要污染物指标

湖州市对化学需氧量、氨氮、总磷、二氧化硫等四种污染物排污权先行实施有偿使用，其他污染物排污权视情况逐步实施。

在已开展排污权有偿使用和交易的地市中，目前排污权交易的指标主要是化学需氧量和二氧化硫这两项主要污染物。由于湖州市地处太湖流域，而太湖流域水污染较重，特别是水体富营养化问题日益严重，因此，为削减氨氮、总磷等污染物，改善水质，湖州市在

化学需氧量和二氧化硫这两个指标的基础上，增加了氨氮和总磷两个指标。

②排污权交易的范围

湖州市范围内直接或间接向环境排放污染物的合法的排污单位都属于排污权交易的范围，湖州市区（含吴兴区、南浔区、湖州经济开发区、湖州太湖旅游度假区）先行实施主要污染物排污权有偿使用，逐步在三县推开。该项改革工作的主要对象包括：日排放生产废水10t（含生活废水混合处理排放的）以上的排污单位，或配有1t/h以上燃煤锅炉或相当规模工业窑炉的排污单位。

③排污总量的确定

排污总量的确定按照实际总量—竣工验收总量—环评总量的顺序来进行。以项目环评批复和政府确定的限期治理等文件为依据。

核定的排污总量，通过排污许可证的形式确定其使用权；核定的临时总量，通过临时排污许可证的形式确定其临时使用权。

④排污权的初始分配

Ⅰ 化学需氧量初始排污权的核定方法

第一，有行业定额达标排放标准的（没有相应标准的，各地可结合当地实际制定），排污单位化学需氧量的初始排污权指标首先采取定额达标法计算。计算结果高于环评批复允许排放量的，按环评批复允许排放量核定。

定额达标法是指按照现有的国家行业污染物排放标准中规定的排污定额为依据确定排污权指标。计算方法如下：工业企业有行业排水定额时，以企业的产品数量、排水定额、废水排放浓度核算初始排污权指标；工业企业有行业污染物排放定额时，以企业的产品数量和污染物排放定额核算初始排污权指标；工业企业既无排水定额也无污染物排放定额时，以企业的产品数量、用水定额、排水系数和废水允许排放浓度核算初始排污权指标。

第二，无相应定额达标排放标准的排污单位，其化学需氧量初始排污权指标主要以环评批复允许排污量为主，参考原排污许可证排污量、“三同时”竣工验收监测报告结合生产负荷确定的排污量和满负荷生产情况下的实际排污量进行核定。

第三，环评批复和经批复的环境影响评价报告没有确定允许排放量的，其化学需氧量初始排污权指标以满负荷生产情况下的实际排污量为主，参考原排污许可证排污量和“三同时”竣工验收监测报告，结合生产负荷确定的排污量进行核定。

Ⅱ 初始排污权核定和分配技术路线

第一，按照本方法中化学需氧量初始排污权的核定方法对区域工业排污单位排污权指标进行核定。

第二，依据总量控制的相关规定，确定本区域污染物排放总量控制指标。

第三，在分配本区域初始排污权指标时，预留一部分作为发展量，其余作为本区域排污权可分配指标。其中，COD排污权可分配指标应扣除本区域城镇生活污水COD排放量；SO_2排污权可分配指标应扣除本区域工业以外的SO_2排放量。

第四，各工业排污单位的核定量之和若超过本区域排污权可分配控制指标，按区域排污权可分配控制指标进行等比例削减调整，最终确定各排污单位的初始排污权指标。

具体如图10-4所示。

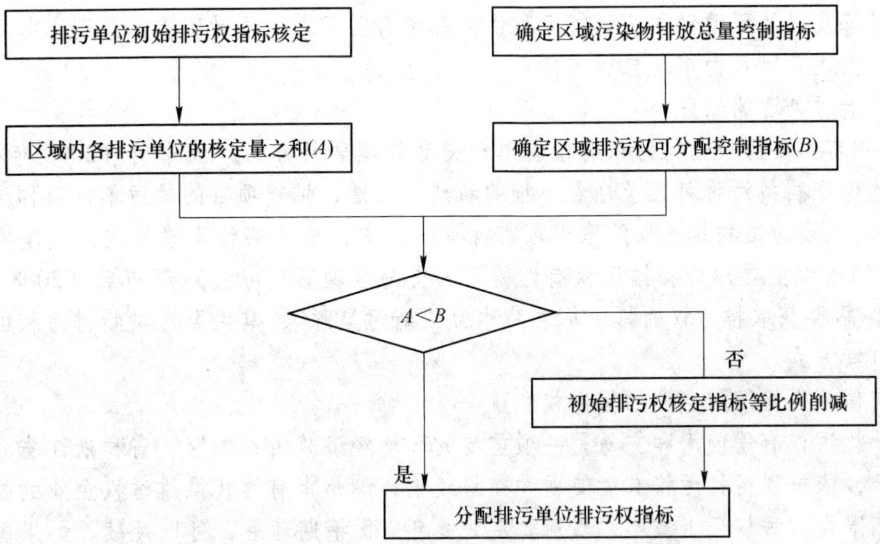

图 10-4 初始排污权指标分配技术路线图

⑤年度总量的审核

年度总量的审核是实施有偿使用后的一项重要工作。以监测数据为基础，对一个年度内与污染物排放相关的所有数据进行核对和确认，对重点污染企业的监测为 1 季度 1 次，对一般企业监测为 1 年 1 次。

⑥总量交易的机制

由于排污权有偿使用和交易工作是一项重要的经济体制改革工作，湖州市排污权有偿使用和交易工作按照“尊重历史、区别对待，总量控制、统一许可，政府定价、逐步实施”的原则进行。按照市政府有关规定，考虑到老污染源的历史原因，鼓励老污染源企业积极参与排污权有偿使用改革，本项改革设置了一些优惠政策：老污染源申请排污权有偿使用的，在 2010 年 6 月底之前申购并一次性缴清排污权有偿使用金的可优惠 50%，在 2010 年 7 月 1 日至 2011 年 6 月底之间申购并一次性缴清排污权有偿使用金的可优惠 20%。

老污染源有偿优惠获得的排污权，排污单位通过各种减排措施产生多余的排污权，在有偿取得排污权两年后，才能开始申请政府有偿回购。

⑦初始价格的确定

有偿使用的初始价格，主要涉及行业分类和企业的成本水平。鉴于总量交易的非市场化，可以确定一个相对合理的初始价格。按照尊重历史的原则，实行新建项企业和现有企业不同的政府指导价。为鼓励现有企业加强污染治理工作，积极采取措施削减污染物排放总量，对现有企业确定较低的申购价和较高的回购价；为控制污染物排放量大的企业的准入，对新建企业确定较高的申购价。化学需氧量 2.5 万元/t；氨氮 5 万元/t；总磷 5 万元/t；二氧化硫 1 万元/t。为促进产业结构调整，化学需氧量排污权还设置了的行业污染系数，石油加工、化工、医药、制革、印染（含砂洗）、造纸等高污染工业项目，系数为 1.5，食品制造、饮料制造、化纤、电镀（含酸洗）等工业项目，系数为 1.2，其他轻污染项目，系数为 1。

排污权有偿使用金基准价将根据国家、省有关法律法规变化情况、总量控制要求、湖州社会经济发展及环境保护实际情况和供求关系等因素进行适时调整，原则上每2年调整一次，条件成熟时可由市场自行定价。

⑧新老污染源的划分

《湖州市主要污染物排污权有偿使用和交易管理暂行办法》颁布前（2008年10月31日前）已经取得排污许可证及已经审批的新建、改建、扩建项目的排污单位简称为“老污染源”，其主要污染物排污权的取得可实行有偿方式，也可实行无偿方式，鼓励实行有偿方式。《湖州市主要污染物排污权有偿使用和交易管理暂行办法》颁布后（2008年10月31日后）需要获取排污权的排污单位简称为“新污染源”，其主要污染物排污权的取得一律实行有偿方式。

⑨有偿获得排污权企业的排污权处置

由于排污权有偿使用和交易是一项重要的环境经济政策，国家、省和浙江省各地均在积极探索，依据现行排污权有偿使用和交易政策，湖州市有偿获得排污权企业的排污权有偿使用年限在排污权证上载明，目前暂定为5年，5年期满后，可以延续。如果国家和省新出台的排污权有偿使用和交易政策，在有偿使用金和有偿使用年限上与湖州市政策存在较大差异时，将相应调整排污权有偿使用金和有偿使用年限，政策调整操作时，仍将体现本次改革的优惠。

有偿获得排污权的排污单位采取通过调整产品结构、改进技术工艺、关停落后设备、实施减排工程等措施削减污染物排放总量，排污单位多余的排污权可由政府有偿回购，政府回购排污权暂按回购年度有偿使用价格的80%确定回购价。

另外，为腾出更多的环境容量，促进经济发展，排污单位多余或闲置的排污权超过5年，经环保部门确认后，可强制回购，回购价按照取得年度排污权的有偿使用价格确定。

⑩未有偿获得排污权的企业排污权处置

不参与排污权改革，未有偿获取排污权的排污单位，只有排污权的使用权，没有排污权的处置权，如发生关闭、破产、迁出本市行政辖区和通过治理或产业结构调整减少的排污量等情况，其排污权不再延续，企业不得擅自处置（如拍卖等），排污权由政府管理机构无偿收回，特殊情况可酌情补助，但补助额不得高于按当年回购价收购总额的25%。

不参与排污权改革，未有偿获取排污权的排污单位，改建、扩建新增排污量或完不成减排任务执行以老带新政策，即未有偿获得排污权的排污单位扩建、改建项目，增加排污量的，原有排放量所对应的这一部分排污权以新带老一并实行有偿使用；未有偿获得排污权的排污单位，必须按照政府要求完成主要污染物削减任务，未完成削减任务的，其主要污染物排污权全部实行有偿使用。

(4) 实施效果

排污权的有偿使用和交易，可以提高企业治污的积极性，是以经济手段或政策措施推动环境管理的一种有效手段，推行排污权有偿使用改革以来，在促进减排、优化产业、综合治理等方面都取得了明显成效。

1）促进减排

排污权有偿使用改革，进一步增强了市场配置环境资源要素的约束力，强化了企业控制污水排放、加快治理污染源的自觉性，整体环境质量改观。

2）优化产业结构

实行差别化定价，提高重污染行业的准入门槛，鼓励技术含量高、污染轻的行业发展，实行排污权有偿使用改革，还进一步约束了新投资者投资经营传统纺织印染企业的需求，加快了低耗能、低污染行业成长。

3）提高企业生态意识

通过开展排污权有偿使用，建立市场化激励和约束机制，改变了长期以来“环境无价、资源无价”的局面，提高了排污企业生态文明理念和社会责任意识。

4）积极引导企业转型

根据《湖州市主要污染物排污权有偿使用和交易管理暂行办法》的文件精神，积极引导重污染企业转型，在尚未正式开展排污权有偿使用和交易之前和开展排污权有偿使用过程中，采用主要污染物排污权有偿使用的方法，利用有限的环境污染治理专项资金“回购”排污权，积极引导重污染印染企业转型，并在鼓励其淘汰重污染产品和生产线的同时根据实际情况预留少量排污权给企业，支持企业产业升级。

(5) 典型案例分析

湖州市的排污权交易主要在一级市场有偿使用，尚未在二级市场实行交易。目前，全市共受理201个排污权有偿使用项目，涉及的主要污染物有化学需氧量、氨氮、总磷和二氧化硫，核定排放量分别为：化学需氧量2143.2895t/a，氨氮271.386t/a，总磷2.889t/a，二氧化硫4709.97t/a。有偿使用金额已达7831.091万元。

案例1：鼓励企业排污总量减少，认可总量核查。企业通过强制清洁生产或技术提升、设备改进，主要污染物排放量较审批或验收减少，为鼓励企业排污总量减少，排污权有偿使用认定总量核查主要污染物排放量。例如湖州梅月针织有限公司，1992年审批废水排放量为61.5万吨/a，已验收项目排污许可证废水排放量为36万吨/a，通过排污权有偿使用总量核查，按现有设备及工艺，实际废水排放量为20.76万吨/a，排污权有偿使用总量核定以实际量为准。

案例2：鼓励企业污水纳管处理，谅解轻微超量。针对目前乡镇污水处理厂负荷不足，也为鼓励企业积极纳管，故企业废水排放量增加20%以内的轻微超量，可通过总量核查予以认可。企业废水量增加，但污染物总排放量仍较直排环境有所削减。例如湖州石淙印染有限公司，原环评审批废水排放量为37.495万吨/a，废水经处理后直排环境，COD排放量为37.495t/a、氨氮为5.624t/a；根据企业提交的总量核查报告，因现有设备有所调整，废水排放量增加至44.925万吨/a，废水排入石淙污水处理厂处理达标后排放，COD排放量为22.46t/a、氨氮排放量为2.246t/a。

案例3：鼓励企业积极参与改革，对违法企业同意整改后实施有偿使用。例如对12家因生产设备、生产工艺、产品或产能发现变化，短时间无法核定总量的企业进行预审，按排污许可证或审批量进行预核定，同时要求企业在环保手续完备之前必须封存相应设备，确保废水量、废气量及污染物排放达到总量控制要求。

10.4 中国的环境经济政策

10.4.1 基本内容

表10-2所示的中国环境政策体系包括横向的3个领域和纵向的5个层次。横向的3个

表 10-2 中国的环境经济政策体系

环境污染防治	农村生态和生物多样性保护	自然资源的合理开发利用
中共中央的方针政策（略）		
环境保护法	野生动物保护法	森林法
大气污染防治法	水土保持法	土地管理法
水污染防治法		水法
固体废物污染环境防治法		矿产资源法
海洋环境保护法		草原法
		渔业法
国务院的行政规章（例）		
排污收费暂行办法	森林法实施细则	土地复垦法
国务院所属部门的规章（例）		
污染源治理专项基金有偿使用暂行办法	育林基金管理暂行办法	
地方法规政策（略）		

领域是：

(1) 环境污染防治。

(2) 农村生态和生物多样性保护。

(3) 自然资源的合理开发与利用。

在纵向结构上，我国的环境经济政策包括以下 5 个层次：

(1) 中国共产党制定的有关方针和政策。例如，《中共中央关于制订国民经济和社会发展“九五”计划和 2010 年远景目标的建议》中有关环境经济政策的内容等。

(2) 全国人民代表大会制定和颁布的法律。例如，《中华人民共和国环境保护法》《中华人民共和国大气污染防治法》《中华人民共和国森林法》《中华人民共和国矿产资源法》涉及环境经济政策的条文。

(3) 国务院制定和颁布的行政规章。例如，排污收费制度。

(4) 国务院所属部委制定和颁布的规章和政策。

(5) 地方人民代表大会和人民政府制定和发布的法规和政策。

在以上 3 个领域和 5 个层次的环境经济政策中，中共中央的方针政策对国家、地方法律以及各级行政规章的制定提供指导作用，国家法律规定了环境经济政策制定的基本原则，并为政策执行提供法律依据；国务院及其所属部委是环境经济政策的制定者，在决策过程中的作用最为关键，他们不仅要把国家法律和党的方针政策准确、及时地体现在具体的政策措施中，还要为政策执行单位（地方政府、行业以及其他基层单位）提供政策导向，地方制定的法规政策基本是在国家法律和政策的原则基础上为解决当地的特定问题而制定的。下面主要讨论狭义的环境经济政策，即由国家行政主管部门制定的环境经济政策，也就是第三和第四层次的内容。

10.4.2 正在执行的环境经济政策

根据政策执行部门划分，我国的环境经济政策共有 3 大类 23 种：

第一类，由环保部门执行的政策。其中又分为以经济手段为主的政策（例如排污收费)、经济手段与标准规定相结合的政策（例如排污许可证和“三同时”）及拟议中的政策（例如生态环境补偿费)。包括：

（1）排污收费；

（2）排污权交易（在排污申报登记与排污许可证基础上试点)；

（3）“三同时”制度；

（4）生态环境补偿费。

第二类，由产业部门执行的政策。包括：

（5）矿产资源补偿费；

（6）土地损失补偿费；

（7）城建环保投资；

（8）废物回收利用；

（9）育林费；

（10）林业基金；

（11）行业造林专项资金；

（12）造林、育林优惠贷款。

第三类，由综合管理部门执行的政策。包括：

（13）城镇土地使用税；

（14）耕地占用税；

（15）城乡维护建设税：

（16）资源税；

（17）资源综合利用；

（18）综合利用利润留成环保投资；

（19）企业更新改造环保投资；

（20）清洁生产；

（21）环保产业；

（22）有益于环境的财政税收政策；

（23）银行环境保护贷款。

10.4.3 实行环境经济政策的必然性

1992 年，联合国环境与发展会议《关于环境与发展的里约热内卢宣言》原则 16 指出，考虑到污染者原则上应承担污染费用的观点，国家当局应当努力促使内部负担环境费用，并适当地照顾到公众利益，而不歪曲国际贸易和投资。

对于我国采用和执行环境经济政策，在中国环境与发展十大对策中做了充分阐述：“按照资源有偿使用的原则，要逐步开征资源利用补偿费，并开展对环境税的研究，研究并试行把自然资源和环境纳入国民经济核算体系，使市场价格准确反映经济活动造成的环境代价；制定不同行业污染物排放的时限标准，逐步提高排污收费标准，促进企业污染治理达到国家和地方规定的要求，对环境污染治理、废物综合利用和自然保护等社会公益性明显的项目，要给予必要的税收、信贷和价格优惠，在吸收和利用外资时，要把环境保护工作作为同时安排的内容，引进项目时，要切实把住关口，防止污染向我国转移。"

中国在环境管理上采用环境经济政策具有历史的必然性。其主要原因有：

（1）中国的大多数环境政策，是在计划经济体制背景下制定的。当经济体制发生激烈变革时，这些老的政策必然会同新的体制发生冲突，产生严重的不适应，政策效力大大减弱。新的经济体制呼唤新型环境管理模式。作为与新经济体制"先天同质"的环境经济政策，因而获得了迅速发展的条件。

（2）在经济体制转轨和国民经济高速发展时期，各种类型的环境问题也超乎寻常地涌现出来。传统的命令-控制型政策，已经不能适应管理对象行为的迅速变化，环境经济政策灵活弹性的管理形式正好可以弥补这一空白。

（3）执行命令-控制型的环境政策，需要设置大量的机构，投入大量的资金和人力。在我国，短期内这些条件很难得到满足。相比之下，环境经济政策主要利用经济杠杆发挥作用，人力、资金和机构需求也比较少。

（4）我国的环境保护投入，长期以来受资金供给和投资体制双重制约，投资总量和投资一直不能满足环境保护的需要。环境经济政策的资金配置功能正好能够解决这一燃眉之急。

（5）我国地域广大，自然条件复杂，各地区经济发展水平不尽相同，"一刀切"的命令控制型政策，往往会因为过分强调环境效果而忽视了经济效率和社会公平。环境经济政策灵活的实施方式可以较好地照顾差异，有利于具体环境问题的具体分析和具体解决。

本章小结

本章主要介绍了环境经济政策的概念和类型，在搞清楚概念的基础上，深刻理解经济政策的意义。经济性政策可分为庇古型和科斯型两种，庇古型政策手段重点阐述了排污收费及其作用，科斯型经济政策主要阐述了排污权交易的基本原理，排污权交易制度和排污收费制度的比较，及其实施条件。最后简单介绍了我国的经济政策的分类和其必要性。

习 题

10-1 何为环境经济政策并阐述其类型。
10-2 环境经济政策的基本功能是什么？
10-3 排污收费的作用有哪些？
10-4 排污权交易的优点是什么？
10-5 比较排污收费和排污权交易的区别。
10-6 分析中国的环境经济政策。
10-7 中国实行环境经济政策的意义是什么？

11 自然资源的可持续利用

11.1 自然资源的分类

自然资源的分类是研究自然资源特点及其对社会经济活动影响的基础，也是对资源进行持续开发、使用和管理，以及研究自然资源可持续利用的关键。

从环境科学的角度，自然资源分为原生性自然资源和次生性自然资源两种。

原生性自然资源，如阳光、空气、降水等，它们随地球的形成和运动而存在，属非耗竭性资源。次生性自然资源是地球在演化过程中的特定阶段形成的，质与量有限定，具有一定的空间分布，属可耗竭性资源。

为了研究自然资源的可持续利用问题，可根据自然资源的再生性质进行分类。据此，自然资源可以分为可耗竭资源和可更新资源两大类。

11.1.1 可耗竭资源

11.1.1.1 可耗竭资源的概念及特征

可耗竭资源，又称不可再生资源，是指在对人类有意义的时间尺度范围内，其储量保持不变，不再增加的资源。所谓对人类有意义的时间尺度是相对于人类在地球演化过程中的时间而言的。许多在地球漫长演化过程中形成的对人类极为有用的资源，如石油、煤炭、各类有色金属等，相对于人类的时间尺度而言，其理论储量是不会增加的，是恒定的。然而，随着人类经济社会的发展，对资源的需求亦不断上升，在仅考虑该类资源消耗这一因素的假定下，理论上将最终导致该类资源的枯竭。

可耗竭资源具有以下 5 个基本特征：

(1) 不可再生性。从化学角度而言，地球上所有物质都是由近百种元素组成的，地壳组成亦如此。地壳元素组成中，主要是氧（O）45.2%、硅（Si）27.2%、铝（Al）8.0%、铁（Fe）5.8%、钙（Ca）5.1%、镁（Mg）2.8%、钠（Na）2.3%、钾（K）1.7%和钛（Ti）0.9%等 9 种元素，这些元素占地壳元素总量的 99%以上，其他的 90 多种元素的含量之和不超过 1%。地壳中的元素分布极不均匀。另外，元素必须相对富集才可能形成具有开采价值的资源，而元素在地壳中的相对富集并形成资源是经历了上百万年、上千万年甚至上亿年的漫长地质过程的，因此，相对于人类社会而言，该类资源是不可再生的、耗竭的、有限的，其价格有随时间上涨的趋势。

(2) 分布地域性。由于地壳中元素富集和成矿过程中的相对集中性，可耗竭资源分布的地域性十分明显。以被誉为“黑金”的石油为例，波斯湾石油沉积盆地在不超过 100 万平方千米范围内，蕴藏着约 58% 的世界石油总储量，其余不到 50% 的石油分布在世界其他地方，地域分布十分明显而差异巨大。同样，世界煤炭储量中 87% 蕴藏在美国、中国和原苏联境内；77%的铬、65%的铂族、钒和50%的黄金集中分布在南非。在我国，98%的稀土资源在内蒙古，75%的钠资源集中在甘肃，65%的云母资源集中在新疆。

（3）品质的差异性。可耗竭资源在富集和成矿过程中，其元素富集的相对集中度是不同的。不同的元素相对富集程度形成了不同的资源品位，即可耗竭资源中有用组分的富集程度及单位含量，是衡量耗竭性资源质量优劣的主要标志，通常以%、g/t、g/L等表示。可耗竭资源品质上的差异，决定了可耗竭资源开发利用的价值大小、加工利用方向以及生产技术工艺流程等。因此，从资源利用而言，同种资源，不同的资源品位，其利用价值或开发成本是不一样的。

以铁矿石为例，欧洲的铁矿石品质相对较差，含铁量较低；而澳洲的铁矿石含铁量高、品位好，且储量丰富。因此，在欧洲被认为是铁矿石的矿石在澳洲也许被认为并无价值。我国铁矿资源比较丰富，国土资源部公布的全国铁矿查明资源储量超过600亿吨，位居世界前五。但埋藏深、品位低，贫矿储量（品位25%~40%）占总储量的98.4%（巴西矿、澳洲矿的品位普遍高达56%~67%），使我国钢铁工业发展面临许多困难。

（4）伴生性。与耗竭资源品位相对，其元素富集与成矿过程中，往往形成以一种矿种为主，另有相对含量较少的若干矿种或元素在一起的伴生现象（也有少量若干矿种或元素平均含量大体相当的共生现象）。耗竭性资源的伴生性在一些金属矿床中普遍存在，如铁、钛、钡、锆伴生，铬、镍、钴、铂伴生，锌、铅、银伴生等；常规金属与稀有、分散金属矿产的伴生尤其明显，如我国最大的甘肃铜镍矿，也是我国目前最大的铂矿产地，同时还伴生有金、银、钴、硒、碲、硫、镉、镓、锗等多种元素；湖南滨州钨矿，是一个以钨、锡、铋、钼为主的综合矿床；四川攀枝花铁矿共生有钒、钛、钴、镓、锰等13种主要矿产。这类矿床在我国较多，虽然可以一矿多用，综合利用，但矿石选冶技术条件复杂，开发利用技术难度大，成本高，国际竞争力受到影响。

（5）替代性。替代性是因不同资源具有相同或相近效用的缘故而产生的。以能源资源为例，石油、煤炭以及其他能源资源，在一定条件下可转化为相同的能量，为人类所用。又如，过去大量工业产品都以金属为基本材料，如汽车、飞机、火箭，随着科学技术的发展，这类产品中的很多零部件由塑料、复合材料的非金属制品代替，并且在硬度、重量、材质等方面有更优越的品质。因此，部分可耗竭资源是可以相互代替的。

可耗竭资源的替代性使原来许多非常珍贵的资源可能变得普通，其价格甚至在一定的时间范围内下跌，但资源的耗竭性不会被改变。此外，可耗竭资源的替代性与替代成本、技术水平等密切相关。

11.1.1.2 可耗竭资源的分类

可耗竭资源按其能否重复使用，可分为可回收的可耗竭资源和不可回收的可耗竭资源。

A 可回收的可耗竭资源

资源产品的效用丧失后，大部分物资还能够回收利用的可耗竭资源称为可回收的可耗竭资源。可回收的可耗竭资源主要指金属等矿产资源。例如，汽车报废后，汽车上的废铁可以回收利用。不过，资源的可回收利用程度是由经济条件决定的。只有当回收利用资源的成本低于新开采资源时，回收利用才成为可能。

可回收的可耗竭资源的开采储量能够通过一些经济条件的变化而增加。这些经济条件的变化虽然可能具有多种形式，但它们有一个共同的特征，即使得以前不具有开采价值的资源变得有开采价值。资源的市场价格是一个最明显的例子。当价格上升时，会刺激生产者去勘探潜在的资源，或者开采低品位的资源。此外，高价格还会刺激技术进步。技术进步可以提高资源利用率，或者发展新的可替代资源。

可回收的可耗竭资源最终仍会耗竭，但是耗竭速率取决于需求、资源产品的耐用性和回收利用该产品的程度。除了需求缺乏弹性的情况外，一般来说价格增高会使需求量减少。资源产品的使用寿命越长，对资源的需求就越少。回收利用可以通过提高产品使用率（例如重复使用的饮料瓶）以及重新利用废弃产品，减少对资源的需求。需要强调的是，可回收的可耗竭资源不可能100%地循环利用。根据热力学第二定律，在一个封闭的系统内，无限的内循环是不可能的，甚至从系统外界不断投入能量时（例如太阳能的有效利用），无限的内循环也是不可能的。每次内循环都要产生某些损失，每次资源利用都会使资源产生某种退化。例如，铜币能被熔化而铸成铜锭，但是在流通过程中摩擦掉的铜却不能恢复。只要资源的回收利用率小于100%，那么资源存量最后一定会降低到零。一般来说，可回收的可耗竭资源依靠回收利用而得到补充的数量是很低的，在任何时期，它对资源存量不会产生显著影响。

B 不可回收的可耗竭资源

在使用过程中具有不可逆性，且在使用之后不能恢复原状的可耗竭资源称为不可回收的耗竭性资源，主要指煤、石油、天然气等能源资源。该类资源被利用后，不仅物理形态发生改变，其化学性质也发生改变，无法回收或重复利用。例如天然气，经利用燃烧后变成热能，消散到大气中，变得不可回复了。尽管从理论上而言它们可以被回收和合成，但从经济角度或是技术条件上，目前尚不可行。

能源是人类社会发展的动力，一个国家获得和利用能源的能力，决定了它在当今世界的经济地位。在现有技术水平下，不可回收的可耗竭资源的特点决定了其资源耗竭速度必然快于其他资源。当代世界经济发展对能源迅速增加的巨大需求，加剧了这种资源的耗竭速率。提高不可回收的可耗竭资源的利用率，减少浪费是缓解其耗竭速率和减少废弃物产生的重要途径。

11.1.2 可更新资源

能够通过自然力以某一增长率保持或不断增加流量的自然资源叫可更新资源。例如，太阳能、大气、森林、鱼类、农作物以及各种野生动植物等。有些可更新资源的持续性和流量受人类利用方式的影响。在合理开发、利用资源的情况下，资源可以恢复、更新、再生产以至不断增长；在不合理的开发利用条件下，其可更新性就会受阻，使存量不断减少，以至耗竭。例如，土壤侵蚀导致土壤肥力下降，从而减少了土地资源存量；过度捕鱼减少了鱼的存量，并且进一步降低了鱼群的自然增长率。另一些可更新资源的存量和持续性则不受人类影响，如太阳能，当代人消费的数量不会使后代人消费的数量减少。

一些可更新资源能够被储存起来。资源的可储存性为在不同时间范围内配置资源提供了可能。例如，粮食储备可以调剂余缺，平抑市场价格。太阳能也可以被储存，最常见的方式就是光合作用。可更新资源的储存一般来说不同于可耗竭资源的储藏。储藏可耗竭资源是为了延长它的经济生命；储存可更新资源则是为了保证不同时期的供求平衡。

根据财产权是否明确，可更新资源可以分为可更新商品性资源和可更新公共物品资源。

11.1.2.1 可更新商品性资源

可更新商品性资源是指财产权可以确定，能够被私人所有和享用，并能在市场上进行交易的可更新资源。例如，私人土地上的农作物、森林等。这些可更新资源主要具有以下特点：

（1）完全明确的财产权。对这些资源所有者的各项权利、权利的限制以及侵害这些权利的处罚都有明确规定。

（2）专有性。由拥有这些资源带来的所有效益和费用都直接给予资源的所有者，而且只有通过所有者才可转卖资源资产使用权。

（3）可转让性。所有资源产权可以在双方自愿的条件下，从一个所有者转移到另一个所有者，从而实现有效配置。

（4）可实施性。资源产权可保证免于他人的侵犯和非自愿的获取，使得侵害权利者得到的惩罚大于侵害权利可能得到的最大好处或期望的非法收入。

11.1.2.2 可更新公共物品资源

可更新公共物品资源是指不为任何特定的个人所拥有，但是却能为任何人所享用的可更新资源，如公海鱼类资源、物种、空气等。这类可更新资源至少具有下面两个特征中的一个：

（1）消费的不可分性或无竞争性。这是指某人对某物品的消费完全不会减少或干扰他人对同一物品的消费。例如，每一个人都可以自由呼吸空气，同时并不减少其他人可以得到的数量。

（2）消费无排他性。这是指不能阻止任何人免费消费该商品。例如，在公海里某一渔民无法阻止别人前来捕鱼。属于公共物品的可更新资源是非专有的。非专有性是财产权的一种减弱，它将导致低效率。在这种情况下，价格既不能在使用者之间对分配和利用资源起调节作用，也不能为生产或保护资源提供刺激作用。这种可更新资源配置的结果是可更新资源开发过度，以及在管理、保护和提高生产能力方面投资不足。

11.2 自然资源的存量和流量

11.2.1 存量和流量的概念

存量和流量是两个重要的自然资源经济学概念。国民经济核算也包括自然资源流量和存量部分，其流量部分反映国民经济的一般经济活动（不包括资源产业和环保产业）与资源产业、环保产业之间的供给和使用关系，体现我国自然产业活动、环境保护活动与一般社会经济活动之间相互促进、相互制约的有机联系；存量部分反映我国经济活动中创造积累的庞大的生产资产、丰富的自然资源等构成国家财富的重要内容的存量规模与结构，以及生态环境的质量状态，体现我国进行可持续发展所需要的经济资产条件、自然资源的潜在支撑力和生态环境的容纳度。

自然资源的存量是指在一定的经济技术水平下可以被利用的资源存储量。自然资源在某一固定的时间点上是一个确定的数值。但是随着科学技术的提高，新的资源不断被发现，因此，在一个动态的时间范围内，资源的存量又是不断变化的。

自然资源的流量是指在一定的时期内，自然资源的流入量和流出量。例如，可耗竭资源的开采量和可再生资源的再生量。自然的新陈代谢和人为的干预等因素都可以影响资源的流量。在一定的时期内，资源流入量减去资源流出量，就等于资源净流量。我们可以通过资源净流量来反映自然资源的消耗速度。

为了更好地表达自然资源的存量和流量的关系，我们可以用下面的公式来表示：

期初存量+期内资源流入量-期内资源流出量
=期初流量+期内净流量
=期末存量

其中，期内资源流入量包括资源新发现量、生长量、补充量、重估增值量等；期内资源流出量包括开采量、各种损失量、重估减值量等。

11.2.2 对资源存量的分析

资源存量与一些资源储量的概念相关。

资源存量可分为已探明储量、未探明储量和蕴藏量。

11.2.2.1 已探明储量

已探明储量就是利用现有的技术条件，使资源位置、数量和质量得到明确证实的储量。它又可分为可开采储量和待开采储量。可开采储量是指在目前的经济技术条件下有开采价值的资源。待开采储量是指储量虽已探明，但由于经济技术条件的限制，尚不具备开采价值的资源。在技术条件不变的情况下，待开采储量能否转变为可开采储量，在很大程度上取决于人们对这些资源的支付意愿。

11.2.2.2 未探明储量

未探明储量是指目前尚未探明，但可以根据科学理论推测其存在或应当存在的资源。它分为推测存在的储量和应当存在的资源。推测存在的储量是可以根据现有科学理论推测其存在的资源。应当存在的资源是今后随着科学技术的发展可以推测其存在的资源。

11.2.2.3 资源蕴藏量

资源蕴藏量等于已探明储量与未探明储量之和，是指地球上所有资源的储量之和。因为价格与资源蕴藏量的大小无关，所以蕴藏量主要是一个物质概念而非经济概念。对于可耗竭资源来说，蕴藏量是绝对减少的；对可更新资源来说，蕴藏量是可变量。这个概念之所以重要，是因为它代表着地球上所有有用资源的最高极限。所以不能把蕴藏量当作探明储量，也不能认为全部资源蕴藏量都是可利用的。

资源储量的关系如图 11-1 所示。

从图 11-1 可以看出，自然资源储量的利用程度取决于经济可行性和技术可行性。纵坐标从上到下表示开采成本不断提高，资源利用的可能性逐渐下降；横坐标从左到右表示技术难度逐渐增加，资源利用的可能性逐渐降低。这两方面都包含时间概念，但没有表示时间的尺度，这是因为不同类型的资源在不同的时间会有不同的开发利用形式。

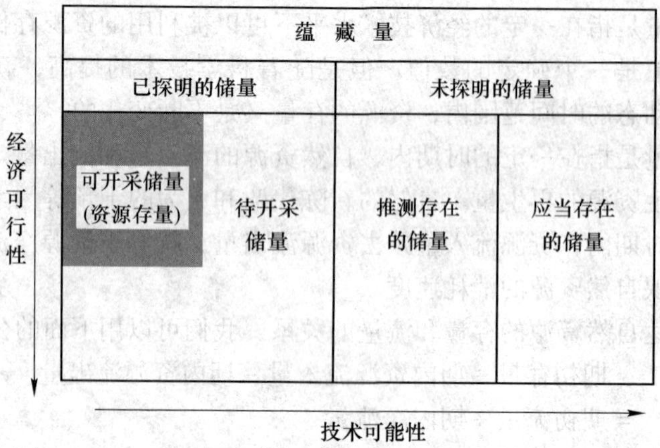

图 11-1 自然资源储量的关系

掌握这三个概念的区别非常重要，否则就会导致错误的结论。如果把已探明储量当作是资源蕴储量，再根据目前的资源消耗水平估算地球上的资源还能使用多少年，就会得出非常悲观的结论。例如，1934 年有人估算铜的蕴藏量（实际是已探明储量）只够开采 40a，而 1974 年铜的已探明储量被证实还能再开采 51a。罗马俱乐部 1971 年发表的《增长的极限》也犯有类似的错误。实际上这种计算方法只有在以下两种条件下才可能是正确的：(1) 资源消耗量一直保持不变，直到资源耗竭；(2) 即使外界条件发生变化，已探明储量也不会增加。而以上两种条件都是不现实的，需求会随着价格的变化而变化，储量也可能增加。所以这种计算方法是不正确的。

另一个错误是认为全部资源蕴藏量都是可利用的，即把所有资源看成是同质的，认为人们愿意为最后一个单位的资源付钱。如果资源是无限增长的，那么最后一个单元的资源蕴藏量也有可能被开采，然而价格不可能无限增长，总有一些资源由于开采成本过高，最终不会被利用。因此，资源的最大可利用量是小于资源蕴储量的。更确切地说，可能被利用的最大资源储量是不能以某一具体数字来表示的。

11.3 可耗竭资源的可持续利用

对于不同类型的自然资源，可持续利用具有不同的含义。可耗竭资源因为不可再生，其可持续利用实际上是最优耗竭问题。它包括以下两方面的内容：(1) 在不同时期合理配置有限的资源；(2) 使用可更新资源替代可耗竭资源。

可耗竭资源在不同时期配置的核心问题是实现高效率的资源配置。高效率资源配置的要求是资源利用净效益的现值最大化，从而使资源在现在与未来使用中达到均衡，这需要合理分配不同时期的资源使用量。下面首先分析一种资源在两个时期的配置模型，然后将其推广到更长的时期和更复杂的情况。

11.3.1 两个时期的资源配置模型

假设：

(1) 资源的边际开采成本在两个时期内是不变的，且以不变的方式供给；

（2）在两个时期内对资源的需求是不变的，且边际支付意愿的方程式为 $p = 8 - 0.4q$；

（3）在两个时期内边际成本 MC 也是不变的，且单价为 2 元/t（图 11-2）。

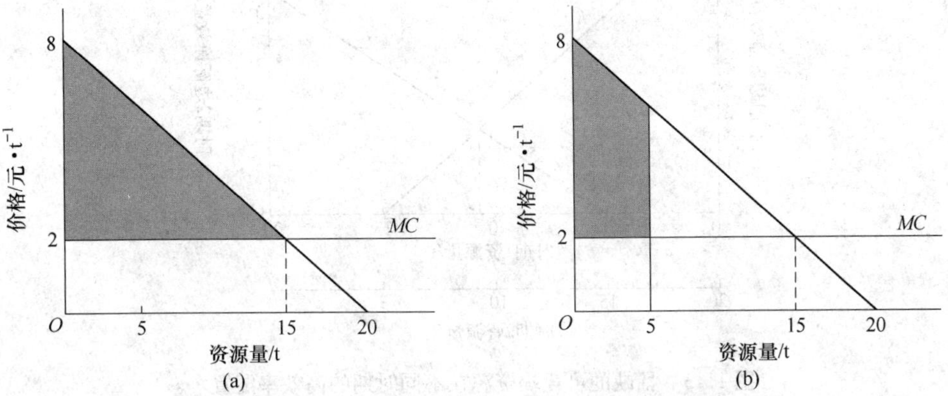

图 11-2　充足的可耗竭资源在不同时期的配置

（a）时期 1；（b）时期 2

从图 11-2 可以看出，如果资源总供给量为 30t 或 30t 以上时，在两个时期间的配置就很容易实现高效率（暂不考虑贴现率），因为每个时期都能得到本期所需要的 15t 资源量，分别实现本期的高效率；时期 1 对资源的需求量不会减少时期 2 资源的供给量。然而，当资源的有效供给量小于 30t 时，就会出现另一种情况。

假设资源的有效供给量为 20t，为了实现高效率的资源配置，就要使这 20t 资源在两个时期内的净效益现值之和达到最大化。净效益现值之和的求法可用下面的例子说明。假设分配给 1 期的资源为 15t，分配给 2 期的资源为 5t。则时期 1 的净效益现值就等于图 11-2（a）中阴影中的面积（45 元）；时期 2 的净效益就等于 11-2（b）中阴影部分的面积除以 $1 + r$（r 是贴现率）。如果贴现率 $r = 0.10$，那么时期 2 净效益现值就是 $25 \div (1 + 0.1) = 22.73$ 元。因此，两期的净效益现值之和就等于 $45 + 22.73 = 67.73$ 元。

为了找到使两时期净效益现值最大的资源配置方案，可以通过计算机找出时期 1 资源配置量（q_1）和时期 2 资源配置量（q_2）所有可能的组合（$q_1 + q_2 = 20$），然后挑选出其中净效益现值最大的配置组合。

实现资源高效率配置的必要条件是，时期 1 使用的最后 1t 资源的边际净效益现值等于时期 2 使用的最初 1t 资源的边际净效益现值。不需要复杂的数学知识，这个原则也容易理解。为此，我们用一种简单直观的图形来表示两个时期的资源配置问题（图 11-3）。

图 11-3 中 l_1 和 l_2 分别表示时期 1 和时期 2 的边际净效益现值曲线，时期 1 的边际净效益现值曲线从左往右读。l_1 与纵坐标的交点为 6 元，因为最大边际净效益等于最大边际效益（8 元）减去边际成本（2 元）；假设贴现率 $r = 0.1$，则 l_2 与纵坐标的交点 b 为 $6 \div (1 + 0.1) = 5.45$ 元。l_1 和 l_2 相交于点 e。这样，两个时期总的净效益现值就等于 $aebO_2O_1$ 围成的面积。e 点为高效率资源配置点，因为在这一点上两个时期净效益现值之和最大（此时面积最大）。由图 11-3 可见，分配给时期 1 的资源量为 10.238，分配给时期 2 的资源量的资源为 9.762。

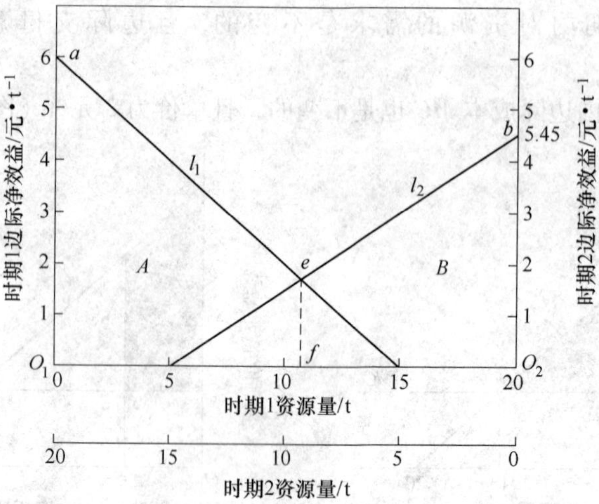

图 11-3 稀缺的可耗竭资源在不同时期的高效率配置

以上的模型是在健全的市场和合理的政府调节条件下建立起来的。同时，由于这里分析的是稀缺的可耗竭资源，所以还必须考虑由于资源稀缺产生的额外的边际成本，在这里称之为边际使用成本（即图 11-3 中 *ef* 所示）。边际使用成本是指边际机会成本的现值。由于可耗竭资源的供给是固定、有限的，今天多使用一个单元的资源，就意味着明天少使用一个单元的资源，因此，今天决定使用一定数量的资源，就意味着放弃将来使用该资源的净效益。

在一个有效的市场中，不但要考虑边际开采成本，而且要考虑边际使用成本。如果资源是不稀缺的，资源价格就等于边际开采成本；如果资源是稀缺的，资源价格就等于边际开采成本加上边际使用成本。边际使用成本主要受贴现率的影响，贴现率的大小反映了人们对边际使用成本的评价，在上面的模型中，由于正贴现率的存在，使得时期 1 比时期 2 获得更多的资源。贴现率越大，边际使用成本就越小，时期 2 获得的资源也就越小。所以贴现率的大小表明了当代人对边际使用成本的评价和代际之间的资源配置。

11.3.2 *n* 个时期的资源配置

假设前面的需求曲线和边际成本曲线仍然保持不变，时间由两个时期延长到 *n* 个时期，资源的供给量也相应的增加（图 11-4）。

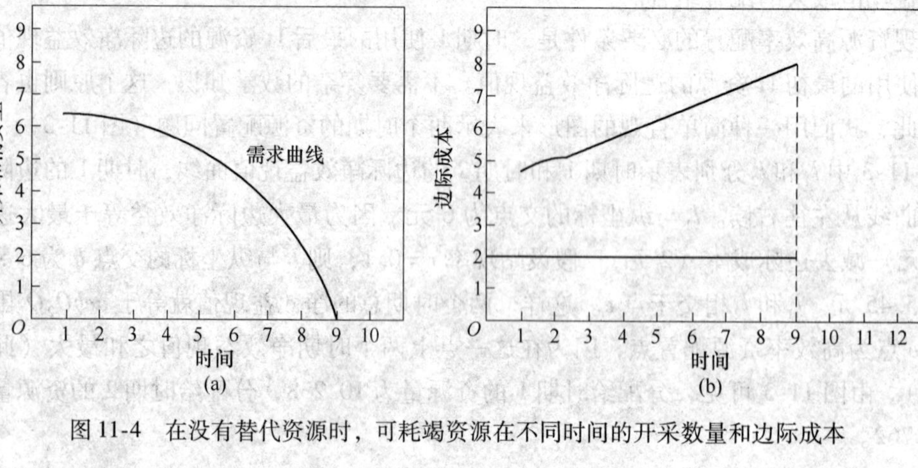

图 11-4 在没有替代资源时，可耗竭资源在不同时间的开采数量和边际成本

图 11-4（a）表示资源开采量在时间上的变化。图 11-4（b）表示资源的总边际成本和边际开采成本之差就是边际使用成本。

从图 11-4 可以看出，尽管边际开采成本保持不变，但边际使用成本是不断增加的。边际使用成本的增加反映了资源稀缺程度的增加和资源消费机会成本的提高。与随着时间的推移而增加的总边际成本相对应的是，资源开采量随着时间的推移而逐渐降低至零。在图 11-4 中，当时间为 9、总边际成本为 8 元时，开采量为零。从这个例子中可以看出，即使边际开采成本没有增加，有效配置也能够使资源逐步耗竭，而避免了突然耗竭。

11.3.3　可耗竭资源之间的替代

假设有两种可替代的可耗竭资源，它们有各自的不变边际开采成本，在一定条件下，边际开采成本低的可耗竭资源可以被边际开采成本高的可耗竭资源替代。这时，可耗竭资源之间的有效配置如图 11-5 所示。

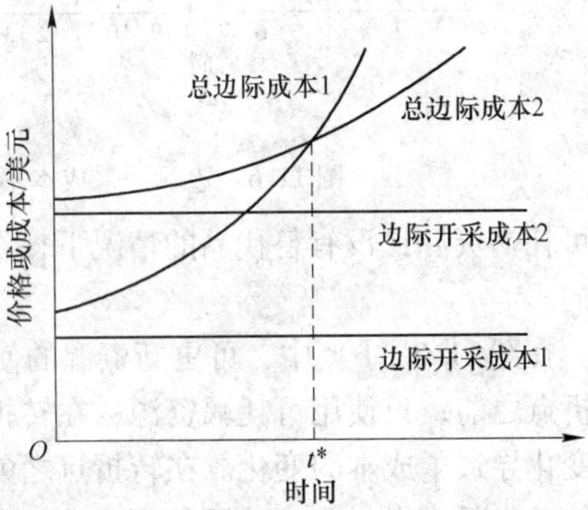

图 11-5　边际成本不变时，两种非再生资源之间的替代

资源的总边际成本等于不变的边际开采成本与上升的边际使用成本之和。当资源 1 的总边际成本随时间升至资源 2 的总边际成本时，即图中的 t^* 时刻，在该点资源发生转移。例如，某时某地石油的开采成本较高，煤的开采成本较低，这时锅炉烧煤，随着煤资源的消耗，边际使用成本升高，当煤的总边际成本高于石油的总边际成本时，就改为烧石油。t^* 称为转折点，转折点前后都只有最便宜的资源被使用。分析总边际成本曲线可以发现两个特征：首先，两种资源的替代是平滑过渡的，总边际成本没有跳跃；其次，总边际成本的增长率在替代以后，至少在一段时间是减缓的，是因为资源 2 的边际使用成本较资源 1 低所致。

11.3.4　实现可更新资源替代

考虑存在可替代的可更新资源，并且以不变的边际成本供给时，怎样进行资源的有效配置。例如当太阳能以替代品出现时，如何有效地配置石油和天然气。

假设其可耗竭资源存在可更新资源替代品，且当单位价格为 6 元时，可以无限供应该替代资源；人们对非再生资源的最大支付意愿为 8 元。这样，从非再生资源到可更新资源的替代就会发生，因为可更新资源的边际成本（6 元）小于非再生资源的最大支付意愿（8 元）。而且，由于替代品价格为 6 元，所以可耗竭资源总边际成本永远不会超过 6 元，因为只要作为替代品的可更新资源更便宜，人们就会用它来代替可耗竭资源。

当没有有效的替代品时，人们的最大支付意愿使得总边际成本保持在较高水平上；当有效的替代品出现时，便抑制住了它的成本，但却使边际开采成本固定在更高水平上，因为可更新资源的边际开采成本高于可耗竭资源（图 11-6）。

从图 11-6（a）中可以看出，在有效的资源配置中，实现了可耗竭资源向可更新资源替代品的平滑过渡。可耗竭资源的开采量随着边际使用成本的增加而逐渐减少，直到替代品的出现并最终替代它。但是，由于可更新资源的出现，会加速可耗竭资源的开采，结果

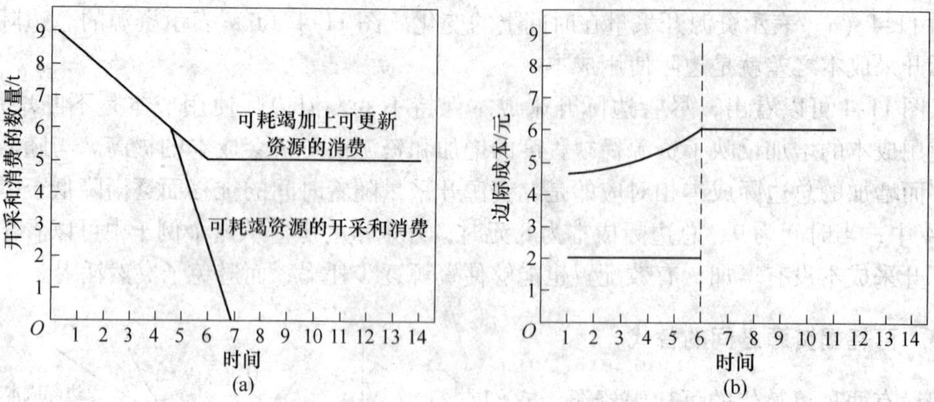

图 11-6 边际开采成本不变时可耗竭资源向可更新资源的转换

是可耗竭资源比没有替代品的情况下耗竭要快。在这个例子中，可耗竭资源是在时间 6 停用的。

在图 11-6（b）中，可更新资源的使用开始于过渡点（或转折点，对应于时间 6）。在转折点之前，只使用可耗竭资源；在转折点之后，只使用可更新资源。这个资源使用模式的变化导致了成本的变化。在转折点之前，可耗竭资源比较便宜；在转折点上，可耗竭资源的总边际成本（包括边际使用成本）等于替代品的边际成本。这时，替代发生了。由于替代品的有效存在，资源使用量在任何时候也不会降到 5 单位以下。

11.3.5 资源勘探和技术进步对可耗竭资源的影响

回顾历史可以发现，可耗竭资源的储量和消费量随着时间的推移，不是减少而是增加了，造成这一现象的主要原因是资源勘探和技术进步。

当地理位置优越和高品位资源开采殆尽的时候，人们必须转向地理位置不好和低品位的资源，例如，海底和地层深处的资源。勘探资源的成本即边际勘探成本，其随时间的增加而增加。当一种资源的总边际成本随时间的增加而不断增加时，社会就会积极勘探新的资源。如果新发现资源储量的边际开采成本足够低，就会降低、至少会延缓总边际成本的增长速度。新储量的发现就会鼓励资源消费。

技术进步最显著的影响是使某一时期边际开采成本持续下降。如果由于技术进步的作用，使人们对低品位资源的信赖增加的同时降低了边际开采成本，资源的总边际成本可能降低；但由于可耗竭资源数量是有限的，故其总边际成本的下降是暂时的，最终必然会上升。因此，技术进步只是延长了可耗竭资源被替代的时间。

11.3.6 垄断经营对可耗竭性资源的影响

在自然资源产品市场存在垄断的情况下，自然资源的开发利用速度会比完全竞争情况下的资源开发速度慢。

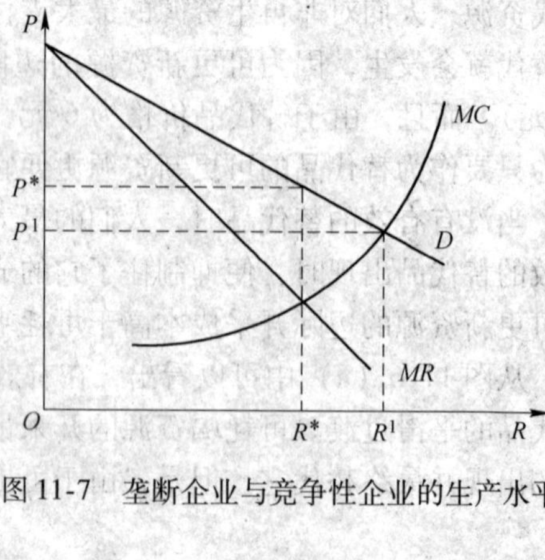

图 11-7 垄断企业与竞争性企业的生产水平

图 11-7 中，*MR* 和 *D* 分别表示垄断经营下的

边际收益线和社会需求曲线；*MC* 表示企业开采资源的边际成本曲线。在垄断经营的情况下，资源的开采规模为 R^*，而竞争性经营下的开采水平为 R^1，可见垄断经营下的资源开采水平比竞争性经营下的开采水平低，使资源消耗的速度减慢。从价格方面来看，垄断经营下的资源产品价格高于竞争经营下的资源产品价格。

11.3.7 我国可耗竭资源的可持续利用

11.3.7.1 我国可耗竭资源可持续利用原则

由于受多种因素的影响，我国主要矿产品进口量逐年上升，已逐渐成为可耗竭资源进口大国。据国土资源部《2008 年中国国土资源公告》，2008 年我国发现和证实了 15 个亿吨级油气储量区，新增探明地质储量石油 13.4 亿吨、天然气 6472 亿立方米，原煤 231.1 亿吨。资源进出口贸易增长迅速，全国初级矿产品及相关能源原材料进出口贸易总额突破 2400 亿美元。主要矿产品进口量大幅增长，其中，原油进口 17889 万吨；铁矿石进口 44403 万吨；锰矿石进口 757 万吨；铬铁矿进口 684 万吨；铜矿石进口 520 万吨。可耗竭资源进出口额同比增长 33.3%，占全国进出口总额的 25.7%。我国可耗竭资源短缺已是不争的事实。

可耗竭资源可持续利用的核心是如何实现合理的代际分配，并实现一定的生态保护，既有良好的经济利益，同时又有合理的生态效益与社会效益。基于此，我国可耗竭资源的可持续利用应坚持以下原则：

（1）充分利用国内、国际两个市场。在合理开发利用国内资源的同时，要充分利用国外资源，调剂余缺，调剂品种，充分利用国际、国内两个市场，适当进口国内紧缺资源及其产品，积极出口国内优势资源及其产品，对国内稀缺资源和珍惜资源实行保护性开采，对重要战略资源进行必要的储备。

（2）资源开发与保护相结合。我国可耗竭资源开采技术相对落后，资源性产品价格偏低，资源管理体制和政策还不健全，导致资源利用率不高，浪费极为严重。据估算，我国每年浪费的能源至少在 100 亿吨标准煤以上，资源保护与节约潜力极大。节约不仅有利于资源保护，又比开发节省投资，周期短而见效快，应大力提倡。

因此，应按照不同的可耗竭资源类型、区域和特点，制订具体的开发与保护计划。坚持节约利用和综合利用相结合，确定适度的资源储采比，合理调节可耗竭资源的耗竭速度，提高可耗竭资源的采选冶回收率和综合利用率，抑制资源生产率下降，防止资源的破坏和流失。

（3）资源利用与环境保护相结合。我国可耗竭资源大多数分布在生态环境脆弱甚至退化的区域。以煤炭资源为例，集中分布在我国山西、内蒙古、陕西等省（自治区），而这些区域是我国黄土高原主要区域，生态环境脆弱。其他类型的可耗竭资源亦多分布在山区、丘陵区等生态环境脆弱区域。对这些区域的资源开发利用，除了要提高其资源的利用效率外，还要十分重视生态环境的保护与修复，做到资源利用与生态环境保护相结合，实现资源生态、环境与发展的协调统一。

（4）超前准备与后续开发相结合。可耗竭资源多处于地下，其勘查与调查等前期准备是资源合理开发的前提。对于可耗竭资源的开发，应有提前 10～15a 的地质勘探准备期。而目前我国可利用的可耗竭资源储量不足，其开发处于“等米下锅”的状态，必须尽快着手加强地质勘探工作，增强可耗竭资源的可持续发展能力。此外，在合理开发资源的同时，还需要考虑合理保护、保存资源。

11.3.7.2 我国可耗竭资源开发利用模式

从我国可耗竭资源的供求态势来看，可耗竭性资源需求增长迅速，而国内可耗竭资源保障能力呈下降趋势。因此，要确保我国社会经济的持续稳定发展，必须建立有效的可耗竭资源开发利用模式。

（1）集约开发模式主要是：1）调整和优化矿产结构，包括矿产开采模式结构、产品结构、上下游比重结构，尤其是整合乡镇小矿，从而不断提高矿产资源开采效率。这可以通过将生态环境成本纳入采矿权价格的方式或途径，提高小煤窑、小矿山的开采成本，从而逐步迫使其退出开采市场。2）提高可耗竭资源的综合效率。目前我国矿山企业开展综合利用的企业占1/3，因此需要采取有效的行政措施和经济激励措施，鼓励企业对可耗竭资源进行综合利用，提高其综合利用效率。3）积极推进技术进步，降低资源消耗。主要是通过科技创新和产业结构调整，提高资源利用效率，降低生产企业资源消耗的水平，淘汰落后生产方式，不断提高单位能源、矿产资源的经济产出率。

（2）生态修复模式。可耗竭资源开采区域的生态修复，不仅可以为矿业区域可持续发展提供保障，而且也促进了矿区自然资源的综合利用和经济的快速发展。澳大利亚十分重视矿区的生态修复，并且也已形成了系统的生态修复科技体系。其具体做法是：注重矿区生态修复方面的多样性和景观生态系统设计；立法保证废弃矿区的生态修复资金来源与税收鼓励；严格矿业环境保护规范管理，制定可行的生态修复规划并监督实施。

（3）利益相关模式。当前我国可耗竭资源开发利用中存在区域间的恶性竞争、国有大矿和乡镇小矿恶性竞争等问题，从而造成了资源开采中的极度浪费问题。例如，煤炭资源探（采）矿权交易不规范，随意分割肢解整装煤田，稀缺煤种未能得到依法合理保护，乱采滥挖，无序开采，资源浪费现象还相当突出，加之开采技术水平低、工艺落后、管理粗放、有限的能源效用得不到充分发挥。小煤窑的资源回收率仅有25%左右，地方煤矿及国有煤矿为了企业自身利益，吃肥丢瘦，采优弃劣现象也比较严重，资源回收率与国家开采技术要求相比明显偏低，造成大量宝贵的煤炭资源白白浪费掉。要解决这一问题，必须充分考虑所有利益相关者的利益，并通过行政手段、产权设置、土地利用等方式，进行必要的利益分享，以增强地方政府对于资源保护的积极性，提高当地民众对资源保护的参与性。

（4）企业集团模式。要做大、做强我国资源产业，必须组建企业集团。主要思路是：以地域关联、矿种关联为基础，以资产链接为纽带，制定一系列产业政策，指导、引导矿业企业联合，进而形成以国有大矿为核心，以乡镇小矿为不同紧密程度成员的矿业企业集团。在联合的同时，进行国有大矿和乡镇小矿的改革，合二为一，成为平等的法人实体和市场经济竞争主体，将矿业市场竞争主体重塑为不同规模企业集团间的竞争，而不是不同所有制企业间的竞争。

（5）两个市场模式。要充分利用国内、国际两种资源、两种市场，实现可耗竭性资源产业“走出去”的发展战略，通过合作开发、独自开发等方式积极参与国际资源开发市场竞争，从而提高我国资源产业企业的竞争能力。具体思路是：一是以出养进，变资源优势为经济优势，努力开拓国际市场；二是充分利用国外资源，满足我国经济建设日益增长的市场需求；三是制定符合我国国情和矿情的矿产资源进出口政策。如根据比较利益原则，积极调整进出口产品结构；鼓励出口国内资源丰富具有高附加值和国际竞争力的矿产品及其加工产品，同时对因超员出口造成国际市场供过于求的矿产品实施出口量控制；不鼓励出口国内紧缺的大宗资源性产品，要求减少初级产品和能源含量高的产品出口，有些还要限制出口和禁止进口；积极支持适当扩大进口国内紧缺的资源产品。

11.4 可更新资源的可持续利用

对于可更新资源来说，主要是合理利用资源，实现资源的永续利用。在关于可更新资源可持续利用的经济学分析中，财产权是最重要的影响因素。财产权明确的可更新资源称为可更新商品资源，例如，私人土地上的农作物、森林。财产权不明确或者不可能确定财产权的可更新资源称为可更新公共物品资源，例如，公海渔场和生物物种。

11.4.1 可更新公共物品资源

可更新公共物品资源的可持续利用主要是通过控制使用率和收获率实现最大可持续收获量。

公共物品资源不可能确定专有财产权，因此不可能像一般生产过程那样进行管理，私人林场可以自行决定林木数量和采伐时间，然而在公海渔场，因为私人不能拥有财产权，对资源利用的控制必须通过实施国家政策实现。

渔业资源的一个重要特点是，资源的增长率与资源种群数量或存量有着密切的关系。渔业资源存量随资源的自然增长率和捕捞量的变化而变化，如图 11-8 所示。我们对渔业资源的经济分析，是建立在沙发尔首先提出的渔业资源的生物学模型的基础上的。沙发尔模型建立了鱼类存量和鱼类存量的增长之间的平均关系。平均关系不是指短期存在的关系，而是指长期平均关系，在长期，随机影响因素相互抵消。鱼群增长率和种群数量的关系模型如图 11-9 所示。

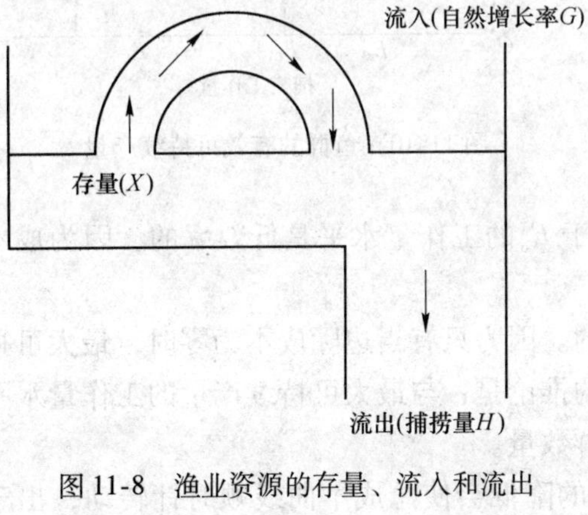

图 11-8 渔业资源的存量、流入和流出

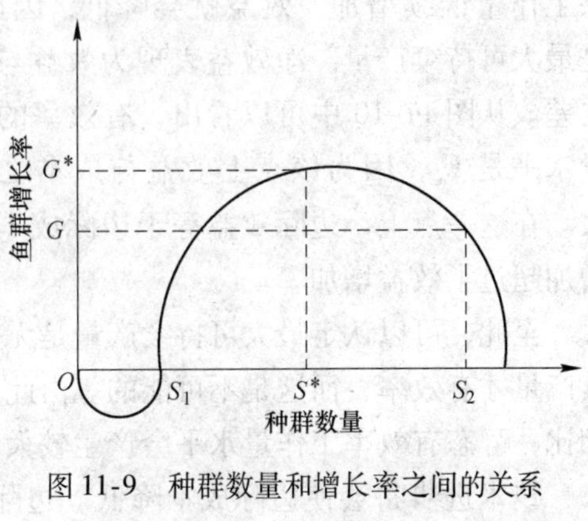

图 11-9 种群数量和增长率之间的关系

在图 11-9 中，S_1至S^*表现为种群数量增加造成增长率增加，S^*至S_2表现为种群数量增加导致增长率下降。S_1被称为最小可变种群量，种群数量低于这一点时种群增长率将为负数，种群数量将会减少直到种类灭绝，此时，任何力量也不能帮助种群数量恢复到可变

水平，种群处于失衡状态。种群数量大于 S_1 时，种群数量可以实现正增长。

S_2 被称为自然均衡点，在这一点上，由于死亡和迁出造成的种群数量减少将由于出生和迁入得到补偿。自然均衡是一种稳定状态，如果种群数量暂时超过 S_2，即超出了承载能力，死亡率和迁出率就会增加，使种群数量又回到承载力范围之内。

在任何条件下，如果捕获量（产量）等于增长量，就可称该捕获量是可持续的，因为这种捕获量可以永远保持。只要增长率不变，捕获量也保持不变，那么种群数量就不会发生变化。在生物学中，S^* 被称为最大可持续捕获量种群，此时最大可持续捕获量等于最大增长量，如果捕获量等于增长量也代表可永久保持的最大捕获量。在图 11-9 中，任一种群数量状态对应于相应的可持续捕获量。例如，S_2 对应于 G。只要捕获量等于增长量，种群规模就保持不变。过度捕获在短期内虽然是可能的，却是不可持续的，将会造成种群数量减少，如果其小于 S_1，物种就会灭绝。

11.4.1.1 静态有效可持续捕获量

最大可持续捕获量并不等于效率。效率与资源利用的净效益最大化相关。所以在界定有效配置时，不但要考虑经济效应，还要考虑收获成本。

静态有效可持续产量是指不考虑贴现时，能够产生最大年净效益且能连续保持的收获水平。为了简化分析，假设：

(1) 鱼价不变，且不取决于销售量；

(2) 单位边际捕鱼成本不变；

(3) 单位工作量的捕获量与鱼的种群数量成正比。

在图 11-10 中，效益（收益）和成本是捕鱼工作量的函数，横轴上的任一点对应于图 11-9 的种群水平。收益取决于产量（因为假定价格不变），但因任何捕捞工作量的增加都会引起种群减少，所以种群数量从右向左是增加的。当捕捞工作量不断增加，直至 E_m 点，如果工作量继续增加，效益就会降低，因此 E_m 是最大可持续产量。净效益表现为效益与成本之差。从图 11-10 中可以看出，有效率的工作量水平是 E_e，因为该点上效益与成本之差最大。在这一点上，边际效益等于边际成本。高于 E_e 的工作量水平是低效率的，因为成本增加超过了效益增加。

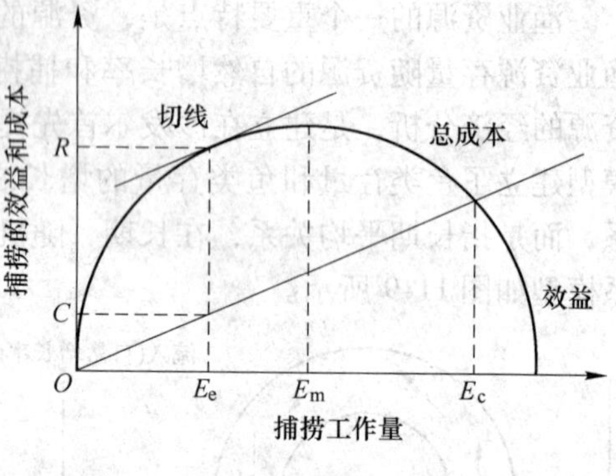

图 11-10 鱼群的有效可持续产量

至此，可以认定最大可持续产量是无效率的。因为只有当边际成本为零时，最大可持续产量才有效率，而这是不可能的。由此产生的推论是：与最大可持续产量的工作量水平相比，静态有效率工作量水平会产生较大的种群数量。

技术进步将会使边际成本降低。边际成本的降低会使总成本曲线顺时针转动，出于效率标准的考虑，边际成本等于边际效益，使得边际效益同步减少，这意味着工作量增加。新的静态有效率可持续产量使得工作量增加，种群数量减少，收获量增加，净效益增加。

11.4.1.2 动态有效可持续产量

静态有效可持续产量是动态有效可持续产量贴现率为零时的一个特例。如果贴现率为正值，对渔业资源管理的影响类似对可耗竭资源配置的影响。贴现率越高，资源所有者保存现有资源的成本就越高。引入贴现率后，相应于均衡种群水平的减少，所需的有效工作量水平将会超过静态有效可持续产量所对应的有效工作量水平。

超过有效可持续产量所需年度工作量水平的增加，开始会由于捕捞量的增加使净效益增加。然而，当捕捞量超过鱼群可持续产量时，鱼群数量就会减少，并使得将来鱼群数量和种群捕捞量减少。最后，当工作量水平保持不变时，就会得到一个新的较低的均衡水平，这时捕捞量又等于鱼群数量的增加量。用数学方法可以证明，当贴现率增加时，动态有效工作量水平就会增加，当贴现率为无穷大时，它等于 E_c，在这一点上净效益为零。

使用无穷大的贴现率将会导致 E_c配置。因为时间相互作用的资源配置将会提高边际使用成本，这个成本反映了开发资源所放弃的将来的净效益。当贴现率为无穷大时，边际使用成本为零，因为没有价值可从将来的资源配置中获得，这就意味着：(1) 边际开采成本等于边际支付意愿，等于不变价格；(2) 总效益等于总成本。所以一旦采用贴现率，动态有效可持续产量所对应的种群数量就会小于静态有效可持续产量，可持续捕捞量也将较小。

鱼群数量减少并且低于最大可持续产量水平主要是受贴现率的影响。一般来说，捕捞成本越低，贴现率越高，有效工作面水平超过与最大可持续产量相联系的工作量水平的可能性就越大。如果边际捕捞成本为零，静态有效可持续产量和最大可持续产量就会相等。当边际捕捞成本为零和贴现率为正时，动态有效工作量水平就必然会超过静态有效工作量水平和与最大可持续产量相对应的工作量水平。较高的捕捞成本只会减少静态有效可持续产量，但不会减少最大可持续产量。贴现率使得鱼群数量低于最大可持续产量水平，但较高的开采成本会降低这种可能性。

如图 11-10 所示，在动态管理的情况下鱼群是不会灭绝的，因为 E_c是这个模型中最高的动态有效工作量水平，而该水平低于使种群灭绝所必需的水平。种群灭绝的条件是，捕捞最后一单位资源的效益必然超过捕捞该单位资源的成本（包括后代人的成本）。只要种群增长率超过贴现率，种群灭绝就不会发生。然而，如果种群增长率低于贴现率，捕捞最后一单位的成本足够低，就会导致种群灭绝。

有效的捕捞量是否会导致种群灭绝与增长率有关，因为种群增长率决定了保护工作的生产率。种群增长率越高，后代人就越可能得到满足。相反，当种群增长率很低时，后代人会由于当代人获得过多而蒙受损失。在这个例子中，如果鱼群增长率为零，我们就有一个固定供给的资源，它与可耗竭资源没有什么区别。无论什么时候，资源价格高到足以支付最后一单位的边际捕捞成本时，资源耗竭便会发生。

11.4.1.3 持续渔业生产的公共政策

A 水产养殖

渔业的无效率管理是由于把渔业资源看成是共有财产，而不是私有财产。因此，很明显有一种解决方法——把共有的渔业资源变成私有财产。但这只有当鱼的游动性不太大，可以为人工养殖，或由于其有回游产卵的天性时，这个办法才可能切实可行。

这样一种转变的好处不只是它可以避免对鱼的过度捕捞，还可以鼓励所有者对资源加以投资，并且采取措施以增加渔业产量（例如，在水中加入一些物资，或者通过调节水温来大幅度提高某些品种的产量）。我们把这种有目的、有计划的饲养并捕捞鱼类的活动称为水产养殖。到目前为止，在这方面已经有了许多成功的典范。也许通过水产养殖所取得的产量最高的实例，就要数用木筏养殖贻贝了。例如，在西班牙的加里申海湾，已经用这种方法获得了每公顷贻贝产量为 30 万千克的佳绩。由此可见，水产养殖的生产率水平已接近了家禽养殖业的水平，社会一致认为家禽养殖业在提高含动物蛋白质的农产品生产方面是非常成功的。

在其他一些国家，例如日本，它是一个人口稠密的国家，人们所需的蛋白质主要来源于渔业产品。但是，从海洋中获得的鱼量不能以较低的成本来满足市场的需求。因此，日本采用了水产养殖的方法。为了提高生产率，日本不断采用许多先进的技术，从而使得现今其在这方面是世界的领先者。这都得益于日本政府的大力支持，政府的主要做法是把以前共有的水域资源转变成私人所有。日本的各县政府首先指定进行水产养殖的区域，然后各个地方的渔民联合会把这些地区划分为小块，最后把这些小块分给单个渔民使其独自占有。这种排他性的使用权鼓励了所有者对各自的资源进行投资，并且能够对其进行有效的管理。

另一个水产养殖的市场方法是牧鱼，而不是养鱼。养鱼是在一个可控的环境中把鱼养到捕捞为止。与此相比，牧鱼只是在鱼一生的前一阶段内饲养它们。

牧鱼依靠某些鱼种固有的回游天性，例如，太平洋鲑鱼或海生鳟鱼，这样才能确保它们能够最终被渔民所捕获。鲑鱼或鳟鱼的卵孵化后，要把它们圈在一个以后便于捕捞的水域内饲养。大约两年后，这些鱼得到释放，它们便游入大海。当它们成熟后，凭着天性回游到出生的海域，在此渔民捕捞到这些鱼。通过这种方法，1989 年全球鲑鱼捕捞量大约是 876000t。

同时养鱼对于渔业产品市场中鱼的总供给也有一定的作用。据估计 1984 年全世界消费的鱼，8% 是养殖的鱼。到 1995 年这个比例已上升到 20%。

在此，我们应注意到水产养殖并非对所有的鱼种都适用。虽然这种方法对于某些特定的鱼种来说不失为一个好办法，但对于另外一些鱼种而言，可能永远也不能做到人工饲养。另外，牧鱼还会引起一系列的环境问题，从鱼的排泄物所引起的水质污染，到为了发展牧鱼而造成的对具有生态价值的水域的破坏。尽管如此，我们还是应该看到水产养殖在一些地区对某些鱼种起到了一定的保护作用，并且通过这一方法，对天然渔业来说，还减轻了由于过度捕捞给其造成的压力。

B 提高捕鱼的实际成本

可以用经济分析的方法来帮助制定政策，因为这样做的诸多好处之一就是可以通过经济分析的方法，发现制定政策时所忽略的政策所会产生的短期影响。美国为解决太平洋鲑鱼的过度捕捞问题所制定的整套政策，就是一个具体的实际例子。太平洋鲑鱼对过度捕捞的反应十分强烈，并且由于它们具有回游的天性，使得种群非常有可能灭绝。太平洋鲑鱼在沙砾质的河床中产卵，卵长成幼鱼后，便经过长途迁徙游入大海。当它们成熟以后，再游回其出生地产卵，产卵后，成年鲑鱼就死掉了。当成年鲑鱼出于天性在河水中逆流而上以回到其出生地的小溪时，它们很容易被陷阱、渔网或其他捕鱼工具捕捞到。

政府意识到问题的紧迫性之后，就采取了相应的行动。为了使捕捞量降低，政府提高了捕鱼的成本。起初，政府规定禁止在河道上设置任何捕鱼工具，并且禁止在一些捕捞率非常高的水域中设置陷阱。后来，因为渔民采用了一些更为灵活的技术，如拖网，也能大量捕鱼，所以就使政府的这些措施变得无效了。随后政府开始封闭以前指定的捕鱼区域，同时规定在特定时期内禁止在一些渔场进行捕鱼。通过以上这些政府规定的共同作用，鲑鱼的捕捞量就减少了，实现了预期的目标。

那么这些政策是有效率的吗？答案是否定的。因为即使通过这些政策可以获得有效产量，但也不是有效率的，它们也不可能是有效率的。效率的含义不仅包括要使产量达到有效的水平，并且还要保证这一水平是在成本最低时取得的，而靠政府的政策却不能实现第二个条件。

在图 11-11 中，TC_1 表示与有效捕鱼量相对应的总成本曲线，而 TC_2 表示实施政府政策后的总成本曲线。在开始实施有效政策时，净收益在图中表现为总成本与总收益之间的纵向距离。然而，在实施有效政策后，与 E^e 点劳动量水平相对应的净收益减少为零；这些净收益损失给了社会，其原因何在呢？

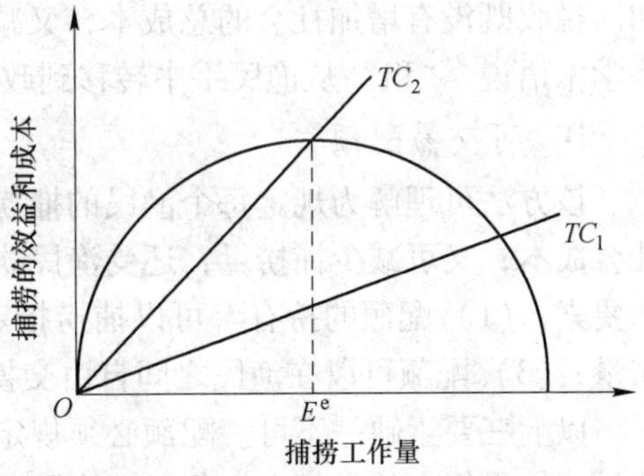

图 11-11　政府管制的影响

其原因就在于渔民为了获得满意的捕鱼量，采用了一些比原来成本高的方法，而正是这些新方法造成了净收益的损失。原先用陷阱捕鱼的方法被禁止了，否则用这种方法捕鱼，当取得满意的捕鱼量时，其成本要比现在低。因此，为了捕捞到与以前一样数量的鱼，渔民就必须花费更多的资金和劳动。这些额外的资金和劳动就是造成净收益损失的一个原因。

限制捕鱼作业的时间对成本有同样的影响。限制时间后，渔民为了能够在更短的作业时间尽可能多地捕鱼，不得不去购置更大的渔船。而在此之前，渔民有一个比较充裕的捕鱼时间，这时渔船和渔具都能得到充分的利用。对此有一个很好的案例，蒂莱昂在一份报告中透露，1982 年在威廉王子海峡鲱鱼捕捞季节，捕捞只持续了 4 个小时，而捕捞量却超过了这个地区所允许的数量。这就是过度投资引起的严重后果。

政府的管制也提高了捕鱼成本。我们很快就会发现，当上述管制方法足以用来防止鱼类数量下降时，它们并不能够使每一位渔民的收益都得到增加。同时，即使由于成本上涨而引起利润下降，一部分渔民也会使用新技术以提高他们的市场份额，从而把其他渔民挤出市场。渔民为了保护自己，它们成功地规定了对某些新技术使用的限制。技术限制的范围很广，但有两项似乎非常值得注意。第一项是限制使用单股、单丝的捕鱼网。因为鲑鱼在白天能够看到多股的渔网而绕开它，所以这种渔网只能在晚间使用。第二项限制是，在阿拉斯加州的布里斯托海湾禁止渔民使用以发动机为动力的渔船，并禁止使用带刺的渔网捕鱼。这项规定一直延续到 1950 年，当公众认识到：这项规定已远远落后于时代的步伐——世界上技术最先进的国家正在用帆船在白令海峡进行捕鱼。

C　税收

在确保产量降回到有效水平时，会产生某种刺激以降低捕鱼成本吗？并且能制定出一种更有效率的政策吗？研究这一问题的经济学家相信这是可能的。

下面考虑税收所产生的影响。在图11-11中，税收的影响可表示为总成本曲线绕原点旋转，渔民税后的成本恰恰可以由曲线TC_2表示。包含在TC_2中的所有成本都是实际资源成本，并且这些实际资源成本与资源的使用有关。与此相比，转移成本是由于资源从社会的一个部门转移到另一个部门而产生的，在这个过程中并没有使用资源。资源转换过程中所发生的成本，先由转出者承担，然后再由相应的接收者对转出者以补偿。在这个过程中，资源并没有使用，它们仅仅是转移了。因此在计算净收益值时，应当从总收益中减去实际资源成本，对于社会整体来讲，转移成本作为净收益的一部分保留了下来。

由此可以看出，税收可以既不增加成本又使捕捞量减少到有效水平，它与提高成本的管制不同，政府得到了税收，可以用于为社会谋福利，因此对整个社会来说，成本没有增加。税收既没有增加社会的总成本，又减少了捕捞量。但是，税收使渔民损失，或者用经济学术语说，“租”从渔民手中转移到政府手中，从而导致渔民对税收不满意。

D　可交易配额

该方法可理解为规定每个渔民的捕捞量配额，该配额可以买卖。可交易配额既不增加社会成本，又可减少捕捞量，还受渔民欢迎，解决了上述问题。可交易配额体系有下列基本要素：（1）配额的持有者可以捕捞指定种类鱼的指定数量；（2）配额总量等于有效捕捞量；（3）配额可以在渔民之间自由交换。

以上三要素缺一不可。配额必须规定鱼的捕捞量而不是其他指标。例如不能是渔船的数量。如果规定的是每人一条船，渔民可以造大船、多出海等。配额总量等于有效捕捞量才会使全社会的捕捞量达到有效水平。配额自由交易是关键的一条。这是因为每个渔民的生产成本不同，而且政府不可能了解每一个渔民的成本，交易使配额流转到那些由于成本更低而可以得到更多好处的渔民手里，这样全社会的效益也会提高。因为有的人成本较低，需要配额，所以可交易配额的价格是正的。那些手里有配额但成本高的渔民发现与其使用配额不如把配额卖了更合算，成本低的人买了配额还能赚钱。

可交易配额鼓励技术进步。采用新技术可以从已有的配额中赚钱，还可以通过购买配额而赚钱。

在税收情况下，租由渔民手中转移到政府手中引起渔民不满，那么在可交易配额系统中租是怎样分配的呢？在配额系统中，租的分配由配额的初始分配决定。配额有不同的初始分配办法，其效果各不相同：政府可以通过拍卖配额得到全部租，这与税收类似，不受渔民欢迎。政府也可以根据渔民历史上的捕捞量把配额无偿分配给渔民，渔民可以自由交易直至市场均衡。这种情况下，租由现有渔民得到，新渔民要进入市场，必须向现有渔民购买配额。新渔民之间的竞争会抬高配额的市场价格，直到使市场价格反映未来租的市场价值的现值。对未来渔民来说，这一系统与税收无异。

控制捕捞量是上述各种政策的共同目标，但是如何控制捕捞量还存在各种问题。因为捕鱼活动存在规模经济，每个渔民减少同样比例只会增加每个渔民的成本。如果所有渔船大部分时间都闲在那里，不如减少渔船（即渔民）的数目，让每条船都得到充分使用。但是让谁退出捕鱼业呢？经济学的办法是对捕捞配额收取年费。年费收取用于支付给那些自愿退出捕鱼业（或某些种类鱼的捕捞活动）的渔民。

好的政策能否起作用，取决于怎样实施。渔业资源政策往往不易实施。因为海岸线很长，难以监督渔民是否遵守捕捞限额。因此，政策设计必须考虑实施问题，不考虑实施的有效政策，一旦考虑实施可能变为无效。政策必须这样设计，使服从政策的成本尽可能小。政策中应包括违反政策的惩罚条款，例如罚款，罚款额应足够高，以便违反政策的成本与遵守政策的成本达到平衡。一旦把监督执行成本计算进来，可能改变最优解。一些研究证明，加入执行成本会减少最优存量。

11.4.2 可更新商品性资源

这类可更新资源的管理类似一般生产过程的管理。这类资源的可持续利用问题主要是确定资源的最大可持续收获量和最佳收获期。

最大可持续收获量就是在保障资源可持续利用的情况下，长期稳定的最大可获取资源量。这一数量与可再生资源的生长速度和生长环境有关。当可再生资源的数量很少时，种群生活环境较差，生物生长繁殖速度慢，死亡率高，增长率小。随着生物数量的增加，生物的生活环境得到改善，生物增长率迅速提高。当生物数量增加到一定程度后，其生存空间变得相对狭小，种群内的死亡率上升，生物增长率下降。所以，最佳生存环境下的生物增长量就是最大可持续收获量，这一点被称为自然均衡点，在这一点上，由于死亡和捕获造成的鱼的数量减少将由出生得到补偿。

最大可持续捕获量只是生物学意义上的最大值，而不是经济学意义上的最佳捕获量。经济学上的最佳捕获量可以通过测算各可能收获期下的净现值来进行分析。根据净现值最大法则，令净现值最大的收获期就是最佳收获期，其对应的收获量就是最佳收获量。

最佳收获期与贴现率有关，当贴现率低时，资源的最佳收获期较长。此外，可再生资源的生长速度、生长节奏、资源价格的变化、生产经营的风险、生产者的预期、资源更新的成本等因素也会影响资源的最佳收获期。

下面以一个林场的经营决策问题为例，分析林木采伐的最优时间和最大可持续收获量。

首先分析一片林地的最优采伐时间。林木的采伐价值随着树木的生长而增大，但不可能无限增加，树木最终会衰老和死亡，这时的商业价值将降低。假定林场希望选择一个最优采伐时间（t_1），使得林木采伐的净效益现值（B_1）最大化，则：

$$B_{1\max} = \frac{P_t - C_t}{(1+r)^t} - k_0 = V_t - k_0$$

式中，P_t 为时刻 t 的木材销售价值；C_t 为时刻 t 的采伐成本；k_0 为林场的初始投资；V_t 为 $\frac{P_t - C_t}{(1+r)^t}$，时刻 t 采伐林木的净现值；r 为贴现率。

这一决策问题的解可用图 11-12 表示。

图 11-12 中，V_0 曲线表示未贴现（$r=0$）的林木采伐价值，V_t 曲线表示贴现率为 r 的林木采伐价值；k_t 曲线与纵轴交于 k_0 点，表示以利率 r 计算复利并以 r 贴现的初始投资。

从图 11-12 中可以看出，贴现率为零时，林场选择在 $V_{0\max}$ 采伐树木，最优采伐期为 t_0；贴现率为 r 时，林场选择在 $V_{t\max}$ 采伐树木，最优采伐期是 t_1，t_1 小于 t_0。

假设林场不仅希望采伐的树木净效益现值最大化，还希望林场土地的可持续总产出净效益现值最大化，因为土地既可用于现有树木的生长，又可用于种植新树，因此林场所面

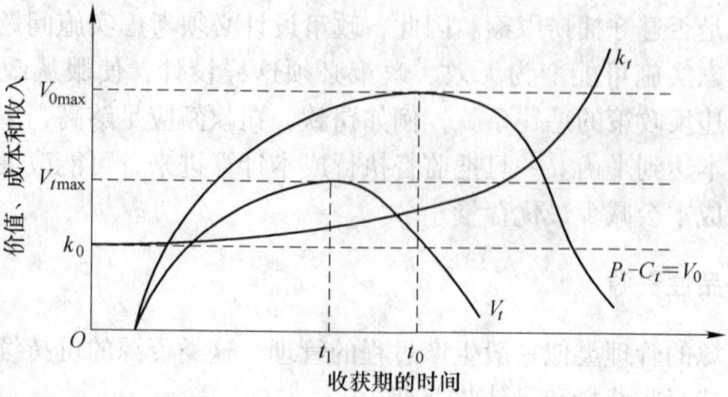

图 11-12 可更新商品性资源的最佳收获期

临的经营决策问题就是如何确定土地上的轮作和择伐。此时：

$$B_{2\max} = B_{1\max} + K_0 = \frac{P_t - C_t}{(1 + r)^t} - k_0 + K_0$$

式中，K_0 为林场资本在时期 0 的现值。

首先，假定 K_0 等于零，这意味着最佳轮作期正好等于 t_1，正是前面所说的最优采伐时间，在这个问题里只要皆伐一片树林。

但是，从图 11-12 可以看出，有一个时期 V_0 的增长率大于利率 r，在 V_0 曲线比 V_t 曲线陡的任何时候都会出现这种情况。这时，k_0 为正值。于是，最佳轮作期 t_1 比最佳采伐期 t_0 短。增长率大于利息率的时期刺激林场不断实施轮作，因此，最佳轮作期总是小于最佳采伐期。

假设林场希望确定每一时期的采伐率，于是必须在每一时期种植同样数量的树。已知土地面积有限，每棵树占用的土地面积不变，问题就是要确定种植率和采伐率，使得从种植到采伐的时间最优。

解决这一问题的数学过程比较复杂，但是原理很简单。种植开始于时期 0，以不变的种植率继续种植；采伐开始于时期 t_1，也以不变的速率继续采伐。在此以后，每一单位时间内被采伐的树木量将等于种植和生长的树木量。t_1 这一时期的最优长度应当满足下列条件：树木每多生长一年的净采伐价值 V_t 的增量，必须等于树木每多生长一年 V_t 的利息增量减去因树木生长期延长而节约的边际种植成本。

阅读材料 11-1

道格拉斯冷杉木生长模型

树木的成长是以体积为基础来度量的，最常用的单位是立方英尺（1 立方英尺 = 0.028317 立方米）。它的测量在于树桩和树冠 4 英尺部分之间的树干，不包括树皮和树枝。对于大树来说，树桩离地面 24 英尺那么高。只有那些成长的树木才计算在内，那些被风吹倒或由于年龄老化而被破坏的树是排除在外的。在这种意义上，树体积是净体积而不是毛体积。

基于这种体积的测量，测量数据揭示了树木成长经历的显而易见的生长阶段。最初，当树木还是幼苗时，树干体积的增长是相当慢的，虽然它在高度方面经历了高速成长。这样持续一段时间之后，接下来的是树干体积的迅速增长；最后，当它长成大树时，更慢的成长（与树木还是幼苗时的成长相比）开始了，直到成长停止，甚至萎缩时。

茂盛森林的成长依赖于多种因素，包括天气、土壤的肥沃程度、抗害虫或疾病的能力、树的种类、对树的管理程度，以及受森林大火的影响程度或受空气污染的程度等。因而，树木的成长从一个阶段到另一个阶段的变化是非常大的。树木加快生长或延迟生长的一些因素受林业人员的控制，其他因素则在控制之外。

从这些差异出发，建立一个假说，即一个真实的茂盛林木生长的生物模型是可能的。我们的模型是以太平洋西北部茂盛的道格拉斯冷杉木的成长为基础而建立起来的，见表 11-1。注意到图形与上述树木成长的一致性，在中年早期有限的增长和 135 年之后的停止增长。

表 11-1　树木采伐的决定：道格拉斯冷杉木

树龄/a (1)	体积/立方英尺 (2)	平均年增长率/立方英尺 (3)	每年增加的体积/立方英尺 (4)
10	694	6.9	6.9
20	1912	95.6	121.8
30	3558	118.6	164.6
40	5536	138.4	198.8
50	7750	155.0	221.4
60	10104	168.0	235.4
70	12502	178.6	239.8
80	14848	185.6	234.6
90	17046	189.4	219.8
100	19000	190.0	195.6
110	20614	187.4	161.4
120	21792	181.6	117.8
130	22438	172.6	64.6
135	22514	166.8	11.6

注：1 立方英尺 =0.028317 立方米。

这片森林应该是什么时间采伐呢？林业人员提供了一种“平均年增长率 *MAI*”，它对什么时间采伐树木提供了一个基本依据。

通过划分每 10 年的林木体积增加量和下一个 10 年林木体积的增加量，*MAI* 就可以计算出来。对于像图 11-13 所代表的那种类型的树木成长来说，在早期 *MAI* 处于上升阶段，然后在后来的时期里趋于下降。

根据生物生长规律，森林应该在 *MAI* 最大时进行采伐。以道格拉斯冷杉木模型为例，当冷杉木生长 100a 时，其 *MAI* 达到了最大。在树木 70 岁以前，它的年增长率都是处于上升阶段，在此以后，趋于下降。在 100 岁之前，*MAI* 都处于上升阶段，因为年增长率在那

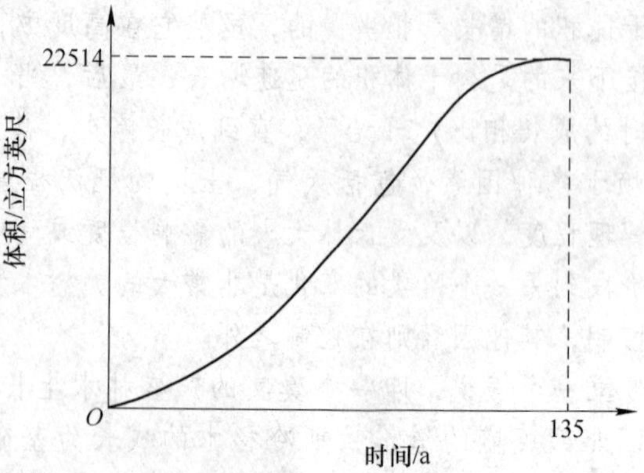

图 11-13 道格拉斯冷杉木生长模型

(1 立方英尺 = 0.028317 立方米)

个时期位于 *MAI* 之上，在接下来的时间里，它开始下降，因为年增长率在 *MAI* 之下。

本章小结

本章主要介绍了自然资源的可持续利用问题。包括自然资源的分类、存量和流量，可耗竭资源的可持续利用和可更新资源的可持续利用。

根据自然资源的再生性质进行分类，自然资源可以分为可耗竭资源和可更新资源两大类。可耗竭资源按其能否重复使用，可分为可回收的可耗竭资源和不可回收的可耗竭资源。根据财产权是否明确，可更新资源可以分为可更新商品性资源和可更新公共物品资源。

自然资源的存量是指在一定的经济技术水平下可以被利用的资源存储量。自然资源的流量是指在一定的时期内，自然资源的流入量和流出量。资源存量可分为已探明储量、未探明储量和蕴藏量。

可耗竭资源可持续利用实际上是最优耗竭问题。主要论述了在不同时期资源配置模型，可耗竭资源的替代、可更新资源的替代，资源勘探、技术进步和垄断经营可耗竭资源的影响以及我国可耗竭资源的可持续利用。可更新资源主要是合理利用资源，实现资源的永续利用。可更新公共物品资源的可持续利用主要是通过控制使用率和收获率实现最大可持续收获量；这类资源的可持续利用问题主要是确定资源的最大可持续收获量和最佳收获期。

习 题

11-1 自然资源的存量和流量之间有什么关系？

11-2 论述可耗竭资源的可持续利用的主要途径。

11-3 简述技术进步和垄断经营对可耗竭资源的影响。

11-4 假设鱼群存量的增长与鱼群存量之间的关系可用 $q = 4p - 0.1p^2$ 表示，式中 q 为鱼群存量增长率

(t)，p 表示鱼群存量（kt）。每吨鱼的价格是 100 元，较小的鱼群存量的边际净收益为 $20p - 400$ 。

（1）计算最大可持续捕捞量时鱼群的存量。如果把鱼群存量维持在这一水平，每年的捕捞量为多少?

（2）如果边际捕捞成本为 $MC = 2(160 - p)$，求与有效可持续捕捞量对应的鱼群存量。

11-5　假定某渔场规定每年捕鱼量的限额为 200t，假定这 200t 是有效的可持续捕捞量。当 200t 捕捞完毕，这年剩下的时间渔场关闭。

（1）这是公共财产的有效解决方法吗？为什么?

（2）如果将这 200t 的限额分成 200 份可转让的配额，每份配额允许持有者捕捞 1t 鱼。根据以往各自的捕捞量将这 200 个配额在渔民之间分配，这时你的答案会有所不同吗，为什么?

11-6　对于捕鱼业来说，为了确保在 200km 范围内不发生因随意使用共有资源而酿成的悲剧，你认为建立一个 200km 的限制区是政府管理的一种有效方法吗？请说出你的理由。

11-7　在不考虑捕捞鱼损失的情况下，有效的鱼类数量可能低于最大可持续产出量所需的鱼类数量，你认为这一结论与可持续发展标准相符吗？并说明你的理由。

12 环境污染与治理中的博弈

12.1 博 弈 论

12.1.1 博弈论的基础知识

博弈论（game theory）：是研究决策主体的行为发生直接相互作用时候的决策以及这种决策的均衡问题的学科。按行动的先后顺序可分为静态博弈（static game）和动态博弈（dynamic game）。按参与人对有关其他参与人的特征、战略空间以及支付函数的知识的了解可分为完全信息和不完全信息。

博弈的基本要素包括参与人、行动、战略、信息、支付函数、结果、均衡。参与人指的是博弈中选择行动以最大化自己效用的决策主体（可能是个人，也可能是团体，如国家、企业）；行动是参与人的决策变量；战略是参与人选择行动的规则，它告诉参与人在什么时候选择什么行动（如“人不犯我，我不犯人；人若犯我，我必犯人”是一种战略，这里，“犯”与“不犯”是两种不同的行动，战略规定了什么时候选择“犯”，什么时候选择“不犯”）；信息指的是参与人在博弈中的知识，特别是有关其他参与人（对手）的特征和行动的知识；支付函数是参与人从博弈中获得的效用水平，它是所有参与人战略或行动的函数，是每个参与人真正关心的东西；结果是指博弈分析者感兴趣的要素集合；均衡是所有参与人的最优战略或行动的组合。上述概念中参与人、行动、结果统称为博弈规则，博弈分析的目的是使用博弈规则决定均衡。

12.1.2 完全信息静态博弈：纳什均衡

完全信息静态博弈指的是信息对于博弈双方来说是完全公开的情况下，双方在博弈中所决定的决策是同时的或者不同时但在对方做决策前不为对方所知的！

纳什均衡对博弈论的贡献有两个方面，一是合作博弈理论中的讨价还价模型，称为纳什讨价还价解（Nash bargaining solution）；二是非合作博弈论方面，这是他的主要贡献所在。

纳什对非合作博弈的主要贡献是他在1950年和1951年的两篇论文中在非常一般的意义上定义了非合作博弈及其均衡解，并证明了均衡解的存在。这样，他便奠定了非合作博弈论的基础。纳什所定义的均衡称为“纳什均衡”，它如同瓦尔拉斯均衡一样，已成为经济学中的专家术语。

具体讲，纳什均衡是什么意思呢？假设有 n 个人参与博弈，给定其他人战略的条件下，每个人选择自己的最优战略（个人最优战略可能依赖于也可能不依赖于其他人的战略），所有参与人选择的战略一起构成了一个战略组合（strategy profile）。纳什均衡是这样一组战略组合，这种战略组合由所有参与人的最优战略构成。也就是说，给定别人战略的情况下，没有任何单个参与人有积极性选择其他战略，从而没有任何人有积极性打破这种均衡，即给定别人不动的情况下，没有人有兴趣动。

纳什均衡可以从另一个角度来理解。假设博弈中的所有参与人事先达成一项协议，规定出每个人的行为规则。那么，我们要问的一个问题是，在没有外在的强制约束力时，当事人是否会自觉地遵守这个协议？或者说，这个协议是否可以自动实施（self-enforcing）？说当事人会自觉遵守这个协议，等于说这个协议构成一个纳什均衡：给定别人遵守协议的情况下，没有人有积极性偏离协议规定的自己的行为规则。换句话说，如果一个协议不构成纳什均衡，它就不可能自动实施，因为至少有一个参与人会违背这个协议，不满足纳什均衡要求的协议是没有意义的。这就是纳什均衡的哲学思想。

下面举几个例子来说明纳什均衡，这些例子都是博弈论里很著名的例子。

例 12-1 囚徒困境（prisoners' dilemma，见表 12-1）。

表 12-1 囚徒困境

		囚徒 B	
		坦白	抵赖
囚徒 A	坦白	-8，-8	0，-10
	抵赖	-10，0	-1，-1

一位富翁在家中被杀，财物被盗。警方在此案的侦破过程中，抓到两个犯罪嫌疑人，并从他们的住处搜出被害人家中丢失的财物。但是，他们矢口否认曾杀过人，辩称是先发现富翁被杀，然后只是顺手牵羊偷了点儿东西。于是警方将两人隔离，分别关在不同的房间进行审讯。由地方检察官分别和每个人单独谈话。检察官说："由于你们的偷盗罪已有确凿的证据，所以可以判你们 1 年刑期。但是，我可以和你做个交易。如果你单独坦白杀人的罪行，我不判你刑，但你的同伙要被判 10 年刑。如果你拒不坦白，而被同伙检举，那么你就将被判 10 年刑，他就被放了。但是，如果你们两人都坦白交代，那么，你们都要被判 8 年刑。"

在这个博弈中，无论是对这两个囚徒的总体来讲，还是对他们各自来讲，最佳的结果不是同时"坦白"各得到 -8，因为都"不坦白"各得 -1 显然比都"坦白"各得 -8 好得多。但是，由于这两个囚徒之间不能串通，并且各自都追求自己的最大利益而不会顾及同伙的利益，双方又都不敢相信或者说指望对方有合作精神，因此只能实现对他们都不理想的结果。由于这种结果具有必然性，很难摆脱，因此这个博弈被称为"囚徒的困境"。

囚徒困境反映了一个很深刻的问题，这就是个人理性与集体理性的矛盾。如果两个人都抵赖，各判刑 1 年，显然比都坦白各判刑 8 年好。但这个帕累托改进办不到，因为它不满足个人的理性要求，（抵赖，抵赖）不是纳什均衡。换个角度看，即使两囚徒在被警察抓住之前建立一个攻守同盟（死不坦白），这个攻守同盟也没有用，因为它不构成纳什均衡，没有人有积极性遵守协定。

囚徒困境在经济学上有着广泛的应用，这里举几个例子。一是，两个寡头企业选择产量的博弈。如果两企业联合起来形成卡特尔，选择垄断利润最大化的产量，每个企业都可以得到更多的利润。但卡特尔协定不是一个纳什均衡，因为假定对方遵守协议的情况下，每个企业都想增加生产，结果是，每个企业都只得到纳什均衡产量的利润，它严格小于卡特尔产量下的利润。这个例子也说明，在有些情况下，个人理性与集体理性的冲突对整个社会来说也许是一件好事，尽管它对该集体的成员而言是一件坏事。前述囚徒的行为也如此。当然，这里的前提条件是集体成员的数量严格小于全体社会成员的数量。

公共产品的供给也是一个囚徒困境问题。如果大家都出钱兴办公用事业，所有人的福利都会增加。问题是，如果我出钱你不出钱，我得不偿失，而如果你出钱我不出钱，我就可以占你的便宜。所以，每个人的最优选择都是“不出钱”，这种纳什均衡使得所有人的福利都得不到提高。

还有军备竞赛。冷战期间，苏美两国都竞争增加各自的军费预算，如果不搞军备竞赛，各自把资源用于民品生产，不是很好吗？问题是，如果我把资源用于民品生产，你增加军费支出，我不是就受到威胁吗？这样对我不好。纳什均衡是两国都大量增加军费预算，两国的社会福利都变得更糟。

经济改革本身也可能是这样。在许多改革中，改革者要付出成本（包括风险），而改革的成果大家共享，结果是，尽管人人都认为改革好，却没有人真正去改革，大家只好在都不满意的体制下继续生活下去。

从囚徒困境中，我们可以引出一个很重要的结论：一种制度（体制）安排，要发生效力，必须是一种纳什均衡。否则，这种制度安排便不能成立。

例 12-2 智猪博弈（boxed pigs）。

这个例子讲的是，猪圈里有两头猪，一头大猪，一头小猪。猪圈的一头有一个猪食槽，另一头安装一个按钮，控制着猪食的供应。按一下按钮会有 10 个单位的猪食进槽，但谁按按钮谁就要付出 2 个单位的成本。若大猪先到，大猪吃到 9 个单位，小猪只能吃 1 个单位；若同时到，大猪吃 7 个单位，小猪吃 3 个单位；若小猪先到，大猪吃 6 个单位，小猪吃 4 个单位。表 12-2 列出对应不同战略组合的支付水平，如第一格表示两猪同时按按钮，因而同时走到猪食槽，大猪吃 7 个，小猪吃 3 个，扣除 2 个单位的成本，支付水平分别为 5 和 1。其他情形可以类推。博弈矩阵见表 12-2。

表 12-2 智猪博弈

		小猪：按	小猪：等待
大猪	按	5，1	4，4
	等待	9，－1	0，0

在这个例子中，什么是纳什均衡？首先我们注意到，不论大猪选择“按”还是“等待”，小猪的最优选择均是“等待”。比如说，给定大猪按，小猪也按时得到 1 个单位，等待则得到 4 个单位；给定大猪等待，小猪按得到 －1 单位，等待则是 0 单位。所以，“等待”是小猪的占优战略。给定小猪总是选择“等待”，大猪的最优选择只能是“按”。所以，纳什均衡就是：大猪按，小猪等待，各得 4 个单位。多劳者不多得。

这个纳什均衡也有许多应用的例子。比如说，股份公司中，股东承担着监督经理的职能，但股东中有大股东和小股东之分，他们从监督中得到的收益并不一样。监督经理需要搜集信息，花费时间。在监督成本相同的情况下，大股东从监督中得到的好处显然多余小股东。这里，大股东类似“大猪”，小股东类似“小猪”。纳什均衡是，大股东担当起搜集信息、监督经理的责任，小股东则搭大股东的“便车”。

股票市场上炒股票也是如此。股市上有大户，也有小户，大户类似“大猪”，小户类似“小猪”。这时候，对小户而言，“跟大户”是最优选择，而大户则必须自己搜集信息，进行分析。

还有市场中大企业与小企业之间的关系。进行研究开发，为新产品做广告，对大企业是值得的，对小企业则得不偿失。所以，一种可能的情况是，小企业把精力花在模仿上，或等待大企业用广告打开市场后出售廉价产品。

类似的情况在公共产品的提供上也可能出现。比如说，村里住两户人家，一户富，一户穷，有一条路年久失修。这时候，富户一般会承担起修路的责任，穷户则很少这样干，因为富户家常常是高朋满座，坐车坐轿的都来，而穷户家只是自己穿着破鞋走路，路修好了他走起来舒服，路修不好他也无所谓。

改革中也有类似的情况。同样的改革带给一部分人的好处可能比另一部分人大得多。这时候，前一部分人比后一部分人更有积极性改革，改革往往就是由这些“大猪”推动的。如改革能创造出更多的“大猪”来，改革的速度就会加快。

例 12-3 性别战（battle of the sexes）。

这个例子讲的是一男一女谈恋爱，有些业余活动要安排，或者去看足球比赛，或者看芭蕾舞演出。男的偏好足球，女的则更喜欢芭蕾，但他们都宁愿在一起，不愿分开。表12-3给出支付矩阵。

表 12-3 性别战

		女：足球	女：芭蕾
男	足球	2，1	0，0
	芭蕾	0，0	1，2

这个博弈中，有两个纳什均衡：（足球，足球），（芭蕾，芭蕾）。就是说，给定一方去足球场，另一方也会去足球场；类似地，给定一方去看芭蕾，另一方也会去看芭蕾。那么，究竟哪一个纳什均衡会实际发生？我们不知道。实际生活中，也许是这一次看足球，下次看芭蕾，如此循环，形成一种默契。这里还有一个先动优势（first-mover advantage），比如说，若男的买票，两人就会出现在足球场，若女的买票，两人就会在芭蕾舞厅。

例 12-4 斗鸡博弈（chicken game）。

设想两个人举着火棍从独木桥的两端走向中央进行火拼，每个人都有两种战略：继续前进，或退下阵来。若两人都继续前进，则两败俱伤；若一方前进另一方退下来，前进者取得胜利，退下来的丢了面子；若两人都退下来，两人都丢面子。支付矩阵见表12-4。

这个博弈里也有两个纳什均衡：如果一方进，另一方的最优战略就是退。两人都进或都退都不是纳什均衡。

表 12-4　斗鸡博弈

		B 进	B 退
A	进	−3，−3	2，0
A	退	0，2	0，0

这个例子也有许多应用。有些公共产品的供给就属于此类问题。若村子里住的是两户富人，有一条路要修，一种可能的情况是，一家修路，另一家就不修；一家不修，另一家就得修（总结一下，公共产品的供给可能是囚徒博弈，也可能是智猪博弈，还有可能是斗鸡博弈，依具体产品而定）。

冷战期间，苏美两个军事集团在世界各地抢占地盘，也是一种斗鸡博弈。一般来说，如果一方已经抢占了一块地盘，另一方就设法占领另一块地盘，而不是与对手竞争同一块地盘。

还有警察与游行队伍的例子。游行队伍与警察越来越近，这时候，必定要有一方退下来。如果警察不让步，游行队伍便会向后退；反过来，如果游行队伍来势很猛，警察就得撤退。

夫妻间矛盾也是斗鸡问题。一般来说，吵得厉害了，不是妻子回娘家躲一躲，就是丈夫到院子里抽支烟。

当然，斗鸡博弈的一个重要问题是，究竟哪一方退下来，因为退下来虽比两败俱伤好，总归是一件丢面子的事情。若每一方都寄希望于对方退下阵来，两败俱伤的结局也可能出现。另外，在混合战略纳什均衡情况下，两败俱伤的事也会出现。

例 12-5　市场进入阻挠（entry deterrance）。

这是产业组织经济学中的一个例子。设想有一个垄断企业已在市场上（称为“在位者”），另一个企业虎视眈眈想进入（称为“进入者”）。在位者想保持自己的垄断地位，就要阻挠进入者进入。在这个博弈中，进入者有两种战略可以选择：进入还是不进入；在位者也有两种战略：默许还是斗争。假定进入之前垄断利润为 300，进入之后寡头利润合为 100（各得 50），进入成本为 10。各种战略组合下的支付矩阵见表 12-5。

表 12-5　市场进入阻挠

		在位者 默许	在位者 斗争
进入者	进入	40，50	−10，0
进入者	不进入	0，300	0，300

这个博弈也有两个纳什均衡，即（进入，默许），（不进入，斗争）。为什么（进入，默许）是纳什均衡？因为给定进入者进入，在位者选择默许时有 50 单位利润，选择斗争时得不到利润，所以，最优战略是默许。类似地，给定在位者选择默许，进入者的最优战略就是进入。尽管在进入者选择不进入时，默许和斗争对在位者是一个意思，只有当在位者选择斗争时，不进入才是进入者的最优选择，所以，（不进入，斗争）是一个纳什均衡，而（不进入，默许）不是一个纳什均衡。下面我们还会回到这个例子来。

12.1.3 完全信息动态博弈：子博弈精炼纳什均衡

完全信息动态博弈，是指博弈中信息是完全的，即双方都掌握战略空间和战略组合下的支付函数，但行动是有先后顺序的，后动者可以观察到前者的行动，了解前者行动的所有信息，而且一般都会持续一个较长时期。

前面我们介绍了纳什均衡的概念。但纳什均衡有三个问题：第一，一个博弈可能有不止一个纳什均衡，事实上，有些博弈可能有无数个纳什均衡，究竟哪个纳什均衡实际上会发生？不知道。第二，在纳什均衡中，参与人在选择自己的战略时，把其他参与人的战略当作给定的，不考虑自己的选择如何影响对手的战略。这个假设在研究静态博弈时是成立的，因为静态博弈下，所有参与人同时行动，无暇反应。但对动态博弈而言这个假设就有问题了。当一个人行动在先，另一个人行动在后时，后者自然会根据前者的选择调整自己的选择，前者自然会理性地预期到这一点，所以不可能不考虑自己的选择对其对手的选择的影响。第三，与第二个问题相联系，由于不考虑自己选择对别人选择的影响，纳什均衡允许了不可置信威胁的存在。如前述例12-5的市场进入阻挠中，如若进入者真的进入，在位者的最优行动显然是默许而不是斗争，因为默许带来50的利润，斗争则使利润化为乌有。所以，斗争是一种不可置信的威胁，就是说，如果在位企业摆出一副“你进入我就斗争”架势，进入企业不应该被这种威胁所吓倒，因为它是不可置信的。但是，纳什均衡概念承认了这种不可置信的威胁，所以（不进入，斗争）便成为一个纳什均衡。

这就引出了泽尔腾的贡献。泽尔腾（1965）通过对动态博弈的分析完善了纳什均衡的概念，定义了“子博弈精炼纳什均衡”。这个概念的中心意义是将纳什均衡中包含的不可置信的威胁战略剔除出去，就是说，使均衡战略不再包含不可置信的威胁。它要求参与人的决策在任何时点上都是最优的，决策者要“随机应变”“向前看”，而不是固守旧略。由于剔除了不可置信的威胁战略，在许多情况下，精炼纳什均衡也缩小了纳什均衡的这个数。这一点对预测是非常有意义的。

这里，有必要介绍一下博弈的另外一种表达形式，即扩展型（extensive form）。博弈的标准型表述有三个要素：参与人、每个参与人可选择的战略及支付函数。两人有限战略博弈的标准型可以用一个矩阵表示。对比之下，扩展型表述包含五个要素：（1）参与人；（2）每个参与人选择行动的时点；（3）每个参与人在每次行动时可供选择的行动集合；（4）每个参与人在每次行动时有关对手过去行动选择的信息；（5）支付函数。

博弈树（game trees）是扩展型的一种形象化表述。图12-1是前面讲过的“市场进入阻挠”博弈（例12-5）的博弈树。这里进入者先选择行动（进入或不进），在位者然后选择默许还是斗争，最后的数字是支付水平。如进入者选择“进入”，在位者选择默许，支付水平分别为40和50。

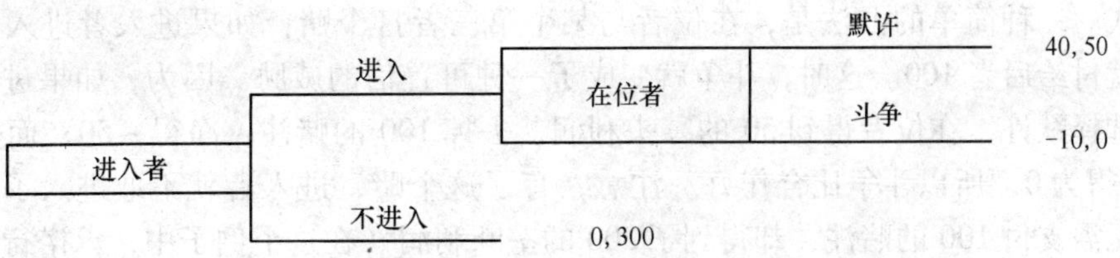

图12-1 市场进入阻挠博弈树

博弈树用于表述动态博弈是非常方便的，它一目了然地显示出参与人行动的先后次序，每位参与人可选择的行动，及不同行动组合下的支付水平。在动态博弈中，如果所有以前的行动是“共同知识”，就是说，每个人都知道过去发生了些什么（什么人在什么时候选择了什么行动），每个人都知道每个人知道……那么给定历史，从每一个行动选择开始至博弈结束又构成一个博弈，称为“子博弈”。如图12-1中，在进入者选择进入之后，在位者选择行动开始就是一个子博弈。在博弈论的著作中，一般把整个博弈也称为一个子博弈。

子博弈的概念可以用生活中的一个例子来说明（尽管有欠准确）。如果我们把家庭生活作为一个博弈，这个博弈始于男女双方谈恋爱，结婚后是一个子博弈，生孩子后又是一个子博弈，如此，等等。事实上，由于生活每天都在进行，每天都是一个子博弈的开始。

有了子博弈的概念，我们就可以更准确地定义泽尔腾的“子博弈精炼纳什均衡”概念了。一个纳什均衡称为精炼纳什均衡，当且只当参与人的战略在每一个子博弈中都构成纳什均衡，就是说，组成精炼纳什均衡的战略必须在每一个子博弈中都是最优的。在市场进入博弈中，在给定进入者已经进入的情况下，在位者的“斗争”战略已不再是最优的。所以，（进入，斗争）不是一个精炼纳什均衡。剔除了这个均衡，（进入，默许）是唯一的子博弈精炼纳什均衡。应该强调的是，一个精炼均衡首先必须是一个纳什均衡，但纳什均衡不一定是精炼均衡。只有那些不包含不可置信威胁的纳什均衡才是精炼纳什均衡。

现在举一个生活中的例子来进一步解释精炼纳什均衡的概念。设想一个农村姑娘爱上一个小伙子，她父亲坚决不同意，威胁说，如果女儿不与小伙子断绝恋爱关系，他就与女儿断绝父女关系。如果女儿相信父亲的话，她大概会中断与恋人的关系，因为恋人是可以重新选择的，而父亲则无法重新选择。问题是，假使女儿真的与恋人结婚了，父亲难道真的会走断绝父女关系这一步吗？一般来说是不会的，因为断绝父女关系对父亲的损害会更大。这就是说，父亲的威胁是不可置信的。聪明的女儿当然明白这一点，她知道，一旦生米煮成熟饭，父亲只好吃下去。结果是女儿会勇敢地恋爱下去直到结婚，父亲最终承认那个他当初并不喜欢的女婿。这大概是这个博弈中唯一的精炼纳什均衡。这个例子与市场进入博弈的例子很相似。

不可置信的威胁引出信息经济学中一个很重要的概念，即“承诺行动”（committment）。承诺行动是当事人使自己的威胁战略变得可置信的行动。一种威胁在什么时候才是可置信的？答案是，只有当事人在不施行这种威胁时就会遭受更大的损失的时候。所以说，承诺行动就意味着当事人要为自己的“失信”付出成本，尽管这种成本不一定真的发生。但承诺行动会给当事人带来很大的好处，因为它会改变均衡结果。举例来说，在市场进入博弈中，如果在位者通过某种承诺行动使自己的“斗争”威胁变得可置信，进入者就不敢进入，在位者就可以获得300的垄断利润，而不是50的寡头利润。承诺行动可能有多种形式。一种简单的办法是，在位者与某个第三者打个赌：如果进入者进入后他不斗争，他就付给后者100。这时，斗争就变成了一种可置信的威胁。因为，如果进入后不斗争而是选择默许，在位者得到50的寡头利润，去掉100的赌注，净得-50；而选择“斗争”，净得为0，所以斗争比合作好。注意，有了这个赌，进入者就不敢进入了，在位者实际上无需支付100的赌注，却得到了300的垄断利润（在这个例子中，承诺行动的实际成本为零，但一般来说，承诺行动的成本不为零。而且，承诺行动的成本越高，威胁就越值得置信)。

承诺行动在军事博弈中有广泛的应用。如两军对阵抢占一个小岛，红军可从岛北通过一座桥抢占该岛，白军可以从岛南抢占该岛。假设红军抢先一步占领了小岛，白军要不要进攻呢？红军若一上岛就派工兵将桥炸掉，自绝后路，表示出决一死战的劲头，白军大概就不会再去争夺了。这里炸掉小桥是红军的一种承诺行动，它使得红军决一死战的威胁变得可置信了。

成语“破釜沉舟”讲的就是这个意思。项羽和秦兵交战，领兵过河后就砸锅沉船，这就是一种承诺行动。另一个例子是《三国演义》中曹操与袁绍仓亭之战。曹操召集将领来献破袁之策，程昱献了十面埋伏之计。他让曹操退军河上，诱袁军前来追击，到那时“我军无退路，必将死战，可胜绍矣”。曹操采纳此计，令许褚诱袁军至河上，曹军无退路，操大呼曰：“前无去路，诸军何不死战！”众军回头奋力反击，袁军大败（严格地讲，袁绍的追击是非理性的。如果他预期到曹军将无退路，他就不应该追击）。

最后一点是，精炼纳什均衡与宏观经济学中讲的理性预期均衡和政策动态一致性很类似。政策的动态一致性（time-consistency）指出的一种政策不仅在制定时应是最优的，而且在制定以后的执行当中也应该是最优的（假定没有新的信息出现），否则就是动态不一致的。比如说，在理性预期假设下，只有未预料到的通货膨胀才会对产出产生影响。如果政府有兴趣用通货膨胀的办法解决失业问题，政府的零通货膨胀政策就不是动态一致的，因为给定公众相信零通货膨胀的情况下，政府就有积极性在事后制造通货膨胀。这说明，零通货膨胀的许诺是不可置信的。具有理性预期的公众当然不会被政府所愚弄，最后的结果是一个被预料到的正的通货膨胀，而失业率则会保持在其“自然水平”。这是一个精炼的纳什均衡。当然，政府也许会从自身长远利益的考虑树立一个不制造通货膨胀的现象。这里，重要的是政府必须言而有信。

12.1.4 不完全信息静态博弈：贝叶斯纳什均衡

不完全信息静态博弈，是指至少某一个局中人不完全了解另一个局中人的特征，即不知道某一参与人的真实类型，但是知道每一种类型的出现的概率。贝叶斯均衡是一种类型依从战略组合：给定自己的类型和别人类型的概率分布的情况下，每个参与人的期望效用得到了最大化，也就是说，没有人有积极性选择其他战略。

在假定局中人拥有私人信息的情况下，其他局中人对特定局中人的支付函数类型是不清楚的。如果一些局中人不知道另一些局中人的支付函数，或支付函数不是共同知识，局中人就不知道他在与谁博弈，博弈的规则是没有定义的。因而在1967年以前，博弈论专家认为此时博弈的结构特征是不确定的，无法进行分析。海萨尼提出了一种处理不完全信息博弈的方法，即引入一个虚拟的局中人——“自然”。自然首先行动，它决定每个局中人的特征。每个局中人知道自己的特征，但不知道别的局中人特征。这种方法将不完全信息静态博弈变成一个两阶段动态博弈，第一个阶段是自然N的行动选择，第二阶段是除N外的局中人的静态博弈。这种转换被称为“海萨尼转换”，这个转换把“不完全信息”转变成为“完全但不完美信息博弈”。这里，“不完美信息”指的是，自然作出了它的选择，但其他参与人并不知道它的具体选择是什么，仅知道各种选择的概率分布。这样，不完全信息博弈就变得可以分析了。在这个基础上，海萨尼定义了“贝叶斯纳什均衡”。贝叶斯

（Bayes）是一位概率统计专家。贝叶斯均衡是纳什均衡在不完全信息博弈中的自然扩展。我们可以对此作如下解释：在静态不完全信息博弈中，参与人同时行动，没有机会观察到别人的选择。给定别人的战略选择，每个参与人的最优战略依赖于自己的类型。由于每个参与人仅知道其他参与人的类型的概率分布而不知道其真实类型，他不可能准确地知道其他参与人实际上会选择什么战略；但是，他能正确地预测到其他参与人的选择是如何依赖于其各自的类型的。这样，他决策的目标就是在给定自己的类型和别人的类型依从战略的情况下，最大化自己的期望效用。贝叶斯纳什均衡是这样一种类型依从战略组合：给定自己的类型和别人类型的概率分布的情况下，每个参与人的期望效用达到了最大化，也就是说，没有人有积极性选择其他战略。

现在我们再回到“市场进入”这个例子。在这个例子中，进入者只有一种类型，在位者有两种类型（高成本或低成本）。也就是说，进入者具有不完全信息，而在位者具有完全信息。给定进入者选择进入的情况下，在位者选择默许还是斗争依赖于他的类型；如果是高成本，就默许；低成本，就斗争。进入者不知道在位者的真实类型，但是，比如说，他知道高成本的可能性为 x，低成本的可能性为 $(1-x)$。那么，进入者选择进入得到的期望利润为 $40x+(-10)(1-x)$，选择不进入的期望利润为零。一个简单的计算表明，当 $x>0.20$ 时，进入得到的期望利润才大于不进入时的期望利润，从而，进入才是最优的。假定 x 大于0.20，那么，贝叶斯（纳什）均衡是：进入者选择进入，高成本在位者选择默许，低成本在位者选择斗争。

再举个生活中的例子。设想有人向你求爱，你的选择是接受还是拒绝，依赖于你对求爱者品德的判断。假定如果你准确地知道求爱者品德良好，你会选择接受，反之，不接受。问题是，你可能并不准确地知道求爱者的品德。这时，你的决策显然取决于你在多大程度上相信他是一个品德优良（或品德恶劣）的人。表12-6和表12-7分别列出两种情况下的支付矩阵。这里，我们假定不论求爱者品德如何，只要他求爱你接受，他就得到100；但是，你的支付依赖于求爱者的类型：接受一个品德优良者的求爱使你得到100，而接受一个品德恶劣者的求爱使你损失100。求爱者（不论何类型）在你拒绝时损失50，这是因为丢面子的缘故。

表12-6 求爱博弈：品德优良者求爱

		你：接受	你：不接受
求爱者	求爱	100，100	-50，0
	不求爱	0，0	0，0

表12-7 求爱博弈：品德恶劣者求爱

		你：接受	你：不接受
求爱者	求爱	100，-100	-50，0
	不求爱	0，0	0，0

现在假设你认为求爱者品德优良的概率为 x。求爱者也知道这个 x 为多少，那么他求

爱你接受时你的期望效用为 $100x+(-100)(1-x)$，你不接受时你的期望效用为零。当 $x>1/2$ 时，你接受才是最优选择。如果 x 确实大于 1/2，贝叶斯（纳什）均衡是：求爱者求爱，你接受；反之，如果 $x<1/2$，贝叶斯（纳什）均衡是：求爱者不求爱，你不接受。为什么当 $x<1/2$ 时，求爱者选择不求爱呢？因为他知道他求爱会被你拒绝，这种损脸面的事是不值得干的。

贝叶斯纳什均衡的一个重要应用领域是招标或拍卖方面。设想政府有一项建设工程要出包，选择要价最低的承包者。假设招标的办法是一级密封投标，让每个投标者将自己的标价写下装入信封，一同交给政府，信封打开后，政府选择标价最低者为中标者。这时，不同投标者之间进行的就是一场博弈。假定每个投标者不知道其他投标者的真实生产成本而仅知其概率分布，那么，他在选择自己的报价时就面临着一种交替：报价越低，中标的可能性就越大；但另一方面，给定中标的情况，报价越低，利润就越小。博弈分析证明，每个投标人的标价依赖于他的类型（这里为生产成本），但一般来说，贝叶斯均衡标价高于生产成本。二者之间的差异随总投标人数的增加而减少。这就是说，让更多的企业参加投标，对政府是一件有利的事情。这是中国在出卖或出租国有企业、国有土地时要考虑的事情（这时，出价最高者得胜）。

12.1.5 不完全信息动态博弈：精炼贝叶斯均衡

在动态博弈中，行动有先后次序；在不完全信息条件下，博弈的每一参与人知道其他参与人有哪几种类型以及各种类型出现的概率，即知道“自然”参与人的不同类型与相应选择之间的关系，但是，参与人并不知道其他的参与人具体属于哪一种类型。由于行动有先后顺序，后行动者可以通过观察先行动者的行为，获得有关先行动者的信息，从而证实或修正自己对先行动者的行动。在不完全信息动态博弈一开始，某一参与人根据其他参与人的不同类型及其所属类型的概率分布，建立自己的初步判断。当博弈开始后，该参与人就可以根据他所观察到的其他参与人的实际行动，来修正自己的初步判断。并根据这种不断变化的判断，选择自己的策略。

精炼贝叶斯均衡是完全信息动态博弈的精炼纳什均衡和不完全信息静态博弈的贝叶斯均衡的结合。精炼贝叶斯均衡的要点：当事人要根据所观察到的他人的行为来修正自己有关后者类型的“信念”（主观概率），并由此选择自己的行动。这里修正过程中使用的是贝叶斯规则。精炼贝叶斯均衡是所有参与人战略和信念的一种结合，它满足如下条件：（1）给定每个人有关其他人类型的信念的情况下，他的战略选择是最优的；（2）每个人有关其他人类型的信念都是使用贝叶斯法则从所观察到的行为中获得的。精炼贝叶斯均衡不能仅定义在战略组合上，它必须同时说明参与人的信念，因为最优战略是相对于信念而言的。

在博弈中，人们掌握的信息经常是不完全的，这就需要在博弈进行过程（即动态博弈）中不断地收集信息、积累知识、修正判断。成语故事“黔驴技穷”实际上就包含了一个不完全信息动态博弈。毛驴刚到贵州时，老虎摸不准这个大动物究竟有多大本领，因而躲在树林里偷偷观察，这在老虎当时拥有的信息条件下是一种最优策略选择。过了一阵子，老虎走出树林，逐渐接近毛驴，就是想获得有关毛驴的进一步信息。一天，毛驴大叫一声，老虎吓了一跳，急忙逃走，这也是最优策略选择。又过了一些天，老虎又来观察，并对毛驴挨得很近，往毛驴身上挤碰，故意挑衅它，毛驴在忍无可忍的情况下，就用蹄子踢老虎，除此之外，别无它法。老虎最终了解到毛驴的真实本领后，就扑过去将它吃了。在这个故事里，老虎通过观察毛驴的行为逐渐修正对毛驴的看法，直到看清它的真面目。事实上，毛驴的策略也是正确的，它知道自己的技能有限，总想掩藏自己的真实技能。老虎吃掉毛驴的策略，在“博弈论”中就是所谓的“精炼贝叶斯均衡”。

现在回到“市场进入”例子上来。在这个博弈中，在位者可能是低成本，也可能是高成本，进入者事先不知道。在静态博弈中，进入者只能根据经验判断选择进入还是不进入。现在假设在位者先行动——比如说定价。我们用 P 来表示价格。那么，P 本身可能包含有关在位者成本函数的信息，因为不同成本函数下的最优价格是不一样的。假定存在一个价格 P^*，只有低成本企业才有利可图，而高成本企业是不敢模仿这个价格的，那么，精炼贝叶斯均衡是，低成本在位者选择 P^*，高成本企业选择一个较高的垄断价格；如果进入者观察到在位者选择了 P^*，就推断其为低成本，不进入；否则，就认为在位者是高成本，进入。这就是著名的“垄断线架模型”（Milgrom 和 Roberts，1982）。

精炼贝叶斯均衡的一个重要应用是“信号传递模型”。上述垄断限价模型是信号传递模型的一个特例。这类模型由斯宾塞（Spence，1974）开创，具有广泛的应用领域（但斯宾塞本人没有使用博弈论的术语）。斯宾塞（1974）分析的是劳动力市场上工人的教育水平如何传递有关能力的信息。在这个模型里，企业的生产率取决于工人的能力。工人的能力可能高可能低，工人本人知道，雇主不知道；教育本身不改进工人的能力，但却可以传递有关这种能力的信息，原因是，教育要花费成本，而高能力的人的教育成本相对于低能力的人要低，因为一个笨蛋要比一个聪明人遭受更大的痛苦才能完成必修的课程，拿到文凭。这样，文凭就成为能力的象征，尽管他不一定是能力的源泉。高能力的人要把自己与低能力的分开，就要选择受更多的教育，企业看到受过教育的人就推断是高能力，支付高工资。如果这个模型是正确的话，我们也许不应该简单地因为所学内容无用就否定一种教育制度，如中国古代社会的科举制度，它或许也具有信号传递的功能。

在完全信息动态博弈中，我们强调了承诺行动在子博弈精炼纳什均衡中的重要性。这里，要强调一下成本在精炼贝叶斯均衡中的重要性。一种行动要起到某种传递信息的功能，行动者必须为此付出足够的成本，否则，所有其他类型的参与者都会模仿。这也就是说，只有负担成本的行动才是可信的。简单地告诉对方“我是低成本企业”、“我是强者”、“我是好人”、“我是高能力的人”之所以不传递信息，就是因为这类“行动”不花成本，谁都可以效仿。低成本企业要把自己与高成本企业分开从而阻止进入者进入，就得定一个比短期垄断价格低的价格牺牲一部分短期利润；强者要把自己与弱者分开以免遭恃强欺弱者的进攻，就要吃比一般情况下多的辣椒；好人要把自己与坏人分开，就得干更多更大的好事；高能力的人要把自己与低能力的人分开，就得接受没有实际价值的教育，如此等等。

这种为传递信息支付的成本是由信息的不完全性导致的。那么，是不是说不完全信息就一定是件坏事呢？不一定。Kreps，Milgrom，Roberts 和 Wilson（1982）关于声誉的模型证明，在有限次重复囚徒困境博弈中，不完全信息可以导致合作的后果，而这在完全信息下是不可能的，理由是，当信息不完全时，当事人为了获得合作带来的长期利益，不愿过早地暴露自己的本性。说得更通俗一点，在一种长期的关系中，一个人干好事还是坏事常常不取决于他在本性上是好人还是坏人，而很大程度上取决于其他人在多大程度上认为他是好人。给定其他人并不知道自己的真实面目，一个坏人也会在相当长时间内干好事，这就如同雨果小说《悲惨世界》中的主人公一样。从这个意义上讲，过早地揭穿坏人的“真面目”也许不是一件好事，因为坏人干好事本身并不一定是件坏事。当然，在博弈的最后阶段，坏人的真实面目总是要暴露的，这就是我们常说的“路遥知马力，日久见人心”。

12.2 博弈论在环境污染治理中的应用

12.2.1 博弈论在我国的应用

12.2.1.1 博弈论在我国经济建设中的有用性

博弈理论基本出发点是具有个体理性的“经济人”追求自身利益的行为，主要研究在行为和利益方面都有相互依存性的经济个体的决策问题，包括决策的原则、方式和效率等。因此，博弈论的思路和方法与承认个体利益和局部利益、承认人们追求自身利益合法权利的市场经济的相容性较强，适用于分析市场经济中人们的经济行为、经济关系和社会经济活动的效率。

计划经济强调集体利益、国家利益，追求的直接目标是集体利益最大化，因此博弈论与计划经济的相容性较差。当然这并不是说计划经济中不存在博弈关系，由于计划经济中也存在个体利益和部门、地方的局部利益，如工作任务的轻重、福利享受的先后等，因此同样存在博弈关系。不过在公有制和计划经济的架构中，个体利益和局部利益居于次要和服从地位，追求这些利益会被认为思想觉悟不高，因此计划经济时代经济活动的竞争性较小或根本谈不上，博弈理论不可能有用武之地，即使我们了解这种经济决策的工具。

市场经济改革的实质就是承认个体利益和部门利益，以此调动劳动者、经营者的积极性，达到提高经济效率、推动经济发展的目的。市场经济改革使个体利益和部门利益有了合法的地位，劳动者和经营者可以正当追求自身利益，这为博弈论的应用提供了基本的前提条件。

我国是一个经济内容丰富、结构复杂的经济大国。市场经济改革以来，经济活动的内容和形式更加广泛。随着经济的发展和改革的深化，人们在经济活动中的相互依存和相互制约作用越来越强，即经济决策的“博弈论”越来越强，需要用博弈论进行分析的问题越来越多。另外，由于我国不是纯粹的市场经济国家，而是一个公有经济占主体，政府对经济活动的影响很大的社会主义市场经济国家，在市场架构中始终有很强的政策力量在起作用，经济关系的复杂性更胜于一般的市场经济国家，人们在进行经济决策时，除了需要考虑竞争对手或合作伙伴的利益和反应以外，还必须经常注意政府的反应和政策变化，因此经济活动的“博弈论”比一般的市场经济国家要强，博弈理论在我国大有用武之地，比在其他市场经济国家更有用武之地。

12.2.1.2 博弈论应用的领域和方面

博弈论可以揭示众多经济问题内在规律和根源，帮助人们分析经济关系，认识经济现象，评判经济效率，指导人们进行科学的经济决策，无论对企业等实际经济部门的经营活动，还是对政府的管理和政策制定，博弈论都有重要的指导意义。在我国经济从计划经济向市场经济转轨的阶段，所遇到的许多问题都可以用博弈论的原理和方法进行研究。

改革使政府不再能直接通过计划或行政指令，使企业或地方完全按照政府的意愿行为，因为在市场经济条件下，企业和地方都有自身的经济利益，在不违反国家政策法规的前提下，企业和地方有很大的自主权。如果政府要对经济加以调控，实现特定的宏观经济目标，必须通过市场的方式去影响企业和地方，而且在制定政策时必须考虑企业和地方的反应（即通常所说的“上有政策，下有对策”）。也就是说，政府要有与企业和地方“博弈”的意识，否则政策的效果往往与政策的目标有很大偏差。例如，当中央为了控制物价禁止各地调价时，地方会找各种借口调价，或抢在禁令生效之前出台调价措施，如果中央不采取预防措施，政策目标就会部分或全部落空。如果政府能够用博弈的思路来看待政策制定和实施，就可以在存在企业和地方对中央政策的对策时，仍然取得预期的效果，对经济实现稳健的调控。

博弈论可以解释经济中许多低效率现象的根源，找出导致低效率的制度性原因，从而帮助政府制定政策，完善交易制度和提高经济效率。如博弈论可以说明人们之所以会不顾后果地破坏自己赖以生存的环境，商业竞争中之所以频繁爆发导致两败俱伤的商战，都是因为人们处于“囚徒的困境”式的博弈地位。例如在商业竞争中，商家明知相互压价会两败俱伤，但因为害怕竞争对手以自己让步的损失为代价获得利益，只能采取进攻性的姿态，从而导致一轮又一轮商战。分散决策的个人自身无法摆脱这种困境，要避免这种现象的发生，政府必须对企业或地方行为作适当限制，或调整企业和地方的利益或利益来源，以避免上述有损社会经济效率的过度竞争或其他市场秩序混乱。

动态博弈中的可信性问题和重复博弈问题，都揭示了经济环境和经济秩序的长期稳定性，对经济效率的提高有十分重要的作用。这就是说，政府在决定经济政策时，尽量保持政策的长期稳定性，以及有利于培养企业和其他经济组织的长期行为，对改善社会经济效率非常重要。这对政府的经济政策制定也有很大的指导作用。

对于企业经营者来说，博弈论的指导作用更是不言而喻的。在价格和产量决策、经济合作和经贸谈判、引进和开发新技术或新产品、参与投标拍卖、处理劳资关系，以及在与政府的关系和合作等众多方面，博弈论都是企业经营者十分有效的决策工具，或者至少是比较科学的决策思路。“囚徒的困境”和“激励的悖论”等众多博弈论的基本模型或命题可为企业经营者揭示许多经济问题的实质和导致这些困难的机制，从而有利于他们掌握经济活动的规律，提高经济决策的效率。

本章所讨论的各种具体的静态博弈和动态博弈，或者类似的博弈问题，是企业经营者在经济活动中常常会遇到的，所遇到的实际问题可能还会更加复杂。因此，学习博弈论的原理，掌握博弈的思想方法和技巧，对于实际经济部门的经济工作者来说非常重要。

12.2.2 环境污染与治理的博弈

12.2.2.1 索赔-治污模型

从市场经济的角度看，环境污染属于因负的经济外部性而导致市场失灵的问题。产生这一问题的最根本原因在于像空气、河流和海洋等公共资源没有明确的财产权，当市场中的经济主体（企业）的生产行为带来环境污染时，虽然事实上存在因污染而带来的社会成本，但因公共资源财产权的模糊导致了环境市场和环境价格的不存在，这就造成了污染者在市场活动中，不必主动承担或不用全部承担污染的社会成本的事实。而在现有的技术水平下，一般的治污成本远远高出环境污染给污染者自己带来的损失，因而出于经济利益的考虑，污染者没有治理污染的主动性。

A 受害者集体行动的困境

一般来讲，污染成本由一个特定的受害者群体共同承担，并且对于每个污染受害者个体来讲，他单独同污染者索赔的成本要大于其受污染的损失，因而受污染的个体一般不会自发地向污染者进行索赔，而这进一步激励了污染者的污染行为。这种关系可用污染者与受害者个体间的一个静态“索赔-治污”博弈模型表示。为了不失一般性，可假定索赔成本为20，索赔成功得益为15，受污染的个体损失为10，治理污染成本为100，数据的大小主要用于表示污染者与受害者间的关系。在这里，数据只是定性关系描述而非精确的定量关系，由此得出如下“个体索赔-治污”矩阵博弈模型（图12-2）。

显然，这一博弈矩阵的唯一均衡点是（-10，0），由此对应的均衡策略是（不索赔，不治理污染），虽然在实际情况中这一博弈是一个三阶段动态的博弈，但其均衡结果不变。而且根据重复博弈理论可知，在有限重复博弈中均衡结果也不会改变，即污染者永远采用“不治理”策略，而个体受害者永远采取“不索赔”策略是双方的理性选择，是博弈的一般结果，因而博弈双方均没有单个改变自己策略的经济动机。但是如果把所有的受害者当作一个整体来考虑，则“索赔-治污”博弈就将发生质的变化，这一博弈可以用以下“集体索赔-治污”矩阵博弈模型表示（假定受害者为100人）（图12-3）。

受害者个体 / 污染者

得益情况	治理污染	不治理污染
索赔	-20，-100	-15，-15
不索赔	0，-100	-10，0

图12-2 “个体索赔-治污”博弈

受害者个体 / 污染者

得益情况	治理污染	不治理污染
索赔	-20，-100	-480，-1500
不索赔	0，-100	-1000，0

图12-3 “集体索赔-治污”博弈

以上博弈虽然是用矩阵博弈的形式表示的，但实际上这是一个三阶段的动态博弈，首先由污染者选择是否污染，然后由受害者选择是否索赔，最后由污染者进行赔付。用动态的博弈理论可以得出这个博弈的均衡解是（治理污染，不治理污染就索赔），也就是说“索赔-治污”整体博弈的一般结果是污染者治理其污染，而受害者可以用“不治理污染就索赔”策略保障其权益。

这显然是一个理想的结果，但问题的关键是如何协调众多受害者的行动，尤其是当受害者无法确认或受害者无法沟通时，集体行动的困境将使受害者面对的是不利的“个体索赔-治污”博弈而不是有利的“集体索赔-治污”博弈。

B 地方保护主义的囚徒困境

一般来说，由市场失灵带来的环境污染问题政府有责任代表众多的受害者出面解决。但在实践中，环境保护的具体执行要落实到地方政府的身上，而在我国现有的财政政策下，地方政府的经济利益和地方企业的经济效益密切相关，而且有证据表明地方政府官员的晋升和当地的GDP呈现出明显的正相关性，在现有技术水平的条件限制下，对环境污染的治理势必意味着一定时期内生产能力的下降。因此，地方政府出于自身利益的“理性”考虑，很容易成为地方企业（包括污染者）的代言人，而非众多环境污染受害者的利益代表。而且一般的环境污染问题不是由一家或少数几家污染者造成的，而是当一个地区污染源数量达到一定程度后突破了环境的自身调节极限后造成的。这就使得地方政府在环境污染治理上面对的是“囚徒困境”式的局面，这一局面使得地方政府的“理性”选择只能是不治理或有限治理环境污染。

以下用一个静态的博弈模型说明地方政府在环境污染治理上面对的“囚徒困境”。为简化模型，假设某地区的环境污染是由分属甲、乙两个地方政府的企业共同造成的，而且任何单独一方的企业对环境造不成严重的污染。不失一般性，假设甲、乙两地方政府在环境污染不严重时可得的利益均为100，在环境污染严重时因大众的损失得益只有60，而单独一方治理污染的成本为50，双方共同治理成本只有40，由此可得出以下地方政府治污博弈模型（图12-4）。

甲地方政府

乙地方政府 得益情况	治理污染	不治理污染
治理污染	80，80	50，100
不治理污染	100，50	60，60

图12-4　地方政府治污囚徒困境式博弈

显然，这个博弈的均衡点是（不治理污染，不治理污染），即两个地方政府从各自的利益角度着想，都希望能搭上他人治理污染的“便车”，而自己则从低成本的经济发展中受益，但共同的“理性”行为结果却形成一个最坏的僵局。这一局面迫使地方政府不得不采取地方保护主义策略，而且没有人愿意首先单方面改变这一局面，从而环境污染不能得到有效的治理。

12.2.2.2　污染博弈的分析

假如市场经济中存在着污染，但政府并没有对环境进行管制，企业为了追求利润的最大化，宁愿以牺牲环境为代价，也绝不会主动增加环保设备投资。按照看不见的手的原理，所有企业都会从利己的目的出发，采取不顾环境的策略，从而进入“纳什均衡”状态。如果一个企业从利他的目的出发，投资治理污染，而其他企业仍然不顾环境污染，那么这个企业的生产成本就会增加，价格就要提高，它的产品就没有竞争力，甚至企业还要破产。这是一个“看不见的手的有效的完全竞争机制”失败的例证。直到20世纪90年代中期，中国乡镇企业的盲目发展造成严重污染的情况就是如此。只有在政府加强污染管制时，企业才会采取低污染的策略组合。企业在这种情况下，可获得与高污染同样的利润，但环境将更好。

本章小结

博弈论是研究决策主体的行为发生直接相互作用时候的决策以及这种决策的均衡问题的学科。

博弈的基本要素包括：参与人、行动、战略、信息、支付函数、结果、均衡。

博弈的划分：按照行动的先后顺序分为静态博弈和动态博弈；按照参与人对有关其他

参与人的特征、战略空间以及支付函数的知识的了解分为完全信息和不完全信息。

完全信息静态博弈中各博弈方同时决策，且所有博弈方对博弈中的各种情况下的策略及其得益都完全了解。完全信息动态博弈，是指博弈中信息是完全的，但行动是有先后顺序的，后动者可以观察到前者的行动，了解前者行动的所有信息，而且一般都会持续一个较长时期。

不完全信息静态博弈，是指至少某一个局中人不完全了解另一个局中人的特征，即不知道某一参与人的真实类型，但是知道每一种类型出现的概率。不完全信息动态博弈，在动态博弈中，行动有先后次序；在不完全信息条件下，博弈的每一参与人知道其他参与人的类型以及各种类型出现的概率，即知道“自然”参与人的不同类型与相应选择之间的关系，但是，参与人并不知道其他的参与人具体属于哪一种类型。由于行动有先后顺序，后行动者可以通过观察先行动者的行为，获得有关先行动者的信息，从而证实或修正自己对先行动者的行动。

习　题

12-1　什么是博弈？博弈论的主要研究内容是什么？

12-2　设定一个博弈模型必须确定哪几个方面？

12-3　有 5 个海盗，即将被处死刑。法官愿意给他们一个机会。从 100 个黄豆中随意抓取，最多可以全抓，最少可以不抓，可以和别人抓的一样多。最终，抓的最多的和最少的要被处死。如果你第一个抓，你抓几个？条件：每个海盗都是很聪明的人，都能很理智地判断得失，从而做出选择。100 颗不必都分完，若有重复的情况，则也算最大或最小，一并处死（中间数的重复不算）。

12-4　小明和小强都是张老师的学生，张老师的生日是 M 月 D 日，2 人都不知道张老师的生日是下列 10 组中的一天，张老师把 M 值告诉了小明，把 D 值告诉了小强，张老师问他们知道他的生日是哪一天吗？（3 月 4 日、3 月 5 日、3 月 8 日、6 月 4 日、6 月 7 日、9 月 1 日、9 月 5 日、12 月 1 日、12 月 2 日、12 月 8 日）小明说：如果我不知道的话，小强肯定也不知道。小强说：本来我也不知道，但是现在我知道了。小明说：哦，那我也知道了。请根据以上对话推断出张老师的生日是哪一天？

12-5　春节前夕，某小镇上两个商铺主甲和乙同时看到一个赚钱机会：去城里贩一批鞭炮回来零售，购货款加上运输费用共 5000 元，如果没有竞争对手，这批货在小镇上能卖 6000 元；但如果另一家商铺同时在小镇上卖鞭炮，价格下跌使得这批鞭炮只能卖 4000 元。请用战略式表示支付矩阵；请找出纳什均衡。

12-6　乙向甲索要 1000 元，并且威胁甲如果不给就与他同归于尽。当然甲不一定会相信乙的威胁。请用扩展形表示该博弈，并找出子博弈精炼纳什均衡。

12-7　在某一垄断市场本来只有厂商 A，长期中垄断利润的现值是 1000 万元。现有一厂商 B 进入市场，厂商 B 的成本可能有两种情况：$C_H = 300$ 万元和 $C_L = 200$ 万元，但 A 不了解厂商 B 的真实成本。假设 A 厂商为了避免价格竞争决定收购厂商 B，有两种方案可以考虑：（1）收购价 200 万元，并让厂商 B 分享 10% 的长期垄断利润；（2）不支付现金只让厂商 B 分享 15% 的长期利润。如果厂商 B 接受则企业会被关闭，不接受则与厂商 A 进行竞争，双方各获取 400 万元利润，但厂商 B 要继续支付成本。请问厂商 A 判断厂商 B 高成本的可能性多大时会选择方案（1）？

13 环境经济评价

由于外部性、公共物品属性以及其他因素的影响，环境和自然资源提供的很多产品和服务不可能依靠自由市场体系实现最优配置。在环境保护和经济运行的公共决策过程中，需要评估环境和自然资源的价值。环境经济评价就是环境和自然资源价值计量和货币化的技术方法，其最终目的是为有关的环境和自然资源决策提供信息支持。

13.1 环境经济评价概述

13.1.1 环境资源的价值与价值计量

13.1.1.1 环境资源价值的构成

环境经济评价的基础在于对环境资源价值含义的理解。环境资源的价值称为总经济价值（记作 *TEV*）。环境资源的总经济价值分为两部分：（1）使用价值（记作 *UV*）或有用性价值；（2）非使用价值（记作 *NUV*）或内在价值。使用价值又可以进一步分解为直接使用价值（记作 *DUV*）、间接使用价值（记作 *IUV*）和选择价值（记作 *OV*）。

因此，环境资源的总经济价值可以写成：

$$TEV = UV + NUV = (DUV + IUV + OV) + NUV$$

使用价值是指当某一物品被使用或消费的时候，满足人们某种需要或偏好的能力。

直接使用价值是由环境资产对目前的资产或消费的直接贡献来决定的。也就是说，直接使用价值是指环境资源直接满足人们生产和消费需要的价值。以森林为例，木材、药品、休闲娱乐、植物基因、教育、人类住区等都是森林的直接使用价值。直接使用价值在概念上是易于理解的，但这并不意味着它在经济上易于衡量。森林产品的产量可以根据市场或调查数据进行估算，但是药用植物的价值却难于衡量。

间接使用价值包括从环境所提供的用来支持目前的生产和消费活动的各种功能中间接获得的效应，间接使用价值类似于生态学中的生态服务功能。仍以森林为例，营养循环、水域保护、减少空气污染、小气候调节等都属于间接使用价值的范畴。它们虽然不直接进入生产和消费过程，但却为生产和消费的正常进行提供了必要条件。

上面的两种价值都是传统经济学一致认定的经济价值。现在，把问题复杂化一些，把人们对环境资源的使用选择考虑进来，这就是经济学家们所称的选择价值。

选择价值又称期权价值，任何一种环境资产都可能具有选择价值。我们在利用环境的时候，可能并不希望马上就把环境的功能消耗殆尽，也许会设想到未来的某一天，该资源的使用价值会更大，或者由于不确定性的原因，如果现在利用了这一资源，那么未来就不可能获得该资源，因此，要对其做出选择。也就是说，我们可能会具有保护环境资源的愿望。选择价值同人们愿意为保护热带森林以备未来之用的支付愿望的数值有关。也就是说，该森林不是在现在被使用而是有可能在未来使用，包括未来的直接和间接使用价值（生物多样性、被保护的栖息地等）。选择价值的出现取决于环境资源供应和需求的不确定性是否存在，并且依赖于消费者是想逃避风险还是喜欢冒险。因此，选择价值相当于消费者为一个未利用的资产所愿意支付的保险金，仅仅是为了避免在将来不能得到它的风险。

非使用价值则相当于生态学家所认为的某种物品的内在属性，它与人们是否使用它没有关系。对于内在价值到底应该如何界定以及应该包括什么，存在许多不同的观点。一种被普遍接受的观点认为，存在价值（记作 *EV*）是非使用价值的一种最主要的形式。存在价值是指从仅仅知道这个资产存在的满意中获得的价值，尽管并没有要使用它的意图。经济学家试图以经济学来解释该价值，并试图通过一些手段来度量它。它们为存在价值的存在提出了几个例证，说明人们之所以认为资源或环境具有存在价值，是人们具有：（1）遗赠动机；（2）礼物动机；（3）同情动机。

13.1.1.2 环境资源价值的计量

在人类的社会经济活动中，环境资源价值已经是一种客观存在。人类需要通过价值度量，了解环境和自然资源在社会经济系统中发挥的作用和重要性，从而做出理性的行为决策，以实现社会经济的可持续发展。尽管普遍认同的价值尺度还没有真正建立，但环境价值评估的尝试一直在进行。环境价值的客观存在和在社会经济运行过程中日益凸显的作用，无疑为环境价值计量和评估提供了最可靠的依据。

由于环境和自然资源的公共物品性质，以及人类认知水平和评估技术等因素的限制，只有部分环境资源物品或服务在市场中得到认同。大部分环境资源的价值无法在市场中自动或直接体现。换言之，有些环境和自然资源的价值体现在市场直接或间接交易过程中，可以利用市场价格表征其价值；更多的环境资源价值在市场中没有实现，需要通过特定的评价方法将其揭示出来，使环境价值能够尽可能真实地进入市场运行过程，实现资源的合理利用和最优配置。

按照环境资源物品和服务的与市场的关联程度，其价值可分为三类：

（1）市场可直接交易的价值。价格是价值的市场体现，是通过市场机制揭示的价值部分。理想市场所形成的价格，就是相关主体在市场中对物品或服务的价值做出的评价。因此，只要环境和自然资源物品能够在市场上交易，交易过程中就能提供关于物品价值最丰富的信息。例如有些自然资源产品总价值中的直接使用价值部分，就可以通过市场价格得到充分反映。

（2）市场可间接交易的价值。许多环境和自然资源的价值无法在市场中直接交易，例如舒适性、景观、健康安全风险等间接使用价值。但是人们相信，这些价值及其效益是隐含在与之相关物品或服务的价格中的，可以通过观察相关物品或服务的市场交易价格，将与环境变化相关的支付意愿从价格中剥离或揭示出来，即“揭示支付意愿”。例如，通过研究旅行成本发现环境舒适性的价值，从房地产价格中识别环境质量改善的价值，或者从人们针对环境变化采取的防护行为推断对环境服务的支付意愿。

（3）市场不可交易的价值。对于不可直接或间接交易的环境价值（主要表现为非使用价值），没有真实的市场数据，也无法通过间接观察市场行为来揭示价值，意愿调查评估法几乎成为唯一了解人们是否有支付意愿的方法。它一般是基于环境资源的假想变化，通过调查获知人们的偏好评价。

不论何种价值，环境资源价值评估的理论基础都是“支付意愿”。假定环境资源物品和服务的价值是效用函数的因变量。“支付意愿”代表消费者为获得某种效用愿意支付的费用（或价格），能够真实反映消费者对于所购买物品或服务的价值评估。但是，由于环境和自然资源的公共物品特征，其在市场中的可交易程度不同，可获取的支付意愿信息的真实和完整程度也不同，这要求利用专门的技术和方法，揭示真实和完整的“支付意愿”。建立这样的技术和方法，评估环境和自然资源的价值，就成为环境与自然资源经济学长期以来的研究任务。

13.1.2 环境经济评价的主要内容

环境价值评估的最初动机是评估环境影响，使其能够纳入费用效益分析中。为费用效益分析提供依据的环境价值评估研究已经有30多年的历史。近年来，还有另外两个原因进一步激发了对环境价值评估的需求：第一是认识到有必要在经济效果评价中考虑环境收益或损失，即环境经济核算；第二是美国从20世纪80年代中后期起，为了确定污染损害责任方的赔偿责任，环境与自然资源经济学家们对环境损害所作的价值评估逐步成为可接受的确定赔偿责任的证据。

13.1.2.1 环境影响的经济评价

环境影响的经济评价的理论基础是，环境作为一种资源，其价值变动一定会反映在相关主体由于环境影响而发生的成本或收益变化上。环境影响既包括环境的改善也包括环境的退化。当发生环境改善时，形成的价值称为环境效益，当发生环境退化或恶化时，所带来的成本称为环境损失费用或环境成本，因此环境费用或环境效益就是环境变化的价值表现形式。

将环境影响纳入费用效益分析是环境价值评估最初，也是最基本的动机。人类的任何社会经济活动，包括决策和开发建设都会对环境及自然资源配置造成影响，进而带来环境费用或环境效益。因此，需要评估这些影响的程度和范围，以确定是否应该制定或执行某项政策，是否应该开发和建设某个项目。

13.1.2.2 环境经济核算

“环境经济核算”又称作“绿色国民经济核算”。国民经济核算可以对一国国民经济状况进行完整的统计描述，为监测经济运行过程、进行经济分析以及制定经济政策、开展国际化比较等提供系统的统计资料。然而，传统的以GDP指标为核心的国民经济核算账户体系受到越来越多的批评和质疑，一个重要原因就是GDP中没有充分反映经济增长造成的环境污染、资源破坏和生态恶化，即环境问题对经济增长、可持续发展以及国民福利的负面影响。为了纠正GDP指标造成的误导，世界各国以及包括联合国、世界银行在内的国际组织开始探索和尝试对国民收入核算体系进行改革，以便将环境经济核算纳入其中。

环境经济核算目的是通过对环境和自然资源的价值评估，记录经济活动中利用了的环境资源价值，正确地反映国民经济的有效增长及环境因素对经济增长的潜在支撑力，反映环境资源与经济之间的相互依赖、相互制约关系。

13.1.2.3 环境污染损害赔偿

在美国，另外一个推动环境经济评价发展的现实需求来自于确定污染损害责任方的赔偿额度。1980 年 12 月，美国《综合环境影响、赔偿和责任法》(CERCLA，也称"超级基金"计划）开始生效，推动了环境影响经济评价的实践。该法令规定政府有关部门作为政府所有或政府控制的自然资源的托管人，有权要求污染或破坏这些自然资源的责任者对污染造成的损失进行赔偿。由此引发了对环境污染损失的计量问题，它与污染者的法律责任和赔偿额直接相关。CERCLA 要求总统制定出自然资源损害评估的原则和方法程序，每两年修订一次，吸收最新的经济评价研究成果。

13.1.2.4 环境和自然资源定价

许多制定或调整环境与自然资源价格的公共政策都体现了政府作为环境资源的管理者所做出的价值判断。例如，自然资源不像普通商品那样，所有权可以和使用权一同转移，而是出现所有权与使用权的分离，政府就以租金的形式对自然资源定价，如土地出让金、矿产资源权利金、海域使用金等。如果一些自然资源的使用权无法转移到私人手中，或者已有价格体系不合理，政府则通过税（费）和转移支付等形式来调整现有的价格体系，表达对环境资源价值的认同，例如环境税、资源补偿费等。征收税费的目的也可能包含刺激就业、对企业实行隐性价格补贴等动机，从而使形成的价格偏低，而且这种价格并不随着资源产品市场价格的变化而变化，只代表行政性而非市场化的手段。

13.1.3 环境经济评价的目的

根据决策对于环境价值评估的不同要求，环境经济评价可能服务于不同的目的。

图 13-1 所示为在决策过程各阶段，环境经济评价所具有的不同目的及作用。

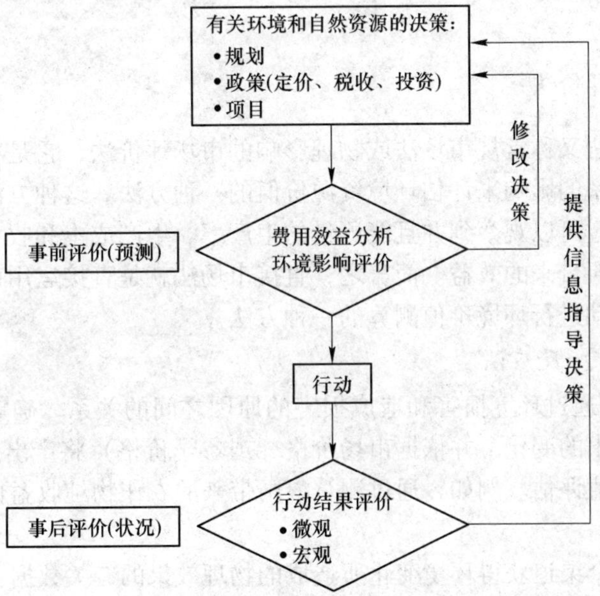

图 13-1 政策过程与环境经济评价

首先是决策制定的阶段，包括政府制订计划、政策和项目的过程。政府的许多公共决策广泛体现着政府对资源利用方式的偏好，例如国家的综合经济发展规划、部门行业发展规划，或者环境标准、各类环境和自然资源开发、利用、进出口贸易许可证等，这些决策本身虽然不是正式的价值评估，但都体现了政府对于以不同方式利用环境和自然资源的价值评判。接下来是决策评价的阶段。如果政府的决策目标是追求与环境和自然资源利用相联系的净经济价值最大化，那么政府的就应该根据价值最大化，从而福利最大化的原则考虑环境和自然资源利用方式的选择。按照这样的评价原则，通过一定的评价方法和程序（例如费用效益分析），政府可以发现决策中不合理的地方，返回到决策制定过程，修改原来的决策方案；合理的决策则通过评价阶段后输出，成为正式发布的规划、政策和项目。决策公布之后进入决策的实施阶段，即行动阶段。决策实施后，再进入决策的后评估阶段，即对行动的结果进行评价，评价的结果可以为制定新决策或修改决策提供指导意见和信息。

13.2 环境经济评价的方法

在环境经济评价中，强调的是要反映个人的经济偏好。环境经济评价的基础是人们对于环境改善的支付意愿，或是忍受环境损失的接受赔偿意愿。因此，环境经济评价方法多从估计人们的支付意愿或接受赔偿意愿入手。获得人们的偏好和支付意愿或接受赔偿意愿的途径主要有三个：一是从直接受到影响的物品的相关市场信息中获得；二是从其他事物中所蕴藏的有关信息中获得；三是通过直接调查个人的支付意愿或接受赔偿意愿获得。

因此，环境经济评价的方法主要有三类：第一类是直接市场评价法，包括剂量-反应方法、生产率变动法、疾病成本法和人力资本法、机会成本法等；第二类是揭示偏好价值评估法，包括内涵资产定价法、防护支出法与重置成本法和旅行费用法等；第三类是陈述偏好法，意愿调查价值评估法是典型的陈述偏好法，包括投标博弈法、比较博弈法和无费用选择法等。

13.2.1 直接市场评价法

直接市场评价法又称常规市场法或物理影响的市场评价法，它是根据环境质量变动对资产价值、生产效率的影响来评估环境资源价值的一种方法。这种方法把环境质量看作是一个生产要素，通过可以观察到并且能测量的生产率、生产成本和收益的变化，来评价环境损害或环境改善所带来的效益。简言之，直接市场法就是直接运用市场价格对可观察和度量的环境质量变动进行环境价值测算的一种方法。

13.2.1.1 剂量-反应法

剂量-反应法是通过环境损害和造成损害的原因之间的关系，确定在一定的污染水平下，产品或服务产出的变化，并依据市场价格（或影子价格）将产出变化量货币化，由此对环境变化进行价值评估。例如，通过测算酸雨带来的农作物纯收益的变化，来推测酸雨的环境损害。

我们可以从多个渠道获得环境变化所造成的物理效果的有关数据：

（1）实验室或实地研究。例如，观察水污染对种植业的影响，空气污染对农作物的影响，然后建立关系模型进行分析。

（2）受控实验。即进行剂量-反应关系的模拟实验，也就是通过人为模拟环境变化，并观测其影响结果，以确定环境变化与影响因子之间的关系。

（3）根据实际生活中的大量的信息，建立各种关系模型。例如，运用实际调查资料，建立人的健康和空气质量、食品结构、收入水平等因素之间的关系模型，从而测算出空气质量变化对健康的影响；根据坡度、降雨量、土壤类型以及管理方式和作物种类等建立土壤侵蚀方程，预测土壤侵蚀的影响。剂量-反应法主要用于评估环境变化对市场产品或服务的影响，因此，它不适用于对非使用价值的评估。

13.2.1.2 生产率变动法

生产率变动法是通过测定环境变化对生产者的产量、成本和利润，或是对消费者的供给与价格变动及其引起的消费者福利的变化来推算环境价值。例如，水污染将使农产品产量或价格下降，给农民带来经济损失，通过这个损失可以估算出水污染的损害金额。

根据受环境影响使农产品产量变化的某地区环境价值的估算可用如下公式：

$$P = \Delta Q(P_1 + P_2)/2 \tag{13-1}$$

式中，P 为某地区环境价值变动额；ΔQ 为污染区域农产品产出变动量；P_1 为污染前农产品市场价格；P_2 为污染后农产品的市场价格。

如果市场竞争充分，供求关系变动较为灵敏，就可以直接利用该产品的市场价格进行估算；如果生产量变动的规模可能影响价格的变动，就应设法预测新的价格水平，并用其来测算环境质量变化的价值。此外，为了确保价值评估结果的准确与合理，应该估计产出和价格变化的净效果。假设环境变化所带来的经济影响（E）体现在受环境影响的产品的产量、价格和成本等方面，即净产值的变化上，则 E 可以用下面的公式表示：

$$E = \left(\sum_{i=1}^{k} p_i q_i - \sum_{j=1}^{k} c_j q_j\right)_x - \left(\sum_{i=1}^{k} p_i q_i - \sum_{j=1}^{k} c_j q_j\right)_y \tag{13-2}$$

式中，E 为环境变化所带来的经济影响；p 为产品的价格；c 为产品的成本；q 为产品的数量。式（13-2）中共有 $i = 1,2,\cdots,k$ 种产品和 $j = 1,2,\cdots,k$ 种投入，环境变化前后的情况分别用下标 x、y 表示。

生产率变动法的基本步骤如下：

（1）估计环境变化对受者造成影响的区域及其影响大小。例如，森林砍伐所造成的后果之一是导致 100hm² 区域内的土壤损失 3%。

（2）估计该影响对成本或产出造成的影响。例如，土壤减少 3% 会导致玉米产量减少 2%，假设未受影响前，产量为 7500kg/hm²，则产量损失为 150kg/hm²。

（3）估计产出或者成本变化的市场价值。例如，假设玉米的收成将因为森林砍伐减少 150kg/hm²，受影响的范围为 100hm²，玉米的市场价格为 1.0 元/kg，则因森林砍伐造成的该类损失为 150kg/hm² × 100hm² × 1.0 元/kg = 15000 元。

13.2.1.3 疾病成本法和人力资本法

环境的基本服务之一就是为人类生命的存在提供必要的支持。污染（如空气和水污染）等将导致环境生命支出能力的变化，会对人体健康产生很大影响。这些影响不仅表现为因劳动者发病率与死亡率增加而给生产造成的直接损失（这种损失可以用上面的生产率变动法进行估算），而且还表现为因环境质量恶化而导致的医疗费用开支的增加，以及因为人得病或过早死亡而造成的收入损失等。疾病成本法和人力资本法是用来估算环境变化造成的健康损失成本的主要方法，或者说是评价反映在人体健康上的环境价值的方法。

环境质量变化对人体健康的影响包括医疗费的增加和由于健康原因引起的个人收入损失。前者相当于因环境质量变化而增加的病人人数与每个病人的平均医疗费用（按不同病症加权计算）乘积；后者则相当于环境质量变化对劳动者预期寿命和工作年限的影响与劳动者预期收入（不包括来自非人力资本的收入）的现值的乘积。由于劳动者的收入损失与年龄有关，所以首先必须分年龄组计算劳动者某一年龄的收入损失，然后将各年龄的收入损失汇总，得出因环境问题导致的劳动者一生的收入损失。

人力资本法的基本步骤如下：

（1）识别环境中可致病的特征因素（即致病动因），即识别出环境中包含哪些可导致疾病或死亡的物质。

（2）确定致病动因与疾病发生率和过早死亡率之间的关系。

（3）评价处于风险之中的人口规模。

（4）估算由于疾病导致缺勤所引起的收入损失和医疗费用支出，对因疾病而消耗的时间与资源赋予经济价值。

$$I_c = \sum_{i=1}^{k} (L_i + M_i) \tag{13-3}$$

式中，I_c 为由于环境质量变化所导致的疾病损失成本；L_i 为第 i 类人由于生病不能工作所带来的平均工资损失；M_i 为第 i 类人的医疗费用（包括门诊费、医药费、治疗费等）。

（5）估算由于过早死亡所带来的影响。利用人力资本法计算由于过早死亡所带来的损失，年龄为 t 的人由于环境变化而过早死亡的经济损失等于他在余下的正常寿命期间的收入损失的现值。

$$V = \sum_{i=1}^{T-t} \frac{\pi_{t+i} \cdot E_{t+i}}{(1+r)^i} \tag{13-4}$$

式中，π_{t+i} 为年龄为 t 的人活到 $t+i$ 年的概率；E_{t+i} 为在年龄为 $t+i$ 时的预期收入；r 为贴现率；T 为从劳动力市场上退休的年龄。

（6）将由于缺勤引起的损失和过早死亡引起的损失加总，即得到致病动因的损害价值。

13.2.1.4　机会成本法

用于满足人们各种各样欲望的资源是有限的。因此，每一个时期人们都必须做出选择，以决定将稀缺资源配置于哪一类产品与劳务的生产，满足人们哪一方面的欲望。在某种资源稀缺的条件下，该资源一旦用于某种商品的生产就不能同时用于另一种商品的生产，即选择了一种机会就意味着放弃了另一种机会。使用一种资源的机会成本是指把该资源投入某一特定用途后所放弃的在其他用途中所能够获得的最大利益。在评估无价格的自然资源方面，运用机会成本法估算保护无价格的自然资源（例如，保护自然保护区，保护热带森林资源）的机会成本，可以用该资源用作其他用途（例如开发农业、林业）时可能获得的收益来表征。

机会成本法特别适用于对自然保护区或具有唯一性特征的自然资源的开发项目的评估。

案例 13-1

鄱阳湖湿地资源的价值评估

（1）鄱阳湖湿地资源的价值构成。该案例将鄱阳湖湿地资源的价值划分为经济价值和服务功能价值两类。其中经济价值包括水资源、生物资源、土地资源、航运资源、砂矿资源；服务功能价值包括湿地涵养水源、调蓄洪水、保护土壤、固碳释氧、营养循环、生物栖息地降解污染等方面的价值。

（2）鄱阳湖湿地资源的经济价值评估。分别从鄱阳湖水资源经济价值、生物资源经济价值、洲滩土地资源经济价值、航运资源经济价值和湖床砂矿资源经济价值五方面估算其经济价值量，此部分应用的方法基本为传统市场评估法中的市场价值法。

1）水资源经济价值估算。水资源有市场价格，运用市场价值法可以估算出：鄱阳湖水资源经济值 = 水资源总量 × 水价。从相关资料可知，鄱阳湖水资源总量为 $1525\times10^8\text{m}^3$，水资源价格有灌溉水价和自来水价两类。按灌溉水价，据江西省水利厅的资料，滨湖附近的市县农田灌溉水每公顷收费是 270 元，折合单位水价为 0.05 元/m^3。因此，按灌溉水价折算，鄱阳湖水资源经济价值 $=1525\times10^8\times0.05=76.2\times10^8$ 元；按自来水水价折算，鄱阳湖水资源经济价值 $=155\times10^8\times0.35=54.25\times10^8$ 元。

2）生物资源经济价值估算。鄱阳湖的生物资源分为浮游植物、浮游动物、底栖动物、水生维管束植物和鱼类五种，分别测算出其经济价值。鄱阳湖浮游植物的年鲜重产量为 4513272t，折合渔产潜力达 15952t，按鄱阳湖全湖鱼类价值估算结果的单位价格平均值 4.04 元/kg 计算成本，浮游植物经济价值 $=15952\times10^3\times4.04=0.644\times10^8$ 元；鄱阳湖浮游动物的生物量为 12477t，主要作为鱼类的饵料，按目前市场出售的鱼类混合饲料价格 1.52 元/kg 计，浮游植物经济价值 $=12477\times10^3\times1.52=0.19\times10^8$ 元；鄱阳湖底栖动物的年产量为 167028t，在天然捕捞渔业生产量的统计中，通常把螺、蚌的产量也折算到天然捕捞的鱼产量，折算系数以 0.25 计，据此，鄱阳湖底栖动物经济价值的计算式为：底栖动物经济价值 $=167028\times0.25\times4.04=1687\times10^8$ 元；鄱阳湖水生维管束植物的生物量为 4317600t，主要作为鱼类的饲料，折算系数为 0.033，按目前市场出售的鱼类混合饲料价格 1.52 元/kg 计，水生维管束植物经济价值 $=4317600\times0.033\times1.52=2.165\times10^8$ 元；按鄱阳湖产出的各种鱼类的产量和市场价格，折算出鄱阳湖鱼类的经济价值是 1.801×10^8 元。

3）洲滩土地资源经济价值估算。鄱阳湖的各类滩涂地面积和利用方式见表 13-1，根据利用方式的不同，可分别计算出不同类型滩涂地的经济价值。

表 13-1　鄱阳湖湿地洲滩土地资源经济价值估算

类型	面积/hm^2	单价/元	总价/亿元	利用方式
高位滩地	11000	60000	6.6	养殖
		1125	0.12375	种植
中位滩地	35400	60000	21.24	养殖
		1125	0.39825	种植
低位滩地	223500	25029.3	55.94	天然利用
合计	269900		54.46 ~ 83.78	

4）航运资源紧急价值估算。据江西省航运局提供的资料，湖区年货运总量为 $1181\times10^8\text{t}$，货运单价为 0.07 元/(t · km)；年客运人数为 428×10^4 人，客运单价是 0.15 元/(人 · km)。湖区现有航道 1745.5km，其中常年航运的航道长度为 1234km。按此计算，货运经济价值潜力达 10.2×10^8 元，客运经济价值潜力达 7.92×10^8 元。

5）砂矿资源经济价值估算。鄱阳湖年输入砂量为 $460\times10^4\text{t}$，销售单价为 40 元/t，湖床矿的经济价值估算应为0.184×10^8元。

（3）鄱阳湖湿地资源的服务功能价值评估。从鄱阳湖湿地资源提供的涵养水源、调蓄洪水功能、保护土壤功能、固碳释氧功能、营养循环功能、生物栖息地功能和降解污染功能着手。

1）涵养水源、调蓄洪水功能。首先，通过地表径流和常年积水量计算出鄱阳湖涵养水源量为72.25×10^8m^3，采用影子工程法计算水价，即每建设1库容，需要投入成本0.67元，则可得：鄱阳湖湿地涵养水源价值=涵养水源量×单位库量成本=72.05×10^8×0.67=48.27×10^8元。其次，估算调蓄洪水功能价值，鄱阳湖湿地调蓄洪水价值=调蓄洪水总量×单位库量成本=（143.1+95）×10^8×0.67=159.5×10^8元，最后，两项合计为48.27×10^8+159.5×10^8=207.77×10^8元。

2）保护土壤功能价值。鄱阳湖湿地资源保护土壤功能表现为：减少土壤侵蚀，防止泥沙滞留与淤泥的价值，减少土壤肥力流失，防止水与空气质量下降，防沙治沙，减少自然灾害等。此案例中仅计算减少土壤侵蚀和减少土壤肥力流失的价值作为保护土壤功能的价值。减少土壤侵蚀的价值计算：① 计算减少的土壤侵蚀总量：减少的土壤侵蚀总量=有植被与无植被的草地的侵蚀差异量×湿地总面积=25×407000=101.75×10^6/a；② 将减少的土壤侵蚀总量折成土地面积：废弃土地面积=减少土壤侵蚀总量÷土壤表土的平均厚度=101.75×10^6÷0.085=1197×10^6m^2/a；③ 应用机会成本法计算出减少土壤侵蚀的经济价值：年减少土地侵蚀的价值=废弃土地面积×湿地生产的平均收益（机会成本）=1197×10^6×245.5=0.294×10^8元。减少土壤肥力流失的价值计算：减少土壤肥力流失的价值=减少的土壤侵蚀量×土壤层容重×单位质量土壤中氮、磷、钾养分总量×氮、磷、钾化肥平均价格=101.75×10^6×1.2×2.18%×254=67.84×10^8元。两项功能价值合计：67.84×10^8+0.29×10^8=68.13×10^8元。

3）固碳释氧功能的经济价值估算。从光合作用的公式可得，每生产1g的干物质，需要1.62g的CO_2，释放1.2g的O_2，鄱阳湖湿地资源风干后植物生物量为376000t，固定CO_2 609120t，折合纯碳16228.8t，按碳税率1245元/t，折合价值206954915元；释放的O_2的价值=376000×1.2×0.4=1.8×10^8元。

4）营养价值循环功能的价值。计算鄱阳湖湿地的营养循环价值时，平水期被淹没范围内的面积按沼泽类型计算，即湿地2；平水期与丰水期之间的区域按草地类型计算，即湿地1（表13-2）。鄱阳湖湿地生态系统固定的氮、磷、钾等养分的总量为106014.89t，鄱阳湖湿地的养分持留量的价值可以用鄱阳湖湿地植物固定养分的总量乘以我国化肥的平均价格得到，即：鄱阳湖湿地的营养循环价值=固定的氮、磷、钾的总量×化肥价格=106014.89×2549=2.702×10^8元。

表13-2 鄱阳湖湿地生态系统营养物质的固定量

生态系统类型	氮		磷		钾	
	氮年固定量 /kg·hm^{-2}	氮固定量 /t	磷年固定量 /kg·hm^{-2}	磷固定量 /t	钾年固定量 /kg·hm^{-2}	钾固定量 /t
湿地1	128.775	14847.75	0.875	100.887	86.325	9953.272
湿地2	132.727	37123.74	1.818	508.49	155.455	43480.76
合计		51971.49		609.37		53434.03

5）生物栖息地功能价值评估。按 Constanza 对湿地提供栖息地价值 304 元/(hm^2 · a)计算，鄱阳湖的生物栖息地价值 $=304\times407000\times8.3=10.27\times10^8$ 元/a。

6）降解污染功能价值评价。鄱阳湖湿地的降解污染功能也直接采用 Constanza 的研究成果，湿地生态系统的降解污染功能的单位面积价值为 4177 元/(hm^2 · a)，按此估算，鄱阳湖降解污染功能的价值 $=4177\times407000\times8.3=140.1\times10^8$ 元/a。

13.2.2 揭示偏好价值评估法

揭示偏好是通过考察人们与市场相关的行为，特别是在与环境联系紧密的市场中所支付的价格或他们获得的利益，间接推断出人们对环境的偏好，以此来估算环境质量变化的经济价值。

揭示偏好主要包括内涵资产定价法、防护支出法与重置成本法、旅行费用法等。由于重置成本法与防护支出法的分析非常类似，所以我们也在这里讨论。这些方法都是通过考察人们的市场行为，来估计人们对环境"表现出来的偏好"，它有助于通过直接调查而获得的偏好。

13.2.2.1 内涵资产定价法

内涵资产定价法又称内涵价格法。该方法的理论依据是：人们赋予环境的价值可以从他们购买的具有环境属性的商品的价格中推断出来。资产具有多种特性，资产（如土地、房屋等）的价格体现着人们对它的各种特性的综合评价，其中包括当地的环境质量。我们的任务就是根据这些特性所蕴涵的价格信息，去获得某一个特性所隐含的供给和需求曲线。内涵资产定价法已经被广泛地应用在住宅财产价格评估上。因为住房的价格中包含了环境的因素，所以环境的价值可以通过房价反映出来。有些研究表明：每增加一个单位的交通噪声（用 L_{eq} 度量），将使房价下降 0.14 ~ 1.26 个百分点。另一些研究则表明，空气污染每增加 1 个百分点的悬浮颗粒，将使房价下降 0.05 ~ 0.14 个百分点。

计算方法：首先，建立房产价格与其各种特征的函数关系：

$$P_h = f(h_1, h_2, \cdots, h_k) \tag{13-5}$$

式中，P_h 为房产价格；$h_1, h_2, \cdots$ 为住房的各种内部特性（面积大小、房间数量、新旧程度、结构类型等）和住房的周边环境特性（当地学校的质量、离商店的远近和当地的犯罪率等）；h_k 为住房附近的环境质量（如空气质量）。假定上述函数是线性的，其函数形式为：

$$P_h = a_0 + a_1h_1 + a_2h_2 + \cdots + a_kh_k \tag{13-6}$$

图 13-2 表示当其他特性不变时，房产价格和空气质量之间的关系。

其次，把房产价格函数对特定的使用特征求导，得出每种特性的边际隐价格，表示其他特性不变的情况下，特性 i 增加 1 单位，房产价格的变动多少。

$$P_{hi} = \frac{\partial P_h}{\partial h_i} \tag{13-7}$$

对空气污染而言，假设空气污染的边际隐价格是常数：

$$a_k = \frac{\partial P_h}{\partial h_k} \tag{13-8}$$

空气污染的边际隐价格为常数的含义是房地产特征的每一边际增加的隐价格是固定不变的。因此当其他特性不变时，房产价格和空气质量之间的关系是一条上升的曲线，直到边际支付意愿等于边际购买价格时，好的空气质量使一定支付能力的买主效用更大。

图 13-3 表示边际隐价格曲线。该曲线也表示买主的需求曲线或支付意愿函数。

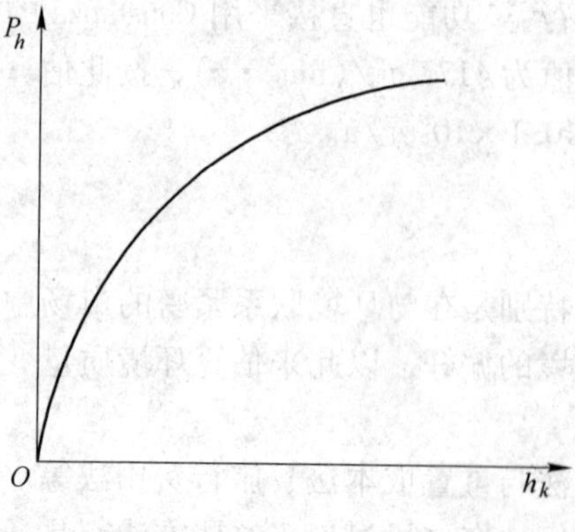

图 13-2 房产价格和空气质量的关系

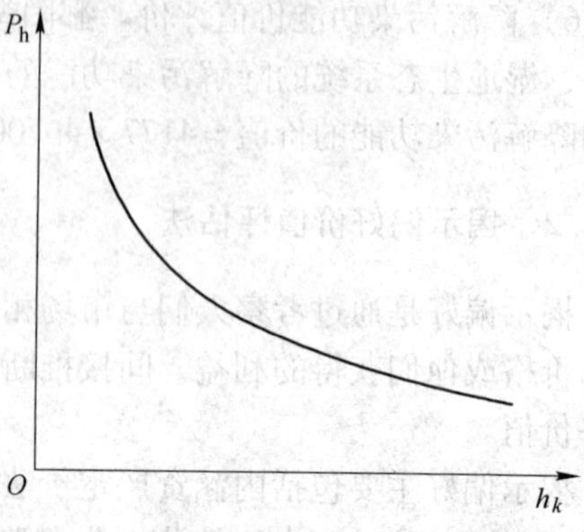

图 13-3 空气质量的边际隐价格曲线

此外，在其他条件相同时，劳动者工作场所环境条件的差异（例如，噪声的高低，是否接触污染物等），会影响劳动者的工资标准。所以通过工资水平的差异可以推断出这些环境条件的价值。需要注意的是，应用这些方法估算工作环境价值有一个基本前提，那就是劳动力市场是完善的，且劳动力对于工作环境及其危害的信息是充分了解的。在实践中，劳动力市场不太能够把环境质量反映到工资中，特别在发展中国家，贫穷和技术不熟练的工人对于环境风险知之甚少，经常是低工资和极其恶劣环境条件共存，甚至存在许多安全风险。因此，在发展中国家采用这种方法不太合适。

13.2.2.2 防护支出法与重置成本法

防护支出法有时也称为防务支出法或防护行为法，它根据人们为防止环境退化所准备支出的费用多少推断出人们对环境价值的估价，属于揭示偏好法。而重置成本法则是估算环境被破坏后将其恢复原状所要支出的费用，属于直接市场评价法。由于二者之间的特定联系（如安装双层玻璃预防飞机噪声既可视为预防噪声，又可视为恢复宁静所作的努力），在这里我们将二者结合起来加以介绍。

面对环境变化，人们会努力通过各种途径保护自己不受环境质量变化的影响。如果环境发生退化，或者可能发生退化，人们将尽力保护他们自己免受其害。例如，通过购买一些防护用品或服务等来使自己免受环境退化之害。这些防护方法既可能是环境质量的替代品，也可能是防止环境退化的措施。反之，当环境质量提高时，人们在环境替代品方面的花费就会降低。

面对环境变化，人们可能会采取各种各样的防护行为，主要包括：

（1）采取防护措施。例如，为了防止机场附近的噪声污染，居民安上双层玻璃；为防止土壤侵蚀引起的水质恶化而采取安装水净化和过滤设施等措施。

（2）购买环境替代品。例如，为了避免水源地受到污染而影响健康，人们可能会购买瓶装水。

（3）迁移。例如，为了防止机场附近的噪声污染，对环境变化反应较强烈的人会迁离机场附近。

（4）“影子/补偿”项目。例如，修路时被砍伐的树木可以通过种植新的树木来补救。

步骤和方法：

（1）识别环境危害。指出最基本的环境危害是很重要的。例如，飞机场对周围居民危害的界定。

（2）界定受影响的人群。防护行为法研究的工作应该在受危害的直接人群中进行。例如，飞机噪声会对工作或者居住在起飞地带和机场道路周围的居民产生影响。

（3）获得相关的数据。相关数据（主要是防护方法和防护方法的金额）的收集方法主要有：1）直接观察；2）对所有受到危害的人进行广泛的调查；3）对感兴趣的人抽样调查；4）专家意见法，即要求专家对人们为使自身有效地避免环境损害或避免预计的环境质量损失所需的成本做出客观的专业估计。

13.2.2.3 旅行费用法

旅行费用法是通过旅游消费行为来对非市场环境产品或服务进行价值评估，即把旅游消费者对环境产品的支付意愿（通过需求曲线反映，等于消费环境服务的直接费用与消费者剩余之和）作为环境价值。

一般来说，直接费用主要包括交通费用、门票费用、住宿费用、时间成本等，消费者剩余则体现为消费者的意愿支付与实际支付之差。旅行费用法假设所有旅游者消费同样的环境产品或服务所获得的效益都是一样的，如果按旅行费用高低对所有旅行者进行排序的话，那么最后一个旅游者的旅行费用与所获得的边际收益是相等的，其消费者剩余为零，而所有其他旅行者由于旅行费用小于旅行意愿而获得消费者剩余。假定旅游费用高低与旅游距离成正相关，那么距离越远，消费者剩余就越小；距离越近，消费者剩余就越多。为了计算所有消费者剩余之和，必须推断出对评价地点的旅游需求曲线，这是应用旅行费用法的关键步骤。需要注意的是旅行费用法针对的是具体的场所的环境价值而不是娱乐本身的收益。

旅行费用法的步骤与方法：

（1）定义和划分旅游者的出发地区。以评价场所为圆心，把场所四周的地区按距离远近分成若干个区域，也可以以行政区域（如省市县）为单位来划分。

（2）在评价地点对旅游者进行抽样调查，收集用户的出发地区旅行费用及其社会经济特征。包括游客身份、游览动机、旅行费用以及环境的属性。

（3）计算每一区域到此旅游的人次，从而计算出各区域的旅游率。即每一区域内到达此场所的旅游的人次。

（4）求出旅行费用对旅游率的影响。根据对旅游者的调查资料，对不同区域的旅游率和旅行费用以及各种社会经济变量进行回归分析，求得旅行费用对旅游率的影响。

$$Q_i = f(TC_i, X_1, X_2, \cdots, X_n) \tag{13-9}$$

$$Q_i = a_0 + a_1 TC_i + a_2 X_1 + \cdots + a_i X_n \tag{13-10}$$

式中，Q_i 为旅游率，$Q_i = V_i/POP_i$，其中 V_i 为根据抽样调查结果推算出的 i 区域中到评价地点的旅游总人数，POP_i 表示 i 区域的人口总数，Q_i 进而可以用每 1000 个 i 区域的居民中每年到该场所旅游的人数表示；TC_i 为从 i 区域到评价地点的旅游费用；X_1，X_2，…，X_n 表示 i 区域旅游者的收入、受教育水平和其他有关的一系列社会经济变量。

通过以上两个回归方程确定的是一个“全经验”需求曲线，它是基于旅游率而不是基于在该场所的实际旅游者（人/d）数目。利用这条需求曲线可估计各区域在不同门票价格下的旅游者实际数量，获得一条实际的总需求曲线。

（5）求第二阶段需求函数，确定对该场所的实际需求曲线。根据第一步信息，对每个出发地区的第一阶段的需求函数进行校正计算出每一个区域的需求函数，计算每个区域旅游率与旅行费用的关系。

$$TC_i = \beta_{0i} + \beta_{1i}Q_i \tag{13-11}$$

式中，$\beta_{0i} = \dfrac{a_0 + a_2X_i}{a_1}$，$\beta_{1i} = \dfrac{1}{a_1POP_i}$，$i = 1,2,\cdots,k$。

（6）计算消费者剩余。需求曲线下面的面积就是用户所享受的消费者的剩余。

（7）将每个区域的旅游费用及消费者剩余加总，得出总的支付愿望，即是评价景点的价值。

案例 13-2

利用旅行费用法对某一特定地点（假设是一个自然保护区）的价值进行评估。

（1）确定旅行人次与旅行费用之间的关系。为了获得有关旅行出发地区（旅行距离）、旅行费用以及其他有关的社会经济特征的资料，首先对该保护区的游客进行访问；然后，把所访问的旅游者的出发地区按距离远近划分为 4 个旅行费用不断增加的区域，再确定每个区域的人口总数。所获得的有关数据见表 13-3。

表 13-3　某自然保护区的旅游人数与旅行费用的有关信息

区域	人口/人	平均旅行费用/元	总旅游人数/人	旅游率/人·(1000 人)$^{-1}$
第 1 区域	1000	1	400	400
第 2 区域	2000	3	400	200
第 3 区域	4000	4	400	100
远于第 3 区域			0	
总计			1200	

如果该保护区不收取门票费，在一个特定时间范围内（例如，1a），每个地区的旅游人次是旅行费用和社会经济变量的函数。旅行费用包括交通费用、住宿费用和比不旅行时多消耗的食品费用。

设每单位人群的旅游人次为 V（在本例中为每千人的旅游人数，即 $V/1000$），每次旅行的平均费用为 C。对每次旅行的平均费用作图，或者用统计方法确定每千人的旅游人次与旅行费用之间的关系。本例假设这个关系为一条直线，并由下式给出：

$$V/1000 = 500 - 100C \tag{13-12}$$

这条曲线就称为“全经验曲线”。它表明旅游者到达保护区的实际支付部分。

（2）确定消费者剩余，通过逐步增加门票费，来确定消费者剩余。

1）当保护区门票费为 0 元时，1 年中来此游览的总人数为 1200 人，得到图 13-4 中需求曲线的 A 点。

2）设门票费为 1 元，把门票费加到旅行费用上，于是，来自第 1 区域的旅游者，每次旅游的费用就变成 2 元（旅行费用 1 元加上门票费 1 元）。根据上面的函数关系式，可以对每一区域计算新的旅游率，如表 13-4 所示，现在的旅游人数下降到 500 人。

表 13-4　门票费为 1 元时，旅游人数与旅行费用的有关信息

区域	人口/人	旅行费用/元	总旅游人数/人	旅游率/人·(1000 人)$^{-1}$
第 1 区域	1000	2	300	300
第 2 区域	2000	4	200	200
第 3 区域	4000	5	0	0
远与第 3 区域			0	
总计			500	

3）分别设门票费为 2 元、3 元、4 元，利用旅游率与旅行费用之间的关系计算出总旅游人数，见表 13-5。

表 13-5　门票费改变时，总旅游人数的变化

因门票费而增加的费用/元	0	1	2	3	4
总旅游人数/人	1200	500	200	100	0

4）根据表 13-5 绘制如图 13-4 所示的需求曲线，并计算出总消费者剩余（需求曲线以下的面积），则：

$(1200 - 500)/2 \times 1$ 元 $= 350$ 元

$(500 - 200)/2 \times 1$ 元 $= 150$ 元

$(500 - 200) \times 1$ 元 $= 300$ 元

$(200 - 100)/2 \times 1$ 元 $= 50$ 元

$(200 - 100) \times 1$ 元 $= 200$ 元

$(200 - 100)/2 \times 1$ 元 $= 50$ 元

$(100 - 0) \times 3$ 元 $= 300$ 元

总计：1400 元或：1400/1200 = 1.167 元 / 每次浏览

把消费者剩余与旅行费用相加，就可以得到旅游者的支付意愿总和，此即通过旅行费用法计算的该保护区的价值。

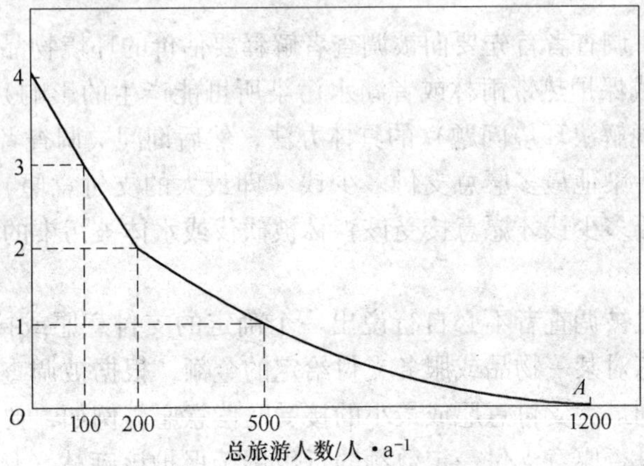

图 13-4　保护区的经验需求曲线

13.2.3 陈述偏好法

意愿调查价值评估法（简称CV法）是典型的陈述偏好法。意愿调查价值评估法通过调查，推导出人们对环境资源的假想变化的估价值，它能对一系列广泛的非市场交易产品的价值进行评估。意愿调查价值评估法主要是通过对有关人员的直接调查来发现环境资源的价值。通常运用对环境改善的支付意愿和对环境破坏的受偿意愿来对环境资源价值进行评估。当缺乏真实的市场数据时，通过调查，推导出人们对环境资源的假想变化的评价和对防止环境恶化的措施的支付愿望从而间接地赋予环境资源以价值，所以该方法也可称为假想评价法。

意愿调查价值评估法所采用的评估方法大致可以分为三类：(1) 直接询问调查对象的支付或接受赔偿的意愿；(2) 询问调查对象对表示上述意愿的商品服务的需求量，并从询问结果推断出支付意愿或接受赔偿意愿；(3) 通过对有关专家进行调查的方式来评定环境资产的价值。表13-6概括了几种常用的意愿调查价值评估法。

表13-6 意愿调查价值评估法的分类

评估法种类	具体方法
直接询问支付意愿	投标博弈法 比较博弈法
询问选择数量	无费用选择法 优先评价法
询问专家意见	专家调查法

下面主要介绍投标博弈法、比较博弈法和无费用选择法。

13.2.3.1 投标博弈法

投标博弈法要求调查对象根据假设的情况，说出他对不同水平的环境物品或服务的支付意愿或接受赔偿意愿。投标博弈法被广泛地应用于对公共物品的价值评估方面。在运用这一方法时，要求调查对象根据假设情况，表达其对不同水平的环境物品或服务的支付意愿或接受赔偿意愿。按照询价方式的不同，投标博弈法又可分为单次投标博弈和收敛投标博弈。

单次投标博弈：调查者首先要向被调查者解释要估价的环境物品或服务的特征及其变动的影响（如砍伐或保护热带雨林或者湖水污染所可能产生的影响），以及保护这些环境物品或服务（或者说解决环境问题）的具体办法，然后询问被调查者，为了改善保护该热带雨林或水体不受污染他最多愿意支付多少钱（即最大的支付意愿），或者反过来询问被调查者，他最少需要多少钱才愿意接受该森林被砍伐或水体被污染的事实（即最小接受赔偿意愿）。

收敛投标博弈：被调查者不必自行说出一个确定的支付意愿或接受赔偿意愿的数额，而是被问及是否愿意对某一物品或服务支付给定的金额，根据被调查者的回答，不断改变这一数额，直至得到最大支付意愿或最小的接受赔偿意愿。例如，要询问被调查者，如果森林将被砍伐，他是否愿意支付一定数额的货币用于保护该森林（例如，10元），如果被调查者的回答是肯定的，就提高金额（例如，11元），直到被调查者做出否定的回答为止

（例如，20 元）。然后调查者再降低金额，以便找出被调查者愿意支付的精确数额。

13.2.3.2 比较博弈法

比较博弈法又称权衡博弈法，它要求被调查者在不同的物品与相应数量的货币之间进行选择。通常给出一定数额的货币和一定水平的环境物品或服务的不同组合，然后要求被调查者对二者进行取舍，确定被调查者愿意选择哪一项。根据被调查者的反应，不断提高（或降低）价格水平，直至被调查者认为选择两者中的任意一个均可为止。此后，再给出另一组组合，比如环境质量提高了，价格也提高了，然后重复上述的步骤。经过几轮询问，根据被调查者对不同环境质量水平的选择情况，进行分析，就可以估算出被调查者对边际环境质量变化的支付意愿。

13.2.3.3 无费用选择法

无费用选择法通过询问个人在不同的物品或服务之间的选择来估算环境物品或服务的价值。该法模拟市场上购买商品或服务的选择方式，给被调查者两个或多个方案，每一个方案都不用被调查者付钱，从这个意义上说，对被调查者而言，是无费用的。

在含有两个方案的调查中，需要被调查者在接受一笔赠款（或被调查者熟悉的商品）和一定数量的环境物品或服务之间做出选择。如果某个人选择了环境物品，那么该环境物品的价值至少等于被放弃的那笔赠款（或商品）的数值，可以把放弃的赠款（或商品）作为该环境物品的最低估价。如果改变上述的赠款数（或商品），而环境质量不变，这个方法就变成一种投标博弈法了。但是，其主要区别在于被调查者不必支付任何东西。如果被调查者选择了接受赠款（或商品），则表明被评价的环境物品或服务的价值低于设定的接受赠款额。

案例 13-3

假设太湖湖水被严重污染，已经影响了湖边居民的生活。要对湖边的居民进行随机抽样调查，并通过无费用选择法进行试验。这里我们介绍的是两方案的无费用选择法。

首先向被调查者详细介绍太湖水受到污染的影响，然后提出两个方案供被调查者选择。方案Ⅰ：每年赠给被调查者一笔款项。方案Ⅱ：清除 90% 的湖水污染。每人只有一次选择赠款的机会。如果选择减少 90% 的污染，就意味着减少 90% 污染的价值至少等于被放弃的款项。进一步给出更高的赠款额，对另一组被调查者调查，直至被调查者选择赠款，这就意味着减少 90% 的污染的价值低于最后一个款项。将调查结果列于表 13-7 中。

表 13-7 减少太湖水污染的无费用选择法调查结果

调查人数/人	选择本项方案的人数/人	
	减少 90% 的湖水污染	接受赠款（括号后为赠款数）
20	20	0（10 元）
20	14	6（20 元）
20	10	10（30 元）
20	4	16（40 元）
20	0	20（50 元）

表13-7表明，对每一套方案都随机选取20人进行调查。当赠款额为10元时，第一组的所有20个人都选择了减少90%湖水污染的方案，说明被调查者认为减少90%湖水污染的最低价值为10元（或者说最低的支付意愿）。当赠款额提高到50元时，第五组的所有20个人全部选择了接受赠款，表明被调查者认为减少90%的湖水污染的最高价值（或者说最高支付意愿）小于50元。该试验可以测定出被调查者对减少污染的最低和最高支付意愿，但是无法求出被调查者对减少污染的平均支付意愿。

13.2.4 评价方法的选择

我们可以把环境影响分为四大类：生产力、健康、舒适性和环境的存在价值。针对不同的影响，需要采用不同的方法进行价值评估。

当环境变化对生产力产生影响时，首先采用的方法就是直接市场评价法，它能够对因环境变化而导致对生产的影响（如酸雨造成的作物减产）赋予一个市场价值。如果这些影响会引起采用一些防护性措施时，也可以采用防护支出法、机会成本法和重置成本法。

对健康影响（包括安全）而言，由于人力资本法和疾病费用法是基于收入的减少以及直接的医疗费用进行估算的，所得的数值是环境质量变化价值的最低限值。防护行为（如气喘病人迁移以避免空气污染）和防护支出（如采取私人水处理防止水污染对健康的影响）也可以用来评估健康影响。目前，对健康影响的研究越来越多地采用意愿调查价值评估法，它度量人们对避免或减少伤害（或者风险）以及经济损失的支付意愿以及人们对生命价值的认同。

对于舒适性的影响，旅行费用法和财产内涵价格法分别基于到达某地的旅行费用以及因环境原因造成的财产价值的差别来进行评估。意愿调查价值评估法也可以用于评估人们对舒适性的偏好。

意愿调查价值评估法是唯一的能够揭示环境资源存在价值的方法，因为其他方法考虑的都是使用者的各种直接和间接成本与效益。

对不同环境影响方面的评价技术选择可参见表13-8。

表13-8 环境影响及其价值评估技术选择

环境影响	评价技术选择
生产力	直接市场价值评估法 防护支出法 重置成本法 机会成本法
健康影响	人力资本法 疾病费用法 防护支出法 意愿调查价值评估法
舒适性	旅行费用法 内涵资产价值法 意愿调查价值评估法
存在价值	意愿调查价值评估法

13.3 环境费用效益分析

13.3.1 费用效益分析的概念

13.3.1.1 费用效益分析的定义

费用效益分析有时又称成本效益分析、国民经济分析或国民经济评价，主要用于分析项目方案或政府决策的可行性。费用效益分析最初是作为国外评价公共事业部门投资的一种方法而发展起来的，后来人们用这种方法评价各种项目方案以及政策的社会效益。费用效益分析的结果可以用来鉴别某一项目或政策的总效益是否超过其成本，这其中也包括环境方面的效益和成本。

13.3.1.2 财务分析与费用效益分析

财务分析是不同于费用效益分析的另一种常用项目评价方法。财务分析又称企业盈利分析或企业经济评价，它是从厂商的角度出发，分析某一项目盈利能力、还贷能力和外汇平衡能力，通过厂商本身对该项目方案的支出与收入的比较来考察这一方案的优劣性。

费用效益分析和财务分析两种方法存在以下区别。

(1) 二者反映的价格不同。财务分析中所使用的价格是预期的实际要发生的价格，而费用效益分析中所使用的价格是反映整个社会资源供给与配置状况的价格。在市场机制的作用得到比较充分发挥的前提下，这种反映整个社会资源供给和配置的价格可以是预期的实际要发生的市场价格；在我国市场机制作用不充分的条件下，费用效益分析中所使用的价格主要是影子价格。影子价格是指，在其他资源投入不变的情况下，一种资源投入每增加一个单位所带来的追加收益。

(2) 评价者的立场不同。财务分析只考虑厂商自身对某一项目方案的直接支出和收入，而费用效益分析除了考虑这些直接的收支外，还要考虑该项目所引起的间接的效益和间接的费用。财务分析不考虑外部效果问题，而从整个社会角度出发的费用效益分析则必须考虑外部效果的大小。

(3) 评价的内容不同。由于考虑分析的出发点不同，财务分析与费用效益分析的内容不同，有些在财务分析中作为收入与支出的内容，在费用效益分析中不再被看作收入与支出，如政府的津贴与税收；反之，有些没有列入财务分析收支的内容，在费用效益分析中却应该列入收支范围，如企业新建项目中对闲置资源的利用。

一个私人投资者关心项目实际的货币费用和回报，以及对其银行账户的净盈额，但是政府必须透过财务收益率看到项目对国民经济的费用和效益。通过对费用效益分析与财务分析的比较可以看出，财务分析因从个别厂商的角度出发，结论往往受到不合理的价格体系的影响，且不能反映项目方案对整个国民经济的影响；而费用效益分析所使用的数据一般具有较强的客观性，它的结论又反映了全社会范围对资源配置优化的需要，考虑了环境资源的外部性，费用效益分析更适合于环境经济学中环境污染与保护的损益分析，因而成为环境项目评价与决策的主要依据。

13.3.2 费用效益分析的产生与发展

费用效益分析最初是作为国外评价公共事业部门投资的一种方法而发展起来的，后来这种方法被应用于评价各种项目方案以及政策的社会效益。费用效益分析结果可以证明某一项目或政策的总效益是否超过其成本，这其中也包括环境方面的效益和成本。

费用效益分析的思想之父是19世纪的法国人杜波伊特，他在1844年写了一篇后来被广为引用的论文——《论公共工程效益的衡量》。在这篇著名的论文中，杜波伊特认同了“消费者剩余”的概念，并指出，公共工程的效益并不等同于公共工程本身所产生的直接收入。

1936年美国颁布了《洪水控制法案》，要求美国工程兵军团对所有水利项目的费用效益进行评估，以检验洪水控制项目的可行性，要求对“任何人来说”效益都必须超过费用，项目才是可行的。早期对水资源开发的费用效益分析方法虽然不是很完善，但大大促进了经济学分析方法在其他决策领域中的应用。在此期间，美国将费用效益分析这种方法应用于军事工程项目。第二次世界大战后，进一步应用扩展到交通运输、文教卫生、城市建设等方面的投资项目评价上。随着应用范围的不断拓展，费用效益分析方法也不断得以完善与发展。

1946年，美国联邦机构流域委员会任命了一个费用效益小组委员会，协调联邦各部门费用效益分析的具体工作。1950年，这个小组委员会发表了《关于流域项目经济分析实践的建议》，第一次将独立的两门学科——实用项目分析与福利经济学联系起来。这是一个被称为“绿皮书”的对费用效益分析进行纲领性指导的文件。该报告书的发表激起了对这一领域的学术研究的兴趣。在该报告书发表之后，一些研究和学术团体相继发表了一批优秀著作。值得注意的是，1958年出版了三本对费用效益分析方面有影响的书籍：埃克斯坦著《水资源开发：项目评价的经济学》；克鲁蒂拉和埃克斯坦著《河流开发的多重目标，经济分析的应用研究》；迈肯著《通过系统分析看政府的效率》。1962年，麦斯等人撰写了《水资源系统设计》一书，这是一部出自经济学家、工程师和水利学家的著作，其杰出之处在于深入探讨了系统分析和计算机技术在费用效益分析领域内的运用。1965年，多夫曼出版的《衡量政府投资的效益》一书则超出了水资源领域而从更一般的意义上探讨了费用效益分析。

20世纪60年代以后，随着大坝的建造速度放缓，人们的注意力开始从水资源转向其他领域，如野生动物、空气质量、人类健康等领域。环境质量逐步成为新的关注焦点，对环境变化的费用效益分析研究也日益丰富起来。

最早把费用效益分析原理应用于污染控制研究的是哈曼德。他在1958年出版的《水污染控制的费用效益分析》一书中系统地分析了水污染控制的费用与效益评估技术原理，继而在水和空气污染控制的环境质量管理中得到广泛的应用。而美国的未来资源研究所则为费用效益分析的理论和方法的不断发展做出了重大贡献，使费用效益分析得到了广泛的应用和重视。卡特政府曾经规定所有对环境产生影响的项目，在环境影响评价中都必须进行费用效益分析。1973年，美国颁布了《水和土地资源规划原则和标准》的文件，使得费用效益分析的重点放在了国民经济发展、环境质量、区域发展和社会福利等方面。1982年2月，美国政府命令任何重大管理行动都要进行费用效益分析。自此，费用效益分析的应用范围扩大到发展计划和重大政策的评价。

近年来，英国、法国、日本、加拿大等国家也普遍应用了费用效益分析方法，其应用范围也在不断扩展，现在已扩展到对发展计划和重大政策的评价。例如1990年，英国政府修订有关环境费用效益分析的程序，发表了《共同的遗产》白皮书，提到要尽可能地将环境影响纳入正规的评价程序，并在1991年推出了对政策进行环境影响评估的具体指导性文件。

在我国，近10年来在对社会经济活动的环境影响进行费用效益分析方面有了一定的发展。在理论与实践方面都做了不少研究工作，特别是在2000年环境预测与对策研究中，全国绝大多数省份都做了初步的探索。除了宏观区域性的费用效益分析之外，建设项目环境影响在费用效益分析的尝试中也取得了一定的进展，特别是2003年9月1日开始实行的《环境影响评价法》，有力推动了我国在环境影响费用效益分析方面的理论研究和实践应用。

但是，总体上讲，环境费用效益分析的研究和应用方面仍然面临着不少挑战，如环境变化的长期影响、不可逆性、风险与不确定性等问题都是尚未从理论上得到解决的难题。

13.3.3 费用效益分析理论基础

13.3.3.1 个人需求曲线和消费者剩余

需求是消费者在一定时间、一定价格下对商品的需要。要构成有效的需求，必须满足两个条件：消费者愿意买和消费者有支付能力。消费者对一定量的商品所愿意支付的价格称为需求价格，它取决于商品对消费者的边际效用。一般情况下，需求量随价格上升而减少，或随价格下降而增加。根据消费者需要的商品价格与需求员之间的关系，可以得出消费者对商品的需求曲线，即个人需求曲线。如图13-5所示，由图可以看出，这是一条与边际效用曲线大致一致的向右下倾斜的曲线。图中横轴 OQ 代表商品量，纵轴 OP 代表价格，AD 是消费者需求曲线。需求曲线向右下方倾斜，说明价格与需求量之间存在反向变动关系，商品量越多，消费者愿意支付的价格越低；商品量越少，消费者愿意支付的价格就越高。当商品的市场价格趋近于0时，需求量也变得很大，直到消费该商品的边际效用为0。此时，需求曲线与横轴交于 D 点。

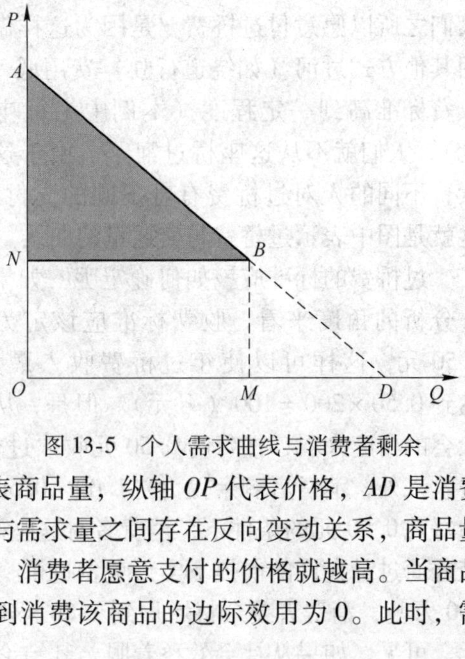

图13-5 个人需求曲线与消费者剩余

从图13-5需求曲线也可以看出，消费者愿意为每一单位的商品所付出的货币量是不同的，消费者购买的商品量为 OM 时，愿意付出的货币量是 S_{OMBA}，而实际价格是 ON，所以，当他购买量为 OM 时，实际上只需支付的货币量为 S_{OMBA} 与 S_{OMBN} 之差 S_{NBA}。消费者愿意为一定量商品或劳务付出的货币量（支付愿意）与实际购买这种商品所支付的货币量之间的差额，称为消费者剩余。

这里，要注意支付意愿是消费者的一种意愿，消费者剩余同样也只是消费者的一种心里感觉。但是，这两个概念又确实反映了商品经济的现实：消费者经过思考，对不同的商品或劳务以及它们的不同数量进行对比，做出购买决策。人们常说的“便宜货”，就是指那些消费者支付意愿大大高于实际价格、消费者自以为买了合算的商品。所谓的合算，指的也就是有较多的消费者剩余。真正赚到实实在在货币的是商家。

支付意愿和消费者剩余的概念也表明，人们是否愿意投资于环境保护取决于其环境保护意识，如果认识到环境保护的重要性，人们的支付意愿就会很高。较强的支付意愿会促使人们自觉地增加环境投资，通过支付意愿，将人们的心理倾向转换为实实在在的经济行为。所以从经济学的角度来讲，也必须强化公众尤其是决策者的环境意识。

13.3.3.2 社会需求与社会效益

由于整个社会在一定价格的前提下对某种商品或劳务的需求量等于在该特定价格前提下所有个人消费需求量的总和，因而通过个人需求曲线的叠加，就可以得出社会对某种商品或劳务的市场需求曲线。和图 13-5 类似，只是这条需求曲线代表该商品的社会的市场需求曲线，而 S_{NBA}代表社会的消费者剩余。

根据消费者剩余的大小，我们就可以测算出高出实际支付以外的最大支付愿望。因此，经常将消费者剩余加入所消费商品的市场价格，来正确估算出实际经济收益的大小。

图 13-6 中，横轴表示这座桥的年货物通过量（交通量），纵轴表示过桥费的征收标准。人们之所以愿意付过桥费，是因为这样做比采用其他方式过河（如绕道行驶）费用低，如果收费标准高到一定程度（本例中为每吨 1.00 元），人们就不从这座桥过河了。由于这种因素，不同的人对过桥费有着不同的支付意愿，这就是图中表示过桥费与交通量的曲线。

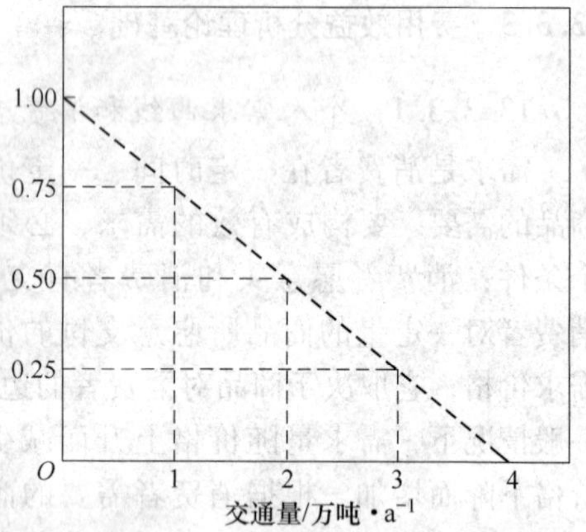

图 13-6 交通量需求曲线

过桥费的标准应该如何确定呢？如果从财务分析的角度来看，收费标准应该定为每吨 0.50 元，这样可以使年过桥费收入最大化，达到 0.50×200=100（万元）。但是，从整个社会的角度来看，按每吨 0.50 元收取过桥费并不是最有利的。因为除了 100 万元的过桥费收入外，消费者剩余仅为（1.00－0.50）×200/2=50（万元）。两者合计，在收费标准为每吨 0.50 元的条件下，消费者对这座桥的支付意愿为 50+100=150（万元）。若在桥的交通通过量允许的前提下实行免费过桥，虽然过桥费收入等于零，但每年交通量将增加到 400 万吨，消费者剩余将增加到 1.00×400=200（万元），整个支付意愿也上升至 200 万元。可见，如果从社会效益着眼，其结论（免收过桥费）将与单纯从投资建桥者的经济效益着眼大相径庭。

当然，过桥费还是要收的。因为修桥需要费用，如果不根据“谁使用，谁付费”的原则收取过桥费，那么不是桥修不成，就是由其他那些不一定使用这座桥的纳税人来付款。但是，同样是收取过桥费，政府可以从全社会的角度出发，在保证收支平衡的前提下尽可能地兼顾社会效益。假定这座桥梁每年的折旧费、维持费用等之和为 75 万元，那么政府就应该将收费标准定为每吨 0.25 元，由于收费标准降低，每年交通量将增加到 300 万吨。这样，政府每年可以收到过桥费 0.25×300=75（万元），做到建桥收支平衡，同时，消费者剩余将是（1.00 - 0.25）× 300/2 = 112.5（万元），整个支付意愿为 75 + 112.5 = 187.5（万元）。与将收费标准定在 0.50 元相比，这一方案兼顾了建桥者（政府）的经济效益与整个社会的社会效益，是一个较为理想的方案。

可见，在衡量某一项目的社会效益时运用支付意愿和消费者剩余的概念，可以使我们跳出局部利益的小圈子，从全局的角度思考问题，特别是注意到那些因免费使用或因价格扭曲而反映不到财务报表上来的社会效益。

13.3.4 费用效益分析的基本步骤

费用效益分析通过对比所评估的项目的费用和效益，从而对项目可行与否进行决策。根据净效益的大小可以对不同的项目进行排序，从而实现对稀缺资源的有效配置。尽管这里主要以项目为例说明费用效益分析的方法，实际上，它同样可以应用于对各种规划方案以及政策进行评估。

对项目进行费用效益分析，可以分解为下述的三个步骤：（1）识别项目的费用和效益；（2）把发生在未来的费用与效益贴现为现值；（3）对经过贴现的费用和效益进行对比。

13.3.4.1 识别项目的费用和效益

为了识别项目的费用和效益，必须进行如下步骤的研究和分析：

第一步，确定分析范围，识别主要的环境影响。无论是对一个开发建设项目、污染控制方案还是一项政策进行分析，都必须首先确定分析的对象以及分析的范围。分析的范围要足够大，以便能够包括最主要的可以识别的影响。从费用效应分析的观点看，分析范围越大则越能包括所有的外部影响。但分析范围选择还要取决于其他因素，比如供分析用的人力、物力、财力等。因此，还必须同时识别最重要的环境影响是什么，以燃煤电厂为例，假设所排放的主要污染物为二氧化硫等，二氧化硫排放到环境中会导致酸雨等一系列环境问题。

第二步，分析和确定重要环境影响的物理效果。在识别了主要的环境影响后，就要确定这些影响的物理效果，即对环境功能或环境质量的损害，以及由于环境质量变化导致的经济损失，比如二氧化硫排放导致大气污染，并进而对人体健康、农产品产量、建筑物等产生影响。这时候，就要分析这些影响的范围和程度，比如发病率和过早死亡率提高、农产品产量下降、建筑物受到腐蚀等。

第三步，通过价值评估技术对上述物理效果进行货币估值。这部分我们可以通过上一节介绍的价值评估方法估算这些损失的货币值。

13.3.4.2 对计算出的费用和效益进行贴现，计算现值

由于现实生活中很多资源配置问题，比如项目实施等都涉及在不同时间和不同世代之间进行选择的问题，比如项目的实施及运行通常要几年到几十年，污染物也会随时间而累积，非再生资源一经开发就会随时间减少，因此，必须把时间的因素考虑进来，从而才可能对发生在不同时间的费用和效益进行对比。为了比较发生在不同时间的费用和效益，在项目评估中，通常都要通过一定的方式把发生在未来（或不同时间）的费用和效益转化成现值（*PV*），以便进行比较。这种计算现值的方式就叫贴现。

从我们自身的经历就可以说明货币的价值与时间具有密不可分的关系。比如说，今天的 100 元就比一年后的 100 元具有更高的价值。这是因为，如果今天把 100 元存入银行，假设利率为 10%，那么一年后的今天就会变成 110 元。

为了说明如何计算现值，需要先了解一些关于利息如何计算的知识。人们在借贷资本的时候，有两种计算利息的方式，即单利和复利。

单利是以资本本金为基数计算利息的方法，每个计息周期的利息是不变的。其公式为：

$$F = P(1 + i \cdot n) \tag{13-13}$$

式中，F 为第 n 年的本利之和；P 为本金现值；i 为利率；n 为计算周期。

复利就是按本金和前期累计的利息总额之和计算利息的方法，即把上一年的利息作为下一年的本金再计利息，也就是利上加利的计算方法。其公式为：

$$F = P(1 + i)^n \tag{13-14}$$

符号含义同上。

计算已经识别出的费用和效应的现值采用复利的方式，对于未来第 n 年获得的效益或费用由以下公式确定：

$$PV(B_n \text{或} C_n) = \frac{B_n \text{或} C_n}{(1 + r)^n} \tag{13-15}$$

式中，$PV(B_n)$ 为效益现值；$PV(C_n)$ 为费用现值；B_n、C_n 为发生在第 n 年的效益、费用；r 为社会贴现率。

如果从现在开始到未来的第 n 年中会发生一系列的效益和费用，则这些发生在不同年份的效益和费用的贴现公式分别为：

$$PV(B_i) = \sum_{i=0}^{n} \frac{B_i}{(1 + r)^i} \tag{13-16}$$

$$PV(C_i) = \sum_{i=0}^{n} \frac{C_i}{(1 + r)^i} \tag{13-17}$$

式中，B_i、C_i 为发生在第 i 年的效益或费用；n 为计算期；r 为社会贴现率。

通过式（13-15）、式（13-16）和式（13-17）就可以把第一步估算的发生在不同时期的费用和效益进行贴现，并都计算为现值，从而可以进行下一步对费用和效益的比较。

13.3.4.3 比较贴现后的费用和效益；费用效益分析评价准则

在完成了上述两个步骤之后，就要把环境影响的费用和效益的现值与其他方面的费用和效益现值相加，求出总的费用现值和效益现值。然后通过下面的几个指标进行比较，并做出该项目（或决策）是否可行的决策。需要注意的是，计算总费用时，要包括所发生的所有的直接和间接收益。

（1）经济净现值。经济净现值（记做 $ENPV$）是反映项目对国民经济所做的净贡献的绝对指标。它是用社会贴现率将项目计算期内各年的净效益（等于效益减去费用）折算到建设起点（期初）的现值之和。经济净现值大于零的项目就是可选择的项目。其计算公式为：

$$ENPV = \sum_{i=0}^{n} \frac{TB_i - TC_i}{(1 + r)^i} \tag{13-18}$$

式中，TB_i、TC_i 为发生在第 i 年的总效益和总费用；n 为计算期；r 为社会贴现率。

一般来说，经济净现值大于或等于零的项目应被认为是可以考虑的项目。

（2）经济内部收益率。经济内部收益率（记做 *EIRR*）是反映项目对国民经济的贡献的相对指标。它是使得项目计算期内的经济净现值累计等于零时的贴现率。其表达式为：

$$\sum_{i=0}^{n} \frac{TB_i - TC_i}{(1 + EIRR)^i} = 0 \tag{13-19}$$

符号含义同上。

一般来说，经济内部收益率大于或等于社会贴现率的项目应被认为是可以考虑的项目。

（3）经济净现值率。经济净现值率（记做 *ENPVR*）是项目净现值与全部投资现值之比，即单位投资现值的净现值。它是反映单位投资对国民经济的净贡献程度的指标。其计算公式如下：

$$ENPVR = \frac{ENPV}{I_p} \tag{13-20}$$

式中，I_p 为投资的净现值；*ENPV* 为经济净现值。

一般情况下，应该优先选择净现值率高的项目。

（4）应用费用效益分析的评价指标。前面介绍了三个用于评估项目可行性的指标，这三个指标在应用中各有利弊。表 13-9 总结了它们在不同情况下的具体应用。

表 13-9 费用效益分析的几个主要指标的用途

指 标	用 途		
	经济净现值	经济内部收益率	经济净现值率
项目评价（项目方案入选）	$ENPV \geq 0$ 时可接受	$ENPV \geq r$ 时可接受	$ENPVR \geq 0$ 时可接受
方案比较（互斥方案优选）	*ENPV* 较大者（投资不同时，结合 *ENPVR* 一起考虑）	不能直接用，可计算差额投资经济内部收益率（$\Delta EIRR$）。当 $\Delta EIRR \geq r$ 时，投资大的方案好；反之，投资小的方案好	不能直接用
项目排队（独立方案按优劣排序的最优组合）	不能直接用	不能直接用	按 *ENPVR* 大小排序

注：1. 表中 r 代表社会贴现率；
2. 互斥方案是指彼此互相排斥的一组方案，只能选择其中一个方案进行投资；
3. 在对互斥方案进行选择时，可以用甲方案的净现值减去乙方案的净现值，该差额净现值的经济内部收益率就是差额投资经济内部收益率。

13.3.5 贴现率

贴现率用于处理费用和效益随着时间的变化而发生变化的情况。对发生在未来的费用和效益进行贴现是因为纯粹时间偏好（即个人通常喜欢选择今天消费而不是明天消费）的存在和资本的机会成本。社会贴现率是指费用效益分析中用来作为基准的资金收益率。它是从动态和国民经济全局的角度评价项目经济效益的一个重要参考。

时间偏好指的是个人偏向于尽快享用效益而稍后承担费用，而不是采用相反的方式。一定数额的成本或效益出现的时间越晚，它们的主观价值就会越小。这可能是由于人们的短视心理，如迫切需要得到满足（由于贫困或贪欲），或者由于相信未来的消费会更大（因此，给定单位的边际效用会减少）。这些因素适用于私人个体。尽管政府代表它的公民，而且它的行动是富有理智和明智的，但也存在社会时间偏好问题。比如，政府期望将来获得更多的收入，或者政府认为现在的1元钱比将来同样的1元钱的价值大。

资本的机会成本则在于：由于资本可以用于生产，所以当前一定数额的货币比未来同样数额的货币的价值要大。因此，把资金用于将来某个时间才有收益的项目，不如用于能够立即见效的项目。贴现率使我们有必要考虑资金的选择使用问题。当各种使用途径具有不同的时间特征时，贴现有助于在不同的使用途径之间进行资本的合理配置。

换句话说，人们无论进行何种经济活动都需要一定的时间，而且投入和产出在时间上往往不一致。经济活动中，厂商首先必须拥有或借贷到一笔资金用来购买这种生产要素投入生产或经营活动，在经过一定时间后，投入才陆续转化为产出，使厂商能够回收原有资金并获得利润，即实现资金增值。正因为在经济活动中资金能够随时间变化而增值，所以资金具有时间价值。

资金的时间价值表明，一定数额的资金，在不同的时间具有不同的价值。同样一笔资金，作为费用，早付出比晚付出要付出的多；作为收益，早得到比晚得到要得到的多。因此，在对厂商的经济活动进行分析时，无论是财务分析还是经济分析（费用效益分析），都不能将在不同时间内支付的费用和获得的效益简单相加，而必须消除因收支时间不同而导致的资金价值的差异，即按照一定的比率把费用和收益都折合为同一时点上的价值。

在费用效益分析中，上述的折合比率就是社会贴现率，又称为社会机会成本率。这是因为，首先，在确定某一项目方案时必须考虑资金的机会成本，即把一定数目的资金用于某一项目方案的最大净效益。如果某一项目方案的净效益比率（净效益和费用的比率）低于其机会成本率，那就应该放弃这一项目方案。其次，在对不同项目方案进行比较时，其出发点就应该是整个社会而非单个厂商的机会成本。

应该指出的是，尽管社会贴现率有时又称为影子利率，但它涉及的是资金收益率而非利率。厂商作为资金的需求者，当然要考虑银行贷款利率的高低。在资金收益率高于贷款利率的前提下，两者之间差距越大，厂商就越有利可图，因而就越愿意投资。但从整个社会来看，资金收益率反映的是一个项目真正产生的效益，而利率反映的只是厂商和银行之间的转移支付，在进行费用效益分析时，应该考虑前者而不是后者。

社会贴现率是费用效益分析中对方案进行比较与选择的判断依据。在实际工作中，它是由国家发展与改革委员会根据我国当前的投资收益水平、资金机会成本、资金供求状况等因素统一制定和发布。

案例 13-4

某农业地区灌溉工程项目的经济分析

（1）项目背景

某地区干旱少雨，且降雨集中于夏季的一个较短时期，当地虽然打了不少机井，但多年抽取地下水灌溉农田，导致地下水位逐年降低，许多老机井已经干涸。为了解决农田用水问题，当地政府拟出资修建引水灌溉工程，利用临近的黄河水灌溉农田。为此，有以下几种工程计划：

1）在临河处修建扬水站；

2）修建引水的主干水渠和若干分水渠；

3）建立一座集中式的蓄水库和大量分散的农户蓄水池；

4）建抽水、分水和灌溉系统。

（2）成本与收益的识别

1）直接灌溉收益。直接受益于该工程而得以灌溉的农田为150万亩，预计每亩每年可增产农作物50kg，每公斤作物价格为2.4元，由此每年直接受益18000万元。

2）节省抽水费用。50万亩农田（直接受益的）原有机井可以不再使用，由此，每亩地每年可以节省抽水费用10元，每年节省抽水费用500万元。

3）农业间接收益。在直接受益地区，农作物产出增加又会导致农产品加工与销售的增加，由此获得的间接净收益估计每年可达800万元。

4）周边间接收益。直接受益区外的周边地区，其农田抽水机井会由于这项工程的供水而使地下水位上升，进而增加灌溉用水和农作物产出，促其相关经济发展，此项间接收益估计每年可达500万元。

5）养鱼收益。集中式蓄水库养鱼净收益估计每年可达50万元。

本工程的成本费用主要是投资支出、占地损失、工程的管理、维护和设备更新费用。工程投资预计3a完成，总投资额预计18亿元。占地损失每年为60万元，管理维护等运行费用每年250万元。

本工程的收益、成本见表13-10。

表13-10 某水利灌溉项目的成本、收益及指标计算（$i=8\%$） （万元）

	1	2	3	4~33
1. 收益				
1.1 直接灌溉收益				18000
1.2 节省抽水成本				500
1.3 农业间接收益				800
1.4 周边地区间接收益				500
1.5 养鱼收益				50
收益合计（1.1+1.2+…+1.5）				19850
2. 成本				
2.1 投资支出	40000	90000	50000	
2.2 占地损失				60
2.3. 管理、维护等运行支出				250
成本合计（2.1+2.2+2.3）	40000	90000	50000	310
3. 净收益	-40000	-90000	-50000	19540

（3）指标计算及评价结论

1）收益现值与成本现值

$$\sum_{t=1}^{33} B_t (1+8\%)^{-t}$$

$$= 19850(P/A,8\%,30)(P/F,8\%,3) = 195528 \text{ 万元}$$

$$\sum_{t=1}^{33} C_t (1+8\%)^{-t}$$

$$= 40000(P/F,8\%,1) + 90000(P/F,8\%,2) + 50000(P/F,8\%,3) + 310(P/A,8\%,30)(P/F,8\%,3)$$

$$= 156936 \text{ 万元}$$

2）收益成本比

$B/C = 195528/156936 = 1.25 > 1$

$ENPV = 195528 - 156936 = 38592 > 0$

由计算可知，本项目经济净现值大于 0，所以项目是可以接受的。

13.4 建设项目的环境经济评价

建设项目亦称基本建设项目，指按一个总体设计或初步设计进行施工的一个或几个单项工程的总体。通常以一个企业事业单位或独立工程作为一个建设项目。一个建设项目从设想、开发、建设、施工到投产的全过程称为“项目发展周期”。这个过程大致可分为三个时期：建设前期、建设时期和生产时期。投资决策和交工验收是三个时期的分界线。建设前期包括项目建议书、可行性研究、设计任务书和项目投资评估决策四个阶段，其中可行性研究是建设前期工作的重要内容。

经济评价是可行性研究的有机组成部分，是项目或方案抉择的主要依据之一。其任务是在完成市场需求预测、厂址选择、工艺技术方案选择等可行性研究的基础上，对拟建项目投入-产出的各种经济因素进行调查、研究、预测、计算及论证，运用定量分析与定性分析相结合、动态分析与静态分析相结合、宏观效益分析与微观效益分析相结合的方法，比较选择最佳方案。除了技术上和经济上的评价外，还必须对拟建项目周围环境质量产生的影响作出评价，进行环境效益和社会效益的计算和论证，才能全面地进行决策。

建设项目环境经济评价方法按照是否考虑资金时间价值可分为静态评价方法和动态评价方法。静态评价方法主要包括静态投资回收期法和投资收益率法等。动态评价方法主要包括动态投资回收期法、现值法、年值法和内部收益率法等。

13.4.1 静态评价方法

静态评价方法是在不考虑资金时间价值的前提下，对方案在研究期内的收支情况进行分析、评价的方法。静态评价方法比较简单，易于计算，主要用于投资方案的初选阶段。

13.4.1.1 静态投资回收期法

投资回收期是反映方案投资回收速度的重要指标，是指用每年的净收益来回收其全部投资所需要的时间，通常以年表示。计算时需注明投资回收期的起点。

静态投资回收期计算时不考虑资金的时间价值，指从项目投建之日起到项目投产后，用获得的净收益回收其全部投资所需要的时间。一般情况下，静态投资回收期可采用累计计算法计算。根据项目各年的净现金流量，从投资时刻（即零时刻）开始，依次求出以后各年的净现金流量之和，即净现金流量的累计值。累计净现金流量等于零时所对应的年份数，即为项目从投资年份开始算起的静态投资回收期。计算通式为：

$$\sum_{t=0}^{T} R_t = K \tag{13-21}$$

其中

$$R_t = B_t - C_t \tag{13-22}$$

式中，T 为静态投资回收期；R_t 为第 t 年净收益；B_t 为第 t 年的项目收入；C_t 为第 t 年的项目经营成本；K 为总投资额。

计算中，累计净现金流量等于零可能出现在非整数年份时，可用线性插值法计算静态投资回收期，其计算公式为：

$$T = \text{累计净现金流量开始出现正值年份数} - 1 + \frac{\text{上年累计净现金流量的绝对值}}{\text{当年净现金流量}} \tag{13-23}$$

静态投资回收期指标的优点是概念明确、简单易用，能兼顾反映项目的经济性和风险性，因而是人们容易接受和乐于使用的一种经济评价方法。静态投资回收期指标的缺点是：没有反映资金的时间价值；由于它舍弃了回收期以后的收支情况，故不能全面反映项目在寿命期内的真实经济效果，难以对不同方案的比较选择作出正确判断。所以，这种方法在实际应用中只能作为辅助性指标，必须结合其他评价指标作出决策。

静态投资回收期法进行单方案评价时，其判别准则为：将计算出的静态投资回收期 T 与标准投资回收期 T_0 作比较，当 $T \leqslant T_0$ 时，该方案可以接受；当 $T > T_0$ 时，该方案不予接受。T_0 确定的主要依据是全社会或全行业投资回收期的平均水平，或者是企业期望的投资回收期水平。当两个方案进行经济比较时，也可采用静态追加投资回收期法。静态追加投资回收期法是用增量分析法进行方案经济评价的方法之一。

13.4.1.2　静态投资收益率法

静态投资收益率是指每年获得的净收入与原始投资的比值。它是考察项目单位投资盈利能力的静态指标，静态投资收益率的一般表达式为：

$$E = \frac{R}{K} \tag{13-24}$$

式中，E 为静态投资收益率；K 为总投资；R 为达产年净收益或年均净收益。

静态投资收益率法用于评价方案时的判别准则为；当 $E > E_0$（标准投资收益率）时，认为被评价方案的投资效果已达到预期要求，在经济上是可行的；反之，则说明该方案的投资效果达不到国家或行业的平均水平，在经济上不可行。

在实际项目论证中，静态投资收益率具体有如下三种形式：

（1）投资利润率。投资利润率是指项目达到设计生产能力后，正常生产年份的年利润总额与项目总投资的比率。对生产期内各年的利润总额变化幅度较大的项目，应计算生产期年平均利润总额与总投资的比率，其计算公式为：

$$\text{投资利润率} = \frac{\text{年利润总额或年平均利润总额}}{\text{总投资}} \times 100\% \tag{13-25}$$

年利税总额 = 年销售收入 − 年总成本 − 年销售税金 − 年技术转让费 − 年资源费 − 年营业外净支出

年销售税金 = 年营业额 + 年城市维护建设税 + 年基础培训费

总投资 = 固定资产投资（不包括生产期更新改造投资） + 建设期利息 + 流动资金

投资利润率可根据损益表中的有关数据计算求得。

（2）投资利税率。投资利税率是指项目达到设计生产能力后的一个正常生产年份的年利税总额或项目生产期内的年平均利税总额与总投资的比率，其计算公式为：

$$\text{投资利税率} = \frac{\text{年利税总额或年平均利税总额}}{\text{总投资}} \times 100\% \tag{13-26}$$

年利税总额 = 年销售收入 − 年总成本 − 年技术转让费 − 年营业外净支出

投资利税率可根据损益表中的有关数据计算求得。

（3）投资净收益率。投资净收益率是指项目在达到设计生产能力后的一个正常生产年份内，其年净收益与项目总投资的比率。它是反映项目投产后单位投资对国民经济所做的年净贡献指标。对在生产期内各年的净收益变化幅度较大的项目，应计算生产期年平均净收益与总投资的比率，其计算公式为：

$$\text{投资净收益率} = \frac{\text{年净收益或年平均收益}}{\text{总投资}} \tag{13-27}$$

13.4.2 动态评价方法

动态评价方法考虑了资金的时间因素，因此比较符合资金的运动规律，使评价结果更符合实际。常用的动态评价方法有动态投资回收期法、现值法、年值法和动态投资收益率法等。

13.4.2.1 动态投资回收期法

动态投资回收期是指考虑资金时间价值，从项目投建之日起到项目投产后，在给定的基准收益率 i_0 下，用方案各年净收益的现值来回收全部投资的现值所需要的时间。计算公式如下：

$$\sum_{t=0}^{T^*} R_t (1 + i_0)^{-t} = \sum_{t=0}^{T^*} K_t (1 + i_0)^{-t} \tag{13-28}$$

或者为

$$\sum_{t=0}^{T^*} (B_t - C_t - K_t)(1 + i_0)^{-t} = 0 \tag{13-29}$$

式中，T^* 为动态投资回收期；i_0 为考虑资金的时间价值所给出的基准收益率；其他符号意义同前。

动态投资回收期实际上就是从投资年开始到方案净现值等于零的年限。若各年的净收益相等，均为 R，项目的总投资现值为 K_0，且不考虑建设期，引用年金现值公式及动态投资回收期的定义，可直接写出下述公式：

$$R(P/A, i_0, T^*) - K_0 = 0 \tag{13-30}$$

移项整理后，经两边取对数并整理的动态投资回收期的公式为：

$$T^* = \frac{\lg R - \lg(r - i_0 K_0)}{\lg(1 + i_0)} \tag{13-31}$$

式中的投资总额应为一次性投入的初始投资。因此，若项目为分期投资，则应将各期投资折算成期初一次性投资的总现值后，才能代入式（13-30）进行计算。

动态投资回收期法评价单方案时的准则为：将计算的动态投资回收期 T^* 与标准投资回收期 T_0 进行比较，当 $T^* \leqslant T_0$ 时，该方案可以接受，当 $T^* > T_0$ 时，该方案不能接受。

当两个方案进行经济比较时，也可采用动态追加投资回收期法。动态追加投资回收期法是在考虑资金时间价值前提下，用增量分析法进行方案经济评价的方法之一。

13.4.2.2 现值法

现值法常用的评价指标有净现值、净现值率和费用现值。

A 净现值（*NPV*）

净现值指整个方案计算期内累计的净现金流现值，换句话说，就是项目总收入现值与总支出值之差。净现值法是将技术方案整个寿命期内各年的净现金流量，按基准收益率折算到寿命期初的现值之和，并根据现值之和来选出最优方案的一种方法。计算公式为：

$$NPV = \sum_{t=0}^{n} NCF_t(P/F,i,t) = \sum_{t=0}^{n} (B_t - C_t - K_t)(P/F,i,t) \tag{13-32}$$

式中，NCF_t 为第 t 年的净现金流量，即第 t 年的现金流入减去现金流出；B_t 为第 t 年的项目收入；C_t 为第 t 年的项目经营成本；K_t 为第 t 年的投资支出；n 为方案的计算年限；i 为能反映资金时间价值的基准收益率。

净现值法评价单方案时的准则为：若 $NPV \geqslant 0$，则该方案在经济上可以接受；若 $NPV < 0$，则该方案在经济上不能接受。用于多方案比较时，投资相同或相差不大，且方案寿命期一致时，以 NPV 最大者为优；若投资相同或相差不大，而方案寿命期不一致时，则需要确定一个共同的分析期（通常以寿命期的最小公倍数为分析期），才可以对方案进行评价比较。

净现值是反映项目方案投资盈利能力的一个重要动态评价指标，被广泛应用于项目方案的经济评价中。其优点是不仅考虑了资金的时间价值和方案在整个寿命期内的费用和收益情况，而且直接以金额表示方案投资的收益性大小，比较直观。

B 净现值率（*NPVR*）

净现值指标用于多方案比较时，没有考虑各方案投资额的大小，因而不能直接反映资金的利用效率。为了考察资金的利用效率，通常采用净现值率作为净现值法的辅助指标。净现值率是项目净现值与总投资现值之比，其经济含义是单位投资现值所能带来的净现值。其计算公式为：

$$NPVR = \frac{NPV}{\sum_{t=0}^{n} K_t(P/F,i,t)} \tag{13-33}$$

净现值率法评价单方案时的准则为：若 $NPVR \geqslant 0$，则投资方案应予以接受；若 $NPVR < 0$，则投资方案应予以拒绝。用于多方案比选时，净现值率不小于零且最大者为优。

C 费用现值（*PVC*）

用净现值指标评价技术方案的经济效果，要求用货币单位计算项目的收益，如销售收入、成本节约额等。但是有些环境项目的收益难以用货币单位直接计算，如安全保障、工人劳动条件的改善等。对于这类项目，若各备选方案能够满足相同的需要，则只需比较它们的投资与经营费用。对于可以用货币单位计算收益的项目，如果各备选方案逐年收益相等，也可以略去对收益的计算，按总费用最小的原则进行方案比选。费用现值指标主要用于这两类项目的方案比选。费用现值的计算公式为：

$$PVC = \sum_{t=0}^{n} (K_t + C_t)(P/F,i,t) \tag{13-34}$$

费用现值法用于多个方案的比选，其判别准则是：若比较方案的寿命期相同，费用现值最小的方案为优；若比较方案的寿命期不同，可以利用最小公倍数法处理后再选取费用现值最小的方案作为最优方案。

13.4.2.3　年值法

用现值法进行方案比选时，如果所有的备选方案寿命期相同，可直接比较。对于满足同一用途的备选方案，若各方案寿命期不等，则需要确定一个共同的分析期。通常假定备选方案中的一个或若干个方案以同样规模重复若干次，取各备选方案寿命期的最小公倍数作为共同的分析期，这样做是比较麻烦的。

年值法是将各方案在其寿命期内的现金流按某一给定的基准收益率折算成等额年值进行比较。因为一个方案无论重复多少次，其年值是不变的，所以年值法可以认为是方案的无限重复。对于寿命不等的备选方案，使用年值法比选，可以使方案之间具有可比性。年值法常用的评价指标有净年值和费用年值。

A　净年值（NAV）

将净现值折算成寿命期内各年的等额年金就是净年值，其计算公式为：

$$NAV = NPV(A/P,i,n) = \left[\sum_{t=0}^{n} (B_t - C_t - K_t)(P/F,i,t)\right](A/P,i,n) \tag{13-35}$$

净年值法评价单方案时的准则为：若 $NAV \geqslant 0$，则该投资方案可接受；若 $NAV < 0$，该投资方案不能接受。用于多方案时，计 NAV 最大者为优。

B　费用年值（AC）

当多个方案的产出相同或均满足同样的需要但其产出无法用货币计量时，则只需比较方案的费用，即可用费用年值法来评价。

费用年值法是将投资方案逐年的投资与寿命期内各年的经营费用按基准收益率换算成年值，然后对各方案的费用年值进行比较，以选出最优方案的一种评价方法。其计算公式为：

$$AC = PVC(A/P,i,n) = \left[\sum_{t=0}^{n} (K_t + C_t)(P/F,i,t)\right](A/P,i,n) \tag{13-36}$$

费用年值法用于多个方案的比选，其判别准则是：费用年值最小的方案为优。主要用于可以满足相同需要，但寿命期不等的备选方案的比选，费用年值最低的方案为最优方案。由费用现值法与费用年值法的含义可知，费用现值最小的方案即为费用年值最小的方案，两者是等效评价指标。

13.4.2.4　动态投资收益率法

使用现值法和年值法评价环境项目投资方案的经济效果，需要事先给定一个基准收益率，这个基准收益率反映了投资者所希望达到的单位投资年均收益水平。净现值与净年值大于零，表明单位投资的平均收益水平高于基准收益率。但现值法与年值法没有直接给出单位投资的实际年均收益水平。如果既希望了解投资方案单位投资的实际年均收益水平又要考虑资金的时间价值，则需要使用动态投资收益率法进行方案的经济效果评价。动态投资收益率法的评价指标有内部收益率和外部收益率。

A 内部收益率（*IRR*）

内部收益率法是通过计算方案在寿命期内的内部收益率来评价方案的一种方法，该方法求出的是项目实际能力达到的投资效率（即内部收益率）。因此，在所有的经济评价指标中，内部收益率是最重要的评价指标之一。

从净现值的计算公式来看，对于特定的投资方案而言，基准收益率 i 取值不同，直接影响到 *NPV* 的大小。如果将基准收益率 i 看作一个变量，*NPV* 与 i 的关系用函数可表示为：

$$NPV = f(i) \tag{13-37}$$

称为 *NPV* 函数。对于一般的投资方案，*NPV* 函数是一个单调函数（图 13-7）。

NPV 函数曲线与横轴交于 i^*，即当 $NPV = 0$ 时候，$i = i^*$。i^* 就是投资方案的内部收益率 *IRR*。

IRR 可以通过求解下列方程得到：

$$\sum_{t=0}^{n} NCF_t(P/F, IRR, t) = 0$$

或
$$\sum_{t=0}^{n} (B_t - C_t - K_t)(1 + IRR)^{-t} = 0 \tag{13-38}$$

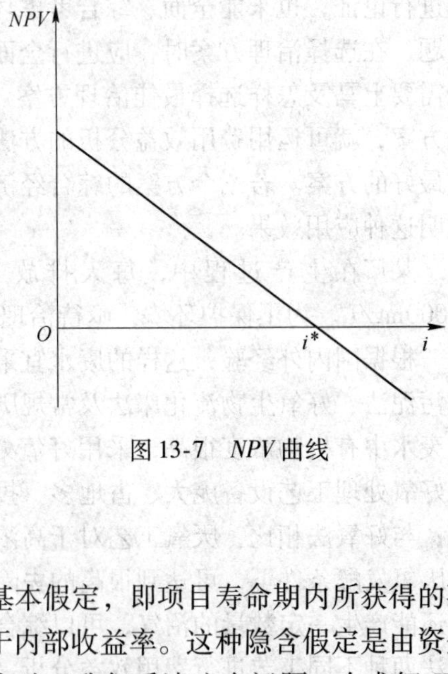

图 13-7 *NPV* 曲线

内部收益率反映了投资方案在整个项目寿命期内的平均资金盈利能力。

B 外部收益率（*ERR*）

对投资方案内部收益率 *IRR* 的计算隐含着一个基本假定，即项目寿命期内所获得的净收益全部用于再投资，而且再投资的收益水平均等于内部收益率。这种隐含假定是由资金等值计算中采用复利计算方法带来的。下面的推导有助于我们看清这个问题。在求解 *IRR* 的方程式（13-32）两端同乘以 $(1 + IRR)^n$，也就是说，通过等值计算将式左端的净现值折算成 n 年末的将来值，得：

$$\sum_{t=0}^{n} (B_t - C_t - K_t)(1 + IRR)^{-t}(1 + IRR)^{n} = 0 \tag{13-39}$$

将投资额与年经营费用及年收入项分开，得

$$\sum_{t=0}^{n} [-K_t(1 + IRR)^{n-t} + (B_t - C_t)(1 + IRR)^{n-t}] = 0$$

即
$$\sum_{t=0}^{n} K_t(1 + IRR)^{n-t} = \sum_{t=0}^{n} (B_t - C_t)(1 + IRR)^{n-t} \tag{13-40}$$

式中，$(B_t - C_t)$ 是第 t 年的净收益，这个等式意味着每年的净收益全部用于再投资，而且投资收益率均达到 *IRR* 的水平，到 n 年末，历年净收益的将来值之和与历年投资按 *IRR* 折

算到 n 年末的将来值之和相等。

由于受投资机会的限制，这种假定往往难以与实际情况相符。

外部收益率 *ERR* 的计算方法与 *IRR* 相类似，所不同的是，假定项目寿命期内每年所获得的净收益用于再投资的收益水平相当于基准收益率。外部收益率的计算公式为：

$$\sum_{t=0}^{n}(-K_t)(1+ERR)^{n-t}+\sum_{t=0}^{n}(B_t-C_t)(1+i_0)^{n-t}=0 \tag{13-41}$$

式中，*ERR* 为外部收益率；i_0 为基准收益率。

13.4.3 建设项目的静态和动态评价分析案例

对污染源进行治理是环境保护的基本手段。我国对污染源的治理工作取得了很大的进展，但也存在许多问题。突出的问题是治理效益很差，其原因是多方面的，如技术不过关、政策不配套、管理不善等。然而，污染治理方案没有进行详细的论证评价就上马，即使进行论证，也未能全面、综合考虑环境经济效益，也是效益差的症结所在。为解决这一问题，在选择治理方案时，应进行全面论证，运用费用效益分析的理论，论证治理项目是否需要上马及怎样选择最佳治理方案。假定要对某污染源进行治理，有 A、B、C 三个备选方案，就可运用费用效益分析的方法，分别评价三种方案的综合经济效益，最后选定效益最好的方案。若三个方案的综合经济效益均为负值，则该项目不必上马。下面通过实例说明这种应用效果。

某厂在生产过程中，每天排放 800t 有机废水，其平均 COD（化学需氧量）为 12000mg/L。为了保护环境，亟待治理。

根据国内外经验，这样的废水宜采用生物处理的方法，通常采用的处理工艺是好氧活性污泥法、好氧生物流化床法及常规厌氧消化法，也有采用厌氧预处理联合工艺的。由于该废水中有机物浓度很高，采用好氧处理则需稀释 10 倍以上才能进入处理设备，而现行的好氧处理工艺设备庞大、占地多、投资和运转费用高、剩余污泥量大，并需耗用大量能源；与好氧法相比，厌氧工艺对于高浓度有机废水可不经稀释直接进行消化处理，在适当的厌氧发酵条件下，可达到很高的去除率，大大缩小了设备的体积，特别是厌氧处理过程中还能产生一定数量的沼气，可以综合利用。下面对该废水采用好氧活性污泥法和厌氧发酵法两种不同工艺进行费用效益分析。

13.4.3.1 静态分析

A 处理流程

第一方案：常规活性污泥法处理，流程如图 13-8 所示。

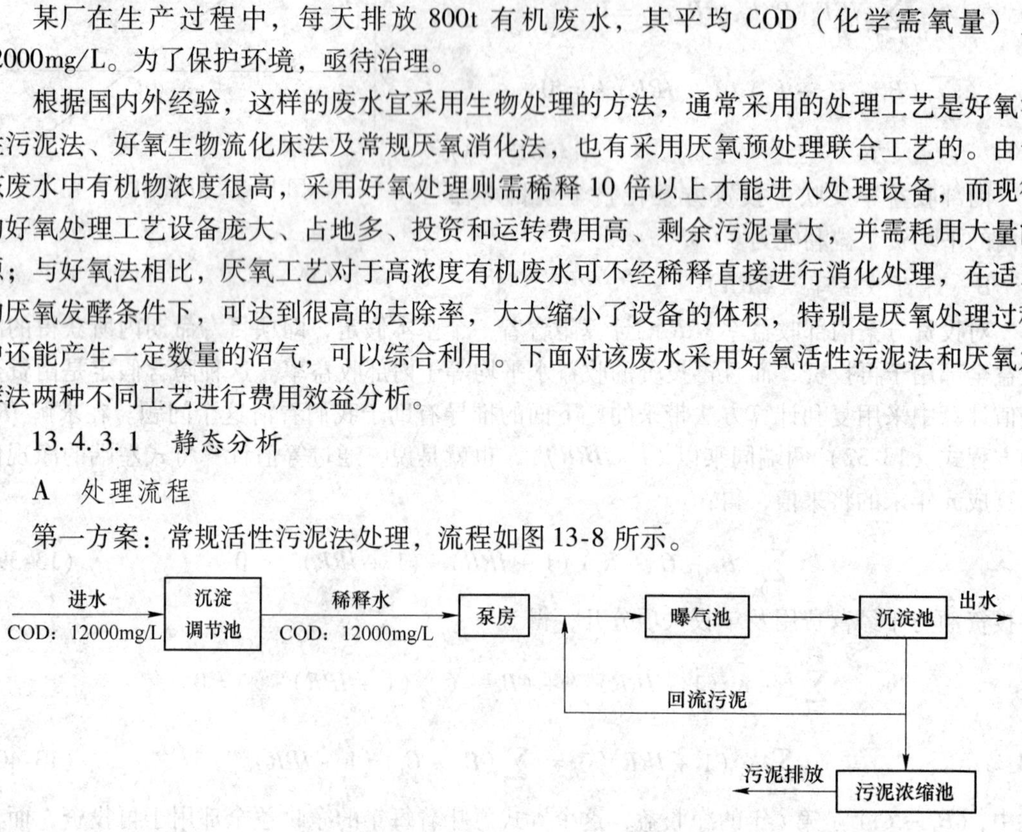

图 13-8 活性污泥法处理流程

第二方案：厌氧发酵工艺处理，流程如图13-9所示。

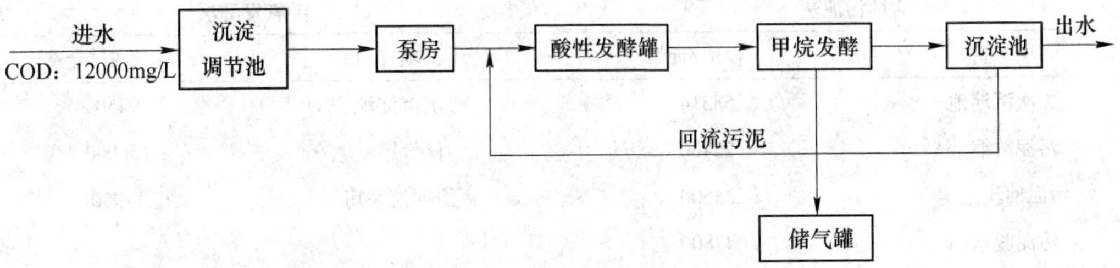

图13-9　厌氧发酵法处理流程

B　两方案的技术参数、电耗和投资

好氧与厌氧处理工艺技术参数、电耗和投资的对照情况，分别列入表13-11～表13-13。

表13-11　活性污泥法处理流程

项　目	单　位	技术指标	
		活性污泥法	厌氧发酵法
处理水量	m^3/d	8000	800
原水COD	mg/L	1200	12000
COD去除率	%	90	95
总装机容量	kW	464.5	19
设备运行容量	kW	329	12
日耗电量	kW·h	7896	288
剩余污泥量	m^3/d	脱水前384 脱水后192	微
产生沼气量	m^3/d		4800

注：原水COD由12000mg/L稀释到1200mg/L，故水量从$800m^3/d$增至$8000m^3/d$。

表13-12　两种处理方案的电耗对照

活性污泥法		厌氧发酵法	
项　目	电　耗	项　目	电　耗
提升泵房	80kW	提升泵房	8kW
曝气池	300kW		
污泥回流泵房	22.5kW	污泥回流泵房	6kW

表13-13　两种处理工艺方案投资对照

活性污泥法		厌氧发酵法	
项　目	投资/元	项　目	投资/元
调节沉淀池	28035	调节沉淀池	28035
提升泵房	28750	提升泵房	7650
曝气池	137200	酸性发酵罐	26600
鼓风机房	161250	甲烷发酵罐	88200

续表 13-13

活性污泥法		厌氧发酵法	
项 目	投资/元	项 目	投资/元
二次沉淀池	58314	二次沉淀池	9450
污泥浓缩池	22460	储气罐	156000
污泥回流泵房	23500	污泥回流泵房	11950
污泥脱水间	47800		
污泥井	1400	污泥井	1400
化验室	17500	化验室	17500
水厕	1200	水厕	1200
化粪池	4000	化粪池	4000
厂区工程及其他	60000	厂区工程及其他	40000
不可预见费	39500	不可预见费	19639
总计	630909	总计	411624

C 对不同的处理工艺进行费用效益分析

从上述技术指标、基本投资、电耗和电费等预计的费用数据，可以对活性污泥法和厌氧发酵法两种方案进行费用效益分析（表 13-14）。表 13-14 所进行的分析基本上属于静态法，所计算的费用只是一个静态的概念。

表 13-14 两种处理方案费用效益分析

项 目	单 位	费用-效益数据	
		活性污泥法	厌氧发酵法
一、效果			
废水处理量	m^3/d	8000	800
二、费用			
1. 基建投资	万元	63.1	41.20
折旧费	万元	2.52	1.65
2. 经营费用	万元	24.35	3.86
工资	万元	1.26	0.75
药剂费	万元	0.5	1.5
维修费	万元	1.26	0.83
电费	万元	21.33	0.78
3. 日常运行费	元/d	895.5	183.42
4. 废水处理成本	元/m^3	1.12	0.23
三、间接费用与效益			
1. 污泥	m^3	192	—
处理费用	元	556.8	—
2. 气回收量	m^3	—	4800
回收能源价值	元	—	288

静态分析计算比较简单，对于短期投资项目或比较单一的项目十分有用，特别是对投资偿还期，目前仍是一项重要的经济评价指标。

13.4.3.2 动态分析

与静态分析不同，动态分析要考虑资金的时间价值。资金是用货币形式表现的劳动量，把它投入到生产或服务领域就能产生新的价值。所以，按动态法进行经济效果的分析，更符合客观经济规律。

下面采用动态分析方法对两方案进行分析比较。

(1) 技术经济参数见表 13-15。

表 13-15 两种处理工艺的技术经济参数

参 数	活性污泥法	厌氧发酵法
投资 (*K*)	630909	411624
年经营费 (*S*)	243500 元	38600 元
经济寿命 (*n*)	20 年	20 年
利率 (*i*)	10%	10%

(2) 动态分析计算（年费用法计算）。

$$C = K \cdot C_{if} + S \tag{13-42}$$

式中，C 为年费用；S 为年经营费；K 为投资；C_{if} 为资金回收因子。

其中

$$C_{if} = \frac{i(1+i)^n}{(1+i)^n - 1}$$

故此例中

$$C_{if} = \frac{0.1(1+0.1)^{20}}{(1+0.1)^{20} - 1} = 0.11746$$

由此计算得：

$$C(\text{活}) = 630909 \times 0.11746 + 243500 \approx 317607 \text{ 元}$$

$$C(\text{厌}) = 411624 \times 0.11746 + 38600 \approx 86949 \text{ 元}$$

计算结果表明，活性污泥法的年费用是厌氧发酵法的 3.7 倍。厌氧发酵工艺处理该废水每年可节省 230658 元，说明此法在经济上是合理的，且技术上也是可行的。

按总费用比较法计算，采用公式：

$$V = K + S \cdot C_{rp} \tag{13-43}$$

式中，V 为总费用的现值；K 为投资；S 为年经营费；C_{rp} 为现值因子。

且

$$C_{rp} = \frac{(1+i)^n - 1}{i(1+i)^n} = \frac{(1+0.1)^{20} - 1}{0.1(1+0.1)^{20}} = 8.514$$

由此计算得：

$$C(\text{活}) = 630909 + 243500 \times 8.514 \approx 2704068 \text{ 元}$$

$$C(\text{厌}) = 411624 + 38600 \times 8.514 \approx 740264 \text{ 元}$$

按总费用比较法计算表明，活性污泥法的总资金投入量比厌氧发酵法多 196 万元，即高3.7倍（表13-16）。

表13-16 两种处理工艺的动态经济分析比较

处理方案	投资/元	年经营费/元	经营分析比较/元	
			年费用法	总费用法
活性污泥法	630909	243500	317607	2706048
厌氧发酵法	411624	38600	86949	740264

从表13-16可以看出，无论是按年费用法还是总费用法，活性污泥工艺均是厌氧发酵工艺费用的3.7倍，其结论是一致的，故应选用厌氧发酵工艺。

本章小结

本章主要介绍了环境资源的价值与价值计量、环境经济评价的目的和内容、环境经济评价的方法、环境费用效益分析和建设项目的环境经济评价。

环境资源的价值包括使用价值和非使用价值。使用价值又可以分为直接使用价值、间接使用价值和选择价值，价值可通过市场可直接交易的价值、可间接交易的价值、不可交易的价值计量。

环境经济评价的方法主要包括直接市场评价法、揭示偏好价值评估法和陈述偏好法三种类型。直接市场评价法包括剂量-反应方法、生产率变动法、疾病成本法和人力资本法、机会成本法；揭示偏好价值评估法包括内涵资产定价法、防护支出法与重置成本法和旅行费用法；意愿调查价值评估法是典型的陈述偏好法，包括投标博弈法、比较博弈法和无费用选择法。

环境费用效益分析主要用于分析项目方案或政府决策的可行性。费用效益分析理论基础主要包括个人需求曲线和消费者剩余、社会需求与社会效益。费用效益分析的基本步骤包括识别项目的费用和效益；对计算出的费用和效益进行贴现，计算现值；比较贴现后的费用和效益：费用效益分析评价准则；应用费用效益分析的评价指标。贴现率主要用于处理费用和效益随着时间的变化而发生变化的情况。

建设项目是指按一个总体设计或初步设计进行施工的一个或几个单项工程的总体。建设项目环境经济评价方法按照是否考虑资金时间价值可分为静态评价方法和动态评价方法。静态评价方法主要包括静态投资回收期法和投资收益率法。动态评价方法主要包括动态投资回收期法、现值法、年值法和内部收益率法。

习 题

13-1 环境资源价值主要包括哪些，它们之间有什么联系和区别？

13-2 简述生产率变动法的基本原理。

13-3 简述旅游费用法的基本原理。

13-4 简述意愿调查价值评估法的基本原理。

13-5　比较投标博弈法、比较博弈法和无费用选择法的区别。

13-6　对下列事物进行价值评估时，可以采取哪些评价方法？

（1）生态旅游中的野生保护动物；

（2）计划修建的机场的噪声污染；

（3）水污染导致的渔业经济损失。

13-7　什么是费用效益分析？费用效益分析和财务分析两种方法存在哪些区别？

13-8　何谓消费者剩余和支付意愿？为什么说在衡量某一项目的社会效应时运用支付意愿和消费者剩余的概念，可以使我们跳出局部利益的小圈子，从全局的角度思考问题，特别是注意到那些因免费使用或因价格扭曲而反映不到财务报表上来的社会效益？

13-9　塔曼尼加拉（Taman Negara）是马来西亚最大的国家公园，也是热带最大的公园之一，1990 年有 20000 游客，大多数来自该国两个最大的城市：克郎谷（Klamg Valley，简称 KV）和盆昂巴特勒沃（Penang-Butlerworth，简称 PB）。假设你的助手收集了有关 1990 年参观该公园的数据，见表 13-17。

表 13-17　参观数据

出发地	人口/万人	距离/km	参观者人数/人
KV	300	200	18000
PB	100	400	2000

假设所有参观者都开车，平均每辆车 4 人。他们都不在公园过夜。他们在路上和公园里的饭费并不显著地大于平时的饭费。现开车的平均成本为 0.5 元/km。公园免费进入。

（1）求分别来自 KV 和 PB 的参观者的平均每人消费者剩余。

（2）以上的计算忽略了旅行的时间成本。时间成本如何影响第一阶段需求曲线的斜率？

13-10　某方案的现金流量如表 13-18 所示，折现率为 10%，试求该投资方案的静态投资回收期和动态投资回收期。

表 13-18　方案现金流量表　（万元）

年份	0	1	2	3	4	5	6
净现金流量	-60	-40	30	50	50	50	50

13-11　某建设项目初始投资为 8000 元，在第一年末现金流入为 2000 元，第二年末现金流入 3000 元，第三、四年末的现金流入均为 4000 元，请计算该项目的净现值、净年值、净现值率、内部收益率、动态投资回收期（折现率为 10%）。

14 绿色国民经济核算

14.1 传统国民经济核算

14.1.1 传统国民经济核算体系

国民经济核算是以整个国民经济为对象的宏观核算，是一种以一定的经济理论为指导，综合应用统计、会计和数学方法，对一国（或一个地区、部门）的经济状况进行系统描述，以监测经济运行过程，为经济理论分析、经济政策制定以及国际经济比较提供系统资料的经济统计方法。为进行系统的国民经济核算而形成的一套核算理论和制度称为国民经济核算系统（the system of national accounts，SNA）。

1947 年，联合国公布了《国民收入的计量和社会账户的建立》的报告；1953 年，又公布了《国民核算表及补充表体系》(简称旧 SNA)，它标志着 SNA 的正式诞生。20 世纪 60 年代中期，联合国国民经济核算体系研究小组对国民经济核算体系进行研究并加以修改；1968 年，公布了《国民经济核算体系》(简称新 SNA)。90 年代，联合国为了适应理论与实践发展的需要，再次组织国民经济核算体系的修订工作，1993 年，公布了该体系的最新版本（简称 93SNA）。修订后的版本保留了 1968 年 SNA 的基本理论框架，加强了和其他相关统计体系的协调，并引入了附属账户体系，使核算体系的灵活性得到了加强，应用领域得以扩展。联合国 93SNA 修改方案的通过，标志着国民经济核算体系走向成熟。20 世纪 80 年代后期以来，国民经济核算体系的国际一体化逐渐形成，国际上基本全部实行 1993 年 SNA 基础上的国民经济核算体系，SNA 国民经济核算体系成为目前世界上普遍实行的国民经济核算体系。

14.1.1.1　SNA 国民经济核算体系的基本性质

（1）是关于国家和部门两层次的核算体系。它首先是在国家层次上设立的，用于反映一国在特定时期内的经济活动状况以及与国外之间的经济关系。

（2）是以国民经济运行过程为依据来建立核算内容的。

（3）以平衡核算、复式记录为原则，形成了独特的统计描述方法，通过对概念、分类、核算原则的统一定义，建立了一套相互联系的经济平衡表或经济账户来归纳其主要核算内容。

（4）是针对市场经济而设置的经济核算体系，它为市场经济体制下的国民经济宏观管理服务。

14.1.1.2　SNA 国民经济核算体系的主要内容

SNA 国民经济核算以两个相互联系的平衡核算为主要内容，反映国民经济运行过程的各个方面。一是经济流量的平衡核算，直接以国民经济运行过程的生产、分配、消费和积累等环节为依据设置。二是经济存量平衡核算，包括一国或部门在特定时点上所拥有资产负债总量的核算以及资产负债这些经济存量从期初到期末的动态平衡核算。就特定时期而言，期初所拥有的资产负债存量决定了当期经济过程的模式和方式，当期经济过程通过积累又反过来改变资产负债的初期存量，使存量由期初水平变化为期末水平。

14.1.1.3　SNA 国民经济核算体系的基本框架

SNA 国民经济核算体系的基本框架充分体现了上述两个并列的平衡关系，揭示了国民经济系统的主要功能及其相互联系。从表 14-1 可以看出，经济流量核算包括生产核算（反映生产过程如何创造和转换货物与服务）、收入分配核算（反映所创造的价值如何通过分配转换为各种收入）、消费核算（反映收入如何被用于消费并形成储蓄）、积累核算（反映储蓄如何转化为投资以及相应发生的金融活动）和对外核算（反映一国经济如何与国外发生经常性收支和资本往来）。在核算中，经济流量核算围绕国内生产总值（GDP）贯彻了生产、收入和支出三方等价原则，使整个核算内容成为一个严格的平衡体系。所形成的平衡关系，将国民经济的生产核算与使用核算连接起来。

在以国内生产总值（GDP）为中心的经济流量核算中，国内生产总值（GDP）是指一国经济在核算期内生产的全部最终产品的总价值。所谓经济生产，是指货物和服务在人类参与或控制之下的投入和产出过程；所谓最终产品，是指被用于最终消费、积累或出口等最终用途的产品，它排除了中间产品，把后者作为获得最终产品的中间性产出。在经济生产中，每一生产单位都为一时期的 GDP 做出了贡献。各单位在提供产品过程中，一方面将投入的中间产品的价值转移到新产品中去；另一方面又形成了新增价值（增加值），这些增加值会分配给生产的参与者，形成劳动报酬、生产税和营业盈余。

14.1.1.4　SNA 国民经济核算的方法

（1）生产法：从生产角度计算，GDP 是所有单位当期生产的新增价值。从价值形成过程入手，反映 GDP 的形成过程。

$$\text{国内生产总值(GDP)} = \sum \text{各单位增加值} = \text{总产出} - \text{中间投入} = P - C \tag{14-1}$$

（2）收入法：从收入角度计算，国内生产总值（GDP）是各单位新增价值进一步分配的构成项目之和。其中，固定资本消耗是当期生产过程所消耗的固定资产价值；劳动者报酬是新增价值中劳动者所得部分；生产税净额是生产单位向政府缴纳的与生产和产品有关的税金（同时要扣除政府向生产单位支付的补贴）；营业盈余是各生产单位增加值扣除上述三项后的余额，体现各生产单位进行生产活动的收益。

$$\text{国内生产总值(GDP)} = \sum \text{各单位固定资本消耗} + \sum \text{各单位劳动者报酬} + \sum \text{各单位生产税净额} + \sum \text{各单位营业盈余} \tag{14-2}$$

（3）支出法：从支出角度计算，GDP 是国内经济单位用于消费或积累所花费的支出与国外购买的货物服务支出之和，也就是反映 GDP 的使用去向。

$$\text{GDP} = \text{最终消费} + \text{资本形成} + \text{净出口} = C + I + (X - M) \tag{14-3}$$

将 GDP 的计算方法加以归纳，可得到表 14-1 国民经济核算流量核算部分的基本框架。

表 14-1 国民经济核算的流量核算

	国内生产	国外	最终消费	资本形成
来源	P	M		
使用	C_i	X	C	I_g
国内生产总值	GDP	$X-M$	C	I_g
固定资本消耗	CFC			- CFC
国内生产净值	NDP	$X-M$	C	I_g
劳动报酬	L			
生产税净额	T			
营业盈余	PR			

资料来源：高敏雪，许健．资源环境统计．北京：中国统计出版社，2004：321.

表 14-1 中，“来源”一行表明当期所有货物与服务均来自两个方面：国内总产出（P）和国外进口（M）；“使用”一行说明上述货物与服务的使用方向，用于国内生产的中间消耗 C_i、出口 X、国内消费 C 和资本形成 I_g。

从“国内生产”一列，可以看出国内生产总值（GDP）的形成，可用计算公式表示为：

$$\text{国内生产总值(GDP)} = \sum \text{各单位增加值} = \text{总产出} - \text{中间投入} = P - C \tag{14-4}$$

从“国内生产总值”一行，可以看出国内生产总值（GDP）作为最终产品的使用方向：国内消费 C、资本形成 I_g 和对国外净出口（$X-M$），可用计算公式表示为：

$$\text{GDP} = \text{最终消费} + \text{资本形成} + \text{净出口} = C + I_g + (X - M) \tag{14-5}$$

从“国内生产”一列，可以看出：

$$\text{NDP} = \text{总产出} - \text{中间投入} - \text{固定资本消耗} = P - C_i - \text{CFC} \tag{14-6}$$

从“国内生产净值（NDP）”一行，可以看出：

$$\text{NDP} = \text{最终消费} + \text{资本形成} + \text{净出口} = C + I_g + (X - M) \tag{14-7}$$

表中的资本形成包括总资本形成和净资本形成，总资本形成对应 GDP，净资本形成对应 NDP，从资本形成一列可以看出：

$$I = \text{资本形成} - \text{固定资本消耗} = I_g - \text{CFC} \tag{14-8}$$

经济存量核算是通过资产负债账户的设置，从纵向上完成了整个国民经济体系条件、过程与结果的动态平衡，见表 14-2。

表 14-2 包含存量的国民经济核算

	国内生产	国外	最终消费	经济资产	
				生产资产	非生产资产
期初资产存量				KO_p	KO_{np}
来源	P	M			
使用	C_i	X	C	I_g	
国内生产总值	GDP	$X-M$	C	I_g	
固定资本消耗	CFC			- CFC	

续表 14-2

	国内生产	国外	最终消费	经济资产	
				生产资产	非生产资产
国内生产净值	NDP	$X-M$	C	I	
劳动报酬	L				
生产税净额	T				
营业盈余	PR				
资产物量其他变化				VOL_p	VOL_{np}
持有资产损益				REV_p	REV_{np}
期末资产存量				KI_p	KI_{np}

资料来源：高敏雪，许健．资源环境统计．北京：中国统计出版社，2004：324.

期末存量 = 期初存量 + 资本形成 − 固定资本消耗 + 其他物量变化 + 重估价 （14-9）

经济存量核算与经济流量核算之间则以资本形成项目来连接。它一方面构成 GDP 作为最终产品的使用去向之一；另一方面又作为经济积累项目，是影响资产存量变化的最主要因素。

从表 14-2 可以看到包含存量的国民经济核算内容。其中，资产的核算范围仅限于经济资产，并严格区分生产资产和非生产资产。

对生产资产，可表示为：

$$\text{期末存量}(KI_p) = \text{期初存量} + \text{资本形成} - \text{固定资本损耗} \pm \text{其他物量变化} \pm \text{持有资产损益}$$
$$= KO_p + (I_g - \mathrm{CFC}) + (VOL_p + REV_p) \quad (14\text{-}10)$$

对非生产自然资产，可表示为：

$$\text{期末存量}(KI_{np}) = \text{期初存量} \pm \text{其他物量变化} \pm \text{持有资产损益}$$
$$= KO_{np} + (VOL_{np} + REV_{np}) \quad (14\text{-}11)$$

14.1.2 传统国民经济核算体系的意义

国民经济核算体系为人们分析和评价经济运行状况提供了一组范围宽泛的核算概念、核算框架和宏观经济数据库，在制定经济发展政策中发挥了重要的作用。

（1）国民经济核算体系是经济活动监测的基础。国民经济核算所提供的经济信息，涉及各种不同类型经济活动以及经济活动中的不同部门。管理者可以通过这些信息来监测许多主要的经济流量，如生产、货物和服务的消费、资本形成、货物和服务的进出口、工资、财政信贷等的动态状况；以及一些只能在国民经济核算框架内界定和计算的关键平衡项目或比率信息，如预算盈余赤字、各个部门或经济总体收入中用于储蓄或投资的份额等。

（2）国民经济核算体系是宏观经济分析的基础。经济运行中的各种数据是宏观经济分析不可或缺的重要组成部分。按照国民经济核算体系界定的有关生产、消费、收入等基本概念，运用计量经济方法，通过编制各种时间序列数据，估算不同经济变量之间的相关系数，建立各种宏观经济模型，可以对宏观经济进行分析。

（3）国民经济核算体系是经济政策制定的基础。各级政府在制定长期和短期经济政策，以及各类企业在制定企业经济发展战略时，所依赖的经济预测，需要国民经济核算基础数据作为支撑，经济发展计划的主要成分也由国民经济核算中的流量所组成，经济政策和经济发展战略的制定都离不开国民经济核算所提供的强大的基础信息。

(4) 国民经济核算体系是国际经济比较的基础。联合国开发的国民经济核算体系(SNA)目前已经在国际上通用,它的概念、定义和分类已经标准化并被大多数国家所接受,一些总量和经济结构方面的指标已被广泛用于国际比较,例如国内生产总值或人均国内生产总值,投资、税收和政府支出占国内生产总值的比重等。

作为国民经济核算体系的核心指标,GDP 代表着目前世界通行的国民经济核算体系。作为多年来诸多经济学家和统计学家共同努力的结果,GDP 已经成为世界公认的衡量一个国家或地区国民收入的统一指标,并成为国民经济核算体系的代表性名词。GDP 在经济分析中的功能是:

1) 衡量一个国家或地区的经济实力。GDP 是反映一个国家或地区在一定时期内的经济总产出的指标,因此,可以依据 GDP 来判断一国财富存量,判断一国的贫富程度和经济实力的雄厚程度。GDP 总量大,意味着综合国力强;人均 GDP 大,意味着人民富裕。

2) 分析一个国家的经济发展潜力。一个国家或地区的经济发展规模和增长潜力的评判依据是 GDP 和人均 GDP 的拥有量及其增长速度。增长速度快,表明经济发展潜力大。GDP 存量丰裕的国家或地区,每增长 1 个百分点,都会引起其社会财富绝对量的巨大增加,经济大国 GDP 的微小变动就相当于经济小国的巨大变动。假如美国的 GDP 总量是我国的 9 倍多,这就意味着美国的 GDP 增加 1 个百分点,我国就需要增加 9 个百分点,新增的财富才能和美国新增的财富一样多。

3) 分析一个国家的经济结构。三大产业在 GDP 中的比例大小,代表了一个国家经济结构的状况。第一产业在 GDP 总量中的比值大,说明该国经济处于较低、较落后的阶段;第三产业在 GDP 总量中所占的份额大,说明该国经济较先进发达。

4) 判断一个国家的国际地位。根据 GDP 的存量和流量信息,还可以对世界各国的综合经济实力和物质财富进行国际比较和排序。一国国际地位和国际威望与该国 GDP 数值即经济实力呈正相关的关系。世界银行(WBO)和国际货币基金组织(IMF)等国际组织,在进行国际援助时,也主要依据国家的 GDP 和人均 GDP 数据确定贷款资格和贷款数额。

14.1.3 传统国民经济核算体系的弊端

目前世界各国的国民经济核算,基本上按照联合国指定的 SNA 核算体系进行。其理论基础是国民收入统计和凯恩斯的宏观经济学。凯恩斯的宏观经济理论把国民生产总值作为经济统计体系的核心,把 GDP 作为评价经济福利的综合指标和衡量国民生活水平的标准。因此,构建在这套理论之上的国民经济核算体系必然是以国民生产总值(GNP)或国内生产总值(GDP)为主要指标的单一投入产出核算。在经济发展史上,这种单一的投入产出核算在实现工业化和推动经济增长方面发挥过重要作用。

但是,随着现代社会经济的发展,社会各界对经济发展单一目标的过度追逐,驱使人们的发展行为和发展方式的改变,其片面性、局限性和弊端逐渐暴露并日益突出。

(1) GDP 不能反映一个国家的真实产出。GDP 所统计的仅仅是通过了市场交换的产出,那些没有经过市场交换的经济活动(如家务劳动、社区服务、地下经济等)不能从 GDP 中反映出来。

(2) GDP 不能完全反映一个国家的真实生活质量和幸福程度。按照现行 GDP 核算体系，以牺牲闲暇或增加劳动强度为代价的经济活动，可以使 GDP 增加，但是这种增加却是以闲暇的减少和痛苦的增加为前提的，人们的生活质量未必增加。

（3）GDP 不能反映收入的分配状况。比如两个 GDP 相同的国家，一个贫富不均，而另一个却分配较公平，从福利经济学的观点看，分配较公平的国家要比分配不公的国家幸福得多，但 GDP 却不能反映出来。

特别是对于自然资源和环境资产，传统的国民经济核算体系存在着一系列的缺陷：

（1）没有反映资源环境的经济价值。资源可以分为自然资源和生态资源。传统的经济理论认为自然资源是“取之不尽、用之不竭”的“自由取用物品”或“免费商品”，并且认为没有劳动参与和没有通过市场交易的东西就没有价值，因此在传统的经济理论下，自然资源的市场价格为零。而现行的国民收入核算体系，以市场交易为基础，只对参加市场交易的物品和服务的货币价值进行核算，即以市场化的产出来衡量经济的增长和进步的程度，因此将自然资源排斥在现行国民经济核算体系之外。美国经济学家罗伯特·雷佩托指出，自然资源取之不尽、用之不竭的思想会导致这样的一种观点，即高的经济增长速度能够通过开发利用自然资源来获得和保持，但其结果反而会导致国民收入的虚假增加和自然资源的持续减少。由供需理论可知，对于免费提供的物品，需求会是无止境的，然而自然界中资源的存量是有限的。自然资源分为可再生资源和不可再生资源，不可再生资源如煤炭、石油、矿产等将随着人类的不断消耗趋于枯竭；森林、草地等可再生资源虽然在一定自然条件下是可以再生的，但这些可再生资源的再生过程，受到气候、地形地貌等自然条件的制约以及自然灾害和人为因素的破坏，同时由于现有的资源开采技术的限制，使得可再生资源的可使用部分非常有限。自然资源的有限性和人类需求的无限性之间的矛盾日益膨胀。生态资源，是指给人类经济社会活动提供一个良好的生态环境的各种环境资源，包括大气环境、水体环境、土壤环境、生物环境和空间环境。生态资源对人类社会具有多方面的用途，如热带雨林起着调节气候、涵养水分、提供氧气、防止水土流失的作用；各种野生动植物为人类提供宝贵的基因库；秀丽的自然风景区为人类提供旅游、休养的场所等。这些生态资源蕴涵的巨大经济、生态和社会价值，在国民经济核算中同样也没有得到体现。

（2）没有反映经济活动的生态代价。按照生态经济学的观点，现代经济社会系统是建立在自然生态系统之上的巨大开放系统，以人类经济活动为中心的经济社会运动都是在大自然的生物圈中进行的。任何经济社会活动，其主体是人，客体是环境，基础是生态系统的运行和发展。随着人类对自然资源的肆意开发，以及将各种有害污染物的随意排放，造成了各种严重的生态危机。联合国的一项天气研究预计，到 2050 年，全球气温可能比现在高 0.5 ~ 3℃。全球变暖将导致世界上 1/4 的陆地动植物在未来 50 年内灭绝，也就是说，在半个世纪后 100 多万个物种将从地球上消失。人类不仅在陆地上砍伐破坏原始森林，而且在海域中破坏海草。联合国环境观察署的一份报告指出，在大陆临近的海域中，这些海草对于环境的重要性就如同陆地上的树木对周围的环境一样。海草是海洋生物中重要的组成部分之一，品种至少有 60 余种。它们在净化水质、保护土壤、调节生态平衡等方面起到了举足轻重的作用。而在过去的 10 年间，海草面积减少了 15.5%，海草的破坏将导致海洋生物的严重危机，这会影响到数百万人，以及众多的海洋生物。人类社会的经济活动对生态环境的污染和破坏，甚至会给一个国家或地区带来生态危机，威胁到“生态安全”，这比一国经济或政治安全问题影响范围还要广泛。因为生态危机一般恢复时间很长，恢复难度很大，一些生态过程，一旦超过临界值，就很难逆转，甚至是不可逆转。经济建设的失误和危机的恢复可以用年来计算，比如美国20世纪30年代的经济大萧条，历时12年就恢复过来了，亚洲金融危机经过2年多的时间也走出了谷底，但生态危机的恢复往往要用代来计算，比如我国西北地区的荒漠化，延续了2000多年至今仍未扭转，严重威胁西北地区的生存和可持续发展。

这些生态环境危机和生存环境的恶化，在现行国民经济核算中都没有得到体现，可以说传统的国民经济核算体系掩盖了经济增长产生的巨大负效应的事实，助长了以污染环境和破坏生态为代价去谋求暂时的、局部的、狭隘的经济利益的行为。

（3）没有反映自然资源的损耗。现行的国民经济核算体系中对生产性固定资产（如厂房、机器设备等）的核算是按照一定的折旧年限和折旧率从产品销售收入中提取折旧费对其价值损耗进行补偿的。如果把自然资源也看作一种资产，为了实现资源的良性循环过程，对其消耗也要进行补偿，这样才能实现人类的可持续发展。但是现行国民经济核算体系没有将自然资源作为一种资产纳入，因此也就没有对自然资源进行折旧或损耗的核算，这是现行国民经济核算体系的一个重大缺陷。一个国家的富裕程度，不仅应当用GDP来衡量，而且应当用资源储量来衡量。现行的国民经济核算办法，只重视经济产值，忽视资源基础，容易造成资源基础持续削弱，而经济产值虚幻增加，出现经济发展中的“资源空心化”现象。一个国家可能矿产资源耗尽，沃土受到侵蚀，水体受到污染，生物资源濒临绝迹，但是国家的国内生产总值却可能随着这些资源的消失而上升。

（4）歪曲了环境保护费用支出的意义。国民经济各部门在生产或提供服务过程中进行的环境保护活动，目的是为了防止或消除部门自身对环境可能或已经产生的不利影响，并不带来社会福利实际水平的提高，是一种“防护性费用”的支出。但是在SNA核算体系中，各部门投入到环境保护活动中的费用被计入部门总产值及增加值中，其结果是部门环境保护费用的增长引发GDP的增长，尽管这是一种虚的增长。比如当一艘油轮发生触礁导致石油泄漏时，GDP非但不会因为这一油轮的油所代表的石油储量的减少而受到影响，反而会由于石油的运输而实现的价值附加使GDP得到增加，甚至为清除外溢的石油而支付的工资和使用的设备也会使GDP增加。与此相对的，由于石油外溢造成的生态损失，如海洋哺乳动物和鱼类的损失，海洋生产力的损失（污染不仅仅对商业性物种有影响）都没有反映到GDP中。居民因环境污染而增加的医疗费用，在现行的国民经济核算办法中也作为最终消费支出，也可使得国民收入上升。因此，立足于市场交易活动的SNA核算体系，不仅没有反映经济活动中自然资源的耗减和生态环境的破坏，相反，用于破坏的环境的治理费用和造成的损失又能够带来GDP的增长，使得污染也能够成为GDP的增长点，这是对GDP真实含义的一种扭曲。

14.2 绿色国民经济核算

14.2.1 绿色国民经济核算的概念

14.2.1.1 概念

绿色国民经济核算（简称绿色GDP核算）是指在全面、协调和可持续发展观的指导下，通过建立经济-环境的投入产出关系，把经济活动过程中的资源环境因素反映在国民经济核算体系中，将资源耗减成本、环境退化成本、生态破坏成本以及污染治理成本（或环境保护成本）从 GDP 中加以扣除，同时加上环境保护的效益，能够更为真实地衡量经济发展的成果。

14.2.1.2 思路

联合国推荐的环境与经济综合核算体系（SEEA）即是将环境资源作为国民经济核算体系的卫星账户，分步实施，在完善实物量核算的基础上，开展环境价值量核算，最终建立实物量和价值量两套核算体系。

绿色国民经济核算要求做出以下工作：

(1) 建立一套环境与经济综合核算体系；

(2) 为环境资源单独建立账户，成为卫星账户；

(3) 总量调整，在传统账户上进行环境损耗等调整。

14.2.2 环境与经济综合核算体系（SEEA）

14.2.2.1 SEEA 产生背景

(1) 20 世纪 60 年代以后，在全球经济快速增长的同时，自然资源短缺、生态环境恶化的问题给人类社会带来了空前的挑战。环境与经济综合核算越来越受到重视，它是适应可持续发展战略决策的需要而产生的。

(2) 20 世纪 80 年代后期起，可持续发展思想逐渐由单纯的发展理念进入到发展的实践层面，成为世界各国政府所普遍接纳的新型发展战略。从片面注重经济发展的传统发展战略到强调经济、社会、人口、资源和环境全面协调可持续发展的战略的转变，要求政府的决策思维方式也随之转变，正确、有效的决策必须以全面、准确的信息为基础。

(3) 环境与经济综合核算体系引入的新概念。在国民经济核算基础上，把环境因素全面引入经济核算体系，全面描述经济与环境间的关系，需要在原国民经济核算概念基础上形成新的概念。

14.2.2.2 SEEA 的概念

SEEA（System of Integrated Environmental and Economic Accounting）是 SNA 的卫星账户体系，它通过产品的供给和使用账户、环境保护支出账户、自然资产账户和自然资源实物账户等实现环境经济综合核算，实现绿色 GDP 核算。

14.2.2.3 SEEA 的发展

联合国统计司和环境规划署、欧盟、国际货币基金组织、经济合作与发展组织、世界银行等国际组织在总结这一领域工作经验的基础上，先后发布了 1993SEEA、2000SEEA、2003SEEA 三个版本的环境经济综合核算体系。它们分别标志着 SEEA 发展的不同阶段和对 SNA 核算内容的扩展。

(1) SEEA1993 形成了 SEEA 理论框架的雏形，首次提出采取与 SNA 相一致的方式来系统地核算环境资源的流量和存量。

(2) SEEA2000 主要侧重于将 SEEA 的理论框架推向实践操作。

(3) SEEA2003 主要侧重于通过对世界各国大量应用案例的分析，在对各国的实践成果进行全面总结的基础上讨论SEEA的具体方法和实现方式。

经过10多年的努力，SEEA正在从理论逐步走向实践。

14.2.2.4 SEEA的基本特征

（1）SEEA对传统的资产范围进行了扩展，范围涉及处于机构单位控制下的自然资产、土地、矿产品和森林等，和没有处于机构单位控制下的自然资源，包括海洋和河流中的鱼类资源、热带雨林和其他原始森林、空气等。

（2）SEEA区分了两种类型的环境费用，一类是耗减和降级的虚拟费用，另一类是以环境保护支出形式承担的实际费用。

（3）SEEA资本存量变化，包括传统生产资本的变化、由耗减和降级引起的资本存量的减少，以及自然资产作为经济资产合并后，与生产活动相联系的经济决策引起的自然资产在经济使用中的转移。

（4）SEEA在提出系列估价原则的基础上，主要推荐了市场估价法、维持费估价法和或有估价法。

14.2.2.5 SEEA的基本框架

A 框架的基本内容

在联合国93SNA中，整个核算体系被划分为中心框架和附属框架两大部分。为了克服中心框架内容的局限性，联合国提出了针对某些重要领域建立与中心模式框架不完全统一的附属框架方法的建议，并在93SNA中加以试行。环境与经济综合核算体系（SEEA）就是使用附属账户来描述的。SEEA基本框架见表14-3。

表14-3 SEEA的基本框架

项目	经济活动					环境
	生产1	国外2	最终消费3	经济资产		其他非生产自然资产6
				生产资产4	非生产资产5	
期初资产存量1				$KO_{p.ec}$	$KO_{np.ec}$	
供给2	P	M				
经济使用3	C_i	X	C	I_g		
固定资本消耗4	CFC			−CFC		
国内生产净值5	NDP	$X-M$	C	I		
非生产自然资产的使用6	Use_{np}				$-Use_{np.ec}$	$-Use_{np.env}$
非生产自然资产的其他积累7					$I_{np.ec}$	$-I_{np.env}$
经环境调整后的总量8	EDP	$X-M$	C	$A_{p.ec}$	$A_{np.ec}$	$-A_{np.env}$
资产损益9				$REV_{p.ec}$	$REV_{np.ec}$	
资产物量的其他变化10				$VOL_{p.ec}$	$VOL_{np.ec}$	
期末存量11				$KI_{p.ec}$	$KI_{np.ec}$	

资料来源：联合国国民经济核算体系（United Nations. Integrated Environmental and Economic Accounting，1993，1995，1997）.

B　计算指标

在表14-3中，主要指标有产出（P）、中间消耗（C_i）、固定资本消耗（CFC）、国内生产净值（NDP）、货物与服务的进出口（M与X）、最终消费（C）、资本形成总额（I_g）和资本形成净额（I）。

（1）从生产角度计算绿色国内生产总值（EDP）：

$$EDP = P - C_i - CFC - Use_{np} = NDP - Use_{np} \tag{14-12}$$

Use_{np}反映了当期用于经济过程的自然资产价值的净额。

（2）从使用角度计算绿色国内生产总值（EDP）：

$$EDP = C + (X - M) + (A_{p.ec} + A_{np.ec}) - A_{np.env} \tag{14-13}$$

$A_{p.ec}$为生产资产，与SNA体系中的资本形成I的概念相同。$A_{np.ec}$为经济资产中非生产自然资产的积累，是转移到经济使用的环境资产与经济资产中非生产自然资产的耗减及退化。$-A_{np.env}$为环境资产的减少，是由环境资产的耗减及退化和由于转移到经济使用而减少的环境资产两部分组成。

（3）Use_{np}的计算

$$Use_{np} = (-Use_{np.ec}) + (-Use_{np.env}) \tag{14-14}$$

$-Use_{np.ec}$为经济资产中非生产资产的使用。$-Use_{np.env}$为环境资产的使用，反映由于经济活动而造成的对环境资产的耗减及退化所做的经济估价。Use_{np}反映生产活动对全部非生产自然资产的使用。

（4）$KI_{p.ec}$和$KI_{np.ec}$的计算

$KI_{p.ec}$和$KI_{np.ec}$分别表示期末生产资产和经济资产中非生产自然资产的存量。

$$KI_{p.ec}(\text{期末存量}) = \text{期初存量} + \text{本期变化量} = KO_{p.ec} + A_{p.ec} + REV_{p.ec} + VOL_{p.ec} \tag{14-15}$$

$$KI_{np.ec}(\text{期末存量}) = \text{期初存量} + \text{本期变化量} = KO_{np.ec} + A_{np.ec} + REV_{np.ec} + VOL_{np.ec} \tag{14-16}$$

$KO_{p.ec}$和$KO_{np.ec}$分别表示经济资产中期初的生产资产存量和非生产自然资产的存量。

$REV_{p.ec}$和$REV_{np.ec}$反映因价格变化而引起的生产资产和非生产资产价值的变化。

$VOL_{p.ec}$和$VOL_{np.ec}$反映突发性事件对资产数量其他变化的影响、分类变化对资产数量其他变化的影响以及可培育自然资产的生长等。

14.2.3　绿色国民经济核算账户的构建

自可持续发展战略被国际社会接受以来，许多国家和国际组织一直研究绿色国民经济核算账户等核算理论和方法。目前，绿色GDP的概念主要有联合国统计署（UNSO）提出的绿色国内生产总值（EDP）和世界银行提出的真实储蓄（GS）。

14.2.3.1　绿色国内生产总值（EDP）

绿色国民经济核算账户，需要考察如何对现有SNA中的GDP进行调整，充分反映经济对环境的影响。其计算步骤为：

GDP（1）

固定资产折旧（2）

国内净资产（NDP）(3)＝(1)－(2)

自然资源耗减（4）

环境资源损耗（环境污染损失）(5)

绿色国内生产总值（EDP）(6)＝(3)－(4)－(5)

14.2.3.2 真实储蓄（GS）

A 真实储蓄的计算

1995年，世界银行在研究报告《监测环境进展》中提出了真实储蓄（genuine saving, GS）的概念，考察了一国在自然资源损耗和环境污染损失之后的真实储蓄，可以作为衡量一国国民经济发展状况及其发展潜力的一个新指标。其计算步骤为：

GDP（1）

总消费（2）

货物及服务出口（3）

国内总投资（4）＝(1)－(2)－(3)

经常性教育投资（5）

广义国内总投资（6）＝(4)＋(5)

国外借款（7）

国外借款（8）＝(7)×美元对人民币汇率

总储蓄（9）＝(6)－(8)

固定资产折旧（10）

净储蓄（11）＝(9)－(10)

自然资产损耗（12）

污染损失上限（13）

真实储蓄1（14）＝(11)－(12)－(13)

污染损失下限（15）

真实储蓄2（16）＝(11)－(12)－(15)

总公式，即按照世界银行国民经济绿色核算衡量财富的真实储蓄公式为：

$$G = \mathrm{GNP} - [C + \delta K + n(R - g) + \sigma(e - d)] + m \quad (14\text{-}17)$$

式中，G为真实储蓄；GNP为国民生产总值；C为总消费；δ为人造资本（产品和服务的产值）的折旧率；K为人造资本总量；n为自然资源净边际租金；R为自然资源消耗量；g为自然资源（生物资源）增长量；σ为消除污染的边际社会成本；e为污染排放量；d为污染自净量；m为人力资本投资（经常性教育支出）。这里，$\mathrm{GNP} - C$是传统的国内总储蓄；而$\mathrm{GNP} - C$（消费）$-\delta K$（固定资产折旧）是传统的净储蓄；$n(R-g)$是自然资源价值的损失；$\sigma(e-d)$是环境污染导致的环境资本的损失；m是经常性教育支出，表示人力资本的增量（因来自上代人的投资，所以是增加量而不是传统国民经济核算的消费减少量）。也就是说：

真实储蓄＝国民总储蓄－固定资产折旧－资源耗减和环境降级＋经常性教育经费

＝（国民净储蓄＋经常性教育经费）－资源耗减和环境降级

＝广义净投资－（净借入＋资本转移净获得）－资源耗减和环境降级

(14-18)

B 三种真实储蓄状态的讨论

在公式中当 GNP $- C - \delta K$（ = 当代人的净储蓄） >0 时，才能实现当代人的经济增长；只有当满足下列条件时才构成后代人真实储蓄，才能实现可持续发展。下面分析三种情况：

（1）真实储蓄 >0：即经济较高增长，在满足了为后代人进行的教育投资后，净储蓄超过资源和环境的损失量使真实储蓄大于零时，才是财富的真实增长量，可供后代人发展。这时人造资本 C_m、人力资本 C_h、资源环境资本 C_n（和社会资本 C_s）构成财富总资本的综合状况大于零。这里又有三种情况：一是双高，二是双低，三是一高一低。

1）双高：GNP 高速增长，净储蓄与资源和环境的损失量都较高，但前者刚好超过后者，表明以较大的资源和环境损失换来经济增长。这种可持续发展称为弱可持续发展（若用 Ca 代替人均 GNP 的资本量，它与真实储蓄正相关，即 Ca >0），现在的中国就属于这种情况。根据中科院可持续发展战略课题组牛文元教授计算，中国的高速增长是用生态赤字换取的，扣除这部分损失，纯 GDP 只剩下 78%。根据世界银行 1997 年对中国的统计，每年仅空气和水污染造成的经济损失就高达 540 亿美元，相当于国内生产总值的 3%~8%，而 1997 年我国 GDP 增长仅 8.8%。因此，中国属于弱可持续发展或可能是不可持续发展。

2）双低：即 GNP 低速增长，而资源和环境损失更小使真实储蓄 >0 时，为适中的可持续发展（当 Ca > 其他资本各自的最低限）。例如，法国 2002 年靠 GNP 年增长率 2%，成为适中的可持续发展。

3）一高一低：即经济高速增长，资源和环境的损失较小，使净储蓄和真实储蓄都较大。这种是最好的可持续发展，为强可持续发展（当 Ca > 其他资本的最高限时），发达国家和发展中国家都在努力实现。

（2）真实储蓄 =0：不论经济增长与否也不论低速高速，净储蓄与资源和环境的损失量都基本相等，即净储蓄与资源和环境的损失量相抵消。有关资料显示，我国接近此种情况。

（3）真实储蓄 <0：即经济停滞或负增长，资源和环境损失超过净储蓄，这种情况为不可持续发展。

世界银行给出了世界各国的人均真实财富。从人均财富的分布来看：高收入国家的人均财富在 20 万 ~40 万美元之间，美国、瑞士、加拿大、日本、挪威位于世界前五位，29 个发达国家的财富约占世界财富的 79.6%；中收入国家人均财富在 10 万 ~20 万美元之间，主要是东南亚、南美、中美洲国家，低收入国家人均财富在 5 万美元以下，主要是撒哈拉以南的非洲和多数南亚国家及中国。从人均财富的构成来看：人力资本（除中东外）占总财富的 60%；人造资本占总财富的比重为 15%~30% 不等；自然资本占总财富的5%~20%。由此可以看出，现行的以 GDP 为核心的国民经济核算方法是不合理的，不能真实衡量一个国家真实财富的变化。中国是个特殊的例子，中国人偏好储蓄，虽然水平比较低，而且能源消耗和环境污染的损失较大，但是调整后的真实储蓄率仍高于世界水平。

14.2.4 建立绿色国民经济核算的意义

由于传统国民经济核算存在诸多缺陷，因而需要我们重新考虑被忽略了的约束经济发展的因素，如资源消耗、环境损失以及环境投入等，对传统的 GDP 核算进行调整，建立绿色国民经济核算。其主要意义体现在以下几个方面。

（1）有助于提高人类对资源与环境服务功能的认识。绿色国民经济核算强调资源与环境的价值，将生态作为资产，可以全面认识人类经济增长付出的资源与环境代价，重视资源与环境直接和间接的服务价值，从而树立善待自然的意识，适度开发利用资源并积极地保护治理环境，增加国民财富中的自然资产服务价值，优化国民经济核算的结构。绿色GDP 核算能够提高经济运行过程的质量，推动全社会走可持续发展道路，建立资源节约型、环境友好型社会。

（2）有利于遏制自然资源过度开发和污染物超标排放。从微观看，企业实施绿色会计制度，进行资源与环境的成本核算和项目成本费用分析，可主动地减少资源消耗，降低环境成本，促使其合理开发自然资源，在实现企业利润增长的同时，提高资源综合利用的效率和环境治理水平。从宏观看，绿色国民经济核算，有利于遏制对自然资源的过度开发和污染物的超标排放，推动清洁生产、环保产业和循环经济的发展。有利于在政府产业政策的鼓励下，调整和优化区域产业结构与布局，有利于在资源承载力、环境容量和生态承载力支撑下实现自然财富数量、质量的可持续增长。

（3）有助于实现财富观从经济总量型向社会福利型转变。传统的经济核算侧重于从人造资本或产出资本的财富观出发，利用市场可计量的价格进行核算，以反映经济总量结构和人类可支配财富的变化；而绿色核算侧重于从社会福利的角度出发，综合考虑人造产出成本、人力资本、自然资本和社会资本，按照理论价值去衡量社会福利总量的变化和可持续发展能力的高低。

（4）有助于构建资源节约型和环境友好型社会。社会的发展模式与发展观、发展制度、发展路径和发展效果有关。对于像我国这样的发展中国家尤为重要。从发展模式看，先污染后治理，先浪费后节约的发展模式，曾使发达国家付出了巨大的资源环境代价，这种模式的经济发展质量和社会福利不高，是不和谐的发展；从政府的发展观看，单纯追求GDP 增长，忽视社会效益和生态效益的发展，是不协调的发展；从制度看，还权予公民，施权予自然，使权利向社会和自然倾斜以求得均衡，决定着社会发展的形态是和谐型的还是掠夺型的。所以，构建资源节约型和环境友好型社会，既要算经济账，更要算社会账和生态账。

14.3 中国的绿色国民经济核算

14.3.1 中国绿色国民经济核算的发展历程

中国绿色国民经济核算发展过程可以分为四个阶段。

第一阶段：1952—1984 年，实行计划经济体制的物质产品平衡表体系（MPS）。核算范围涉及农业、工业、建筑业、运输邮电业、商业五大物质生产部门。主要核算指标为国民收入。核算内容涉及社会总产值、国民收入生产积累和消费、国民收入再分配、劳动力资源与分配、主要物资商品产销平衡、综合财政信贷和物质生产部门投入产出表 7 个方面。

第二阶段：1985—1992 年，实行 MPS 体系和 SNA 体系并存。核算范围涉及全部国民经济部门（包括物质生产部门与非物质生产部门）。主要核算指标为国民收入和国内生产总值。核算内容涉及国内生产总值、投入产出表、资金流量、国际收支、人口与劳动力资源平衡、自然资源、主要物资商品产销平衡、企业部门投入表和企业部门产出表9个方面。

第三阶段：1993—2005年，实行SNA体系，核算范围涉及全部国民经济部门。主要核算指标为国内生产总值。核算内容涉及国内生产总值、投入产出表、资金流量、国际收支、资产负债、国民经济循环账户、人口与劳动力资源平衡、自然资源、企业部门投入表和企业部门产出表10个方面。

第四阶段：2005年至今，2005年我国开展了全国十个省市的绿色国民经济核算和污染损失评估调查试点工作。在工作中出现了推行困难、技术与制度安排障碍较大和与传统经济核算衔接难等问题。

14.3.2 中国绿色国民经济核算的基本框架

环境与经济综合核算研究包括实物量核算、价值量核算、环境保护投入产出核算以及经环境调整的GDP核算等内容。中国近期主要开展环境污染实物量、价值量和经环境污染调整的GDP等三项内容的核算，环境保护投入产出核算、生态破坏损失的实物量核算和价值量核算暂不考虑。

14.3.2.1 核算技术路线

（1）污染实物量核算，包括污染物产生量、处理量和排放量。

（2）污染价值量核算，利用污染治理成本法计算实际污染治理成本和虚拟污染治理成本，利用污染损失法计算污染物排放带来的环境退化成本。

（3）计算经环境（虚拟治理成本）调整的GDP，以及虚拟治理成本和环境退化成本占GDP的比例。其中，本框架中将虚拟治理成本占GDP的比例称为污染扣减指数。

14.3.2.2 核算方法

计算治理已排放的污染物需要的花费，在本核算体系中称为虚拟治理成本。通过污染损失估算，计量污染物排放造成环境功能退化所损失的经济价值，在本核算体系中称为环境退化成本。环境退化成本一般是以地域范围来计算的，它对GDP的调整仅限于总量层次，要分解到产生污染排放的各个部门有一定的困难。

14.3.2.3 核算框架

A 环境污染实物量核算

包括各部门和各地区的污染物产生、排放与处理实物量核算，具体包括各地区的水污染实物量核算、大气污染实物量核算、工业固体废物污染实物量核算和城市生活垃圾污染实物量核算，以及各部门的水污染实物量核算、大气污染实物量核算、工业固体废物污染实物量核算等7项内容。地区核算范围包括31个省、市和自治区以及东、中、西部；部门核算范围包括第一产业、第二产业和第三产业，其中，第一产业重点核算种植业、规模化畜禽养殖和农活，第三产业包括公共部门和城市生活。

B 环境污染价值量核算

包括两个部分：（1）对现存经济核算中有关环境污染的货币流量予以核算，主要是对污染物实际治理成本的核算；(2) 估算因污染物排放造成的环境退化成本和污染事故造成的损失成本，主要包括各地区、各部门的水污染价值量核算、大气污染价值量核算、工业固体废物污染价值量核算和污染事故经济损失核算。

C 经环境污染调整的 GDP 核算

将水污染价值量核算、大气污染价值量核算和固体废物污染价值量核算的结果按行业和地区进行汇总，即得到经环境（虚拟治理成本）调整的 GDP 总量。

按以下三个计算公式，分别计算出不同方法下的 EDP：

生产法：EDP = 总产出 - 中间消耗 - 资源环境成本 (14-19)

收入法：EDP = 劳动报酬 + 生产税净额 + 固定资本消耗 + (营业盈余 - 资源环境成本) (14-20)

支出法：EDP = 最终消费 + (资本形成 - 资源环境成本) + 净出口 (14-21)

在 EDP 基础上，将环境成本调整落实到各产业部门，可计算出各产业的“经资源环境因素调整的增加值（EVA）”。

经资源环境因素调整的收入 = EDP + 分配性收入 - 分配性支出
= 国民可支配收入 - 资源环境成本 (14-22)

经资源环境因素调整的储蓄 = 经资源环境因素调整的收入 - 最终消耗
= 国民储蓄 - 资源环境成本 (14-23)

经资源环境因素调整的投资 = 经资源环境因素调整的储蓄 ± 金融净借入或净贷出
= 资本形成总额 - 资源环境成本 (14-24)

14.3.2.4 2005 年绿色国民经济核算试点方案

2005 年我国开展了 10 个省市的绿色国民经济核算和污染损失评估调查试点工作。这 10 个试点省市是北京市、天津市、重庆市、河北省、辽宁省、浙江省、安徽省、四川省、广东省、海南省。试点工作历时 1 年，分 4 个阶段进行：2005 年 1 ~ 3 月为技术准备阶段；2005 年 3 ~ 7 月为调查研究阶段；2005 年 7 ~ 12 月为全面核算阶段；2006 年 1 ~ 2 月为核算总结阶段。

A 基本思路

根据核算的技术路线确定核算的基本思路。

环境污染实物量核算的基本思路：以分地区的环境统计数据总量为主，以分别建立的相应水污染、大气污染和固体废物污染实物量核算模型为辅，建立一套完整有效的环境污染实物量核算方法，对各类污染物的产生、削减（处置）和排放量进行规范化的核算，获得全面的污染实物量数据资料。

环境污染价值量核算的基本思路：污染实际治理成本是指在目前的治理水平下，处理生产和消费过程中所产生废弃物已投入的实际治理成本；环境退化成本是指在目前的治理水平下，生产和消费过程中所排放的污染物对环境造成的实际污染成本。分别采用治理成本法和污染损失成本法核算污染实际治理成本和环境退化成本。

经环境污染调整的 GDP 核算的基本思路：用环境污染价值量核算中的虚拟治理成本去调整传统的国内生产总值（GDP）。

B 核算内容

(1) 环境污染实物量的核算内容。按照部门类别和地区编制污染物实物核算表。反映各类经济活动部门和地区（其中部门分类与国民经济行业分类保持一致，地区分类按区域分为东部、中部和西部，在各区域内再按省（市）分类）在污染介质和污染物两个层次上当期的产生量、处理量以及排放量数据。下面以水污染实物量核算为例，见表14-4。

表14-4　污染物部门实物核算表（水污染）　　××××年度/实物

产业部门	水污染物									废水		
	COD			…			重金属			排放量	排放达标量	排放未达标量
	产生量	去除量	排放量	产生量	去除量	排放量	产生量	去除量	排放量			
第一产业												
种植业												
畜牧业												
农村生活												
小计												
第二产业												
煤炭开采业												
石油天然气开采												
黑色金属矿采选												
有色金属矿采选												
自来水生产供应												
建筑业												
小计												
第三产业												
城市生活												
合计												

资料来源：於方，等．中国绿色国民经济核算体系与方法概论．环境保护，2006（9）：33.

将污染物排放置于经济投入产出表中，形成"经济-环境混合核算表"，见表14-5。

表14-5　经济-环境混合核算表

	产业部门				最终消费	资本形成	净出口	使用总计
	I_1	I_2	I_3	I产业总计	C	CF	X	
I_1 农业、渔业和矿业								
I_2 制造业、电力和建筑业								
I_3 服务业								
I产业总计								
增加值								
投入总计								
自然资源消耗								
矿产资源								
森林资源								
水资源								
…								

续表 14-5

	产业部门				最终消费	资本形成	净出口	使用总计
	I_1	I_2	I_3	I 产业总计	C	CF	X	
污染排放								
废气								
废水								
固体废弃物								

资料来源：朱启贵．绿色国民经济核算论．上海：上海交通大学出版社，2005：266.

（2）环境污染价值量的核算内容。大部分实际污染治理成本采用统计数据，而生活废气、工业固体废物、城市生活垃圾和禽畜养殖废水的实际治理成本，需要通过核算获得，计算实际污染治理成本，即利用污染物处理实物量和污染物治理的单位成本数据。虚拟污染治理成本利用排放实物量数据和单位治理成本，计算为治理未达标排放或已经排放的污染物应该花费的成本。环境退化成本是根据专门的污染损失调查，采用一定的技术方法，确定污染排放对当地环境质量产生影响的货币价值。

（3）经环境污染调整的 GDP 核算内容。用环境污染价值量核算中的虚拟治理成本去调整传统的国内生产总值（GDP），从而得到经虚拟治理成本调整的国内生产总值（EDP），即：EDP = 总产出 − 中间投入 − 虚拟治理成本。同时，计算虚拟治理成本和环境退化成本占 GDP 的比例，见表 14-6。

表 14-6 经环境污染调整的 GDP 核算表

项目	序号	项目	序号
总产出	(1)	污染损失成本	(6)
中间投入	(2)	污染损失成本占国内产出的比例	(7) = (6) ÷ (3)
国内生产总值	(3) = (1) − (2)	生态破坏成本	(8)
虚拟治理成本	(4)	生态破坏成本占国内产出的比例	(9) = (8) ÷ (3)
经虚拟治理成本调整的国内产出 EDP	(5) = (3) − (4)	环境退化成本	(10) = (6) + (8)
		环境退化成本占国内产出的比例	(11) = (10) ÷ (3)

资料来源：於方，等．中国绿色国民经济核算技术体系与方法概论．环境保护，2006（9）：33.

14.3.3 中国绿色 GDP 核算面临的挑战

14.3.3.1 观念方面

（1）对建立绿色 GDP 核算的重要性，基本已形成共识，但仍有一部分相关领导和专家对此认识不足，还没有树立正确的资源环境价值观，在思想上和实际工作中重视程度不够。

（2）由于绿色 GDP 能综合反映国民经济活动的成果与代价，一旦实施绿色 GDP，必将带来以单纯的 GDP 增长为业绩的干部考核体系的重大变革，意味着全新的发展观与政绩观，从而形成诸多阻力。

14.3.3.2 技术方面

（1）自然资产的产权界定及市场定价较为困难。许多自然资产同时具有生产性和非生产性资产的属性，因此，其产权界定非常困难，如森林、湿地、河流。而环境资源产权明晰是实行绿色 GDP 的关键。资源产权不明晰市场交易就难以公平进行，导致交易价格扭曲，资源与环境价值的误差，最终使核算失真。

（2）某些自然资产和自然资产的某些功能看似有价可循，但实际上由于市场机制的缺陷或不完备，其价格会被严重扭曲和低估，如矿产资源价格和水价。

（3）环境成本（资源耗减成本、环境降级成本和对环境造成影响而支出的防治成本总和）是绿色 GDP 核算的基础。但环境成本的计量却是非常困难的事情，这种困难主要来源于环境成本的时间因素、空间因素以及非市场价格问题。

（4）国际上还没有成功的经验可供借鉴。在联合国等国际组织的倡导下，绿色 GDP 核算的理论研究和实践工作都取得了很大进展。但到现在为止，尚没有哪一个国家能够完成全面的环境经济核算，计算出一个全面的绿色 GDP 指标，也没有一个国家以政府的名义正式公布绿色 GDP 统计数据。对绿色 GDP 核算中的价值量核算，由于其估价问题很复杂，操作起来有一定难度，对这些问题，目前国际上也还没有成熟的做法可以借鉴。

14.3.3.3 制度安排

绿色 GDP 的概念提出至今，从理论到实践还没有取得突破性进展，除了绿色 GDP 核算技术与方法的复杂性之外，另一个挑战，就是与绿色 GDP 核算相关的法规制度安排还基本是空白的，需要建立一套绿色的法律保障制度体系。该体系可以归纳为三个方面：一是绿色制度环境，包括绿色资源制度、绿色产权制度、绿色市场制度、绿色产业制度、绿色技术制度等；二是绿色规范制度，包括绿色生产制度、绿色消费制度、绿色贸易制度、绿色包装制度、绿色回收制度等；三是绿色激励制度，包括绿色财政制度、绿色金融制度、绿色税收制度、绿色投资制度等。

14.3.3.4 国家间比较

绿色 GDP 核算虽然困难，但在发达国家还是取得了很大成绩。实施绿色 GDP 的国家很多，主要是欧美发达国家。墨西哥作为发展中国家率先实行了绿色 GDP，印度尼西亚、泰国等发展中国家纷纷效仿墨西哥的做法，也立即开始实施。发展中国家的经验对我国而言，参考价值更为重大。

2004 年 6 月，中国环境规划院等单位举办了国际研讨会，提出了 4 点建议：完善绿色国民经济核算的理论框架和可操作性，为政府决策服务；选择基础良好的地区，加快绿色国民经济核算的试点；开展全国环境污染损失及生态破坏损失的调查，推进自然资源与环境实物的价值核算；充分利用国际经验，整合国内外绿色核算的理论、政策制度，初步建立起与国际接轨的绿色国民经济核算体系。

14.4 国外的绿色国民经济核算

14.4.1 国外绿色国民经济核算发展概况

经济核算专家早就意识到传统国民经济核算体系存在的诸多缺陷，并一直在努力改变这种状况。20 世纪 70 年代中期，美国围绕国民经济核算框架建立了污染防治和控制的估算体系，开创了绿色国民经济核算的先河。随后联合国环境规划署、UNEP、世界银行等机构展开了研究讨论，欧洲部分国家建立了资源的实物核算矩阵，联合国和世界银行在墨西哥、印度尼西亚、泰国、巴布亚几内亚等发展中国家进行了环境经济核算的试点研究。国外绿色 GDP 核算的发展概况见表 14-7。

表 14-7 国外绿色 GDP 经济核算的发展概况

年份	国别、作者或部门	提出的修改主题	基本内容	评价
1971	麻省理工	生态需求指标（ERI）	生态需求指标表达式为：$E=\sum(R_i, P_j)$，式中，E 表示生态需求；R 代表对于资源的需要；P 代表接受废弃物的需要	被学者们认为是 1986 年布伦特兰报告的思想先锋
1972	托宾和威廉诺德豪斯	净经济福利指标（NEW）	将 GDP 总值加上家务活动、社会义工等一类传统上被忽略的经济活动的估算价值，扣掉环境污染、交通堵塞等产生的社会成本	体现社会的净经济福利的内涵
1973	日本政府	净国民福利指标（NEW）	国家制定出每一项污染的允许标准，超过污染标准的，列出治理所需经费。这些治理经费必须从 GDP 中扣除	将环境污染列入考虑之中
1978	法国政府	自然财产账户（NPA）	选择自然资源非常丰富的印度尼西亚为研究对象，按设计的指标进行计算	卫星账户
1981	挪威	自然资源核算	选择自然资源非常丰富的印度尼西亚为研究对象，按设计的指标进行计算	卫星账户
1989	卢佩托	国内生产净值（NDP）	选择自然资源非常丰富的印度尼西亚为研究对象，按设计的指标进行计算	考虑到自然资源的耗损与经济增长之间的关系
1990	戴利和科布	可持续经济福利指标	指标考虑了社会因素所造成的成本损失；更加明晰地区分经济活动中的成本与效益	丰富了可持续的自然和社会的福利内涵
1995	世界银行	真实储蓄和扩展财富指标（GS）	考察了一国在自然资源耗损和环境污染损失之后的真实储蓄	揭示了真实储蓄与资源耗损和环境降级以及教育投入的关系
1996	加拿大 Ree. Wacker-nagel	生态足迹（EFP）	计算在一定的人口和经济规模条件下，维持资源消费和废弃物吸收所必需的生产土地面积	创立了经济增长与环境污染和生态占用的折算关系
1997	Constanza Lubchenco	生态服务指标体系（ESI）	把全球生态系统提供给人类的“生态服务”功能分为 17 种类型，把全球生态系统分为共计 20 个生物群落区	揭示了可持续发展的本质内涵，具有较高的科学价值
1998	日本	广义的资源环境账户体系的理论框架	建立了较为完整的 SEEA 实例体系	运用环境政策研究
近年	欧盟	制定出基于 SEEA 框架的环境经济综合核算欧盟统一模式	包含环境核算的国民经济核算矩阵（NAMEA）	模式已被欧盟成员国普遍采用

资料来源：中国环境生态网．绿色 GDP 研究综述，2008.

14.4.2 主要国家的资源与环境综合核算简介

14.4.2.1 联合国资源与环境综合核算的提出

1983 年，联合国统计署与世界银行环境局以及美国环保局开始合作，开展了环境核算的研究工作。提出在传统的 SNA 中，引入包含环境调整的国内生产净值（EDP）和国内净收入（EDI）的概念，以便更好地核算经济活动带来的环境损失以及剔除环境预防支出费用等。1987 年 10 月，确立了一个由联合国环境署执行主任和世界银行总裁共同领导的，题为《把环境与资源问题纳入发展战略之中》的合作研究项目。该研究项目的中心议题是探索如何实行环境核算，促进可持续发展，初步确立了环境核算与国民经济核算体系的关系，为环境与经济综合核算体系框架的建立奠定了基础。1989 年开始，联合国环境署、统计署与世界银行合作，开展了一项综合性的国际合作研究项目。项目包括环境经济综合核算概念的界定、核算手册的制定；选择有关国家开展个例研究；研究在环境与经济综合核算基础上，将其纳入国民经济核算体系，修改、完善 SNA 国际标准。在研究过程中，提出了《环境卫星账户的 SNA 框架》和《环境与经济综合核算的 SNA 框架》两份项目设计方案。1993 年，联合国公布了新的《国民经济核算体系》（简称 93SNA），第一次将环境核算以附属账户的形式纳入 SNA。它不但成功地继承了以前的核算体系的优点和长处，而且设置了环境与经济综合核算附属体系（SEEA）。SEEA 充分展示了世界国民经济核算发展史上又一次重大创新。1994 年，联合国有关统计机构出版了《综合环境与经济核算》（临时版本），它对各国的环境与经济综合核算研究成果进行了一次较全面性的总结，在此基础上提供了环境与经济综合核算的整体思路和框架。

14.4.2.2 美国的环境与经济一体化核算

A 核算思路

建立环境与经济一体化核算的目的是为制定可持续发展战略提供相应的数据。核算能够为经济和环境间相互作用提供较为完整的描述，帮助经济和环境的管理者分析其成本和收益，为环境专家、经济学家以及其他分析者的工作提供一个通用的框架。

B 结构内容

自 1992 年起，美国商务部经济分析局（BEA）开始分阶段开发环境与经济一体化卫星账户（简称 IEESA）。IEESA 建立在联合国环境与经济综合核算体系（SEEA）及其他国际经验之上，采用卫星框架形式，重点是与市场活动相联系的方面，尤其是经济与环境的交互作用。IEESA 能够充分反映自然资源和环境资源，这些资源被作为国家财富的组成部分，识别来自这些资源的货物服务流量，并测度这些资源对生产的贡献。

C 核算方法

IEESA 基本操作是把自然环境资源按经济核算中的生产资产一样处理，由资产账户和生产账户两方面的内容组成。资产账户和生产账户都以传统经济账户为基础，同时体现 SEEA 内容和形式的改进。IEESA 能够按产业、收入类型和产品描述自然和环境资源的经济贡献。

资产账户中包含的资产为：生产资产和非生产性/环境资产。生产资产包含人造资产和开发的自然资产，其中人造资产为固定资产和存货，开发的自然资产为培育性生物资产、探明的地下资产和开发的土地。非生产性/环境资产包含了非培育的生物资产、未探明的地下资产、未开垦的土地、水和空气。资产账户按时点反映存量或持有量、期初存量和期末存量、一段时间内资产变化的当期流量，即资产净变化总计、资产的折旧、耗减、降级变化、资本形成、资产重估价和其他变化。生产账户反映生产中所使用的自然资源和环境服务（通过耗减和降级项目）、自然环境资产的增加（通过开发自然资源存量和恢复环境资产存量的投资项目）。

14.4.2.3 法国的自然资源核算

A 核算思路

核算具有描述和度量环境资产经济、生态和社会的功能，追踪政策变化的环境后果以及经济的一般趋势。

B 结构内容

法国开始发展设计自然资源账户体系。自然资源以实物单位测算，确定他们的存量和流量。法国设置的自然资源账户把存量同资源利用区分开来。

C 核算方法

根据自然资源核算的原则与方法，建立了森林资源、动植物资源、内陆资源实物量核算的试验性账户。经过几年继续使用账户体系后，将这个体系中的森林资源和水资源部分划归其他核算活动。森林资源账户用于解决地区森林管理争端；水资源账户用于估计水的不同用途的经济价值，包括水中生态系统和其他环境目的等方面，尤其是水污染引起的成本。

14.4.2.4 荷兰的资源与环境核算

A 核算思路

反映所有常规经济总量指标的估计值和环境状况的综合指标，分析全部经济活动对常规政策目标所做的贡献和经济活动对环境的影响，并把这种影响与贡献进行对比分析。

B 结构内容

运用《包含环境账户的国民经济核算矩阵》（NAMEA）体系，简化的《包含环境账户的国民经济核算矩阵》的基本形式所包括的账户有货物与服务、住户消费、生产活动、收入形成、收入分配与使用、资本交易、金融交易、税收账户、对外经济交易、对外资本交易、环境物质账户和环境主题账户。NAMEA 增加了环境物质账户（反映污染环境的主要物质和自然资源）和环境主题账户（反映环境污染带来的主要问题）两个账户，是对常规国民经济核算矩阵的扩展。NAMEA 核算框架包括了广泛的环境信息，尤其是 NAMEA 有机组成部分的供给和使用表，对环保服务（外购的服务和企业内部自产自用的环保服务）进行核算。NAMEA 中包含有按税种设置的税收账户，增强了政策分析功能。

C 核算方法

每年国民核算司和环境统计司都联合编制 NAMEA，目前已拥有一系列可比的时间序列资料。在 NAMEA 体系中，包含了自然资源（原油和天然气）的损耗情况和环境退化问题（温室效应、臭氧层破坏、酸雨、藻类污染、废物和废水）。

14.4.2.5 挪威的自然资源核算

A 核算思路

挪威自 20 世纪 70 年代开始核算工作，是最早开展自然资源核算的国家。他们认识到经济对自然资源的依赖性，自然资源会耗竭。开发建立资源环境统计核算账户和预算，编制包括自然资源、环境状况和环境资源使用与保护建议等内容的年度报告。

B 结构内容

1981 年政府首次公布了“自然资源核算”的数据和报告。1987 年完成了《挪威自然资源核算报告》，将自然资源划分为实物资源和环境资源两大类，并进行实物资源核算。在自然资源核算账户体系中，将自然资源核算分为物质资源核算（林木、矿产、鱼类等）和环境资源核算（空气、绿色植被等）。在物质资源核算中，重要的是设计与国民经济账户相似的账户，分析它们在经济部门中的使用；在环境资源核算中，重要的是收集污染水平和资源使用的信息资料。

C 核算方法

在实物资源核算中，账户包括的实物单位数据主要有存量核算数据和流量核算数据。存量核算包括存量的实物数据和自然储量的描述。流量核算包括开采、转换和贸易及消费核算两部分。不同账户（存量和流量账户）的繁简程度由考察的项目所决定。在挪威资源核算账户中，第一部分“存量核算”反映了存量核算数据，第二部分“开采、转换和贸易”和第三部分“消费核算”反映了流量核算数据。

在环境资源核算中，环境资源账户包括污染水平和资源使用的信息。设立了空气和土壤账户。伴随着经济和社会的发展，公众利益和社会关注重点已逐渐由资源影响向环境影响转移。目前对资源的核算固定集中在能源方面，主要是气、油的使用对空气的污染排放调查。所采用的核算基本方法是利用投入产出模型编制废气排放账户。

14.4.2.6 日本的环境核算

A 核算思路与结构内容

日本首先研究和建立了环境核算体系和相关指标，然后对 1985 ~ 1990 年绿色 GDP 进行估算，主要是考虑扣除地下矿产资源耗减成本、土地使用成本、废水和空气污染成本以及固定资本消耗。从 1991 年起开始研究和建立环境核算体系和相关指标。1993 年起对本国的环境经济核算体系进行了系统的构造性研究。目前，日本已经建立了一个包含实物量和价值量核算的比较全面综合的环境经济核算体系，又称国民环境经济核算矩阵。

B 核算方法

2002 年以来，日本一些大企业通过实施环境会计指南，加强成本与收益的计量。按照环境省《2002 年环境会计指南》要求，越来越多的企业逐步将环保成本分为 7 大类：（1）业务领域成本（在生产经营中产生的环境影响及从事环保作业发生的成本）；（2）上游/下游成本（供应、消费中产生的环境影响成本）；（3）管理活动成本（环境教育、环境管理系统的建立与维持、环境负荷监测等）；（4）研发成本；（5）社会活动成本（改善景观、支持地方环保活动、制作环境公报等）；（6）环境损伤成本（治理污染及自然破坏的费用，支付与环境有关的保证金、罚金、和解金、诉讼费等）；（7）其他成本。各企业在采取环境对策的基础上，用金额计算出环保投资费用及其经济社会效益。

本章小结

本章以国民经济核算体系为基础，概述了经过资源环境核算改进和扩展后形成的环境与经济综合核算体系，并重点介绍了 SEEA2003，分析了目前常用的资源环境核算方法，最后简要介绍了资源环境核算在国内外的应用情况。20 世纪 70 年代以后，世界各国学者、国际组织和政府就一直在对环境经济核算进行着艰辛的理论与实践探索，多年的研究和运用推动了环境经济理论的快速发展。我国虽然在该领域起步较晚，但也对其发展做出了应有的贡献。

习 题

14-1 传统国民经济核算的基本内容和缺陷是什么？

14-2 什么是绿色国民经济核算？建立绿色国民经济核算有什么意义？

14-3 联合国环境与经济综合核算附属账户体系（SEEA）基本特征和基本框架是什么？

14-4 简述中国绿色国民经济核算基本框架的内容。

14-5 简述国外绿色国民经济核算发展概况。

15 循环经济

15.1 循环经济概述

15.1.1 循环经济的产生

循环经济思想最早萌芽于环境保护思潮崛起的时代。20 世纪 60 年代，美国经济学家肯尼思·E·鲍尔丁（Kenneth E. Boulding）提出了“宇宙飞船经济理论”，这是循环经济的雏形。他受当时发射飞船的启发，用来分析地球经济的发展。他认为，飞船是一个孤立无援、与世隔绝的独立系统，靠不断消耗自身原存的资源存在，最终它将因资源的消耗而毁灭。唯一使之延长寿命的方法就是实现飞船内的资源循环，尽可能地少排废物。同理，地球经济系统如同一艘宇宙飞船，只有实现资源的循环再利用，地球才能得以长久存在。“循环经济”的英文“circular economy”最早出现在库伯（T. Cooper）博士 1999 年发表在《可持续产品设计杂志》上的“创造一种为可持续生产设计服务的经济基础设施”一文中。他认为：所有生产过程产生的和最终消费后弃置的废弃物都应该重新用于其他产品或工艺的生产过程中去，并将所有资源均纳入生命周期闭路循环的行为称为“循环经济”。20 世纪 70 年代以前，循环经济思想更多的还是先行者的一种超前性理念。当时各国主要还是关注“末端治理”，即关注污染物产生后如何治理以减少其危害。80 年代后，开始注意到用资源化的方式处理废弃物，但是否应该从生产和消费的源头上防止污染的产生，并没有统一的认识。

20 世纪 70 年代初，以人口、资源、环境为主要内容，讨论人类前途为中心议题的“罗马俱乐部”成立了。随后，这个俱乐部发表了研究成果：《增长的极限》。其主要论点是：人类社会的增长由五种相互影响、相互制约的发展趋势构成。这五种趋势分别是：加速发展的工业化、人口剧增、粮食私有制、不可再生资源枯竭及生态环境日益恶化，这五种趋势都是以指数的形式增长。由于地球资源的有限性，这五种趋势的增长都是有限的。如果一旦超过这个极限，后果就很可能是人类社会突然、不可控制地瓦解。而科学技术只能推迟“危机点”，因此，人口和经济的增长是有限度的，一旦达到它们的极限，增长就会被迫停止。《增长的极限》的最后结论是：人类社会经济的无限增长是不现实的，而等待自然极限来迫使增长停止又是社会难以接受的。

到 20 世纪 90 年代，随着环境的恶化和资源的枯竭以及可持续发展理论的形成，源头预防和全过程控制代替末端治理开始成为各国环境和发展的主流。循环经济思想的概念，如“零排放工厂”、产品生产周期日益完善。为应对当代严重的资源环境问题，人们提出了未来应建立一种以物质闭环流动为特征的经济，这就是循环经济，从而实现环境保护与经济发展的双赢，真正体现代内公平和代际公平这一可持续发展的公平性原则。随着产业生态学理论和可持续发展等理论的提出和实践，标志着循环经济理论初步形成。

15.1.2 循环经济的内涵

目前，循环经济的理论研究正处于发展之中，还没有严格的关于循环经济的定义，一般而言，循环经济（circular economy）一词是对物质闭环流动性经济的简称，以物质闭路循环和能量梯次使用为特征，按照自然生态系统的物质循环和能量流动的方式进行的经济模式。其核心是资源的循环利用和节约，最大限度地提高资源的使用效率，在资源环境方面表现为资源高效利用、污染低，甚至污染“零排放”。所谓循环经济，本质上是一种生态经济。因此人们并没有将循环经济学作为一门独立的学科来研究。有的学者认为，循环经济学要求按生态学规律而不是机械论规律来指导人类的经济活动。

循环经济的内涵可以表述为三个层次：新的发展理念、新的发展模式和新的产业形态。

(1) 循环经济是一种新的发展理念。发展循环经济要体现“节约资源”和“保护环境”的精神，在工业化和城乡建设过程中，重视“从摇篮到摇篮”的生命周期管理。循环经济发展，是坚持以经济建设为中心，将发展作为“第一要务”，用发展的思路解决资源约束和环境污染的重要途径。

(2) 循环经济是一种新的生产方式。循环经济与传统生产方式的根本区别在于：传统的经济增长模式将地球看成是无穷大的取料场和排污场，系统的一端是从地球大量开采自然资源生产：消费产品，另一端是向环境排放大量废物，以“资源—产品—废弃”为表现形式，是一种线性增长模式；这是因为经济活动中的实物流量越大，GDP 就越大。循环经济强调在生产和再生产的各个环节利用一切可以利用的资源，按“物质代谢”和“共生”关系延伸产业链，以“资源—产品—再生资源”为表现形式，是对“大量开采、大量消费、大量废弃”的传统发展模式的根本变革，是可持续的生产方式和消费模式。

(3) 循环经济是一种新的产业形态。循环经济可以通过发展资源节约产业和产品、综合利用产业和产品、废旧物资回收以及环保产业，为经济社会可持续发展提供保障。经济是相对于产业而言的，没有产业也就无所谓经济；不落到产业上，循环经济也就难以持续发展。发展循环经济的核心是“变废物为财富”，提高资源利用效率，从源头减少废弃物排放，实现经济社会发展与资源、环境的协调和良性循环。比如，利用焦炉煤气来发电，既可以增加能源供应，又可以减少废弃物排放，一举两得。从这个意义来说，大力推进循环经济的目的是贯彻以人为本的科学发展观，是建立资源节约型、环境友好型社会的重要途径，是实现我国经济社会可持续发展的重大实践。

“循环经济”这一术语在中国出现于 20 世纪 90 年代中期，学术界在研究过程中已从资源综合利用的角度、环境保护的角度、技术范式的角度、经济形态和增长方式的角度、广义和狭义的角度等不同角度对其作了多种界定。当前，社会上普遍推行的是国家发改委对循环经济的定义：循环经济是一种以资源的高效利用和循环利用为核心，以减量化、再利用、资源化为原则，以低消耗、低排放、高效率为基本特征，符合可持续发展理念的经济增长模式，是对“大量生产、大量消费、大量废弃”的传统增长模式的根本变革。这一定义不仅指出了循环经济的核心、原则、特征，同时也指出了循环经济是符合可持续发展理念的经济增长模式。

与传统的经济相比，循环经济的不同之处在于：传统经济是一种由“资源→产品→废物”单向流动的线性经济，其特征是高开采、低利用、高排放。在这种经济中，人们高强度地把地球上的物质和能源提取出来。然后又把污染物和废物毫无节制地排放到环境中去，对资源的利用是粗放性的和一次性的。线性经济把部分资源持续不断地变成垃圾，以牺牲环境换取经济的增长。循环经济是按照自然生态系统物质循环和能量流动的规律运行的经济模式，按“资源消费→产品→再生资源”闭环型物质流动模式进行，其特征是低开采、高利用、低排放；所有的物质和能源要能在这个不断进行的经济循环中得到合理和持久的利用，把经济活动对环境的影响降低到最小。循环经济和线性经济的比较可见表15-1。

表 15-1　循环经济和线性经济的比较

比较项目	线性经济	循环经济
运动方式	单向流动（资源→产品→废物）	循环流动（资源→产品→再生资源→再生产品）
对资源的利用状况	粗放经营，一次利用	科学经营，循环利用
废物排放及对环境的影响	废物高排放，成本外部化，对环境不友好	废物零或低排放，对环境友好
追求目标	经济利益	经济、环境利益和可持续发展
经济增长方式	数量型增长	内涵型增长
环境治理方式	末端治理	预防为主，全程控制
支持理论	传统经济理论	生态系统理论
评价指标	第一经济指标（GDP、GNP 等）	绿色核算体系（绿色 GDP 等）

15.1.3　循环经济的特征

15.1.3.1　生态环境的弱胁迫性

传统的经济发展方式对于环境生态的依赖性强，从一定程度上导致快速的产业发展会加剧环境的消耗、生态的破坏和环境的污染。而循环经济发展方式将占用更少的资源及生态、环境要素，从而使得快速的经济发展对于资源、生态、环境要素的压力降低。

15.1.3.2　物质流动的多重循环性

循环经济要求把经济活动按照自然生态系统的运行规律和模式，组织成一个“资源—生产—再生资源”的物质反复循环流动的过程，使得整个经济系统以及消费的过程基本上不产生或者只产生很少的废弃物，最大限度地追求废弃物的零排放。其特征是自然资源的低投入、高利用和废弃物的低排放，从根本上消解长期以来环境与发展之间的尖锐冲突。

15.1.3.3　行业行为的高标准性

循环经济要求原料供应、生产流程、企业行为、消费行为等都要符合生态友好、环境友好的要求，从而对于行业行为从原来的单纯的经济标准，转变成经济标准、资源节约标准、生态标准、环境标准并重，并通过有效的制度约束，确保行业行为高标准的实现。

15.1.3.4　产业发展的强持续性

在资源环境的生态要素占用成本不断提升的情况下，循环经济产业的发展将更具备竞争优势。同时由于循环经济企业或行业存在技术进步的内在要素，则会更有效地推进循环型产业的可持续发展。

15.1.3.5 生态、经济和社会利益的统一性

循环经济把经济的发展建立在自然生态规律的基础上，促使大量生产、大量消费和大量废弃的传统工业经济体系转轨为物质的合理使用和不断循环利用的经济体系。在获取等量物质、能量效用的过程中，向自然界索取的资源最小化，向社会提供的效用最大化，向生态环境排放的废弃物趋零化，使生态效益、经济效益、社会效益达到协调统一。

15.1.3.6 产业增长的聚集性

循环经济的发展，将在一定程度上将区域产业结构重组和优化，从而实现资源利用效率高、生态环境胁迫性弱的产业部门的聚集，这将更有效地推进循环经济以及循环型企业的快速、健康发展。

15.1.3.7 经济发展的强带动性

循环型产业的发展对于经济的可持续发展具有带动作用，而且产业之间及内部的关联性也将增强，从而推进了产业协作与和谐发展。例如循环型服务业的发展，将对循环型农业、循环型工业乃至循环型社会的建设与发展产生有效的带动作用，从而提升区域经济竞争力，并有效地推进实现区域经济可持续发展战略的全面实现。

15.2 循环经济原则和理论

15.2.1 循环经济的基本原则

循环经济以“减量化（reduce）、再利用（reuse）、再循环（recycle）”作为其操作准则。简称为“3R”原则。

（1）减量化原则。减量化原则属于输入端方法，主张从源头就有意识地节约资源、提高单位产品的资源利用率。目的是减少进入生产和消费流程的物质量和能量流动，它要求削减有毒物质的生产或排放，降低原材料的使用。这些行为并没有停止耗竭资源和破坏环境，只是减缓破坏速度，使其以更小的增量在更长的时间内进行。“3R”原则中它是节约资源和减少废弃物产生最有效的方法。

（2）再利用原则。再利用原则属于过程性方法，目的是延长产品服务的时间；也就是说人们应尽可能地以多种方式使用人们生产和所购买的物品。如在生产中，制造商可以使用标准尺寸进行设计，使产品和许多元件可以非常容易和便捷地更换，而不必更换整个产品，通过再循环可以防止物品过早地成为垃圾。

（3）再循环原则。再循环（或资源化、再生利用）原则针对的是输出端，是要求通过将废弃物再次变成资源以减少最终处理量。资源化有两种途径：一是原级资源化，即将消费者遗弃的废弃物资源化后形成与原来相同的新产品，例如用废弃纸张生产出再生纸，废玻璃生产成品玻璃等；二是次级资源化，即将废弃物生产成与原来不同类型的产品。一般原级资源化再生比例高，而次级资源化利用再生资源比例低。但该原则不一定能够减少经济活动中物质和能量的流动速度和强度。“3R”原则在循环经济中的作用、地位并不是并列的。循环经济不是简单地通过循环利用使得废弃物资源化，而是强调在优先减少资源

能源消耗和减少废弃物生产的基础上综合利用“3R”原则。该原则的优先顺序是：减量化—再利用—再循环（资源化）。减量化原则优先于再使用原则，再使用原则优先于再循环利用原则，本质上再使用原则和再循环利用原则都是为了减量化原则服务的。

15.2.2　循环经济的理论基础

循环经济理论诞生于20世纪60年代，是传统经济学和现代生态学碰撞、融合，并在可持续发展理念和科学发展观的促进下逐步向前发展的。目前，循环经济的理论还没有完整地形成一个系统的体系，它仍然是多种学科、多重理论交叉的“边缘”理论，它所涉及的基础理论包括可持续发展的基本理论、生态学理论和资源环境经济学的基本理论等。

15.2.2.1　可持续发展的基本理论

可持续发展的系统中，经济可持续性是基础，环境可持续性是条件，社会可持续性才是目的。人类共同追求的应当是以人的发展为中心的经济—环境—社会复合生态系统持续、稳定、健康的发展。可持续发展经济学对循环经济的贡献在于从代际的长远角度出发，分析生态环境资源的真正价值和整体价值，并通过制度分析方法建立可持续发展指标体系，为资源的循环经济利用提供理论体系建设，实现“生态—经济—社会”三维复合系统的发展目标和生态效益、经济效益和社会效益的全面提升。而循环经济的理论价值则仅限于资源的节约高效利用、循环再生利用以及对废弃物的无害处理，亦即资源节约型和环境友好型经济活动方式。由此可见，可持续发展经济学应涵盖循环经济理论。从二者关系来看，可持续发展经济学更强调整体性和价值性，是一个宏观层面的概念；循环经济学则强调结构性和技术性，更侧重于微观层面。所以，可持续发展需要从经济、环境和社会三个角度加以解释才能完整地表述其含义。

（1）可持续发展应当包括“经济的可持续性”，具体而言，是指要求经济体能够连续地提供产品和劳务，使内债和外债控制在可以管理的范围以内，并且要避免对工业和农业生产带来不利的极端的结构性失衡。

（2）可持续发展应当包含“环境的可持续性”，这意味着要求保持稳定的资源基础，避免过度地对资源系统加以利用，维护环境的净化功能和健康的生态系统，并且使得不可再生资源的开发程度控制在使投资能产生足够的代替作用的范围之内。

（3）可持续发展还应该包含“社会的可持续性”，这是指通过分配和机遇的平等、建立医疗和教育保障体系、实现性别的平等、推进政治上的公开性和公众参与性这类机制来保证“社会的可持续发展”。

可持续发展的基本特征可以归纳为以下三点：

（1）可持续发展鼓励经济增长，因为经济增长是国家实力和社会财富的体现。同时，可持续发展不仅重视增长数量，更追求改善质量、提高效益、节约能源、减少废物，改变传统的生产和消费模式，实现清洁生产和文明消费。

（2）可持续发展以保护自然为基础，与资源和环境的承载能力相协调。因此，发展的同时必须保护自然资源与环境，包括控制污染、改善环境质量、保护生命支持系统、保护生物多样性、保持地球生态的完整性、保证以可持续的方式使用可再生资源，使发展保持在地球的承载范围之内。

（3）人类可持续发展要以改善和提高生活质量为目的，与社会进步相适应。当代社会经济发展不可回避的一个事实是世界大多数人口仍然处于半贫困或者贫困状态。可持续发展必须与解决大多数人口的贫困联系在一起。对于发展中国家来说，贫困与不发达是造成资源与环境破坏的基本原因之一。只有消除贫困，才能产生保护和建设环境的能力。世界各国的发展阶段不同，发展的具体目标也不相同，但发展的内涵均应包括改善人类生活质量、提高人类健康水平，并创造一个保障人们平等、自由、教育、人权和免受暴力的社会环境。

15.2.2.2 生态学理论

循环经济是以生态学规律和生态系统的物质运动形式为指导的人类经济模式。循环经济的本质内涵和建构原则是以一系列的生态原理和规则为依据的，是经济学和生态学的辩证结合。世界观察研究所的莱斯特·布朗指出："经济必须归属于生态这个理念，似乎许多人，包括为政治或商业领导人做顾问的经济学家都会感到太激进。但是越来越多的证据显示，这是与实际结合的独一无二的认识。"根据生态学原理，生态系统有三大规律，即整体互动规律、协调共生规律和循环再生规律。其基本思想如下：

（1）整体互动规律即生物与环境相互作用。生态系统中生物与环境是相互作用、相互影响、相互依存的有机整体，生物依赖于环境，即环境塑造生物，而生物的生长发育也改变着环境，改变了的环境又反作用于生物，这就是生物与环境间的生态关系。它不仅表现在各种物种之间，而且表现在生物与环境的各种因素之间的作用与反作用。

（2）协调共生规律即相互依存与相互制约，反映了生物间的协调关系，是构成生物群落的基础。具有相同或不同的生理、生态特性的生物，占据了各自相适宜的生态位，构成生物群落或生态系统。这种关系的具体表现是通过食物链与食物网实现的，即每一种生物在食物链网中都占据一定的位置，并具有特定的作用，各物种之间相互依赖、彼此制约、协同进化。

（3）生态系统物质循环、转化和再生规律。它使生命系统的保持和进化成为可能。生态系统中，植物、动物、微生物体借助能量的不断流动，一方面不断地从自然界摄取物质并合成新物质，另一方面使有机体又随时被分解为原来的简单物质，即所谓的"再生"，重新被植物所吸收，进行着不停顿的物质循环，出此要严格防止有毒物质进入生态系统，以免有毒物质经过多次循环后富集到危及人类的程度。

上述生态系统规律的作用使生态系统成为适应的系统、反馈的系统和循环再生的系统，因而生态系统不仅具有稳态机制，形成它的动态平衡发展，而且导致生态系统的发育和进化使它成为演变着的系统。

15.2.2.3 资源环境经济学理论

资源环境经济学主要运用经济学中的产权理论和资源跨期配置理论研究环境（资源）的最优污染（耗竭）问题。其对循环经济学的主要贡献有：一是对经济学的基本出发点"理性人"提出了质疑，这为循环经济理论提供了科学的依据；二是环境经济学利用市场机制将环境成本纳入物品价格体系之中，为循环经济的整体产品概念，即外部效应的内部化提供了研究参考。但是环境经济学理论研究只是涉及了循环经济理论研究的部分基础和经济手段的理论应用。从理论基础和基本分析方法看，环境经济学仍以一般经济学分析方法为主，而生态经济学突破了新古典的主观偏好判断的市场价格理论，强调以物质流分析和价值分析取代福利分析和均衡分析。因而，从经济学的演进过程可以看出，从逻辑起点、理论基础和基本分析方法看，环境经济学是经济学的分支科学，是传统经济学框架内的理论改进。

资源环境经济学的局限是不能对循环经济提供解释的理由，一是资源环境经济学主要涉及经济过程的污染输出端，而没有涉及物质在整个经济过程的流动；二是资源环境经济学没有把自然资本看作是经济过程的内在变量，因此从研究范畴上仍然归属于新古典经济学；三是资源环境经济学虽然可以通过外部成本的内部化提高微观过程的效率，但却不能解决多个微观过程叠加的宏观污染规模问题。

15.3 循环经济的运行模式

15.3.1 企业层次的循环经济：清洁生产

体现企业层次循环经济的具体实施方式是企业的清洁生产。循环经济在企业层次的实施就是以单个企业内部的物质和能量的微观循环作为主体的企业内部循环经济产业体系。它是以清洁生产为导向的工业，利用循环经济的思想来设计生产体系和生产流程，促进本企业内部在原材料和能源方面的循环利用，从而在企业内推行清洁生产工艺、废料回收生产技术和污染零排放的生产全过程控制，全面发展节能、节水、降耗的现代化新型工艺，以达到少排放甚至零排放的环境保护目标。

清洁生产使得自然资源和能源利用合理化、经济效益最大化、对人类和环境的危害最小化。通过不断提高生产效益，以最小的原材料和能源消耗，生产尽可能多的产品，提供尽可能多的服务，降低成本，增加产品和服务的附加值，以获取尽可能大的经济效益，把生产活动和预期的产品消费活动对环境的负面影响减至最小。主要内容包括以下 4 个方面：

(1) 清洁的能源。在清洁生产中使用的能源物质尽量是可再生能源，如太阳能、水能、风能、生物质能和地热能等；或者在清洁生产过程中对于不可再生能源的使用也要做到清洁利用，例如，对煤源的清洁开发、开采及使用。

(2) 清洁的原材料。在清洁生产过程中提倡使用无毒、低毒原材料。清洁生产的主要活动之一就是削减有毒物品的使用，这也是目前清洁生产的重要部分。

(3) 清洁的生产过程。在清洁生产过程中要尽量减少使用或者不用有毒有害的原料；采用无毒、无害的中间产品；选用少废、无废工艺和高效设备；尽量减少生产过程中的各种危险性因素，如高温、高压等；采用可靠和简单的生产操作和控制方法；对物料进行内部循环利用；完善生产管理，不断提高科学管理水平。

(4) 清洁的产品。在清洁生产中产品的设计应充分考虑节约原材料和能源，尽量减少使用昂贵和稀缺的原料；产品在使用过程中以及使用后不含危害人体健康和破坏生态环境的物质；产品的包装合理；产品使用后易于回收、重复使用和再生；使用寿命和使用功能合理。

15.3.2 园区层次的循环经济：生态产业园

生态产业园区是循环经济在区域层面的实践模式，是依据循环经济理念和产业生态学原理设计建立的一种新型产业空间形态。通过各个组团之间的交通网络衔接、环境保护协调、地区资源共享和功能互补等，使不同企业之间形成共享资源和互换副产品的产业共生组合，使上游生产的废物成为下游生产过程中的原料，实现综合利用，达到相互间资源的最优化配置，从而使经济发展和环境保护走上良性循环的轨道。

生态产业园是一个由制造企业和服务业企业组成的群落。它通过管理包括能源、水和材料这些基本要素在内的环境与资源方面的合作来实现生态环境与经济的双重优化和协调发展，最终使该企业群落寻求一种比每个公司实现的个体效益总和还要大得多的群体效益。简言之，生态产业园区的目标就是要改善参与公司的经济表现，同时最大限度地减少其对环境的影响。

生态产业园的特征主要表现在：（1）具有明确的主题，但不只是围绕单一的主题设计、运行，在设计产业园区的同时，考虑了社区要求。（2）通过毒物替代、二氧化碳吸收、材料交换和废物统一处理来减少环境影响或生态破坏，但生态产业园不单纯是环境技术公司或绿色产品公司的集合。(3）拥有规范体系，允许一定灵活性，而且鼓励成员适应整体运行目标。(4）在生态产业园区定位的社区以供求关系形成网络，而不是单一的副产品或废物交换模式或交换网络。(5）通过共生和层叠实现能量效率的最大化。(6）具有环境基础设施，企业、园区和整个社区的环境状况得到持续改善。(7）通过回用、再生和循环对材料进行可持续利用。（8）应用便于能量和物质在密封管线内活动的信息管理系统。(9）应用减废减污的经济型设备。（10）准确定位生态产业园区以及其成员的市场，同时吸引那些能填补适当位置和开展其他业务环节的企业。

生态产业园是依据循环经济理论和产业生态学原理设计而成的一种新型工业组织形态。它是通过模拟自然系统建立工业系统中“生产者—消费者—分解者”的循环途径，实现物质闭路循环和能量多级利用，达到经济与环境双赢的目的。

15.3.3 区域层次的循环经济：生态城市

构建循环经济模式的终极目标是建成可持续发展的循环型社会，而生态城市是循环型社会的基本单元。任何城市区域都是国家生态经济社会复合大系统的一个局部子系统，其系统功能完善与否，既关系到国家乃至全球循环型社会的功能完善，又直接影响着和关联着区域内企业小循环系统和产业园区中循环系统的功能完善。

生态城市是一个经济高度发达、社会繁荣昌盛、人民安居乐业、生态良性循环四者保持高度和谐，城市环境及人居环境清洁、优美、舒适、安全，失业率低、社会保障体系完善，高新技术占主导地位，技术与自然达到充分融合，最大限度地发挥人的创造力和生产力，有利于提高城市文明程度的稳定、协调、持续发展的人工复合生态系统，蕴涵社会、经济、自然协调发展和整体生态化的人工复合生态系统。创建生态城市的标准要从社会生态、自然生态和经济生态三个方面来确定。社会生态的原则是以人为本，满足人的各种物质和精神方面的需求，创造自由、平等、公正和稳定的社会环境；经济生态原则保护和合理利用一切自然资源和能源，提高资源的再生和利用率，实现资源的高效利用，采用可持续生产、消费、交通、居住区发展模式；自然生态原则给自然生态以最大限度的保护，使开发建设活动一方面保持在自然环境所允许的承载能力内，另一方面减少对自然环境的消极影响，增强其健康性。生态城市应满足以下八项标准：（1）广泛应用生态学原理规划建设城市，城市结构合理、功能协调；(2) 保护并高效利用一切自然资源与能源，产业结构合理，实现清洁生产；(3) 采用可持续的消费发展模式，物质、能量循环利用率高；(4) 有完善的社会设施和基础设施，生活质量高；(5) 人工环境与自然环境有机结合，环境质量高；(6) 保护和继承文化遗产，尊重居民的各种文化和生活特性；(7) 居民的身心健康，有自觉的生态意识和环境道德观念；(8) 建立完善的、动态的生态调控管理与决策系统。

15.4 循环经济评价指标体系

循环经济评价指标体系是由一系列相互联系、相互制约的指标组成的科学的、完整的总体，它应反映出所要解决问题的各项目标要求。建立循环经济的评价指标体系主要有以下几个主要作用：一是通过评价体系，构建评估信息系统，对某一区域的循环经济发展状况进行评估，为管理决策提供依据；二是通过定量评价某一区域循环经济发展的总体水平，监测和揭示该区域发展中矛盾和问题产生的原因，以便采取对策，促进本地区的发展；三是利用评价体系引导当地政府完成其自身的发展规划和目标；四是进行国际间、地区间、城市间循环经济发展水平的评价和比较，从比较中发现差距和薄弱环节，并分析落后的原因；进行区域发展趋势的分析，利用预测手段制定本区域的发展战略规划，以进行有效的宏观管理。建立循环经济的评价指标体系应以循环经济的原则为基础，而且要结合所描述对象的特点，形成能够定量评价所描述对象发展过程的指标集合。并且这些指标集合是不同侧面、不同层次有关指标的有机组合，而不是指标的简单拼凑和堆砌，是一种复杂系统的多指标综合评价。

循环经济的评价指标体系，包括评价资源利用的效率和效益、废弃物的产生量和最终处置量、废弃物的再利用和资源化。我国的循环经济指标体系应包括以下几方面指标。

15.4.1 资源利用的评价指标

资源利用的评价指标主要包括资源消费总量、人均资源消费量、资源消费强度、资源生产率等。

15.4.1.1 资源生产率

资源生产率定义为单位资源投入创造的产出，是资源消费强度的倒数，是指单位资源投入量所创造的 GDP。提高资源生产率意味着，创造出相同的国内生产总值只需消耗较少的资源；减少资源投入，降低生产的原材料成本，提高经济效益，相应地减少废弃物的产生量。

资源消费总量。资源消费总量可以表示为某一种资源（如石油、钢铁等）、某一类资源（如能源、矿产资源），或各类资源综合的消费总量。

人均资源消费量，可以表示为某一种资源、某一类资源，或各类资源综合的人均消费量。人均直接物质投入即表示为一国人均资源综合的消费量。

资源消费强度。资源消费强度系指单位社会经济指标的资源消费量，大多以创造单位 GDP 所投入的资源量来表示，可以用于国际比较。即：

$$资源综合消费强度 = 直接物质投入量/GDP$$

国际上还经常采用GDP的能耗强度、GDP的水消耗强度等指标，表示创造单位GDP的能源消费量、水资源消费量等某一种资源的消费强度。资源消费强度是一种表示资源利用经济效益的指标，资源消费强度与产业结构、产品结构，以及资源利用效率等因素有关，例如生产单位重量产品的能耗、材耗等。

15.4.1.2 资源循环利用指标

资源再利用率定义为废弃物再利用的资源占直接投入资源的比例。废弃物的循环利用包括了废弃物的再利用和废弃物的资源化再利用。

物质平均使用周期，为废弃物再利用的评价指标。物质平均使用周期是指，从资源作为直接物质投入进入到社会经济活动边界内，直到作为废弃物离开社会经济活动边界为止的年限。物质平均使用周期是衡量资源利用效益的重要因素，延长物质平均使用周期可有效地提高资源的利用效益。目前我国建筑物和基础设施经常拆了又建，建了又拆，使用年限较短，资源浪费很大。物质平均使用周期可以表达为物质资产存量年淘汰率的倒数，即

$$物质平均使用周期(年)=1/物质资产存量年淘汰率(年^{-1})$$

其中，物质废弃物年产生量为物质加工和消费过程废弃物年产生量，以及物质资产存量年淘汰量之和，物质年新投入量即为物质年表观消费量。这两组时间序列数据可以从统计中获得，通过对上述的关系式进行最小二乘法处理，可求得物质资产存量的年淘汰率，再由物质资产存量的年淘汰率取倒数，即可得到物质平均使用周期。

15.4.2 废弃物资源化及环境影响指标

15.4.2.1 废弃物资源化再利用的评价指标

废弃物资源化再利用的评价指标可采用如下两类指标。

（1）废弃物回收利用率：废弃物资源化利用量/废弃物产生量

废弃物回收利用率为废弃物资源化利用量占废弃物产生量的比例。实际上，废弃物回收利用率包括了废弃物回收率和回收废弃物的资源化利用率两项指标。废弃物回收率是指回收的废弃物占废弃物产生量的比重，表示了废弃物回收工作的成效；另一项指标是废弃物资源化利用量占回收废弃物的比重。废弃物产生量有时难于从统计表中获得，而废弃物回收量是可能由统计获得的。

（2）资源循环利用率：废弃物资源化利用量/直接物质投入量

废弃物回收利用率和资源循环利用率两类指标可用于一种物质、一类物质或各类物质的总和。对于我国而言，更要关注能源资源、铁、铜、铝、森林资源和造纸原料等的循环利用。需要对这些物质建立资源再利用的指标，如钢铁物质的回收利用率和循环利用率等。

此外，废弃物焚烧处理时，还可以通过发电、蒸汽、热水利用等进行热能回收，但只占很少比例。

15.4.2.2 废弃物排放量及最终处置

废弃物排放量是用MFA中的国内过程产出量为评价指标。最终处置的废弃物是指废弃物经过资源化再利用后剩余的需要加以填埋处置的废弃物。此外，还需要进行环境承受

废弃物能力的评价。

15.4.2.3 其他指标

(1) 福利指标。由于传统经济福利测算指标 GDP 存在严重的缺陷，研究人员开始探讨新的反映发展的持续性指标。1991 年 Pearce 针对自然资产和人造资产处理的不同，将发展分为强可持续性和弱可持续性两大类。其中反映弱可持续性的指标有绿色国内生产总值、经济福利持续指标（ISEW）、真实发展过程指数（GPI）；反映强可持续性的指标有生态足迹（EF）等。从系统研究分析的角度出发，1993 年美国为在国民经济的核算体系中反映环境信息建立了资源环境经济整合账户体系（SEEA），日本科学家于 1998 年提出了广义的资源环境账户体系的理论框架（CSEEA），为解决经济和生态问题的耦合提供了方法依据。

(2) 人类发展指标（HDI）。这是联合国和世界银行在人类发展报告中使用的指数，由三个衡量指标的简单平均数构成，这三个指标是收入、寿命和教育。收入通过人均国民生产总值购买力平价来测算；寿命即平均预期寿命；教育则通过成人识字率（2/3 权数）和小学、中学、大学综合入学率（1/3 权数）的加权平均数来测量，每个指标最低值和最高值确定如下：人均国民生产总值 100 ~ 4000；预期寿命 25 ~ 85 岁；综合入学率 0 ~ 100%；人类发展指数是以最低值到最高值的差距百分比计算的。HDI 大于 0.800，称为高人类发展水平；HDI 介于 0.800 ~ 0.650 之间，称为上中等人类发展水平；HDI 介于 0.650 ~ 0.500 之间，称为下中等人类发展水平；HDI 小于 0.500，称为低人类发展水平。

人类发展指数（HDI）是综合的价值观，超越了经济方面，在经济与道德、效率与公平、工具与目的、眼前与长远、局部与全局的关系上，力图沟通、平衡与和谐。著名发展经济学家，1998 年诺贝尔经济学奖获得者阿马蒂亚·森说："人类发展报告所造就的具有标志意义的人类发展指数（HDI），与 GNP 相得益彰，作为一种可供选择的发展度量标准，已取得相当的成功。"它基于三个不同的组成部分——寿命指标、教育指标和人均收入指标。它不像 GNP 那样仅注重于经济的富裕程度。HDI 大大提高了公众对社会发展评价的注意力。HDI 不仅是对 GNP 的改进，或至少是对 GNP 的有益补充，而且会提高公众对人类发展报告中其他变量的兴趣。

(3) 可持续发展指标。许多国际机构（如联合国可持续发展委员会、世界银行、亚太经社理事会等）、非政府组织（环境问题科学委员会、世界自然资源保护同盟等）、一些国家（英国、荷兰、加拿大等）以及一些企业都开展了这方面的工作，提出了各自的指标体系。按照指标浓缩信息的程度，指标体系可以划分为以下不同的类型。

单个指标。单个指标系列侧重于对基本情况的描述，以指标的大型列表或菜单为特征，每个指标对数据的综合程度较低，故指标数量较多。如联合国可持续发展委员会（UNCSD）的可持续发展指标体系有 134 个指标，目前引用较广泛。英国的可持续发展指标体系有 144 个。此类指标数目过多，在评价可持续发展进展与决策时存在一定困难。

专题指标。专题指标是选择具有代表性的专题领域制定出相应的指标。目前，一些国家倾向于根据环境政策行为涉及的主要问题建立起较小型的专题指标系列，在每个专题中对有关信息做出一定程度的综合分析。典型代表有荷兰、北欧国家和加拿大等的指标体系。

系统化指标。系统化指标是指在一个确定的研究框架中，对大量有关信息加以综合与集成，从而形成一个具有明确含义的指标。系统化指标对于信息的集合程度最高，类似于指数。但是，它并不是对低层次的同类指标进行简单加权所得出的，其目标在于针对一个复杂系统，识别出潜在的问题加以进一步分析，以找出该问题的精确特性并予以解决。

国家计委国土开发与地区经济研究所按照社会发展、经济发展、资源和环境4个领域分别列举了重点指标，还应用ECCO（evolution of capital creation options）方法模拟运行，得出一系列非货币指标，从总体上构成可持续发展的指标体系。

根据国内已有研究成果，考虑资源利用效率、环境友好以及社会经济效益等方面的因素，本书根据江苏省、贵阳市等循环经济规划中采用的指标，汇总了循环经济的评价指标体系，见表15-2。

表15-2 循环经济评价指标体系

类别	指标	单位
资源效率指标	单位GDP能耗	吨标煤/万元
	清洁能源比率	%（终端能源消费）
	单位GDP水耗	m^3/万元
	单位GDP物耗	t/万元
	工业用水重复利用率	%
	畜禽粪便综合利用率	%
	秸秆综合利用率	%
	城市垃圾分类收集率	%
环境影响指标	化肥农药使用强度	kg/km^2
	单位GDP的COD排放强度	kg/万元
	单位GDP的SO_2排放强度	kg/万元
	新增万元工业产值固体废弃物排放	t/万元
	工业固体废弃物综合利用率	%
	城市气化率	%
	城镇生活污水集中处理率	%
	城镇生活垃圾无害化处理率	%
	城镇生活垃圾资源化利用率	%
社会进步	城镇人均公共绿地面积	m^2/人
	森林覆盖率	%
	年人均GDP	元/人
	城镇居民年均可支配收入	元/人
	农民年人均收入	元/人
	人口自然增长率	%
	人均寿命	a
	人均居住建筑面积	m^2/人
	城镇居民失业率（登记失业率）	%
	恩格尔系数	%
	受教育年限	a

15.5　循环经济实例

玖龙纸业通过废纸回收发展循环经济的方法和成果

一、公司简介

玖龙纸业（控股）有限公司（股份编号：2689）成立于1995年，按产能计算，为中国最大的箱板原纸产品生产商，也是全球最大的箱板原纸产品生产商之一。玖龙纸业及其附属公司主要生产卡纸（包括牛卡纸、环保牛卡纸及白面牛卡纸）、高强瓦楞芯纸，以及涂布灰底白板纸。其业务模式有助其成为一站式生产商，生产一系列优质的包装用纸产品。玖龙纸业的造纸机目前分别位于广东省东莞市及江苏省太仓市。公司的第三个及第四个生产基地分别位于重庆及天津，于2008年中及2009年建成启用。业务覆盖珠江三角洲、长江流域、中国中西部及北部。此外，集团也透过一家位于内蒙古的合资企业从事本色牛皮纸浆的生产业务。玖龙纸业在2006年3月3日于香港联交所主板成功上市。

二、玖龙纸业发展循环经济的思路

对纸业的创办人张茵而言，是“废纸就是森林”这句话帮她打开了财富大门，也是这句话，成为玖龙纸业把发展循环经济当做企业发展的最初起点。

“废纸就是森林”这句话为张茵指明了事业发展的方向，张茵就由此而加入了“收破烂”的行当。短短几年内，张茵的生意在中国香港迅速发展。通过将收购来的废纸进行回收利用，张茵建立起了自己的纸行和打包厂。随着事业的发展，中国香港作为一个小岛，能提供的废纸已经不够张茵用了。因此，到了1990年2月，张茵来到了全球造纸业最发达的国家之一美国，与丈夫刘名中共同成立了美国中南控股公司，继续从事废纸回收业务。

玖龙纸业从成立以来，一直坚持“没有环保，就没有造纸”的理念。对环保费用的投入高。并且基本上都是从一开始建设就投入。一般情况下，环保费用占整个项目投入的比例，平均在2%~3%左右。

三、玖龙纸业发展循环经济的行为

1. 玖龙纸业奉行环保作业守则以及执行高度的环保标准，不仅履行了对社会的责任，而且也通过节约能源达到营运共用的效益，大大降低因企业营运对环境造成影响而产生环保法律及法规下的责任所带来的风险。

企业的一套营运系统于研创产品时就纳入了环保概念，以体现环保造纸的效益。比如，玖龙纸业在生产过程中大量采用废纸。同时，企业也循环使用制造卡纸所产生的零碎纤维副产品，并将其与制造高强瓦楞芯纸的原材料配合使用。

玖龙纸业设立了特定环保部门来制定认可的环保系统，管理多种废物处理，包括污水处理、废气排放、固体废物处置及噪声污染控制。并通过引入高标准的环保设备及技术，以及实施有效的环境管理、ISO 14001认证，达到国际认可的环境管理标准。这样，玖龙纸业就从研创产品开始，到生产过程建立了一套全面而系统的循环体制。该企业各厂房均建立起了一套全面而系统的循环体制。

2. 投资污水处理系统

清洁水源是重要的自然资源，也是纸张生产过程的重要元素。有效地控制或减少造纸企业对水的污染，形成水的良性循环，是造纸企业开展循环经济的首要事情。

玖龙纸业在东莞基地和太仓基地兴建污水处理设施，采用尖端的自动化程控逻辑控制器（PLC）系统，并设有网上监察设备系统，以监察污水排放。同时，玖龙纸业在东莞基地和太仓基地设置循环节约用水和蓄水系统，让企业适应不同生产线的水质要求，更有效地节约用水，大量减少各生产线的耗水量。例如，制造涂布灰底白板纸的用水，经过处理后会循环再用于高强瓦楞芯纸生产线，最后再经处理后才排放。该企业的造纸过程中，每吨包装原纸的耗水量（包括经处理及循环再用水），视乎产品类别，约为6~15t。这水平低于中国国家标准化管理委员会颁布的造纸产品取耗水量标准最少一半或以上。玖龙纸业对水的处理比较成功，经过环保处理的水还可以养鱼。

表 15-3　玖龙纸业处理前后水质参数对照

项　目	处理前水质参数	处理后水质参数	广东省地方一类Ⅱ时段排放达标值
$COD_{CR}/mg\cdot L^{-1}$	2500	<100	≤100
$BOD5/mg\cdot L^{-1}$	1000	<20	≤20
$SS/mg\cdot L^{-1}$	2000	<70	≤70
pH	6~9	6~9	6~9

3. 投资废气排放处理

废气容易对造纸企业生产附近的居民产生直接的影响，也是造纸企业应该重视的问题。在废气处理方面，玖龙纸业采用半干法脱硫和湿法脱硫。在东莞基地设有一座循环硫化床垃圾焚烧锅炉，每年可焚烧废料87500t，并生产315000t蒸汽。同时，为尽量利用废料，集团在东莞基地从污水中收集固体废料焚烧。循环硫化床垃圾焚烧锅炉可有效焚烧多种不同的低级燃料（包括淤泥），加上废气排放量低，因此既具效益亦能保护环境。玖龙纸业是中国少数采用此类垃圾焚烧炉的造纸企业。在太仓基地，企业处置固体废料的方法是使用固体废料生产再造托盘。另外，企业位于东莞基地和太仓基地的燃煤发电厂均设有高效微粒过滤和脱硫设备，使其发电厂的排放水平远优于中国监管规定的排放水平。

表 15-4　玖龙纸业的排污参数对比

项目	单位	中国环保达标值	玖龙纸业指标	处理前参数		处理后平均参数	
				2006 年	2007 年	2006 年	2007 年
COD_{CR}	mg/L	≤100	80	2500	2500	<100	80
BOD5	mg/L	≤20	20	1000	1000	<20	10
SS	mg/L	≤70	30	2000	2000	<70	28
pH		6~9	6~9	6~9	6~9	6~9	6~9
SO_2	mg/m^3	≤400	100	2360	2520	<55	60
Dust	mg/m^3	≤50	50	24600	25400	<29	30
NO_x	mg/m^3	≤450	450	—	—	<356	339

4. 投资固体废物处理

造纸业排放的一些固体废物，不仅会占用场地，而且遇水后还容易污染地下水资源。而噪声如果不加处理，也会严重影响工作人员和附近居民的生活质量。因此，造纸企业对固体废物和噪声污染的处理态度，也是不容忽视的。玖龙纸业的固体废物主要包括纸浆残渣、薄渣及淤泥。企业已兴建一座焚化炉，每日可处理300t废料，并将增添2座焚化炉，基本达到自主处理所有造纸废物的目标，避免对社会环保构成压力。两座焚化炉完成后，每台每日各可处理废料量约600t。两座焚化炉均采用先进的废气处理设备及布袋过滤器除尘，并已在过滤器上装设网上自控监察器。玖龙纸业从未被指重大违反任何环保法律或法规，或须就此支付任何罚款。企业严格遵守环保法律及法规的良好记录，是其以往取得扩展项目监管批文的正面因素之一。

本章小结

循环经济是建设节约型社会的一条主要途径。作为一种新型的经济运行模式，它要求经济活动的减量化、再循环和再利用。本章主要论述了循环经济的含义和特征、循环经济的基本理论、循环经济的原则、循环经济模式和评价指标体系。

习　题

15-1　简述循环经济的含义、主要特征。

15-2　循环经济与资源与环境经济学的关系是什么？

15-3　循环经济的3R原则是什么？

15-4　为什么要建立循环经济评价指标体系？

15-5　简述循环经济评价指标体系的内容。

16 环境与贸易

16.1 国际贸易基本内容

国际贸易是指世界各个国家（或地区）在商品和劳务等方面进行的交换活动。它是各国（或地区）在国际分工的基础上相互联系的主要形式，反映了世界各国（或地区）在经济上的相互依赖关系，是由各国对外贸易的总和构成的。从一个国家的角度看国际贸易就是对外贸易（foreign trade）区别“对外贸易”概念的定义。

一种观点：有的专家认为从某种角度，对外贸易或国际贸易都是指世界各国之间商品、服务和要求交换的活动，国际贸易是各国之间分工的表现形式，反映了世界各国在经济上的相互共存。从国家角度可称为对外贸易；从国际角度可称为国际贸易。

另一种观点：对外贸易是指一国（或地区）同其他国家（或地区）所进行的商品、技术和服务的交换活动。因此，提到对外贸易时要指明特定的国家。如中国的对外贸易等；某些岛国如英国、日本等也称对外贸易为海外贸易。

国际贸易地理方向亦称“国际贸易地区分布”，用以表明世界各洲、各国或各个区域集团在国际贸易中所占的地位。计算各国在国际贸易中的比重，既可以计算各国的进出口额在世界进出口总额中的比重，也可以计算各国的进出口总量在国际贸易总量（世界进出口总额）中的比重。由于对外贸易是一国与别国之间发生的商品交换，因此，把对外贸易按商品分类和按国家分类结合起来分析研究，即把商品结构和地理方向的研究结合起来，可以查明一国出口中不同类别商品的去向和进口中不同类别商品的来源，具有重要意义。

国际贸易作为世界各国联结社会生产和社会消费的桥梁和纽带，尤其是在联结国内生产与国外消费和国外生产与国内消费方面处于特殊的地位。其作用表现在以下四个方面：

（1）国际贸易是世界各国参与国际分工，实现社会再生产顺利进行的重要手段。在国际经济联系日益紧密的今天，由于各国的自然条件、生产力水平、经济结构、科学技术水平及管理水平等方面的差异，以及历史和社会等多方面的原因，使得有些国家的某些商品的生产条件不利，劳动耗费较多。此外，任何一个国家也不可能生产自己所需要的一切物品，同时也不可能完全消费自己所生产的一切物品。这些矛盾只能通过各国参与国际分工、实现相互间的商品交换加以解决。通过参与国际分工，使各国可以更充分地利用各国的生产力优势、资金优势以及资源优势，发展那些在本国条件下相对优越的产品部门，从而节约社会劳动时间，促进本国经济的增长。通过积极发展对外贸易，输出那些本国可以生产的、多余的和闲置的物资，购入本国欠缺和急需的不能生产的物资，通过这样的调剂余缺，可以解决社会生产和社会消费需求上的供求矛盾，使本国的资源得到充分的利用，使本国的各类需求得到满足，保证本国的社会再生产得以顺利进行。

（2）国际贸易是各国间进行新的技术交流的重要途径。20 世纪下半叶以来，由于科学技术的飞速发展，世界上许多发达国家和一些发展中国家都在依靠科学技术的进步发展其生产力，促进国际经济的发展，而且依靠技术进步所实现的经济增长占全部经济增长的比重也越来越大。然而，由于现代科学技术涉及的领域和规模越来越大，科学技术发展所涉及的领域越来越多，研究设计工作越来越复杂，导致任何国家无论其经济实力和科技水平多高都不可能在一切科学技术和生产工艺的领域内保持全面的领先地位。如果不吸收别国的先进技术，只埋头从事自己的科学研究，势必造成重复的研究，影响科学技术发展的速度。

此外，在现代科学技术条件下，各国研究和设计工作的费用不断上升，科学技术越向尖端发展，研究开发费用就越高，这些都促使各国之间需要积极进行国家技术交流和技术贸易。

（3）国际贸易是各国增加财政收入和劳动就业的重要渠道。国家贸易对于提高一国的财政收入的作用表现在两个方面：一方面是通过国际分工、商品交换可以使各国节约一定的社会劳动耗费，也可以让各国利用引进的技术、设备发展本国的工农业生产，提高社会劳动生产率，节约原材料耗费，创造更多的产值，从而间接地增加一国的财政收入；另一方面是通过对外贸易，通过各国从事进出口业务的企业上缴国家各种税收，以及国家征收的关税能直接增加一国的财政收入，尤其是能增加国家经济建设与发展过程中急需的外汇收入。有人统计过，在不减免税收和不退税的条件下，我国每出口 1 亿元人民币的工业品，国家可得税利 3500 万元左右。

解决劳动力就业问题是当前困扰着许多国家的一个尖锐问题。为此，许多国家把发展对外贸易当作解决劳动力就业的一个重要渠道。由于对从事对外贸易业务的人员有较高的素质要求，目前直接解决就业问题尚受一定的限制。但是，一个国家通过发展对外贸易间接提供就业机会是相当多的。据我国有关方面统计：每出口 1 亿元人民币的工业品，1 年就能提供 1.2 万个人的就业机会。可见，对外贸易对解决劳动力就业来说作用是极为显著的。

（4）国际贸易是各国进行政治、外交斗争的重要工具。表现在：

1）通过对外贸易来维护本国的国家利益及本国统治集团的利益，维护本国的社会经济制度。

2）通过对外贸易建立国际或地区间的经济贸易团体，以增强国际政治斗争和国际经济斗争中的抗衡力量。

3）通过对外贸易制裁那些违背国际法规、违背联合国宪条、实行民族歧视的国家。

4）通过对外贸易改善国家间的政治外交关系，改善国际经济环境，为本国经济发展创造良好的外部条件。

16.2 国际贸易的基本理论

国际贸易如此重要，对国际贸易的研究也就成为必然。最早于 15 世纪末 16 世纪初，即在西方国家的资本原始积累阶段，对国际贸易的研究就已经出现。当时的主要理论为重商主义。重商主义主要研究对外贸易怎样能够为一国带来财富，而所谓财富，则完全由金银货币来衡量。在他们看来，国内市场上的贸易是有一部分人支付货币给另一部分人，从而使一部分人获利，另一部分人受损。国内贸易的结果只是社会财富在国内不同集团之间的再分配，整个社会财富的总量并没有增加。而对外贸易可以使一国从国外获得金银货币从而使国家致富。因此，重商主义对贸易的研究主要集中在如何进行贸易，具体来说，怎样通过鼓励商品输出、限制商品进口以增加货币的流入从而增加社会财富。

对怎样能够做到多输出少进口，晚期的重商主义与早期的观点有所不同。早期重商主义强调绝对的贸易出超，主张控制商品进口和货币外流。晚期重商主义（16 世纪下半期到 17 世纪末）则从长远的观点看，认为在一定时期内的外贸入超是允许的，只要最终的贸易结果能保证出超，保证货币最终流回国内就可以。但无论早期还是晚期，重商主义都主张限制进口，对贸易的研究是很有局限的。

18 世纪末叶，重商主义的贸易观念受到古典经济学派的挑战，并被自由贸易的思想取代。古典经济学的主要代表亚当·斯密（Adam Smith）的基本经济思想是“自由放任”，这一原则也被用于国际贸易理论。在其著名的《国富论》中，斯密从个人之间的交换推论到国家之间的交换。他认为，既然每个人只生产自己擅长生产的东西，然后用来交换别人擅长生产的东西比自己什么都生产合算，那么各国间的分工和交换也应该是同样合算的。因此，他认为无论出口还是进口，一国都能获得利益。古典经济学的另一名主要代表大卫·李嘉图（David Richardo）在《政治经济学和赋税原理》一书中也对自由贸易的好处作了说明。

从古典经济学开始，对国际贸易的研究就不再局限于怎样进行贸易，而开始对贸易产生的原因与结果以及与之相应的政策进行分析。从古典的斯密、李嘉图，到 20 世纪的瑞典经济学家赫克歇尔（Eli Heckscher）、俄林（Bertil Ohlin），再到当代的里昂惕夫（Wassily Leontief）、萨缪尔森（Paul Samuelson）、巴格瓦蒂（Jagdish Bhagwati）、琼斯（Renold Jones）、克鲁格曼（Paul Krugman）等，许多经济学家从各种角度，在各个方面对国际贸易的理论与政策进行分析论证。方法越来越精细，手段越来越严密，国际贸易理论成为经济学的一个独立分支并得到不断发展。

16.2.1 国际贸易理论的基本框架

国际贸易理论是国际经济学中非常重要的一个部分，其基础是微观经济学。可以说，国际贸易理论是开放条件下的微观经济学。国际贸易理论研究的范围不仅包括商品和服务的国际流动，也包括生产要素的国际流动和技术知识的国际传递。生产要素和技术知识一方面作为某种特殊商品有其本身的国际市场，另一方面作为要素投入对商品和服务的生产起着重要作用。国际贸易理论研究商品、服务和生产要素国际流动的原因和方向，也研究流动的结果。这些结果包括对各国生产、消费、商品价格和社会各集团利益的影响。

与商品、服务、生产要素的国际流动及技术知识的国际转移有关的各种商业、产业和消费政策也都是国际贸易理论研究的对象。商业或贸易政策直接影响贸易的数量和价格，产业政策和消费政策则通过对国内的生产和消费的干预间接地影响贸易。国际贸易研究还包括经济增长、技术变动对贸易的影响，即从动态上分析国际贸易变动的原因与结果。

从研究的性质来看，国际贸易理论也像其他经济学一样，可以分成实证的（positive）理论和规范的（normative）理论。所谓实证分析，主要揭示各种经济变量之间的关系，分析各种贸易行为和政策的前因后果而不去评论其好坏对错。实证研究是一种技术分析，就像各种化验、测量一样。所谓规范理论，主要是对实证分析的结果做出诊断和评论。这种诊断和评论在很大程度上反映了不同的认识和价值观。例如在分析进口关税的结果时，实证贸易理论揭示的是这一政策所造成的消费者、生产者和整个国家的得失；至于怎样看待这些利益和损失，这些得失的重要性如何，则是规范理论的问题。不过，在任何一项具体研究中，这两者都是密切相连，不可分割的。实证分析为规范理论提供基础，离开实证分析的理论往往是缺乏说服力的；仅仅是实证分析而没有规范研究则会失去经济学的社会意义。因此，整个国际贸易理论体系是实证和规范的统一。

16.2.2　国际贸易基本理论

国际贸易理论通常分为“基本理论”和“贸易政策”两大部分。国际贸易的基本理论主要研究三方面的问题：贸易的基础、贸易的影响、贸易与经济发展的相互作用。

16.2.2.1　关于国际贸易的基础

研究国际贸易的基础，也就是讨论贸易发生的原因。各国之间为什么发生贸易？各国在什么情况下才发生国际贸易？为什么一些国家出口纺织品而另一些国家出口电视机？是什么因素决定一国的进出口模式？这些就是国际贸易的基础问题。国际贸易的基本原则是低价进口、高价出口。所以，只有当产品在国家与国家之间存在价格差异时才会发生贸易。形成国际贸易有两个基本条件：（1）社会生产力的发展导致可供交换的剩余产品出现；（2）国家的形成。社会生产力的发展产生出用于交换的剩余商品，这些剩余商品在国与国之间交换，就产生了国际贸易。换句话说，为什么要国际贸易？是世界分工和比较导致国际贸易，这样更能形成资源的有效配置和利益的实现。

国际贸易的产生还有一些其他原因：（1）生产力的进步，分工细化，导致生产效率的极大提高，在满足该国之后有剩余出口；（2）科技不断进步，包括交通运输、冷冻技术、重型货轮等，为长途贸易提供必要条件；（3）两次世界大战打破了原有的殖民体系，成立了联合国和WTO，为各国自由竞争创造了条件；（4）人类思想的不断进步，包括经济学说和人权学说等。

那么，各国之间的物价水平为什么会不一样呢？简单地说，那是因为各国的市场上有着不同的供给与需求。我们知道，产品的国内市场价格是由各国国内的供给与需求决定的。不同的供给曲线反映了不同的生产成本，不同的生产成本又反映了不同的生产技术和要素价格；不同的需求曲线则反映了各国收入的不同、对产品偏好的不同，以及各国市场结构的差异。那么，各国之间的产品价格差异究竟是怎样产生的呢？对这些问题的不同解释就形成了不同的国际贸易理论模型。

大部分的国际贸易理论模型是从供给方面即生产成本上解释国际贸易的基础，包括古典的斯密和李嘉图模型、新古典经济学中的赫克歇尔-俄林模型，以及当代的“规模经济”模型等。

16.2.2.2　古典贸易理论

A　绝对利益理论

亚当·斯密在《国富论》中提出了绝对利益理论，用以解释国际分工产生的原因、方式及其效果。斯密认为，国际间的自由贸易能促进国际分工，而国际分工的基础是自然条件，即各国先天所有的地理自然条件（如气候、资源、人口等）以及后天所有的生产条件（如资本、技能、劳动生产率等）。如果每个国家都按自己最有利的条件分工生产并交换，将使资源、资本和劳动力得到最有效的利用。各国分工生产劳动成本比别国绝对低的商品，在自由贸易条件下，各国才能享受分工的利益，劳动生产率得到提高，财富不断增加。

假定有 X、Y 两国，X 国每单位劳动可生产 40 单位谷物或 20 单位机器，Y 国每单位劳动可生产 60 单位机器或 20 单位谷物。若两国闭关自守，各自的消费可能线如图 16-1 的实线。如果两国分工，X 国专业生产谷物，Y 国专业生产机器，再进行交换。交换比例为：X 国交换 1 单位机器不能超过 2 单位的谷物（若超过 2 单位，X 国自己生产机器就变得合算了）；同理，Y 国交换 1 单位谷物不能超过 3 单位机器。即当 1 单位谷物的价格大于 0.5 单位机器，小于 3 单位机器时就会产生国际贸易。现假设 1 单位谷物换 1 单位机器，可得到两国有贸易时的消费可能线，如图 16-1 所示。

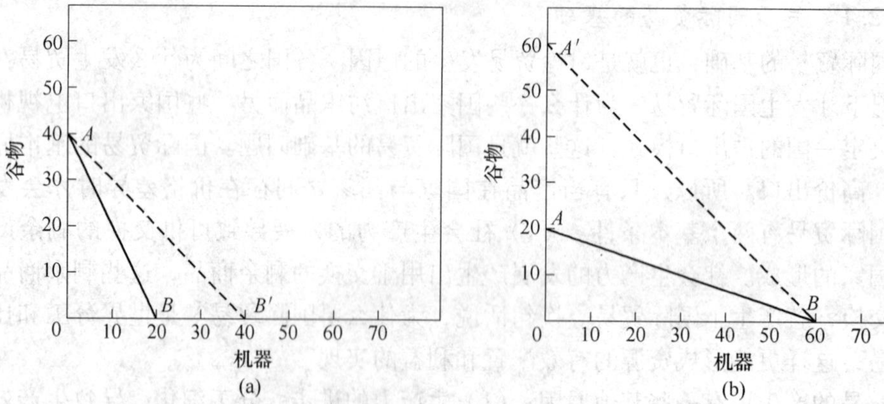

图 16-1　消费可能线（1）

（a）X 国；（b）Y 国

从图 16-1 中可以看出，国际贸易使两国都得到了利益。

B　比较成本理论

斯密建立在自由贸易理论基础上的绝对利益学说，是国际分工的理论基础之一，但该理论的应用却有局限性。一个经济不发达国家，所有产品的绝对成本都高，是否就因为没有绝对利益而不能参与国际分工呢？大卫·李嘉图发展了斯密的理论，提出了比较成本理论，扩大了国际分工的理论基础。

李嘉图认为，每个国家都应该生产耗费劳动量比较少，即生产费用比较低的产品出口，而对于生产费用比较不利的商品，尽管绝对费用比别国低，也应该进口。这就是说，每个国家不仅可以生产具有绝对优势的商品，而且可以生产具有相对优势的商品，两优取重，两劣取轻。通过贸易，双方仍都能获利。

假定仍为 X、Y 两国，X 国处于谷物和机器生产的全面劣势，1 单位劳动只能生产 10 单位谷物或 5 单位机器，而 Y 国则处于全面优势，1 单位劳动能生产 20 单位谷物或 60 单位机器，两国贸易前的消费可能线如图 16-2 的实线。因 X 国生产谷物的相对劣势较小，可以专业生产谷物；Y 国生产机器的相对优势更大，可以专业生产机器。

此时，两国交换比例的上下限仍为 1 单位谷物大于 0.5 单位机器、小于 3 单位机器。现仍假定两国以 1 单位谷物交换 1 单位机器，则因交换而导致的成本下降使两国的消费可能线都右移为图 16-2 的虚线。这一移动表明两国通过贸易都提高了消费水平，两国的利益都增加了。

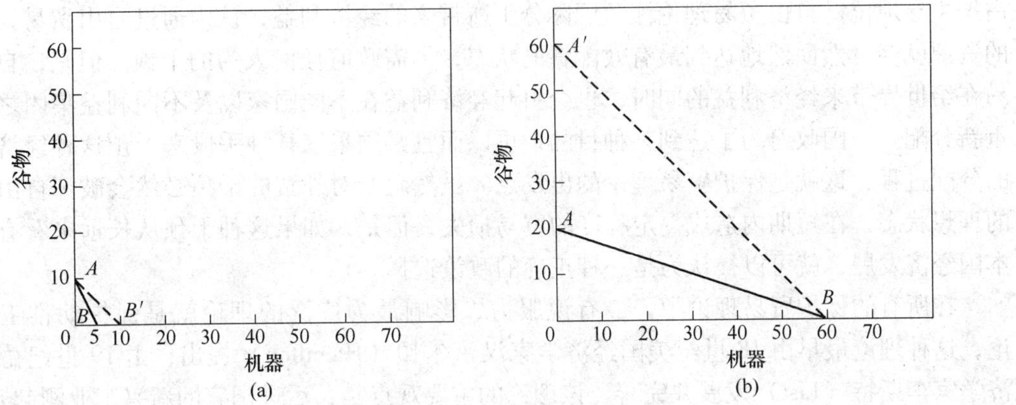

图 16-2　消费可能线（2）
（a）X 国；（b）Y 国

C　相互需求理论

李嘉图的比较成本理论证明成本条件的相对差异为可以获利的贸易奠定了基础。但他所论述的仅是国际贸易的供给和成本问题，没有讨论进行专业生产的两国之间商品交换比率是如何确定的。约翰·穆勒在李嘉图论述的基础上，提出了相互需求理论，用以说明商品交换比率取决于两国对彼此商品的需求程度。这一理论将供求均衡分析法运用于国际商品交换领域，实质上是供求均衡国际价格理论。

相互需求理论认为，两国的两种产品的国内交换比率或比较优势，决定两国间这两种产品交换比率的上下限，实际的国际交换比率必定介于由两国国内交换比率所确定的界限之内。而实际的交换比率大小，是由两国对对方产品的需求强度所决定的。外国对本国商品的需求强度越是大于本国对外国商品的需求强度，国际交换比率越是接近于外国的国内两种商品的交换比率，这个比率对本国就越是有利。

但是，相互需求理论只适用于经济规模相当，双方的需求对市场价格有显著影响的两个国家。如果两国经济规模相差悬殊，小国的相对需求强度远小于大国的相对需求强度，则大国的国内交换比率就成了国际间的贸易条件。

D　要素禀赋理论

在李嘉图的比较利益理论创立 100 年以后，瑞典经济学家赫克歇尔（Heckscher）和他的学生俄林（Ohlin）提出了要素禀赋理论。这一理论认为，各国资源条件不同，也就是生产要素供给情况的不同，是产生国际贸易的基本原因。

要素禀赋理论有狭义和广义之分。狭义的要素禀赋理论，论证各国要素禀赋的不同导致生产产品的要素比率（密集度）和产品价格的不同，从而产生了国际贸易。参加贸易的国家均出口那些含有本国供应充裕且价格低廉的生产要素多的产品，进口那些含有本国供应稀缺且价格昂贵的生产要素多的产品，其结果就能获得比较利益。广义的要素禀赋理论除此以外还包括要素价格均等化定理。要素价格均等化定理研究国际贸易对要素价格的反作用。因为产品的国际间转移实质上是生产要素的国际间转移，所以国际间的自由贸易不仅使各国产品的价格趋于均等化，而且使各国生产要素的价格也趋于均等。

E 保护贸易理论

国际贸易理论分为两大体系：自由贸易理论和保护贸易理论，其中自由贸易理论一直占据主导地位。自由贸易理论注重国际分工所带来的经济利益，认为通过自由贸易，世界的资源就会自然而然地达到最有效配置的状态，毋需政府任何人为的干预。但是，自由贸易在给世界带来经济利益的同时，也会引起经济利益在不同国家以及不同利益集团之间的重新分配。一国政府为了达到某种目的，可以而且必须采取某种手段来干预这种经济利益的分配过程，这就是保护贸易理论的出发点。虽然政府对外贸的干预必然会破坏自由贸易的理想状态，在短期内造成一定程度的贸易损失，但是，如果这种干预从长远来看有利于本国经济发展，就可以被认为是一种正确的政策选择。

在所有的保护贸易理论中，最有说服力、影响最为广泛的理论就是保护幼稚工业理论，这种理论最早由18世纪美国经济学家汉密尔顿（Hamilton）提出，由19世纪德国经济学家李斯特（List）发展并完善。该理论的主要观点是：后进国家的新兴工业刚起步时，尚处于幼稚阶段，不具备竞争能力，在自由贸易、自由竞争的环境下，必然会被国外同行业的产品打垮而永无成长的可能。因此，政府必须实行保护贸易政策，以限制国外同类产品的竞争，保护本国幼稚工业发展，使得本国工业得以生存和发展，待幼稚工业成熟起来并具有竞争能力后，再取消保护，提倡自由竞争，使本国充分享受自由贸易的利益，以促进本国经济的进一步发展。

16.2.2.3 现代贸易理论

A 列昂惕夫之谜

美国经济学家列昂惕夫对赫克歇尔-俄林的要素禀赋理论深信不疑，为了证实这一理论，他编制了包括200个行业在内的美国经济投入产出表，分别采用1947年和1951年的统计资料，来比较生产100万美元价值的出口商品和进口竞争品所需要的资本和劳动的比例。下面计算扩大进口100万美元竞争品和减少100万美元出口品所引起的劳动及资本投入的变动，计算结果见表16-1。

表16-1 美国每百万美元进出口变动的要素投入

	1947年		1951年	
	出口品	进口竞争品	出口品	进口竞争品
资本/美元	2550780	3091339	2256800	2303400
劳动/人·a^{-1}	182	170	174	168
资本/劳动	14015	18184	12977	13726
进出口之比	1.30		1.06	

这一计算结果使列昂惕夫大吃一惊，由此得出了全新的结论：“这些数字表明，当我们以平均价值100万美元的国内出口品来置换相同数额竞争性进口品时，出口品含有的资本要少得多，而劳动力则相对多一些。因此，美国参与国际分工是以劳动集约度高而不是以资本集约度高的生产专门化为基础的。换句话说，这个国家进行对外贸易是为了节约其资本并解决其过剩劳动力问题，而不是相反”。由于美国的资本丰裕程度名列当时世界之首，这一结论显然与要素禀赋理论矛盾，成为轰动经济学界的“列昂惕夫之谜”。

列昂惕夫之谜在西方经济学界产生了极大的震动，一些学者开始寻找解释这一矛盾的方法，试图弥补要素禀赋理论。这样就形成了一些现代国际贸易理论。

B 偏好相似理论

瑞典经济学家林达尔（Linder）在1961年提出，在赫克歇尔-俄林理论中，要素禀赋差别的重要性被夸大了，而这一差别只是形成商品价格不同的重要原因，不是唯一原因。它只适用于说明初级产品的贸易，工业品的贸易则应由偏好相似理论说明。偏好相似理论认为：

（1）一国的潜在出口范围由国内需求决定。因为第一，就新产品的发明而言，其推动力往往是国内需求。第二，生产者总是根据自身感受到的国内需求做出决策，只有当国内市场显得日益狭小时，出口才逐渐发展起来。第三，只有国内需要，存在国内市场，才能建立生产与消费的联系，便于产品的改进，商品出口才较易获得最大的比较优势。

（2）影响一国需求结构的决定性因素是平均收入水平。平均收入水平类似的国家有着类似的需求结构，这是因为：一方面，人均收入较高的国家，高档耐用品较多地进入家庭，而人均收入较低的国家，消费品的品质显著下降；另一方面，由于收入分配不均，富国的低收入阶层与穷国的高收入阶层有着类似的需求。所以无论从国家还是从家庭的角度看，收入水平与消费结构都有很强的相关关系。资本的需求也大致类似。

由于出口范围由需求决定，需求结构又由人均收入水平决定。因此，两国的人均收入水平越接近，两国的需求结构就越类似，两国相互满足对方需求的能力就越强，两国间的贸易就越密切。

C 新要素贸易理论

新要素贸易理论认为，除去俄林的三要素（资本、土地、劳动力）外，还有其他要素对比较利益的分析起着重要作用。这些新要素包括人力资本、研究与开发（R&D）、规模经济与管理等。R&D要素是指生产过程中用于研究与开发产品的投资，不同于一般形式的资本。格鲁勃（Gruber）等人试图从研究开发方面找出发生贸易的原因，提出了研究开发要素论。格鲁勃根据1962年美国19个产业的有关资料，就科研和发展费用、技术人员人数与出口的关系作了统计分析，结果是美国5个高技术产业（运输、电气、工具、化学、机器制造）的研究发展经费占19个产业中全部研究发展经费的78.2%，科学家和工程师的人数占85.3%，而产品销售量只占39.1%，但出口量却占72%，这证实了出口竞争力与研究开发要素指标有很高的相关性。R&D密度高的产品也就是知识与技术密集型产品，一般新产品都具有这个特征。所以，科技力量雄厚、适用于R&D资金充裕的国家，发展R&D要素密集型产品具有比较优势。

规模经济可以从企业内部经济和外部经济两方面获得利益，降低成本，从而影响产品的比较优势。管理作为一种技术要素，是其他要素的补充物而不是替代物，它影响劳动生产率而获得比较利益。

16.2.2.4 技术差距理论

该理论是在新要素贸易理论的基础上，将科学技术看作一种独立的生产要素，强调科学技术要素在形成国际贸易商品比较优势中的决定作用。美国学者波斯纳（Posner）于1959年首先提出技术差距论，认为由于国与国之间存在技术差距，技术领先的国家可以享有出口技术密集型产品的比较优势。随着进口国的仿制、技术转让，原有的技术差距就会消失，贸易将持续到进口国的仿制生产能充分满足国内需求为止。

波斯纳在分析中区分了需求时滞和模仿时滞。需求时滞是指从技术创新国新产品问世，到进口国开始需求该产品的时间差距；模仿时滞是指从技术创新国新产品问世，到进口国仿制生产，直至进口变为零的时间差距。模仿时滞又可分为反应时滞和掌握时滞两个阶段：前者从新产品问世到进口国仿制开始；后者从仿制开始到进口变为零，直至仿制生产充分满足国内需求并转向出口为止，反应时滞长短取决于规模经济、关税、运输成本、市场大小和收入水平等因素。需求时滞和模仿时滞的差距导致了国际贸易的可能性，较早的创新者将产品出口到需求时滞小于反应时滞的国家，其贸易利益较大。

技术差距理论虽然从技术生产要素的比较优势角度说明国与国之间发生贸易的原因，但没有解释贸易流向的转移，以及技术差距的实质。因此，在技术差距理论的基础上又产生了产品生命周期理论。

16.2.2.5 产品生命周期理论

美国经济学家弗农（Vernon）于1966年提出了产品生命周期理论，用以解释工业制成品的国际贸易流向。

弗农认为制成品生命周期分为导入期、成长期和成熟期三个阶段。导入期是新产品草创阶段，发明国（发达国家）的个别企业垄断专利生产，属卖方市场，信息传递国外受到限制，而新产品在生产要素比例、工艺过程、规格划定、市场需求、运输成本等方面均不定型，生产者专门推销知识和技术密集度高的新产品。成长期是新产品仿制阶段，尽管有专利权的保护，但由于产品需求量的增加，出现仿制品，市场出现生产者竞争，技术仍未稳定，属资本密集度高的生产，加上专利权的出售，以及跨国公司向海外子公司的转移，产品扩大到其他发达国家生产。成熟期是产品标准化阶段，随着生产的扩大，市场转向买方市场，产品完全定型，流水线标准化生产，产品属资本密集及劳动密集型，生产转移到发展中国家，产品返销发明国。

近年来，贸易理论在这方面的研究有很多成果。

表16-2简要概括了国际贸易主要理论模型的主要代表人物、关键假设和主要结论。

表16-2 国际贸易的主要理论模型

	主要理论模型	主要理论贡献者	关键假设	决定贸易模式的主要因素
古典贸易理论	1. 绝对优势贸易模型	亚当·斯密	劳动是唯一的要素投入	生产技术绝对不同（绝对劳动生产率差异）
	2. 比较优势贸易模型	大卫·李嘉图	固定的产品边际成本 完全竞争的商品和要素市场 固定的规模报酬（无规模经济）不考虑需求	生产技术相对不同（相对劳动生产率差异）
新古典贸易理论	1. 资源配置贸易模型	赫克歇尔、俄林	两种或两种以上要素投入产品边际成本递增 完全竞争的商品和要素市场	资源禀赋不同
	2. 特殊要素贸易模型	保罗·萨缪尔森	固定的规模报酬（无规模经济）	

续表 16-2

	主要理论模型	主要理论贡献者	关键假设	决定贸易模式的主要因素
当代贸易理论	1. 规模经济贸易模型	保罗·克鲁格曼	产品生产具有规模经济 不完全竞争的商品市场 竞争的要素市场	生产规模不同
	2. 产品周期贸易模型	雷蒙·弗农		生产技术的不同阶段

16.2.3 国际贸易政策分析

国际贸易经济学中的另一个重要部分是关于贸易政策的分析。国际贸易的政策分析主要研究两个方面的问题：贸易政策的影响和贸易政策制定中的政治经济学。

16.2.3.1 贸易政策的影响

这部分的内容主要是对各种贸易政策（包括关税、配额、出口补贴等）以及影响贸易的其他经济政策（包括产业政策、消费政策等）的实证分析。

贸易政策的基本性质都是对自由贸易的干预。这种干预有限制贸易的，也有鼓励贸易的；既有进口方面的政策，也有出口方面的政策。但任何贸易政策都会给国内经济带来影响，包括对国内市场价格的影响、对贸易量的影响、对国内生产量和消费量的影响，以及对各种生产要素收益、各种集团利益和整个社会福利的影响。对于贸易大国，还要分析其贸易政策对国际市场的影响以及贸易条件变化的影响。贸易政策的研究还包括区域性经济合作的研究。

20 世纪 70 年代以来，由于产业组织理论的发展，不完全竞争被引入了对贸易政策的分析，从而大大丰富了这方面的研究。

16.2.3.2 贸易政策的政治经济学

新古典经济学的分析强调社会效益的最大化。因此，在贸易政策的实证分析中人们不难看到，任何对自由贸易进行干预的政策都会给整个经济带来效益或福利的净损失。然而，既然如此，为什么各国政府还要运用政策干预贸易？决定各国不同时期不同产业贸易政策的主要因素是什么？对于这些问题的研究构成了国际贸易政策分析的另一个重要组成部分，即贸易政策制定过程中的政治与经济利益，人们亦称之为贸易政策中的政治经济学。

与国际贸易理论有密切联系的是国际金融理论。在更大一点范围来说，是国际宏观经济理论。国际宏观经济理论研究开放条件下的宏观问题，包括财政政策、货币政策在开放经济中的作用和国外经济变动对本国宏观稳定的影响。与国际贸易和国际资本流动直接有关的是外汇市场上的汇率变化和货币、资本市场上的利率变动。而汇率、利率的变动又受到国内外货币、财政和汇率政策的影响。因此，许多国家通过宏观经济政策和汇率政策来影响对外贸易和国际资本流动。反过来，外资外贸的变动也影响外汇的供求，从而影响汇率和利率。在国际贸易的理论和政策分析中，有时也必须要联系国际金融的有关理论。

16.3 贸易保护主义

16.3.1 贸易保护主义的概念和形式

贸易保护主义（trade protectionism）是指，在对外贸易中实行限制进口以保护本国商品在国内市场免受外国商品竞争，并向本国商品提供各种优惠以增强其国际竞争力的主张和政策。在限制进口方面，主要是采取关税壁垒和非关税壁垒两种措施。前者主要是通过征收高额进口关税阻止外国商品的大量进口；后者则包括采取进口许可证制、进口配额制等一系列非关税措施来限制外国商品自由进口。这些措施也是经济不发达国家保护民族工业、发展国民经济的一项重要手段。对发达国家来说则是调整国际收支、纠正贸易逆差的一个重要工具。

在自由竞争资本主义时期，较晚发展的资本主义国家常常推行贸易保护主义政策。发达国家则多提倡自由贸易，贸易保护主义只是用做对付危机的临时措施。到了垄断阶段，垄断资本主义国家推行的贸易保护主义，已不仅仅是抵制外国商品进口的手段，更成为对外扩张、争夺世界市场的手段。贸易保护主义，无论新旧，其中心思想是一样的：任何一项经济政策都可能会影响一国的收入分配格局，因而会引起不同社会阶层或利益集团不同的反应。但新旧相比，新贸易保护主义更胜一筹，具有强制性强、对贸易各方影响大而直接、受约束范围广和表现形式多样等特点。简单说来，新贸易保护主义主要的壁垒形式包括以下几种。

16.3.1.1 绿色壁垒

工业化进程的加快，像大气污染、温室效应、有毒废物排放、物种灭绝、资源枯竭等生态环境方面的问题日益严重，引起了世人的高度关注。工业发达国家以生态环保为借口，凭借其经济和技术的垄断地位，制定了一系列苛刻的环保措施和高于发展中国家技术水平的环境质量标准，以此作为市场准入的条件，对本国市场和工业形成保护，构筑了一道绿色屏障，主要形式有：

（1）绿色标志。又称绿标制度或环境标志制度，是指国际间有资质的认证机构依据有关所谓绿色标准对商品进行认证并颁发标志和证书的一项制度。绿标图案多为天鹅、常绿树、蒲公英等，富有绿色寓意。凡没有取得绿标的进口商品将受到数量和价格上的限制，而加贴了绿标的则被认为是一种“环境质量信得过”的“绿色产品”。这当中所涉及的认证标准是对包括资源利用、生产工艺及处理技术和产品循环利用、使用后处理等全过程的环境行为进行监管。涉及的产品大多为节能低耗品、清洁工艺品和低毒品等。绿标制度的实施，有利于人们环境意识的提高、价值观念的转变和防治污染能力的增强。但由于各国环境标准存在差异，发达国家更是凭借其经济和技术优势制定了较高的环境标准，使得发展中国家处于十分不利的地位，客观上为发达国家的市场设置了贸易壁垒，从而有违公平贸易的基本准则。

（2）绿色包装。各种与环保要求不符的包装能对环境造成严重的污染，许多发达国家通过立法对本国商品和进口商品的包装卫生和安全提出强制性的要求。概括而言，主要包括以下几方面：通过改进设计减少包装材料的使用以节约资源；重复使用包装材料；使用再生材料制作包装；使用生物降解包装，使废弃包装在自然环境中快速腐烂。为此，一些发达国家通过产业重组和资源的重新配置形成了新的产业链，满足了包装在环境保护上的要求，促进了经济的发展；而发展中国家因技术水平、价值观念和行政管理等方面的滞后，而使得绿色包装成为其进入发达国家市场的绿色屏障。

（3）环境成本。新贸易保护主义者认为任何产品都应将环境和资源费用计入成本，且应以国际环境标准为基准进行计算。如果忽视环境质量或降低环境标准，其出口产品实际上就具有了不公平的比较优势或环境补贴，形成了对高环境标准生产产品的不公平竞争。发展中国家在出口贸易中未计算绿色成本，是在进行环境倾销，因而应通过反倾销、反补贴措施来均衡不同环境标准下的成本差异。可以看出，对于发展中国家来说，这是经过精心设计和构筑的绿色壁垒。

16.3.1.2 技术壁垒

科学技术与管理水平的提高，使各国产品的技术规范、标准和合格评定程序日益科学与成熟，并推动经济向前发展。但发达的工业化国家依其经济和技术优势而制定的技术规范、标准和合格评定程序，以及由此而衍生的认证标准、评审程序和认证、认可制度等名目繁多、复杂多变，具有强烈的主观性、目的性和苛刻性，对有关国家的产品和服务构成了技术障碍，使其难有作为。

（1）市场准入。市场准入主要体现在制定严格的，甚至苛刻的技术规范、标准和合格评定程序，涉及产品的适用、健康、安全或卫生等方面。比如，自 1994 年以来，德国及其他发达国家相继采用的印染制品含偶氮染料禁止令就对包括我国在内的许多发展中国家和地区的纺织品、服装等轻工品的出口影响甚重，损失惨重。目前我国虽已攻克了此技术难关，但却付出了高昂的代价。还有，已被有关国际组织和发达国家广泛接受和认可的 HACCP 则明确规定，食品包装需标明食品的营养成分，从而增加了食品制造商的成本，对缺乏技术分析手段的食品实际上构成了禁止进口令，进而影响相关产品的贸易和生产。至于《蒙特利尔议定书》中有关保护臭氧层的国际公约则对我国相关产品的出口产生严重的影响。此外，有的国家还规定了许多涉及安全、健康项目的审查，使进口品因季节需求的变化或失去商机，或无法进口。凡此种种，均对有关国家的出口贸易构成了严重的技术阻碍。

（2）认证、认可制度。认证、认可是一种依据技术规范、标准和合格评定程序对有关产品进行认证或认可的制度。与贸易政策不同，它需要有深厚的专业背景、强有力的技术支撑和广泛的社会基础以及与之相配套的人文思想、法律制度等。认证、认可具有广泛的适用性和机会的均等性，其从更高的战略（非局部的）角度去审视经济的发展，故在推动社会进步、增强社会环保意识、规范市场行为和实现可持续发展等方面具有积极的作用。但是，此项政策所能带来的种种益处只能被那些处于同一经济发展水平的国家和地区所享受。未经认证、认可的产品和服务则被排斥在市场之外，形成事实上的市场壁垒，因而保护主义色彩更浓，保护程度也更深，对经济的影响也更具决定性，使得发展中国家的产品更难进入发达国家的市场。

16.3.1.3 贸易管理及其他

贸易管理是在新贸易理论基础上提出的一种新的贸易政策理论，是基于不完全竞争市场理论提出的一种政策分析，适用于发达国家对其战略性产业发展的保护。通过政府对贸易活动的干预，达到改变市场结构或环境，提高本国企业的竞争能力的目的。其政策主张上大多涉及自愿限制出口、补贴、国家贸易垄断等。特别是反倾销措施，具有很强的壁垒效应，是新贸易保护主义者极力主张的政策手段之一。此外，劳工标准、区域性协议、关税升级保护、灰色区域、限制性援助或边境税调整等措施也都有很浓烈的贸易保护主义色彩。

新贸易保护主义尽管其历史不长，但因其形式的多样性、手段的有效性和技术法规的合理性而为各国政府所青睐。我国虽已初步建立起具有自我特色的壁垒体系，但与发达国家相比，体系的系统性、规范性和差异性有待于完善和提高，政策的艺术性有待加强，技术手段的多样性也有待于进一步提高。

16.3.2 贸易保护主义的目的和特点

贸易保护主义的目的主要是为了保护国内市场以促进国内生产力的发展。这与早期的重商主义的保护贸易目的很不相同。重商主义限制进口，鼓励出口，其目的是为了积累金银财富；而保护贸易的目的则是为了提高创造财富的生产力。表现方式主要有出口补贴、进口关税和进口配额。国家广泛利用各种限制进口的措施，保护本国市场免受外国商品的竞争，并对本国商品给予优待和补贴，以鼓励出口。

贸易保护主义有以下特点：(1) 主要保护手段由关税转到非关税措施。一系列的国际贸易与关税谈判中形成的决议，大大降低了关税总水平，于是各国转而采取非关税措施来推行保护主义政策。这些措施灵活、隐蔽、限制性强，世界贸易总额一半以上受到各种非关税限制。(2) 保护政策对产品的针对性越来越强，如对工业品限制减少和降低，但对农产品的保护却极少松动，对工业品中不同商品的限制也有很大差别。(3) 实行保护政策所针对的国家和地区的区分加强了。一般地说一国总是针对自己直接、强劲的竞争对手加强保护主义政策，而对其他国家则适当放松。世界多数国家都是根据自己的国情和竞争对手的状况，分别采用自由贸易和保护主义政策，以期保护本国经济的持续发展，增强其在国际中的竞争力。

贸易保护主义重点保护的对象是那些对国家独立自主和经济发展有重要意义的工业。李斯特认为，在一个国家的各类产业中，工业最为重要，工业生产力提高了，会把农业的生产水平带动上去。因此他认为，农业不需要保护，不必限制农产品进口，否则不能从外国取得廉价的粮食和原料，这将不利于本国工业的发展。在工业中，也不是所有的部门都需要保护。需要保护的是那些幼稚而有发展前途的工业，是那些建立时需要大量投资并且所生产的是最重要的生活必需品的工业。

贸易保护主义对国内工业的保护决不应是无限期的，否则，将会出现保护落后和保护低效率的结局。有些被保护了一定时期的工业部门，当其产品价格已低于国外同类产品的价格时，可以降低保护程度或完全撤除保护，让其进入国际市场自由竞争。有些被保护的工业部门，在过了一定的保护期后仍没有明显进步，离开政府给予的协助和扶植仍难以独立发展，这表明它们不适宜成为被保护的对象，政府应该撤除对它们的保护，任其自生自灭。对工业部门的保护期限最长不应超过 30 年，否则，将不利于经济的发展和生产率的提高。

贸易保护主义案例

(1) 斯姆特-霍利关税法。

1930 年 6 月，为了应对经济危机，美国颁布该法案，将 2000 多种的进口商品关税提升到历史最高水平。该法案通过后，包括英国、法国、德国等许多国家对美国采取了报复性关税措施，美欧之间贸易规模从 1929 年的历史高位急遽衰退到 1932 年历史低位。1929 ~ 1934 年间，世界贸易规模萎缩了约 66%。

(2) 多哈回合谈判。

多哈回合贸易谈判原定于2005年前全面结束，但至今仍然无果。世贸组织各成员国特别是发达国家固守保护主义理念，是谈判失败的最重要原因之一。多次谈判失败，不但农产品、工业品以及服务领域的贸易丧失了发展的新机遇，可促进贫穷国家经济增长和发展的更加强有力的贸易规则也无法完成。最严重的是，谈判的破裂导致对发达国家农业补贴进行根本改革的多边计划无法达成，在造成经济损失的同时，也造成了巨大的政治损失。

(3) 美国201钢铁案。

2002年3月，美国以欧盟、日本等8国出口的钢铁产品损害了美国钢铁业为由，动用"201条款"，宣布对多种钢材加征为期3年的进口税，税率总水平达30%。为报复美国提高进口钢材关税，6月，欧盟对美国部分商品征收100%的关税，墨西哥、日本、韩国等也纷纷提高关税或采取紧急保障措施。虽然世贸组织最终裁定美国违反WTO规则，但钢铁贸易战给双方都带来了巨大的损失，据估计，单是欧盟2002年就损失高达2.4亿美元。而美国在承受近数亿美元损失的同时，更导致了7.4万个钢铁消费者失业，弊大于利。

(4) 韩美牛肉风波。

2003年，因美国发生疯牛病，韩国宣布禁止进口美国牛肉。2008年4月，为推动韩美签署自由贸易协定，韩美达成放宽进口美国牛肉的协议。这一协议在韩国遭到强烈抗议和抵制，6月10日，约100万韩国人在首尔街头集会，抗议政府进口美国牛肉。19日，韩国总统李明博向韩国国民道歉。分析人士认为，韩美"牛肉风波"是传统的经济民族主义与全球自由贸易发展趋势之间的一次强烈碰撞和较量。韩国经济研究院的分析报告显示，"牛肉风波"不仅给韩美两国带来了严重的政治危机，同时带来了高达25亿美元的经济损失。

16.4 国际贸易与环境

保护环境和发展贸易是人类提高生活水平的重要手段。总的来说，环境和贸易一直有着密切的联系，两者是可以相互促进的，在保护环境过程中可以发展贸易，在贸易发展中可以促进环境保护。从贸易角度看，对外经济贸易的快速增长一定程度上可以促进环保事业的发展；从环境保护角度看，加强环境管理也给许多产品尤其是有利于环境的产品创造了巨大的贸易机会。环保法规对国际贸易的发展提出了新的要求，它既是个挑战，又为发展许多产品的国际贸易创造了一个很好的机遇。随着环境时代的到来，全球将出现一个由环保产品、环保技术、环保服务、有机食品及其他更大范围的有利于环境的产品构成的庞大的绿色市场，不利于环境的产品将为绿色产品所取代。环保法规促使许多企业不断开发有利于生态环境的新技术和新产品。

但在一定条件下，贸易与环境也是矛盾的。一方面，环境保护对贸易发展提出了新的要求，环境法规限制甚至禁止了许多产品的国际贸易；另一方面，如果不以可持续发展为基础，盲目增长的对外经济贸易也会对生态环境产生很大的消极影响。若两者完全考虑各自发展目标，两者也可能出现完全对立的局面。实际上，贸易与环境问题在19世纪70年代就已存在，主要是表现在一些产品的进出口贸易对生态环境特别是野生动植物和人类健康产生了影响，一些国家认识到可以运用贸易措施来达到跨越国界的一些环境目标。最早的多边协议之一就是1900年的保护非洲的野生动物、鸟类、鱼类公约，该公约要求对珍稀和面临灭绝的生物采取出口许可证。此后不少环保法规涉及贸易措施。不过，贸易与环境问题的真正提出和得到重视是在20世纪90年代初期，标志是1992年联合国环境与发展会议，主要体现在《里约宣言》和《21世纪议程》中。

16.4.1 国际贸易对环境的影响

（1）一方面，国际贸易加速各国间的技术流动，新技术带来生产效率的提高，使得在同样的产出情况下，使用更少的投入和排放更少的污染。同时，国际贸易也促进了各国间的产品流动，一国可以通过贸易获得对环境更加友好的产品，弥补本国资源禀赋的不足。另一方面，国际贸易也拓宽了过时、有害技术和工艺的转移渠道，同样国际贸易也可能带来相反的产品，突出表现在发达国家向发展中国家转移垃圾技术和垃圾产品。

（2）规模效应指由于国际贸易导致的经济规模变化所造成的环境影响。经济发展既可以带来国民财富的增加，人民生活水平的提高，同时使人们改善环境的意识和努力程度的增加；也会造成资源的加速使用和过度的排放，从而对环境造成更大的压力。

（3）机构效应指国际贸易通过影响经济结构所造成的环境影响。它可能加速一个国家的产业结构由污染严重的第一、二产业向污染较轻的第三产业主导转变，也可能造成环境的恶化。例如许多发展中国家盲目地扩大其自然资源的出口，成为发达国家的原材料供应地，而这些资源的价格往往没有充分考虑其环境成本。

（4）资源过度及不合理开发对生态环境的影响，这种影响有两方面的表现。一是一些欠发达的发展中国家依赖初级产品的出口发展经济，由于过度及不合理开发资源，结果严重破坏本国生态及污染环境。二是一国生产出口产品而对他国或全球生态环境造成负面影响，如过度开发林木出口产品影响全球气候，跨国大量砍伐森林以出口木材造成土地沙化、水土流失甚至洪水泛滥，从而严重损害下游国家的出口型农业。

16.4.2 环境对国际贸易的影响

（1）绿色壁垒：限制乃至禁止进出口贸易。许多多边、双边环保协议及国家环保法规与要求都采取一些贸易措施来保证环保目标的实现，这些协议、法规、要求直接或间接地限制乃至禁止一些产品的进出口贸易，从而形成了绿色壁垒。到目前为止，国际社会已制定了180多个国际、区域性环境与资源保护条约，其中不少协议中有贸易方面的条款，直接限制或禁止一些产品的生产、使用及国际贸易，也有些法规要求另外制定贸易措施来促使环境目标的实现。较为典型的主要有保护臭氧层的国际公约和议定书、《濒危野生动植物物种国际贸易公约》、《生物多样性公约》、《危险废物越境转移及其处置巴塞尔公约》。为了保护环境，不少发达国家采取各种措施限制或禁止某些产品的进出口贸易。OEDC成员国已禁止了500多种化工产品的生产和进出口贸易．其中包括DDT和六六六等农药；由于食品受到污染，许多国家提出了很高的卫生要求，1991年有32个国家和地区对427种农药在食品中的残留量有法定的限量标准，不少国家对食品中农药残留污染、重金属含量、化肥使用、微生物污染、动物饲料及添加剂等进行了严格的规定，对食品包装的要求也越来越严格。

（2）环境法规的差异影响发展中国家产品的市场准入。发达国家的环境法规一般严于发展中国家，许多管理要求不仅针对最终产品，而且涉及产品的整个生命周期，包括材料、生产过程、包装、使用和废弃后对环境的影响。发达国家的环境要求给发展中国家的出口产品进入国际市场造成困难。

（3）环境标志制度影响发展中国家出口产品的竞争力。20 世纪 70 年代末以来，国际上兴起了强劲的环境标志运动。环境标志制度发展很快，实施的国家和地区越来越多，标志涉及的产品范围越来越广。环境标志制度直接影响许多产品的国际贸易，如果不能获得环境标志，产品的国际竞争力将受到影响。

（4）新的贸易保护主义。一些国家借用保护环境之名，行贸易保护主义之实，采取一系列歧视性措施，形成了不正常的绿色壁垒，结果扭曲了国际贸易关系，影响了国际贸易的发展。

（5）环境成本内在化对出口竞争力的影响。环境成本内在化是指根据谁污染谁治理的原则，要求污染者彻底治理污染，并将治理费用计入成本。目前许多发展中国家主要实行排污者付费原则，但费用很低。如果治理污染的所有费用由企业负担，必将大大加大其产品成本，严重影响其出口产品的竞争能力。

16.4.3 贸易与环境冲突的后果

（1）既损害贸易基础又破坏了环境。环境措施对贸易的影响主要表现在一是某些产品的进出口被禁止或限制；二是很多产品被迫增加成本，从而影响竞争力；三是生态环境被污染后，出口产品的质量受到影响，有些产品因污染不得不停止生产。贸易盲目发展对环境的影响是：破坏生态，污染环境。

（2）引起更多的贸易与环境争端。贸易与环境问题对多边贸易体制的许多基本原则提出了挑战。如生产过程和方法（PPM）问题和双重环境标准的争论对现有国民待遇原则提出了质疑；国内禁止产品出口或对外投资问题及缔约国和非缔约国不同待遇对非歧视原则和最惠国待遇原则提出了挑战；环境补贴和与环境成本内在化的生态倾销问题使得人们重新思考公平贸易原则；发展中国家在保护环境方面能否享有特殊待遇？还有数量限制是否符合多边贸易规则等。众多的多边、双边环保协议，大量的国家环保法规、政策和措施与现有的多边贸易规则存在很多不协调之处。由于利益、角度、理解不同引起了很多的贸易与环境争端。

16.4.4 我国面临的贸易与环境问题及其对策

随着世界经济高速发展，全球环境问题日益严重，生态危机和环境污染困扰着全球。这使得环境保护与国际贸易之间的关系越来越密切。WTO 已将贸易和环境保护问题联系起来，并开始着手制定一系列规则，以共同解决这类问题。中国加入 WTO 后，必须全面履行成员国的义务，包括 WTO 对环境与贸易问题的义务。在与国际市场全面接轨的过程中，如何适应 WTO 多边贸易体制在有关贸易与环境问题上达成的协议，如何面对全球经济发展绿色化的趋势，如何冲破西方发达国家日趋严格的环境技术壁垒，使我国国际贸易加速发展，是我国加入 WTO 后必须面对也亟待解决的问题。

16.4.4.1 WTO有关贸易与环境问题的内容

WTO在《贸易与环境的决议》以及《贸易与环境委员会》等一系列工作报告和公告中多次指出：赞同和维护一个公平、公开、非歧视的多边贸易体制和为保护环境与促进可持续发展而采取的行动之间不应有、也不需要有任何政策上的抵触；WTO愿意在不超越多边贸易体制的权限下，协调贸易与环境保护中的各项政策。可以认为，这是WTO在贸易与环境问题上的基本立场和指导原则。但WTO没有具体处理环境问题的协议，只有如农产品协议、知识产权、服务贸易总协定等与环境相关的规定。关贸总协定在第八次谈判乌拉圭回合中把贸易与环境的问题作为优先讨论的议题，于1994年4月达成了《关于贸易与环境的马拉喀什协议》。乌拉圭回合后，各国外贸部长又同意WTO开展贸易与环境的工作，在1995年WTO成立后即设立了贸易与环境专门委员会（CET），以强化WTO对贸易与环境的管理，并在WTO导言中包括了实现可持续发展与环境保护需要的目标。在此基础上，WTO又制订了《技术贸易壁垒协议》和《实施动植物卫生检疫措施协议》。这两个协议是目前WTO涉及环境与贸易问题达成的较为具体的协议，它对其成员管制进口产品所遵循的原则做出了具体的规定，如动植物卫生检疫协议阐明，如果存在科学依据或当一成员认为高水准的保护合适时，可以实行或维持一种动植物卫生保护水平，并规定合适的保护水平应基于对周围环境、现有的科学依据、有关工艺和生产方法及特殊病虫害的流行所带来的风险评估。此外，该协议还规定，当成员处于疾病传播的危急时刻，但又缺乏科学依据时，允许该成员实施动植物卫生保护措施作为预防步骤。上述规定表明，WTO虽然倡导自由贸易，但为了保护生态环境、维护人类健康，对自由贸易可能引起的环境退化、污染传播等问题，通过协议的形式加强对其成员的管理，允许其成员采取相应的贸易限制等措施。同时，WTO又强调防止以保护环境为借口，实行贸易保护。《技术贸易壁垒协议》就是为了发展国际贸易、确保技术规章、标准和认证程序不至于对贸易产生不必要的障碍而达成的。该协议认为，强制性的标准应以科学资料和证据为依据，应该基于国际通行的标准。如果由于地理、气候及其他方面的原因，成员不能使自己的强制性规定以国际标准为基础时，他们有义务以草案形式公布这些规定，让其成员生产商有机会提出意见等。为了防止设置环境技术标准对国际贸易造成不必要的障碍，《实施动植物卫生检疫措施协议》第5条第4款还做出规定，各成员在决定适当的动植物卫生检疫保护水平时，应当考虑到将对贸易的不利影响减少到最低程度这一目标；《技术贸易壁垒协议》也要求成员确保其技术规定的制定和实施的形式不应对贸易造成不必要的障碍，该协议还规定成员可以以“国际标准”为基础实行“自愿标准”，但各成员的“自愿标准”不可相差太大，否则将对国际贸易带来麻烦。因此，WTO鼓励各成员在资源允许的限度内，全面参与国际标准的制订。WTO作为全球最大的多边贸易组织，在管理环境与贸易问题上最具有权威性和广泛性，它的有关贸易与环境问题的协议也最具影响力，对遏制环境恶化、促进贸易的可持续发展起到了不可低估的作用。然而，WTO关于环境保护的规定，为各国设置与环境有关的贸易技术及绿色壁垒开辟了新的“灰色区域”。随着环保问题不断地提到各国发展的议程，各种名目繁多的环境管制措施必将对国际贸易在不同方面产生影响，从而引起双边或多边的贸易摩擦。由此可见，环境与贸易问题已经成为全球关注的热点问题，对中国来说，了解世贸组织在环境保护方面的有关规定及存在的问题，并采取积极的应对策略，具有十分重要的意义。

16.4.4.2 我国面临的贸易与环境问题

我国面临的经贸的问题：因各国经济基础、环保形势、技术水平、程度的不同，绿色壁垒对于发达国家和发展中国家的贸易影响有所不同，发展中国家的对外贸易受到较大制约，发达国家在这方面具有明显的优势。他们掌握着先进的环保技术，拥有发达的环保产业，因而，对进口商品的环保要求较高，表现在环境技术标准的制定依据、环境技术指标、检测与评价方法都较为严格和苛刻，这就对发展中国家的出口贸易构成了一种限制性较强的“绿色屏障”。我国作为发展中国家，出口商品同样面临上述问题的影响。发达国家所设置的绿色壁垒对我国外贸出口总量、出口市场范围、出口增长速度、出口成本、出口效益等已产生较大冲击，其对我国外贸出口的负面影响已远超过“反倾销”。受有关臭氧层保护公约规定的限制，我国已有约 50 多亿美元的出口产品被禁止生产和销售；仅国外绿色标志制度这一项，按我国 1992 年的出口数据就影响了 40 多亿美元的产品出口；我国因出口产品及包装达不到发达国家的环保标准而遭受的损失，1995 年即达 2000 亿元左右。绿色贸易壁垒对我国产生较大震撼是 1998 年，当年 9 月，美国要求所有来自中国的木炭包装和木质铺垫材料须附有中国出入检验疫机关出具的证明。证明木质包装经过热处理、熏蒸处理或防腐处理。这使得我国 1/3 以上的对美出口受到影响。第二年，英国、欧盟等也宣布对中国的离境产品木质包装采取紧急措施，据当时估计，仅欧盟的这一决定至少影响了中国 70 多亿美元对外出口。由于绿色贸易壁垒的不断扩展，我国出口的纺织品、油漆、涂料、建筑材料、清洁用品、纸张、纸制品、机械产品、鞋类、橡胶制品等都受到不同程度的影响。加之我国出口的商品大多为劳务密集型产品，受环保因素的影响较大，所以越来越多的出口产品受到发达国家和地区环保法规的影响。这些对我国已经造成严重影响的标准主要是：食品中的农药残留量、陶瓷产品的含铅量、皮革的 PCP 残留量、烟草中有机氯含量、机电产品和玩具的安全性指标、汽油的含铅量指标、包装物的可回收性指标、纺织品染料指标和保护臭氧层的受控物质。

绿色贸易壁垒对我国进出口贸易的影响并非我国加入世贸组织造成，而是诸多因素综合作用的结果。首先，改革开放前，我国环保意识淡薄，绿色经济观念缺乏，改革开放后，我国环保意识有所提高，但整体而言我国经济发展仍然停留在以消耗自然资源，牺牲环境质量发展经济的模式上。因此，我国成为某些国家转移“洋垃圾”的对象国。其次，环境保护法规、标准仍不健全。尽管目前我国在各自主要环境保护领域都建立起了相关的法律保障体系，但仍然有许多领域缺乏法规的有效规范。再次，环保标准过低，我国环保标准与国际标准相比过低。在我国 19278 项已有国家标准中，采取国际标准和国外先进标准的不足 50%，高新技术标准严重缺乏。我国的标准制定相对落后，周期也长。最后，认证意识不足，认证能力薄弱，我国企业对 ISO 14000 环境管理体系的反应比较迟钝，截止到 2012 上半年，在我国已获得该认证的企业仅有 500 余家。我国企业要获得国外认可，不仅需要大量的检验、测试、评估费用，还要支付大量的认证费用和使用年费。另外，外国通过出口或直接投资等渠道向我国大规模转移污染密集型产业，进一步恶化了我国生态环境，使许多产品（尤其是农副产品）的出口愈加困难。我国多年来重经济增长速度、粗放式的经营模式在短期内难以有实质性改变。受消费者对绿色产品的需求及收入水平、国民素质、经济技术发展水平所限，我国绿色市场规模狭小、开发难度较大，绿色产业的发展步履艰难。因而，我国目前尚难以有效利用绿色壁垒对绿色产品贸易所提供的发展机遇。

我国外贸出口所面临的传统贸易壁垒将会因加入WTO而有所降低、消除，外贸伙伴国对我国进行贸易限制会受到较多限制，我国的出口将有一定的增长。然而，为了维持国际收支平衡、避免贸易条件恶化、保护国内产业等目的，其他国家仍会采取各种手段进行贸易保护，绿色壁垒将会得到更广泛的运用。而且，我国在国际贸易中的身份因加入WTO后会有所改变，优惠、照顾将会减少，我国将面临环境壁垒的更大挑战。自然，我国可根据WTO有关条款，通过有关机构来抵制绝对环境壁垒，但由于环保问题的复杂性与隐蔽性，这种保护作用将是有限的。我国也会因加入WTO而在国际绿色市场准入方面更加便捷，但我国利用这种机会的能力是很有限的。因而，至少在短期内我国外贸出口所受环境壁垒的负面影响并不会削弱，反而会更突出、更严重。因此，在这种形势下，如何向国际环境标准靠拢，提高我国出口产品的环境竞争力，设法达到进口国对我国出口商品的环保要求，是加入WTO后改善我国出口贸易环境的关键所在。

16.4.4.3 加快与国际环境标准接轨的步伐，提高我国出口产品的环境竞争力

第一，加强环保立法与监督应在研究借鉴国际经验的基础上，全面审查我国涉及外贸、外国投资和环境保护的法律、法规和政策，依据发展中国家对环境应尽的责任、权利和义务的对称原则，清理与WTO相违背的规则，建立和完善相关的法律法规体系。鼓励实行欧盟、美国和日本等发达国家的先进产品环境标准、生产过程环境标准和企业环境管理标准。国家环境保护部门、环境监测机构和环境研究机构应参与并帮助政府经济管理部门和企业，解决与环境有关的情报、标准和技术等方面的问题。第二，建立贸易与环境的有效协调机制。由于在对外贸易和环境保护之间有大量政策法规的工作需要进行协调，因此有必要在国家有关部委之间及中央和地方政府之间，特别是外经贸和环保以及质检部门之间建立有效的协调机制。加强行业协会的作用，促使更多的企业积极加入保护生态环境的行列。第三，积极实施ISO 14000，加强环境认证和管理，自1996年7月国际标准化组织正式公布实施ISO 14000系列环境管理标准以来，欧、美、日等发达国家以及新兴的发展中国家积极响应并推广实施，目前ISO 14000正逐渐成为一种环境标准的国际语言，并迅速扩展到全球每一个国家。ISO 14000系列标准主要包括环境管理标准、环境审核标准、环境标志标准、环境行为标准和产品寿命周期评价（LCA）标准。它要求企业采用与ISO 9000系列标准相同的管理体系的方式建立环境管理体系，通过体系的建立和运行，来实现环境管理方针和环境目标，按计划、执行、检查、改善（PDCA循环）来实现管理的持续改进和循环上升，在产品设计的同时进行环境设计LCA，从产品的开发、设计、加工、制造、流通、使用、报废处理到再利用的全部过程进行评定，对每个环节活动进行资源分析、能源分析和环境影响分析。产品寿命周期评定方法使得产品在整个寿命期内能源与资源消耗少，对环境无污染或少污染，到产品报废时又不产生大量垃圾，能回收再利用的比重大，同时又能更好地满足用户和消费者的要求，提高开发、使用的效率，使资源配置在更高的层次上实现合理化。ISO 14000系列标准要求企业在生产过程中采用“清洁工艺”，从而减少污染，降低污染物的处理费用，同时资源的节约和回收再用降低了产品成本。随着全球绿色浪潮的涌动和贸易自由化，企业的“绿色形象”对于企业的生存与发展越来越重要，这是我国众多企业推崇ISO 14000的根本原因。目前，国际社会已制定了150多项环境与资源保护条约，各国制定的环保法规也越来越多。由国际标准化组织制定

的ISO 14000系列标准从某种意义上来说也是一种壁垒，它对那些信息不灵、行动迟缓的国家和组织造成实际上的贸易障碍。各发达国家对ISO 14000系列标准持积极态度，同时以此为借口向发展中国家提出了要求。因此，发展中国家要摆脱受其控制的地位就必须迅速着手开展ISO 14000的实施工作。从这一意义上说，ISO 14000的认证是企业进入国际市场的通行证。此外，通过实施ISO 14000，还可以促进我国国内环境法规和标准与国际标准接轨，协调并缩小与进口国的环境法规、环境标准的差距。第四，加强国际合作，提高可持续发展能力。（1）积极参加国际社会对贸易与环境问题的讨论和谈判。密切注意WTO、OECD、亚洲及太平洋地区经济合作组织（APEC）、各发达国家和发展中国家，以及区域性组织的贸易与环境发展动向，在可持续发展的原则上及时调整国家的贸易政策法规。(2) 在世贸组织谈判中，积极推进制定专门的贸易、投资与可持续发展协议。中国加入世贸组织不仅仅要适应世贸组织的规则，更重要的是要和广大的发展中国家一道推动世贸组织的改革，维护中国和发展中国家的利益。以适应广大的发展中国家对中国期望。第五，利用WTO的有关规则保护自己。WTO自创建以来，一直奉行利益均享的原则，即不论国家大小、贫富，经济和生活水平都应得到提高，应该照顾到各个国家的发展程度，采取区别对待的政策。这个原则同样体现在贸易与环境的问题上，考虑到发展中国家的特殊问题，在建立WTO协议的序言中规定，为保护环境，允许“以符合不同经济发展水平下各自需要的方式，加强采取各种响应的措施”。我们应该充分利用WTO的这种特殊规定，争取在制订环境标准时与发达国家有所差别，或分阶段进行，以延缓环境问题对我国出口商品的冲击。综上可见，发展贸易和环境保护之间既相互制约、又互相促进，关键在于如何及时、适当地调整我国的环境与发展政策，趋利避害，变制约为促进。只有这样，才能适应入世后面临的新形势，实现国民经济的可持续发展。

16.5 绿色贸易壁垒

16.5.1 绿色壁垒概述

所谓绿色贸易壁垒，也称绿色壁垒，是指在国际贸易活动中，以保护环境为由而制定的一系列环境贸易措施，使得外国产品无法进口或进口时受到一定限制，从而达到保护本国产品和市场的目的。由于发达国家的产品科技含量和公众的环境意识普遍较高，它们对环境标准的要求非常严格，不仅要求末端产品符合环保要求，而且规定从产品的研制、开发、生产、包装、运输、使用、循环再利用等整个过程均需符合环保要求。这无疑会给广大发展中国家产品的国际竞争力及出口带来很大的障碍。

一般来说，绿色贸易壁垒具有以下一些特点：

（1）虚假性。绿色贸易壁垒一般都打着保护地球生态环境与人类健康的幌子，貌似合理，实则是为限制进口、不合理地制造贸易障碍的贸易保护主义行为。

（2）不平衡性。发达国家与发展中国家的发展状况已呈现极大的不平衡性，而发达国家无视发展中国家的现实情况，以其先进的技术、雄厚的资金提出过高标准，把发展的不平衡导入国际贸易领域，引致更多的不平衡。发达国家甚至提出远高于其国内标准的标准，搞双重标准，更是加剧了不平衡性。

（3）隐蔽性。种种绿色贸易壁垒借环境保护之名，隐蔽于具体的贸易法规规定、国际公约的执行过程之中，成为进口国拒绝外国产品的“法宝”。

（4）广泛性。绿色保护的内容非常广泛，不仅涉及资源环境与人类健康有关商品的生产、销售方面的规定和限制，而且对那些需要达到一定安全、卫生、防污等标准的工业制成品亦产生巨大的压力。这些绿色保护措施，还具有不确定性和可塑性，在具体实施时容易受发达国家的刁难和抵制。对生产技术水平较低的发展中国家来说，涉及面就更大、更深。20 世纪 70 年代以来，为了保护生态环境和人类健康，国际社会组织颁布了很多保护性公约，保护的内容涉及从天上到地下，从陆地到海洋，从人类到动物，从动物到植物，从固体到液体，从液体到大气。这些都有绿色贸易壁垒“幽灵”的出现。

（5）坚固性。绿色贸易壁垒抓住人们关注生态环境的心理，根据本国市场和消费者的情况制定超高标准，先入为主，制造进口产品的消费障碍，具有坚固的限制进口的壁垒作用。

（6）绿色壁垒的相对性。在发达国家之间，环保技术水平比较接近，许多发达国家之间还制订相同的环境标准、检验方法、使用统一的环境标志等，所以它们之间的贸易因环保问题导致的纠纷较少，基本上不存在绿色壁垒。而在发达国家与发展中国家之间则大不一样，发展中国家环保行动起步晚，环保技术相对落后，对产品的环保要求比较宽松，从发展中国家的角度来看，这些发达国家制定的标准不仅严格苛刻，而且产品的检验手续也烦琐复杂，加上各种环境标准处于经常变动之中，使产品出口制造商很难适应。如此繁杂的环保措施，对发展中国家来说，无疑就是绿色壁垒。

（7）绿色壁垒的时效性。绿色壁垒的时效性是指它只能在某一段时间内有效，即其实施者要把不符合其环境要求的产品挡在国门之外不可能是永久性的。例如在某一年份，由于出口商的产品达不到进口国关于环境保护措施方面的要求，于是其产品被拒之门外，但出口商经过一段时间的技术改造和采取一系列的绿色措施，产品的环境标准和其他技术指标有所提高，当它满足了进口国关于环境保护方面的要求时，则进口国原来对出口商的绿色壁垒就不复存在了，所以针对某一产品所实施的绿色壁垒有一定的时效性。

16.5.2 绿色贸易壁垒产生的原因

16.5.2.1 直接原因

“绿色消费”和环保意识大约在十几年前，欧洲掀起了一股倡导健康生活的潮流。时至今日，“绿色消费”已成为一种世界性的潮流。联合国统计的数据表明，1999 年全球绿色消费的总量达 3000 亿美元，84% 的荷兰人、89% 的美国人、95% 的法国人在购物时会考虑消费的环保标准，关心所购商品是否为“绿色产品”。顺应“绿色消费”的潮流和根据环境保护的需要许多国家政府和国际组织陆续研究、制定、发布了一系列的环保法律法规和环境保护标准。

16.5.2.2 间接原因

绿色贸易壁垒产生的间接原因是贸易保护主义的需要。由关贸总协定（GATT）到世界贸易组织（WTO），八轮的关税谈判已使国与国间贸易关税壁垒的作用降到最低点。而世贸组织成员之间的贸易已占到国际贸易额的 90% 以上。各成员在迫使对方开放市场的同时又在千方百计地保护本国或地区市场，绿色贸易壁垒就成为各国或本地区手中一张符合世贸组织协议进行贸易保护的王牌。特别是欧美发达国家打起来更是得心应手，既成就了其“环保卫士”的美名，又遂了其保护市场的心愿，可谓“一石二鸟”。

16.5.3 绿色贸易壁垒的表现形式

绿色贸易壁垒存在的法律形式表现为三个方面：（1）国际环境保护公约中的环境壁垒。例如《保护臭氧层维也纳公约》和《关于消除臭氧层物质的蒙特利尔议定书》，规定发展中国家停止生产和使用消耗臭氧层的物质，虽然考虑到发展中国家的实际情况，设定了一些宽限期和资金技术条款，但由于发展中国家科技水平大大低于发达国家，难以在短期内生产出符合公约规定的替代产品，相关产品的出口受到严重制约。（2）多边贸易协议中的环境壁垒。突出地表现在WTO允许其成员方在遵守WTO有关规定的前提下，为达到保护某些自然资源或濒危物种的目的，采取适当的贸易限制措施。（3）国内法规则中的环境壁垒。不同国家国内法从商品的不同方面对进口采取限制措施，尤其是发达国家采取较为隐蔽的方法向发展中国家提出过高的要求，比如在商品的技术指标、商品生产方法、商品的包装等方面。环境保护与贸易保护的契合决定着绿色贸易壁垒的应用较为广泛，不仅包括制成品，还包括中间产品；不仅包括产品的质量，也包括产品的加工生产方法以及产品的设计和消费处置过程。绿色贸易壁垒应用的广泛性使绿色贸易壁垒表现形式多种多样。主要包括以下几种。

（1）绿色关税制度。发达国家对一些污染环境和影响生态，可能对环境造成威胁及破坏的产品征收进口附加税，或者限制和禁止商品进口，甚至对其实行贸易制裁。但是，在标准的实行上常常内外有别，明显带有歧视性的规定，可以说是以绿色之名行贸易保护之实。

（2）绿色技术标准制度。通过立法手段，制定严格的强制性技术标准，限制国外商品进口。发达国家凭借自己的经济技术优势和垄断地位，不考虑或很少考虑发展中国家的实际情况，对进口产品不分国别一律采取非常严格的技术标准，事实上导致发展中国家产品被排斥在发达国家市场之外。

（3）绿色环境标志制度。绿色环境标志又称绿色标签，是环保产品的证明性商标。发展中国家产品为进入发达国家市场，必须提出申请，经批准取得绿色环境标志。目前已有40多个国家和地区推行绿色环境标志制度，并趋向于协调一致，相互承认，对发展中国家产品进入发达国家市场形成了巨大的障碍。

（4）绿色包装制度。发达国家制定的较高且比较完善的包装材料标准，包括废弃物的回收、复用和再生等制度，是为了防止包装材料及其形成的包装废弃物给环境造成危害，结构不合理的包装容器可能损害使用者的健康而采取的环境保护措施。但某些过于严格的绿色包装措施，则可能事实上妨碍发展中国家的对外贸易，引发贸易争端。

（5）绿色补贴制度。发达国家认为，如果一个国家内部采用比较宽松的环境标准，这些国家的产品就不必支付高昂的环境成本，与本国产品竞争时就具有明显的成本优势。其实质是政府在对企业及其产品提供消极的环境补贴，所以进口国基于保护环境和本国的利益而有权征收反补贴税。

（6）绿色卫生检疫制度。绿色卫生检疫制度是指国家有关部门为了确保人类及动植物免受污染物、毒素、微生物、添加剂等的影响，对产品全面的严格检查，防止超标产品进入国内市场。绿色卫生检疫制度影响最大的产品是药品和食品，为保障食品安全，许多国家采取了严格的检疫制度，有些国家通过立法建立了近似苛刻的检疫标准和措施，形成了实质上的贸易保护。

16.5.4 绿色贸易壁垒对国际贸易的影响

在国际货物贸易中，从1947年的GATT到1994年的WTO，降低关税一直是国际社会的主题。时至今日，作为阻碍国际贸易的重要因素的关税壁垒已经在一定程度上得到了控制，而许可证制度、配额制度、原产地制度等非关税壁垒对国际贸易的自由化的进程阻碍日益明显。同时，绿色壁垒作为新型的、重要的阻碍国际贸易的障碍，应该引起我们的重视。

16.5.4.1 有利影响

绿色贸易壁垒是双刃剑，如果运用适当，对保护自然资源、对全球经济的可持续发展是有利的；其从长远的全球利益出发，顺应世界环保历史潮流，倡导、拥护可持续发展原则，将发展经济、解决贫困与保护环境协调起来。"绿色壁垒"在国际贸易中是为了加强环境管理，有利于保护环境，保护人类和动植物的健康与生命，它的目的是保护环境，实现国际贸易可持续发展。它是国际贸易的一种趋势，反映了各国对环保的普遍重视，这是正当的和合理的。绿色壁垒对国际贸易的有利影响有三方面：一是绿色壁垒虽然对贸易造成障碍，但其初衷是为了提高产品的技术含量，保护环境和人类的健康，提高人类的生活质量，各国通过制定、实施绿色壁垒，客观上可以达到最初设想的目的。二是绿色壁垒所采用的技术标准通常是以先进的技术为基础，通过绿色壁垒的实施，可以促进各国提高生产技术水平和产品质量，加快相关产业的发展，进而带动各国整个国民经济的发展。三是通过绿色壁垒的实施，可以促进各国发挥其生产和技术上的优势，根据比较利益原则，合理配置和利用各生产资源，维护生态平衡，维护经济持续发展。

16.5.4.2 不利影响

如果绿色贸易壁垒被滥用，就会阻碍全球经济的发展，形成新的贸易保护主义。而目前因为种种原因，绿色壁垒的形式多样化、环境标准的复杂化、检疫措施的苛刻等，反映出绿色壁垒已经成为对国际贸易的阻碍，反映出新的贸易保护主义的抬头，可以说绿色壁垒被滥用已是不争的事实。

首先，它背离了自由贸易原则。自由贸易是WTO要追求的目标，自由贸易须建立在平等的基础之上。发达国家制定的高标准的环境标准、环境成本内化的要求，使发展中国家丧失比较优势，从而使WTO的自由贸易的目标也就失去了根基。其次，违反GATT第11条普遍取消数量限制的规定。这是实现贸易自由的重要保证。虽然不像配额许可证那样明显，但绿色壁垒所起的作用无疑是相同的。再次，它违反了非歧视原则。在国际贸易中，国民待遇、最惠国待遇是WTO的最基本原则，依该原则，是不允许歧视任何成员国的，各成员国之间是平等的。但是，复杂而苛刻的环保要求，会使发展中国家望尘莫及，从而造成对发展中国家事实上的歧视，进而使差别与特殊待遇原则落空。为了实现实质上的贸易平等，从而促进全球经济的共同发展，WTO规定了发展中国家享有差别于发达国家的特殊优惠待遇原则。发达国家统一实施环保标准，使 WTO 主张的发展中国家的差别与特殊待遇无法体现，更无法实现。此外，国际上缺乏有效的机制制裁与环境有关的贸易争端，于是发达国家就采取国内一整套环境法规来监管国际贸易，单边措施产生的“溢出效应”，使得绿色壁垒对 WTO 原则的背离愈为严重。

发达国家针对本国环境问题制定的环保法规，在保护环境的同时，又成为变相的贸易保护主义措施，给发展中国家的出口产品进入国际市场设置了重重障碍。发达国家认为，为实现全球可持续发展，各国不仅有责任保证主权管辖或控制下的活动不至于损害本国环境，而且有责任保护不至于损害他国的环境和属于国家管辖以外地区的环境；进而任何国家有权采取相应措施，控制、禁止污染环境或不符合环境标准的产品进入国际市场，从而减少或消除破坏环境产品的生产和销售。发达国家凭借其强大的经济实力和较高的科技水平，制定了一般严于发展中国家的环境标准，而且其标准不仅针对最终产品，还涉及产品的原材料、生产过程、包装、使用及废弃后对环境的影响诸多方面。实质上导致了一国环境政策的制定、执行出现“越境管辖”的情形。随着国际多边环保合作和国际环保机制的不断发展，这些为一国单边主义环境保护机制的推行提供了广泛的法律空间，加剧了绿色贸易壁垒对国际贸易的负面影响。

随着环境问题的全球化，国际社会通过建立国际组织，订立国际公约、协定及规则，推动共同行动计划，发表宣言等形式形成的多国合作解决机制对国际贸易产生了直接的影响。例如：《关于破坏臭氧层物质的蒙特利尔议定书》的签署，使原使用氟利昂的制冷设备、冰箱、各类化妆品等逐步退出市场；为响应国际社会防止全球气候异常恶化倡议，美国、德国近年已停止了对热带木材的进口。20 世纪 70 年代以来，在国际标准化组织（ISO）倡导下逐步兴起的环境标志运动，促成了国际上一股绿色生产和绿色消费浪潮，形成了一个涉及产品从生产到销售乃至报废处理各个环节无污染的环境管理体系，迫使企业不得不努力去通过环境质量管理体系，获得环境标志，以增强其产品的国际竞争力。

总之，WTO 法律框架下，绿色壁垒规定的分散性、不确定性、不完善性，对国际贸易是极为不利的，会使新的贸易保护主义得以出现、蔓延。

16.5.5 绿色贸易壁垒对我国对外贸易的影响

16.5.5.1 积极影响

（1）绿色壁垒给我国企业和社会各界敲响了警钟。尽管绿色壁垒措施对发展中国家来说存在种种不合理性，但也使我们意识到了我国企业在从事生产运作时的确需要进一步加强环保意识，树立绿色发展的观念，在追求增长的同时也要兼顾生态环境的协调发展。我国不少企业片面追求利润和生产规模的扩大，采用粗放型的生产方式和污染增加型的生产技术，给环境带来了沉重的负担。限时治理污染和整顿、关闭一些污染严重的中、小企业已经被提到议事日程上来，绿色壁垒给我国出口带来的困难更使我们意识到了加强环境保护的迫切性。

（2）绿色壁垒有利于我国外贸增长方式和出口产品结构的改变。多年来，我国出口的多为低端低价、以量取胜的产品，并且出口的增长是以对生态环境的破坏为代价的。绿色技术标准有利于促使企业节约和综合利用资源，提高资源的单位产出率，减少污染，在提高经济效益的同时也产生良好的社会效益。而如何实现清洁生产的过程有赖于技术创新。

这就要求不断改进管理和操作方法，改进工艺技术和产品设计，选择更清洁的原料，组织内部物料循环等以减少对环境的不利影响。科学技术的创新及其应用于生产领域在其中起到了主导作用。由此绿色技术标准就提高了我国产品的科技含量，在利用比较优势组织生产的同时又努力创造出了竞争优势。根据 Michael Porter 的竞争力理论，生产要素可以分为初级和高级两种。我国目前多数出口产品是利用了我国廉价的非技术或半技术劳动力等初级生产要素的比较优势。然而初级生产要素已经日益失去它的重要性，因为它容易被模仿，而且对它的需求正在减少，而供给量却相对地增加，通过全球市场网络取得这些生产要素已变得相对容易。高级生产要素，比如科技在生产过程中的投入等，对竞争优势的重要性就要高得多，它是提供产业更具决定性、持续力和更精致的竞争优势的基础，有助于企业铸造其核心竞争力。企业想要持续它的国际竞争优势，就必须摆脱当前的初级生产要素优势，逐步实现生产要素的升级和专业化，提高竞争优势的价值。对于中国的出口企业来说，就是不能满足于粗放型的生产方式、不考虑外部性的污染增加型技术和劳动力资源，一定要上升到绿色发展，依靠科技实现清洁生产，提高产品的安全性、质量、使用价值和附加价值。只有这样，我国才能逐步改善目前低价出口的贸易条件，创造出出口产品更高级、更稳固的竞争优势，真正促进外贸增长方式的转变。另外，根据全球商品贸易构成在 20 世纪发生的显著变化来看，国际贸易的趋势是初级产品如农产品、矿产品所占份额大幅度下降，而制成品尤其是技术密集型产品所占份额急剧上升。在这种情况下，我国更需要尽快实现贸易结构的转换，增加出口产品的科技含量和附加价值，绿色壁垒可以说在一定程度上为这次转型提供了外部的压力和动力。

（3）绿色壁垒的挑战也会促使我国经济增长模式和经济结构的转变以及经济活动与环境保护的相辅相成。它会促进我国环保法规的完善和实施、环境产业从低层次向高层次的发展、企业对环保投入自觉性的提高以及全社会环保意识的强化；它会敦促人们从事绿色生产，采用绿色能源，进行绿色消费，扩大绿色市场，提供绿色服务，开发绿色技术和传播绿色教育，最终改变人们传统的生产方式和消费观念，使经济活动从根本上与环境相适应。在这个过程中，经济增长方式会实现跃迁，由原来低收入水平的“要素驱动”、低收入向中收入水平过渡时的“投资驱动”向中、高收入水平的“技术驱动”和“创新驱动”升级，最终实现既有量、更有质的全面均衡的经济发展。另一方面，环境污染的水平也由经济结构决定。在传统社会阶段，以农业和手工业为主的自然经济对环境的压力较小；进入经济起飞期和工业化阶段，制造业比重加大，城市工业污染问题尤其严重；在高收入水平，高技术产业和服务业成为支柱产业，污染得到控制，环境质量改善，绿色产品风行。如果我们能在绿色壁垒的挑战和促进下加快经济结构的合理化和升级，加快发展第三产业和高新技术产业，就有可能实现经济的跨越式发展，实现发展中国家的后发优势。

16.5.5.2 消极影响

A 影响我国的出口市场

目前中国主要贸易伙伴有美国、日本、欧盟、韩国、东南亚以及中国的香港和台湾地区，与他们的贸易额占中国进出口总额的 85% 以上。而这些国家和地区大多数是世界贸易组织“贸易与环境委员会成员”，也是绿色贸易保护主义最为盛行的地区。由于我国长期忽视环保产业的发展，出口产品很难在短时间内达到发达国家制定的环境标准。如果发达国家凭借自身在环保方面的优势，制定对发展中国家过于苛刻的环境标准，并通过世界贸易组织将贸易与环保紧密挂钩，这将使我国的外贸出口市场面临缩小的可能，对我国的外贸出口造成十分不利的影响。

就纺织业为例：

第一，欧洲的绿色壁垒正在呈现出向全球纺织品服装贸易领域迅速蔓延的趋势。它在顺应国际消费潮流，满足人们对保护环境和可持续发展的愿望，为消费者提供安全无害的产品的同时，也正在成为各国在世界贸易向自由化发展过程中调整贸易关系、保护自身利益的最重要的手段之一，特别是一些发达国家正在以法律法规、工业标准或符合性（合格性）评定程序等方式纷纷构筑这种绿色壁垒。中国的纺织品服装出口长期以来一直集中在中国香港及日本、美国和欧盟四大市场，出口额占据总出口的75%以上。其中出口中国香港的产品通过转口贸易的方式，最终目的地也大部分集中在日本、美国和欧盟。因此，欧洲的绿色壁垒及其迅速向世界纺织品服装主要进口地蔓延的趋势对中国纺织品服装出口的影响将是全方位的，绝不能认为只是出口欧洲的部分会受到影响。事实上，这种趋向正在逐渐显现。

第二，过高的国际依存度使中国的纺织业面临极大的国际市场风险。

目前我国纺织业的国际依存度约在40%以上，如果剔除部分来料加工贸易，实际的国际依存度在30%以上。有专家预言，绿色、环保或生态安全型纺织品和服装将主宰未来的国际纺织品服装贸易市场，并获得广泛共识。因此，在绿色壁垒的挑战面前稍有闪失，就会对中国纺织业带来重大影响。统计表明，在中国的纺织品服装出口中，服装的出口占了2/3以上，而我国服装业的国际依存度更是高达50%以上，使我国的服装业承受着过大的国际市场风险的压力。据测算，我国服装出口每下降1个百分点，全国服装生产就要下降0.5个百分点，全国就会有3.6万人失业，社会压力沉重，由此而对相关行业引起的连锁反应将会相当严重。同时，对国有企业因调整产业结构、优化运行机制而引发的社会就业压力带来新的负面影响。

第三，进口纺织品服装的日益增长已经使欧、美等国的纺织业面临严重的生存危机，同时，对以日本、美国和欧洲为主要出口地的传统纺织品服装出口国而言，也正日益感受到越来越激烈的竞争态势。因此，设置各种绿色壁垒不仅成为纺织品服装主要进口国减轻国内压力、减少进口冲击、保护本国贸易利益的重要手段，而且也会对纺织品服装主要出口国在激烈的国际市场竞争中的地位产生重大影响，迫使他们在如何破除这些壁垒方面做出更大的努力以赢得新的竞争优势。因此，竞争格局的调整已成必然，重新洗牌已经开始。这对中国纺织业而言，既是机遇，又是挑战。面对如此难得的机遇和愈演愈烈的竞争局面，中国的纺织品服装出口可谓如履薄冰、生死攸关。

第四，就目前中国绝大部分出口纺织品服装生产企业而言，无论是在管理水平、技术水平以及产品开发能力和获得最新信息的能力方面都还处于比较低的水平。因此，绿色壁垒的出现，无论是从观念、技术还是经济效益等各个层面上都会带来很大的冲击和挑战。如果能及时更新观念、随时掌握最新的信息、花大力气从技术和管理上下工夫，就有可能冲破绿色壁垒，在新的更高的层面上参与国际竞争；如果一味地消极面对绿色壁垒，不从根本上提高技术和管理水平，就完全有可能在新一轮的竞争面前败下阵来。因此可以预计，绿色壁垒的出现，必将从一个侧面对中国纺织业的发展起到一个巨大的推动作用，尽管这种推动在一开始是有些身不由己和痛苦的。可以预料，以保护人类与环境为由推行“绿色”贸易保护主义的做法将成为目前乃至今后相当长一段时期国际贸易摩擦的一大特点。

B 削弱我国出口产品的国际竞争力

一些发达国家对我国出口货物征收绿色关税和反补贴税，将使我国出口产品在激烈的国际竞争中丧失竞争优势。此外，绿色贸易壁垒的制定实施必然会涉及产品从生产到销售、使用乃至报废各个环节的监督和检测。它要求将环境科学、生态科学的原理运用到产品生产、加工、储藏、运输、销售、使用和报废处理等全过程中去，从而形成一个完整的无公害、无污染环境管理体系。为达到发达国家的环境标准，今后我国出口产品在流通过程中，不得不增加有关环境保护的检验、测试、认证和鉴定等手续及其相关费用。产品的外观装潢、出口检验和广告等也将作大幅度的调整。这样，我国出口产品的各种中间费用和附加费用将大幅增加，使产品的出口成本大为增加，进而削弱我国出口产品的国际竞争力。同时，也使我国出口产品的生产企业和外贸企业的经济效益下降。

C 影响双边或多边贸易关系，引发贸易摩擦

近年来，发达国家以保护环境为名经常采取单方面的贸易措施，限制外国商品的进口，由此引发的双边或多边贸易摩擦日益增多。当前世界经济区域化和集团化的趋势不断加强，像欧盟和北美自由贸易区这一类区域性经济组织的成员基本上都是发达国家，他们的环保水平和环境标准大致接近，个别成员国存在的差距也在趋于协调一致。因此，发达国家可以通过区域自由化贸易的形式，以低于区域环境标准为由，将来自区域以外的产品包括中国的产品排斥在巨大的区域市场之外。随着世界经济区域化和集团化趋势的不断加强，中国将不可避免地与其他发达国家或区域性经济组织因为环境问题产生双边或多边的贸易摩擦，影响双边或多边贸易关系，不利于我国外贸的稳定发展。尤其是在农畜水产品上，农产品出口受阻的品种多。受阻的农产品从蜂蜜到冻鸡，进而延伸到整个畜产品和水产品。2002 年 1 ~5 月，欧盟全面禁止进口中国的动物源性食品和水产品。对中国农畜等产品实施绿色贸易壁垒的世贸组织成员从发达成员（欧盟、美国、日本）扩展到部分发展中成员（韩国、新加坡）。中国成为美国绿色贸易壁垒限制进口最多的国家。2002 年 1 ~3 月，美国药品管理局扣留的进口产品共达 12025 批次，其中，中国为 1140 批次，占同期被扣产品总批量的 9.48%，居受阻国家和地区的首位。对中国进口农、畜产品的检验项目增多，检验加强。如欧盟对中国茶叶的检验项目已从过去的 6 种农药残留的检验增加到 62 种。日本厚生省 2002 年 4 月 25 日宣布，从中国进口的蔬菜中存在严重的农药残留超标问题，决定对 18 种蔬菜进行抽检。绿色贸易壁垒严重影响了我国发达地区省市的出口。2002 年 1 ~3 月，我国沿海地区被美国药物管理局扣留的产品累计 896 批次，占我国被扣产品总量的 78.6%，其中，广东省为 240 批次，占 21.05%，居第一位；福建为 201 批次，占 17.63%。2002 年 1 ~4 月，经深圳口岸出口的冻鸡出口数量和贸易额均比去年同期减少了 40%。2001 年，我国约有 70 多亿美元的出口商品受到绿色贸易壁垒的影响。我国上述产品不断为绿色贸易壁垒所阻，可能会引起扩散和连锁效应，产生较为严重的后果。

D 加剧污染产品和污染产业向我国转移

由于我国环境保护标准低且数目少，环境保护和管理体系不健全，环境保护门槛较

低，在发达国家纷纷推行绿色贸易壁垒并日益提高其环境标准的情况下，必然会造成低标准的产品大量涌入我国，洋垃圾进口事件的屡屡发生便是很好的例证。同时，当前我国正处于经济快速发展时期，需要大量的建设资金，大量外资的流入在很大程度上弥补了我国建设资金的不足；但是，在外商投资建设项目中，我国缺乏对环境因素的评估，对环境影响的评估制度没有得到真正的实施。一些外商投资者为了获取可观的经济利益和逃避本国高额的成本内部化和绿色贸易管制，将一些污染密集型企业转移到我国境内生产，这在化工、造纸、印染、电镀、农药等行业尤为明显。污染产品和污染产业向我国的转移，一方面损害了我国消费者的利益，另一方面，对我国的环境造成更为严重的破坏。

绿色壁垒的案例材料：

（1）最近，在美国、西欧主要国家以及日本之间，又展开了建立汽车贸易壁垒的新较量，这标志着世界汽车三大市场之间的贸易摩擦又将升级。由于日本轿车在美国和欧洲市场上长期受到顾客的欢迎，日本轿车在美欧市场的份额是美欧企业在日本市场份额的几倍。欧盟试图通过制订和实施新的汽车排放标准来限制日本汽车在欧洲市场的增长。新的环境保护要求，到2008年，欧洲市场销售的所有轿车的二氧化碳排放量要比1995年下降25%，这无疑是冲着日本和韩国企业而来的。对此，韩国的汽车企业认为在技术上难以达到而反对；日本汽车工业协会则表示“与欧洲企业共同努力”，但是不明确表示保证届时达标。欧盟准备在各成员国一致通过新的排放标准之前，先拿日本和韩国企业开刀，即首先强制要求日韩企业先达标，否则不能向欧洲市场出口。据分析，由于在欧洲市场上，从日本进口的轿车以高级休闲车和大型轿车为主，其平均的二氧化碳排放水平比欧洲当地生产的车要高出近10%，若要达标，日本车就要平均减少31%以上的二氧化碳排放量。日本政府也不示弱，在1999年3月19日，日本政府与欧盟就汽车废气排放标准谈判破裂后，日本立即采取了针锋相对的策略：实施“歧视性”的《节能修正法》新法案。在1999年4月1日实施的该法案规定，到2010年，在日本市场上销售的不同质量和用途的汽车，必须达到相应的节能标准，以减少汽车的废气排放。具体规定是：两人（按110kg计）乘坐时总质量在1000kg以下的汽油轿车，到2010年要比1995年的相当车型节能17.7%；同期1000～1249kg的轿车，要节能25.7%；1250～1499kg的轿车要实现30%以上的节能；1500～1749kg以上的轿车，到2010年要比1995年分别实现节能24%和9.7%。由于美国和欧洲生产的轿车在日本市场有近90%属于1250kg以上的范围，即几乎所有的美欧轿车都要在日本市场上受到更加严格的节能要求；而日本车在国内市场由于主要是轻型和微型车，因此受此修正法案的影响就没有外国企业那样大。美国政府向世贸组织提交了一份意见书，该意见书指出，日本单方面提高汽车节能标准是直接阻碍国外汽车进口的不正当行为，要求世贸组织正式调查。

（2）为保护环境，不少发达国家采取了各种措施来限制或禁止某些产品的进出口贸易。经济合作与发展组织成员国已禁止了多种化工产品的生产和进出口贸易，其中包括DDT和六六六等农药。由于食品受到污染，许多国家提出了很高的卫生要求。1991年有32个国家和地区对427种农药在食品中的残留量订有法定的限量标准；不少国家对食品中农药残留污染、重金属含量、化肥使用、微生物污染、动物饲料及添加剂等进行了严格的规定；对食品包装的要求也越来越严格。有的国家以保护野生动物为由禁止进口裘皮、毛皮、鲸皮产品。美国宣布禁止从加拿大进口石棉；德国根据《危险物质使用条例修订草案》规定在1994年全面禁止进口、制造和使用石棉，并敦促其他国家在欧洲范围内禁止使用石棉。1990年美国根据保护海洋哺乳动物法，以保护海豚为由禁止进口墨西哥的金枪鱼。废弃的塑料包装材料在许多国家和地区已成了难以处理的垃圾，构成“白色污染”。为保护环境，许多国家对进口商品的包装提出了可回收利用、循环使用、自然化解等新的要求，这使得许多产品进入其传统市场时产生困难，贸易争端也随之而起。

(3) 从1996年开始，我国对欧洲的服装出口开始趋缓，主要原因是相当一部分服装残留污染，不符合环保要求。我国苏南一家服装厂出口的服装因拉链用材“含铅过度”，白白损失10多万美元，最终导致企业破产。仅1996年，欧盟国家禁止进口的非绿色产品价值就达220亿美元，其中发展中国家提供的产品占90%。值得注意的是目前一些国际组织在禁止生产和使用氟利昂之后，正着手对污染物控制采取新的行动，如联合国现已拟订《持久性有机污染物议定书》初步草案，一旦通过，必将对包括我国在内的企业生产和商品出口产生很大影响。

本章小结

本章主要论述了国际贸易的概念、国家间进行贸易的原因，以及贸易与环境之间的互相影响、我国面临的环境与贸易问题及其解决措施，绿色壁垒的概念、特点和对我国进出口贸易的影响。

习 题

16-1 阐述贸易与环境是如何相互影响的。

16-2 联合国处理贸易与环境问题的基本原则有哪些？

16-3 我国面临的环境和贸易的问题有哪些？

16-4 解决我国一些贸易与环境问题的措施有哪些？

16-5 什么是绿色贸易壁垒，绿色贸易壁垒对我国贸易会产生什么样的影响？

16-6 国家间进行贸易的依据有哪些？

参考文献

[1] 刘成武，黄利民．资源科学概论［M］. 北京：科学出版社，2004.
[2] 厉以宁，章静．环境经济学［M］. 北京：中国计划出版社，1995.
[3] 阿瑟·庇古．福利经济学［M］. 朱泱等译．北京：商务印书馆，2006.
[4] 王金南．环境经济学——理论·方法·政策［M］. 北京：清华大学出版社，1994.
[5] 张帆．环境与自然资源经济学［M］. 上海：上海人民出版社，1998.
[6] 马中．环境与资源经济学［M］. 北京：高等教育出版社，1999.
[7] 鲁传一．资源与环境经济学［M］. 北京：清华大学出版社，2004.
[8] 王玉庆．环境经济学［M］. 北京：中国环境科学出版社，2002.
[9] 沈满洪．资源与环境经济学［M］. 北京：中国环境科学出版社，2007.
[10] 王克强．资源与环境经济学［M］. 上海：上海财经大学，2007.
[11] 曲福田，等．资源经济学［M］北京：中国农业出版社，2001.
[12] 穆贤清，黄祖辉，张小蒂．国外环境经济理论研究综述［J］. 国外社会科学，2004（4）：27~39.
[13] 夏光．环境经济学在中国的发展［J］. 中国人口·资源与环境，1999（1）：22~26.
[14] 沈满洪．环境经济学研究述评［J］. 浙江社会科学，1996（2）：102~106.
[15] 牟雁．环境经济学的发展趋势及其在我国的应用［J］. 环境科学动态，2005（2）：40~41.
[16] 中华人民共和国环境保护法［M］. 北京：法律出版社，2003.
[17] 杨仁发．西方经济学实用教程［M］. 北京：中国农业大学出版社，2011.
[18] 黎诣远．西方经济学［M］. 北京：高等教育出版社，2005.
[19] 黄亚钧．微观经济学［M］. 2版．北京：高等教育出版社，2005.
[20] 萨缪尔森，诺德豪斯．经济学［M］. 19版．北京：商务印书馆，2012.
[21] 罗宾·巴德，迈克尔·帕金．经济学原理［M］. 4版．北京：机械工业出版社，2009.
[22] 汪安佑，等．资源环境经济学［M］. 北京：地质出版社，2005.
[23] 马中．环境与自然资源经济学概论［M］. 2版．北京：高等教育出版社，2006.
[24] 郭伟和．福利经济学［M］. 北京：经济管理出版社，2001.
[25] 黎诣远．西方经济学［M］. 3版．北京：高等教育出版社，2008.
[26] 兰德尔．资源经济学［M］. 北京：商务印书馆，1989.
[27] 王军．资源与环境经济学［M］. 北京：中国农业大学出版社，2009.
[28] 郑永琴．资源经济学［M］. 北京：中国经济出版社，2013.
[29] 伍柏麟，尹伯成．经济学基础教程［M］. 上海：复旦大学出版社，2001.
[30] 蔡守秋．中国环境政策概论［M］. 武汉：武汉大学出版社，1988.
[31] 杨朝飞，王金南，葛察忠，等．环境经济政策：改革与框架［M］. 北京：中国环境科学出版社，2010.
[32] 马中．环境经济与政策理论及应用［M］. 北京：中国环境科学出版社，2010.
[33] 庇古．福利经济学［M］. 北京：华夏出版社，2007.
[34] 马中，杜丹德．总量控制与排污权交易［M］. 北京：中国环境科学出版社，1999.
[35] 李克国．中国的环境经济政策［J］. 生态经济，2000（1）：39~42.
[36] 王丽萍．环境经济与管理［M］. 徐州：中国矿业大学出版社，2008.

[37] 王丽萍．环境与资源经济学［M］．徐州：中国矿业大学出版社，2007.
[38] 郑永琴．资源经济学［M］．北京：中国经济出版社，2013.
[39] 泰坦伯格．环境与自然资源经济学［M］．5版．北京：经济科学出版社，2003.
[40] 张维迎．博弈论与信息经济学［M］．上海：上海人民出版社，1996.
[41] 尚宇红．治理环境污染问题的经济博弈分析［J］．理论探索，2005（6）：95~97.
[42] 孙米强，杨忠直．环境污染治理的博弈分析［J］．生态经济（学术版），2006（2）：108~110.
[43] 谢识予．经济博弈论习题指南［M］．上海：复旦大学出版社，2003.
[44] 曲福田．资源与环境经济学［M］．2版．北京：中国农业出版社，2011.
[45] 潘岳．建立中国绿色国民经济核算体系［M］．北京：中国环境科学出版社，2004.
[46] 曹俊文．环境与经济综合核算方法研究［M］．北京：经济管理出版社，2004.
[47] 高敏雪．环境统计与环境经济核算［M］．北京：中国统计出版社，2000.
[48] 高敏雪．资源环境统计［M］．北京：中国统计出版社，2004.
[49] 朱启贵．绿色国民经济核算论［M］．上海：上海交通大学出版社，2005.
[50] 牛文元．新型国民经济核算体系——绿色GDP［J］．环境经济，2004（3）：11~15.
[51] 於方，等．中国绿色国民经济核算技术体系与方法概论［J］．环境保护，2006（9）：33~37.
[52] 丁慧．循环经济发展的理论基础、运行模式及障碍［J］．经济纵横，Economic Review，2005（5）：50~51.
[53] 毛如柏，冯之浚．论循环经济［M］．北京：经济科学出版社，2003.
[54] 杨雪锋．循环经济远行机制研究［M］．北京：商务印书馆，2008.
[55] 冯之俊，等．循环经济导论［M］．北京：人民出版社，2004.
[56] 黄贤金．循环经济：产业模式与政策体系［M］．南京：南京大学出版社，2004.
[57] 曲向荣，李辉，王俭．循环经济学［M］．北京：机械工业出版社．2012.
[58] 曲格平．发展循环经济是21世纪的大趋势［J］．机电产品开发与创新，2001（1）：6~7.
[59] 莱斯特·巾朗．生态经济［M］．北京：东方出版社，2002.
[60] 诸大建．循环经济深化研究的一个框架［J］．中国科学院院刊，2008，23（5）：444~452.
[61] 杨雪锋，等．循环经济学［M］．北京：首都经济贸易大学出版社，2009.
[62] 陈红雨，黄虹，唐明成．循环经济基础［M］．广州：暨南大学出版社，2007.
[63] 王兆华．循环经济：区域产业共生网络——生态工业园发展理论与实践［M］．北京：经济科学出版社，2007.
[64] 中国环保网：生态城市的标准，http：//www. China environment. com. cn.
[65] 张晨曦．造纸企业树立正确的环保观念的重要性——玖龙纸业发展循环经济的案例研究［D］．北京：中国人民大学，2008.
[66] 王金南．绿色壁垒与国际贸易［M］．北京：中国环境科学出版社，2002.
[67] 孙有恒．我国外贸可持续发展战略存在的问题及政策导向［J］．河南大学学报，2003（6）：49~53.
[68] 程名望．国际贸易中环境成本内在化的经济学分析［J］．中国地质大学学报，2005，5（2）：65~76.
[69] 李挚萍．加入WTO后我国控制外国污染转移法律对策的调整和完善［J］．环境保护，2001（12）：6~9.
[70] 李泊溪．环境与国际贸易的内在冲突与融洽［J］．国际经济评论，2002（1）：19~23.

[71] 夏友富．国际环保法规与中国对外开放［M］．北京：中国青年出版社，1996.
[72] 国家环境保护局．21 世纪议程［M］．北京：中国环境科学出版社，1993.
[73] 中国对外贸易和经济合作白皮书（1997）［M］．北京：中国对外贸易经济合作出版社，1997.
[74] 马洪．经济白皮书：中国经济形势与展望，1991—1998［M］．北京：中国发展出版社，1998.
[75] 中国环境保护法规全书［M］．北京：中国环境科学出版社，1997.